当代中国律师管理概论

Lawyer

齐延安 主编

山东大学出版社

《当代中国律师管理概论》
编 委 会

主　编　齐延安

副主编　（按姓氏笔画排序）

王玉成　关永年　孙炳瑞

苏　波　龚再坤

撰稿人　（按姓氏笔画排序）

王玉成　毕吉宁　关永年　齐延安

孙炳瑞　阮晓亮　苏　波　李　彦

李华培　李菊明　邱燕楠　张良庆

张国龙　徐桂芹　龚再坤　淳于兰芳

序一

律师制度是国家司法制度的重要组成部分。伴随着改革开放恢复重建的律师制度，三十五年来与法治一起成长，与社会一起进步，与国家一起发展，律师事业取得了令人骄傲的业绩，这其中律师管理工作起到了重要的作用。律师管理是司法行政机关的一项重要职责，是党委政府、社会各界高度重视和普遍关注的一项重要工作，也是在实际工作中被广泛提及、使用的一个概念。但令人遗憾的是，目前国内没有一本专门论述律师管理工作，特别是律师行政管理和律师行业管理的专著。有心者而为之。延安同志组织山东省内有关学者、律师管理干部，在充分总结多年来律师管理实践经验的基础上，通过对律师管理工作大量的第一手材料进行分析、归纳、升华，着重从行政管理、行业管理两个方面对律师管理工作进行了系统的阐述，梳理设计了律师管理工作的基本框架和套路，对构筑系统、科学、合理的律师管理体制机制进行了有益探索，弥补了律师管理工作没有系统文字成果的缺憾，理论性、实用性、指导性都很强，对于指导做好新形势下的律师管理工作具有积极意义。

党的十八大描绘了一幅全面推进依法治国、加快建设社会主义法治国家的美好蓝图，律师事业面临着前所未有的发展机遇，律师管理工作责任重大、任务繁重。希望山东省广大律师管理干部、律师通过此书进一步拓展对律师管理工作的研究视野，进一步探索总结律师管理之道，促进山东律师事业又好又快发展，为全面建成小康社会作出更大的贡献！

是为序。

2013 年 10 月 22 日

序二

我与延安君是相识二十多年的老朋友了。我眼中的延安君算得上是一位学者型官员，他眼界开阔，思路清晰，不走寻常之路，时有创新之举。更难能可贵的是，长期以来，他坚持把工作当作学问来对待，始终跟踪、关注法治理论与实务的前沿知识，勤于钻研，善于思考，笔耕不辍，从上世纪80年代开始就陆续出版了系列研究成果，可以说在业界“小有名气”。

早在几年前，延安君就曾与我探讨律师管理课题的研究工作，至少两年前就曾商讨过本书的写作提纲，去年底以来，更是数次征求包括我在内的几位法律院校学者的意见。因此，我对本书颇为期待。同时，我也没有理由怀疑这项研究的必要性以及编著者的研究能力。延安君2004年以前在省法院从事审判和理论研究工作，现在省司法厅分管律师管理工作，除了善于学习研究，特殊的工作经历赋予他观察、思考律师管理的独特视角和经验知识。延安君组织的研究团队以包括律师协会在内的司法行政系统的人员为主，他们术业专攻，精于实验，恰切书旨，也必有洞见。

律师管理是一个内容具体、专门化程度高、实践性强的课题。长期以来，以律师管理为专门研究对象的理论成果几乎是一片空白。但是，研究的顿滞，并不代表问题的“价廉”，而是如何发声之艰难。律师管理既是具有中国特色社会主义律师制度的一项重要内容，也是律师工作的重要组成部分，更是一种独特的专业性活动。对于律师管理的研究，既不能脱离中国的国情，又必须遵循世界范围内律师业发展的规律。延安君主编的本书，在系统总结、提炼鲜活的律师管理实践经验，并学习、借鉴法治先行国家、地区律师管理规律的基础上，综合考量影响律师管理走势的各种因素，根据中国特色社会主义“三步走”发展战略、“两个一百年”奋斗目标和“中国梦”的启示，得出了几个重要论断：纵观各国的律师制度，在有关律师管理问题上，很少有脱离国家公权力而存在之例外。律师由自律走向自治是一个必然趋势，但自治都是相对的，即使未来中国律师实现了高度自治，公权力也不可能完全退出律师管理领域。二十年的实践证明，“两结合”管理制度最大限度地适应了中国律师本土化需求，有力地推进了律师行业的发展。在当前社会条件下尚未找到更好的、可替代的律师管理制度之前，“两结合”管理制度在今后一段时间内仍将发挥效能，预计 2020 年“两结合”管理体制有望取得重大突破和嬗变。从律师管理的视角来看，法律职业门槛必然会进一步提高，法律职业共同体的制度框架总会实现，律师管理队伍的专业化程度也会越来越高。尽管所谓填补空白之作总有著书者的无奈甚至不成熟的思考，但是上述结论仍闪烁着诸多学术思辨的光彩亮点。

通览本书，其鲜明的特色给了我很大的惊喜。

第一大特色是理论上的创新性。众所周知，在中国，“律师管理”是个颇具争议的课题，法学界普遍信奉西方法治发达国家的律师管理模式，律师自治的理念广为追捧，对律师的司法行政管理持不同程度的质疑态度，多数学者甚至不屑于在当代中国语境下对这个问题言说一二。因此，律师管理方面的成果仅散见于一些工作研究性文章，尚无系统的研究成果，律师管理显然不是法学家们关注和擅长的领域。本书立足当代中国国情，对“律师管理”这个边缘、交叉学科所作之研究工作，可谓开国内之先河，具有开创性的意义，填补了我国法学界和实务界对“律师管理”研究领域的空白。

第二大特色是对实际工作的指导性。本书以律师管理的鲜活实践为蓝本，进行系统的总结和提炼，勇于直面并积极回应理论界对律师管理的各种争议和质疑，对实际工作中存在的诸多矛盾和问题，也给出了解决的办法和途径，具有很强的针对性，其现实指导意义不言而喻。

第三大特色是观点的前瞻性。本书许多理论观点，比如律师自治、律师伦理等，都与当今律师管理的实务保持着适度的超前。特别是最后一章，编者在考察和借鉴西方法治发达国家的律师管理模式、结合我国国情和律师业发展规律、综合考量律师管理体制诸多影响因素的基础上，对我国律师管理的未来之路作出预判和展望，从某种意义上说，也是勾画了我国律师管理体制改革发展的前行路径，可谓全书的点睛之笔。

第四大特色是编排体例上的独特性。律师管理既涉及公共管理学的内容，又具有行政法学的意义。该书在遵从公共管理学、行政法学内在逻辑的基础上，紧密结合律师法及部门规章关于律师管理职能的规定，系统总结了律师管理实践经验，作出了独具匠心的谋划与设计，充分体现了编排体例上的独特性。

在《当代中国律师管理概论》付梓之际，应延安君之邀欣然作序，期待本书的出版能引发对律师管理的更多关注和思想碰撞，通过理论与实务界的同心致志，能有更多的律师管理著作问世。

肖金明

2013年10月26日

目 录

绪 论

律师制度是国家司法制度的重要组成部分。从本质上讲，律师制度是近现代民主政治发展的重要产物，也是现代民主政治不可缺少的重要内容。国家创设律师制度的重要目的之一，在于把律师放在“民间”，代表民间及私权对公权力进行制衡、监督，畅通民间诉求表达及实现渠道，从而形成国家治理的良性机制，实现国家治理的良好状态。

新中国成立以来，律师制度如同中国法治发展的历史一样，走过了一条充满艰辛、沧桑的道路。但不可否认，建国之后特别是改革开放三十余年来，中国法治取得了可喜的进步。而在法治取得的所有进步和成就中，律师制度的发展进步是尤为明显的、巨大的，并成为改革开放以来中国法治发展的标志性成果之一。

改革开放伊始，中国律师制度从一片法治的废墟之中艰难起步，1980 年 8 月，《律师暂行条例》出台，初步构建了中国律师制度的基本框架；1996 年 5 月，第一部《律师法》颁布，初步实现了中国律师制度与社会主义市场经济体制的有机衔接；2007 年 10 月，新《律师法》颁布实施，进一步构筑了现代意义上的中国律师制度。2010 年 9 月，《中共中央办公厅国务院办公厅转发〈司法部关于进一步加强和改进律师工作的意见〉的通知》下发，为中国律师制度在国家治理特别是司法体系中的重要地位、中国律师的政治属性和在落实依法治国基本方略、建设社会主义法治国家中的重要作用等一系列重大问题上，均作出了科学的界定，为中国律师事业的发展、成长提供了广阔的空间。而 2012 年 3 月颁布实施的《刑事诉讼法》实现了与《律师法》的有机衔接，为有效保障律师执业权利、彰显律师职能作用，提供了较为坚实的法律依据。

需要特别指出的是，党的十八大报告浓墨重彩地勾勒出了一幅全面推进依法治国、加快建设社会主义法治国家的美好蓝图，奏响了全面推进依法治国的黄钟大吕，把全面推进依法治国放在了推进政治体制改革的突出位置，强调“法治是治国理政的基本方式”，“更加注重发挥法治在国家治理和社会管理中的作用”，“提高领导干部运用法治思维和法治方法深化改革、推动发展、化解矛盾、维护稳定能力”，“建立健全党和政府主导的维护群众权益机制”，“畅通和规范群众诉求表达、利益协调、权益保障渠道”等等，为中国法治及律师事业的发展指明了前进的方向。党的十八大闭幕不久，从中共中央总书记习近平《在首都各界纪念现行宪法公布实施30周年大会上的讲话》到2013年2月23日中央政治局就全面推进依法治国进行第四次集体学习，从“宪法的生命在于实施，宪法的权威也在于实施”到“依法治国依法执政依法行政共同推进，法治国家法治政府法治社会一体建设”，法治已成为时代的最强音，我国又步入了一个法治的春天！律师事业迎来了前所未有的发展机遇。

面对良好的发展机遇，既要总结、梳理、盘点中国律师事业发展所取得的进步和成就，也要加强对律师事业发展战略的研究与思考，为改革再出发作智识准备并提供必要的理论支撑，为坚持和发展具有中国特色社会主义的律师制度作出努力！

基于上述认识，结合多年的工作实践，我们选择了律师管理这一具体而多有争议的课题加以研究。

一

管理学是一门实践的学问。凡是有人的地方，就有管理问题。管理与科技被视作现代社会发展的“两个轮子”，并已为世界各国的近现代发展历史所证明。管理作用与价值日益彰显。

从严格意义上讲，律师管理算不上典型的法言法语，因为既有法学的成分，也有管理学的意义，但它却是在实际工作中被广泛使用而约定俗成的概念。按照现行《律师法》第4条的规定：“司法行政部门依照本法对律师、律师事务所和律师协会进行监督、指导。”第52条规定：“县级人民政府司法行政部门对律师和律师事务所的执业活动实施日常监督管理，对检查发现的问题，责令改正；对当事人的投诉，应当及时进行调查。”所谓律师管理，主要是指对律师及律师组织的“监督、指导”工作。司法部在《中国律师事业五年（2002～2006）发展纲要》中提出，司法行政机关律师管理的重点，是负责“准入、导向、协调、监督”四个方面的工作。而律师管理的概念，自新中国确立律师制度特别是“文革”之后恢复重建以来，在律师工作实践中被广泛使用，司法部出台的大量文件使用律师管理的概念，在县级以上司法行政部门中绝大多数设立了以律师管理为名称的内设机构，在中央和国家有关文件中也使用了律师管理的概念。《中共中央办公厅国务院办公厅转发〈司法部关于进一步加强和改进律师工作的意见〉的通知》中，多次使用“律师管理制度”和“律师管理体制”的概念。同时，在律师业界，律师管理也被广泛熟悉与了解。

不仅如此，律师管理在实际工作中的含义远非局限于“监督、指导”，而是包括了大量的扶持律师业成长的、体现政府职能转变的服务性内容。基于律师的角色性质以及中国律师制度产生、发展的特殊历史，律师管理工作实践，在尊重世界范围律师业发展规律和中国国情的基础上，努力助推中国律师业成长，并对中国律师制度的形成、发展和完善，发挥了举足轻重的作用。

回顾新中国律师制度确立特别是改革开放三十余年来的历史，律师管理工作实践发展迅速且成效明显，在以下几个方面所取得的成就可圈可点：

（一）推动律师立法进步

律师立法的进步离不开广大律师的积极努力，但改革开放三十余年来的律师立法实践也充分说明，司法部在律师立法中始终发挥着主导作用，有关律师的三次重要立法、修法，既是律师工作实践的重要产物，也是司法行政举全系统之力争取、努力的结果，凝聚着律师管理部门的心血。律师立法以确立律师执业权利为核心。律师执业权利的确立，虽然不是任何人的施舍，但无论如何不能忘记每一次前行、进步，都饱含着司法行政机关及其公务人员、律师协会以及所有律师所付出的艰辛和努力。

（二）主导律师制度改革

改革开放三十余年来，在司法体制机制改革取得的成绩中，律师制度的改革最富有成效。这不仅体现在几次《律师法》的重大修订，而且反映在司法部出台的一系列有关律师制度改革的政策措施中。1983 年 3 月，司法部召开部分省县律师工作体制改革座谈会，探索律师体制改革的道路，并指定与会单位进行试点。1984 年 8 月，全国司法工作会议之后，法律顾问处陆续更名为律师事务所，打破了收入和支出由国家包办的模式。1986 年 3 月，国务院办公厅转发了司法部《关于加强和改革律师工作的报告》，同年 7 月第一次全国律师代表大会在北京召开，正式成立中华全国律师协会。1993 年 12 月，国务院批准了司法部《关于深化律师工作改革的方案》，突破了计划经济条件下律师及律师事务所的运作模式，建立“两不四自”（不占国家编制，不要国家经费；自愿组合、自收自支、自我发展、自我约束）自律性组织，正式确立了司法行政管理和律师协会行业管理相结合的模式，为 1996 年 5 月第一部《律师法》的颁布、出台，奠定了坚实的基础。2002 年 1 月，司法部下发《关于进一步推动律师工作改革的若干意见》之后，律师工作改革实践加快，并为 2007 年 10 月第二部《律师法》的颁布、出台，创造了有利条件。在三十余年律师制度改革历程中，司法行政政策始终起到了先导作用，《律师法》的制定或修订都是在总结、提炼司法行政政策指导下的律师工作及管理工作实践经验而完成的。

（三）出台、完善律师业促进政策

律师业的成长，除了良法之治，还需要优惠政策的扶持和助推。伴随着律师立法的进步，适应律师业发展的需要，司法部研究、出台了大量的与律师立法相配套的部颁规章，会同有关部门发布了许多有利于律师业发展的重要政策文件；地方司法行政部门也不断加大工作力度，加强与有关部门的沟通、协调，在律师税费、财政支持、社保、教育培训和业务拓展等方面，争取确立了许多优惠政策，有力地推动了律师业的发展。

（四）优化律师执业环境

客观地看，一要肯定律师执业环境方面所取得的进步，二要坚定律师执业环境优化是必然趋势的信念。但是，当下律师执业环境依然存在许多问题，这也是不争的事实。这些问题不仅历来为广大律师所关注，而且也牵动着司法行政机关和律师协会的神经。解决这方面的问题，律师、律师事务所和律师协会的努力很重要，而司法行政机关的努力更为重要。司法行政机关可以依赖自身的行政资源与优势，发挥更加重要的作用。这已为多年来的管理工作实践所证明，也为当前司法行政机关工作重点、努力目标所印证。

（五）建立并完善统一司法考试制度

2001 年 12 月，九届全国人大常委会第二十五次会议对《律师法》作出修改，明确了取得律师资格应当经过国家统一司法考试。2002 年 3 月首次进行统考，标志着国家统一司法考试制度正式实施，实现了律师、初任法官、初任检察官准入门槛的统一，这对中国司法制度及体系的影响重大而深远，也为中国"法律职业共同体"建立提供了基本的制度前提。这一制度的确立，适应了中国司法制度发展进步的趋势，顺应了律师业发展的规律和特点，这也与司法行政机关、律师协会的积极努力是分不开的，司法行政工作的实践特别是律师管理工作的实践，为催生这一制度提供了重要的实践依据。而且，实行统一司法考试十余年来，国家及司法行政部门投入了巨大的人力、财力，确保了制度得到严格、规范落实，被业界誉为"天下第一考"。从一定意义上讲，统一司法考试的人力、财力投入也是行政公共资源对律师行业重要的扶持措施。

（六）推动律师行业协会发育成长

经济社会发展有其自身的内在规律，市场经济体制的建立及市场经济的发展，必然带来社会结构的新变化，必然催生包括律师协会在内的社会组织的发育、成长。但在律师协会成长过程中特别是产生之初，司法行政机关始终是最大的推手和培育者。如何还原律师协会的本来面貌，如何强化律师协会职能，如何彰显律师协会职能作用，实现律师协会的有效治理与服务，历来是司法行政机关思考、研究和推动的重点工作，在律师行业组织产生、发展初期，司法行政机关为律师协会提供了坚强、有力的支持。而且，就中国律师协会发展的现状分析，在相当长的时间里仍然处于发育、成熟的关键时期，律师协会依然有赖于司法行政机关的鼎力扶持。

（七）建立既符合世界范围内律师业发展规律又符合中国国情的律师管理体制机制

任何领域和行业管理体制机制的确立，均不是人们主观臆断的结果，都是由经济社会发展状况和特定的历史文化传统等因素决定的，而且也都有一个逐步发展完善的历史渐进过程。对于中国律师行业来讲，从国办体制到与市场经济相适应的管理体制，都是在经济社会发展状况发生变化以及律师队伍规模扩大、律师协会发育成长、律师职能作用更为显现的情况下，不断得到调整、改善的结果。就当前情况而言，新的《律师法》及部颁规章关于律师管理制度及机制的规定最大限度地适应了中国律师业的发展状况，也符合全行业成长发展的长远利益。特别是近几年来，与新《律师法》配套的部颁规章和规范性文件陆续出台，各种司法行政政策及时到位，律师管理职能配置更加合理，工作程序规则更加完善，工作制度更加科学。而且，各级司法行政机关牢固树立“管理就是服务”的理念，职能转变有序进行，采取了大量的推动律师业发展、成长的服务性措施，形成了管理与服务并重的新型律师管理体制机制。同时，近几年来，律师协会职能不断得到强化，协会组织体系、议事规则、行业规则和工作制度日臻完善，管理、服务更加有效，律师协会在推动行业发展中的作用愈加彰显。

总之，律师管理实践是鲜活的，推动律师业发展的成就是可喜的。因此，非常有必要系统总结、提炼律师管理工作的经验，并积极回应、解决实际工作中出现的问题，对律师管理进行理性研究、思考和升华，尝试形成具有中国特色的律师管理话语、理论和工作体系。

二

毋庸讳言，律师管理是一个颇具特殊性的课题。因为就律师的角色而言，独立依法执业是角色发挥职能的核心，强调管理与彰显角色作用似有冲突，特别是在西方法治发达国家，律师组织自治在学界和业界备受推崇，中国法学界和律师行业部分学者及律师也受此影响。因此，长期以来形成了一种特殊现象：一方面，现实生活中有着丰富的律师管理实践经验，另一方面，却缺少针对律师管理问题的系统研究成果。

关于律师管理，一些散见的工作研究文章多有涉及；在国内现有的法学著作中，仅有《律师学》《律师法学》和《中国司法制度》等著述对律师管理有所反映，并把其作为律师制度的一项内容加以阐述，但并不是它们关注、研究的重点。出现这种情况的原因是多方面的，概括起来主要有：

（一）有关律师的法学研究特别是对律师管理的研究，并不是法学研究中的"显学"

这既与这一课题属于边缘或交叉学科有关，又与我国法学研究一定程度上与司法实践脱节不无关系。律师管理涉及到公共管理学和行政法学的内容，而且课题内容具体、专门化程度高，不是法学中的"显学"，自然不会有大学问家涉足；同时，又因为其实践性太强，也不是法学家擅长发挥的领域。在我国所有法学院的课程设置中，并不把《律师学》《律师法学》等有关内容作为在校学生的核心必修课程，更遑论律师管理问题了。在法学教育中，不可能把律师管理作为研究、教学的重点。因此，法学界难以给予律师管理实务工作以有效的理论指导和智力支持。

（二）盲目、机械套用西方国家律师管理模式，阻却了律师管理研究的中国视野

在西方法治发达国家，律师组织已经走上了较高程度的自治道路。因此，在中国的法学界，部分学者视西方法治发达国家律师自治为圭臬，热衷于移植西方律师管理制度及模式，其中不乏律师自治的积极鼓吁者，甚至出现过一些于事不合、于时不宜的偏激言论，特别是对司法行政律师管理，并不为法学界所普遍认可，行政管理的合理性及其内在逻辑受到学者、专家的许多质疑，不屑或者无暇深究西方法治先行国家管理与自治的具体模式、方法和机制，更谈不上设身处地地研究、探索中国国情下的律师管理问题。长期以来，这种以西方国家模式为标准的思维和对于中国律师管理制度的建构倾向，导致了对西方法律模式和当下中国现实问题的双重误读。而在律师业界，一些律师对律师自治津津乐道，"去行政化"是一种带有倾向性的普遍情绪，一些律师把行政管理和行业管理对立起来，甚至认为司法行政管理是"外行管内行""行政管理专业化程度低"，对司法行政管理不以为然，认为司法行政管不好律师。因此，在西方法律制度和法律意识的冲击、影响下，一直缺乏更加有力的律师管理的主流声音，不具备开展研究的好的学术环境和舆论环境，或者说，法学界在意识、思维上不倾向于在这一领域为实务工作提供智力支持，也就无法依赖法学家解决现实工作中的难题。

（三）我国律师制度改革实践走得“过”快，客观上难以形成系统化的研究成果

自改革开放以来，有关律师的三次重要的立法活动，每次都有很大变动和改革。1980 年的《律师暂行条例》，受制于当时的经济社会发展状况，带有明显的计划经济体制或国家体制的底色和元素；1996 年的《律师法》，则对中国律师重新进行了定位，律师由国家公职人员转换为社会法律服务人员，适应市场经济体制发展的需要，对管理体制也作出了重要改革；2007 年修订的《律师法》对中国律师的职业定位进一步作出调整，扩大和延伸了律师的执业权利，并充分吸收律师事务所及律师“脱钩改制”的实践成果，对司法行政机关层级之间、司法行政机关与律师协会之间的职能进行了重新配置，管理体制的设计更加规范、合理。改革开放三十余年，律师管理体制的改革是持续进行的，而且不断取得新的发展进步，适时开展律师管理系统化研究，在客观上存在很大的困难。伴随着改革的迅速发展和立法的不断进步，特别是 2007 年新《律师法》颁布以及配套措施的陆续出台，律师管理体制机制在实践中才不断得到确立，最终才使开展律师管理的系统研究成为可能。

另外，律师管理话题和视域比较特殊，甚至会被贴上“意识形态”的标签，加之，它的敏感性以及研究尺度的难以拿捏性，因此，很少有人愿意触碰这一课题。

事实上，我们选择这一课题进行研究，在心理上也非常纠结。一方面，在长期的实际工作中，我们每天都在从事着律师管理的工作，能够深切感受到在当下中国开展律师管理研究的紧迫性和重要性；另一方面，由于课题的特殊性和基于知识储备、研究能力的原因，对能否完成好这一课题并形成经得起检验的研究成果心存顾虑。好在我们是以本职工作为基点，更加注重从实际工作的角度开展研究，研究成果的理论性并不是我们追求的首要目标，而且研究团队以包括律师协会在内的司法行政系统的人员为主，实践性是我们重点彰显的目的及意义。

三

律师制度既是国家法治建设的重要内容，同时也是国家一项重要的司法制度，虽然它自产生以来经过漫长历史的发展，在不同国家形成了体现这一制度共同规律性的一些内容和特点，但是它的发展历史也已充分证明，在不同性质的国家和在同一性质国家的不同发展时期，它的内容、架构和表现形式是存在差异的。同时，律师组织的自治也具有程度上的差异，世界上没有绝对的律师自治。在西方法治发达国家，在有关律师管理问题上，国家公权力的存在是普遍现象，

这有其不可颠覆的内在逻辑与规律，其目的在于有效平衡社会公共利益与律师行业、个人利益之间的关系。“美国法院认为，惩戒律师的根本目的是一种社会目的。这种目的表明，并不只是惩罚律师，更重要的是要保卫社会、律协以及其他法律机构，警戒那些不愿遵守起码职业标准的律师，也是为了维护律师在公共中的形象。”因此，“美国对律师的惩戒仍保持着由律协惩戒委员会和法院实施的传统体制与形式”①。

对于国家公权力介入律师管理的模式，可以分为以下两种类型：

(一)以德国、法国为代表的大陆法系国家，律师管理实行的是“司法行政监管模式”

德国是大陆法系中律师业最发达的国家，其律师管理中国家公权力的具体体现：

1. 统一司法考试方面：联邦司法部职责之一是培训选拔包括律师在内的法律职业人员，但履行这一职责主要是通过起草、制定法律的形式体现的。具体的司法考试工作则是由各州的司法行政部门及其考试工作的专门部门——司法考试局负责。②

2. 律师资格授予方面：根据德国律师法第二章的规定，“律师资格的授予以申请为前提”，“对取得律师资格的申请，由州司法行政机关决定”。但是“在作出决定之前，州司法行政机关应从该申请人打算谋取律师执业的地区所属律师会的理事会索取关于该申请人的鉴定书……”换言之，律师资格是司法行政机关在律师会鉴定书认可的基础上授予的。律师会逾期不提供的，司法行政部门可推定为无不同意见。凡是符合法律规定的，司法行政部门必须授予申请人律师资格。申请人对律师协会提供的鉴定书或司法行政机关不授予律师资格的决定不服的，可以向法院提起诉讼。取得律师资格后，申请人必须向拟执业地的法院申请注册，经法院审核同意后，在法院进行宣誓，并在法院的注册律师名录上登录、由法院颁发执业许可证。③

3. 律师资格的撤销方面：律师资格的撤销则由授予该资格的司法行政机关根据法定原因以命令的方式进行。④

4. 对律师的惩戒方面：主要由专门设立的律师纪律惩戒法庭负责。纪律惩

---

① 石毅主编：《中外律师制度综观》，群众出版社2000年版，第350页。

② 参见《德国、意大利国家司法考试制度简介——中国司法代表团赴德国意大利考察情况》，http://www.legaiinfor.gov.cn.

③ 参见周云涛：《论“两结合”律师管理体制的完善——以美、德两国为中心的考察(上)》，载《中国律师》2010年第6期。

④ 参见周云涛：《论“两结合”律师管理体制的完善——以美、德两国为中心的考察(上)》，载《中国律师》2010年第6期。

戒法庭分三级。除了训诫以外，无论是律师协会还是它的执行委员会，都无权对律师给予其他的纪律惩戒处分。初级律师惩戒法庭是名誉法庭，由 3 名执业律师组成，但需经司法部长任命。对违纪律师给予惩戒处分的起诉，由公权机构人员——检察官根据执行委员会的请求予以提起。名誉法庭之上是名誉上诉法庭，管理范围通常是一个州，它的受理由受处分律师或上诉法院的检察官提出上诉。纪律惩戒法庭的最高审级是联邦法院，其上诉裁决由一个专门委员会作出，该委员会由 4 名联邦法院法官和 3 名陪审律师组成。委员会主席由法官(通常是联邦司法院院长)担任。①

5. 对律师协会的监督、指导方面：德国的律师组织包括联邦律师协会和各州律师协会。联邦律师协会由各州律师协会共同组成。该协会属于公法团体，受联邦司法部长的直接指导和监督。州律师协会设在州高等法院，也属于公法团体，受州司法行政机关的指导和监督。德国《联邦律师条例》第 62 条规定："联邦州司法行政部门对律师协会进行国家监督。该监督主要注重对法律和规章的执行，特别是要监督律师协会所承担的任务是否得以履行。"州和联邦律师协会的年度报告要分别送联邦司法部长和州的司法行政机关。律师协会执行委员会的选举及其负责人的选举情况记录也要送交州司法机关。②

在法国，国家公权力在律师管理中的具体表现：

1. 律师资格考试和实习律师结业证书发放方面：律师资格考试委员会负责公布律师资格考试合格名单，由"律师职业培训中心"管理委员会发布律师资格考试合格证书和实习律师结业证书，而在律师资格考试委员会和律师职业培训中心管理委员会中有法官的参与，对于律师执业培训中心拒绝发放实习律师结业证书的决定，实习律师本人有权提出上诉，上诉提出后由法院审理决定。

2. 律师资格授予方面：律师协会理事会负责授予律师资格，但律师协会理事会是否授予律师资格的决定需在八日内通知申请人和上诉法院的检察长，检察长可以在收到律师协会的通知后两个月内，向上诉法院提起诉讼。对于拒绝授予律师资格的决定，申请人可以向法院提起诉讼，上诉法院收到申请人的起诉后，即在法院会议室召集法官进行审理并作出判决；按照惯例，对于上诉法院的判决，申请人、律师协会会长以及检察长可以向最高法院提出上诉。③

3. 对律师的惩戒方面：律师协会作为自治团体对会员拥有惩戒权，具体由律师协会理事会组成惩戒委员会予以处理。上诉法院的检察长认为处罚不当的，可以提起诉讼。律师协会会长或上诉法院的检察长也可以不通过律师调查委员

---

① 参见石毅主编：《中外律师制度综观》，群众出版社 2000 年版，第 278～279 页。

② 参见石毅主编：《中外律师制度综观》，群众出版社 2000 年版，第 281～282 页。

③ 参见石毅主编：《中外律师制度综观》，群众出版社 2000 年版，第 292～293 页。

会，直接提请律师惩戒委员会审理律师违纪案件。同时，如果律师在法庭上不履行由于宣誓而被赋予的义务时，在听取出庭检察官和律师协会会长（或其代理人）的意见后，受理该案件的法院可以直接给予惩戒处分。①

4. 对律师协会的监督、指导方面：律师协会经司法行政部门批准后设立，并接受司法行政部门的监督和指导。律师协会具有独立的法人地位，享有一定的批准律师资格，以及对律师实行纪律惩戒的权力。但必要时，政府部门可以对律师协会作出的关于律师资格的决定进行审查。②

综观大陆法系“司法行政监管模式”，具有以下几个特点：(1)公权力存在的领域是比较大的。(2)对于律师事务所和律师的正常业务，公权力不加干预，律师协会管理职能较为突出，已进入较高程度的自治状态。(3)公权力以司法行政部门行使为主、司法审判机关和检察机关为辅，按照各自职能参与对律师的监督、指导。

（二）以美国、英国为代表的英美法系国家，律师管理实行的是“司法审判监管模式”

美国是世界上律师业最发达的国家。在美国律师管理中，国家公权力的具体表现：

1. 执业准入方面：批准律师从业的大部分工作由律师协会去做，但最关键的一关却在法院。律师执照由法院颁发，而且取得律师资格的人必须在州法院宣誓效忠于美国宪法方能开业，两年内不在法院履行宣誓仪式，资格自动失效。

2. 惩戒方面：由律协惩戒委员会和法院共同实施。法院负责颁发律师执照、决定违纪律师的惩戒种类，但批准律师开业和惩戒的大量具体工作都由州律师协会承担。无论州律师协会，还是州司法审判机关，都不能单独决定对某个律师资格的授予或对某个违纪律师的处罚。对律师的惩戒，律师协会只负责先行调查、听讯、对惩戒提出建议，一般都是由法院来裁决实施。当然，如果律师对惩戒不服，可以行使上诉权。

3. 制定律师法规方面：美国法院对律师及律师组织的监管权，还体现在法院具有制定律师法规的权力，在许多州，律师协会制定的律师法律规范需由法院通过后才在本州生效，而且法院自己可以创设一些原则规范，解释法律。美国法院可以运用先前的判例对律师进行监督。对非律师从事有关律师事务和律师未经法定程序批准超出执业区域执业的，法院也可以进行管理。另外，法院还可以通过行使固有的司法权对其进行管理，如审判律师渎职行为或类似的案件，确定律师对受害人的赔偿，就可以有力地监督律师。又如，法院对律师收费争议案件的判决、对律师蔑视法庭的制裁、对违反利益冲突原则案件的处理、对律师协会制

① 参见石毅主编：《中外律师制度综观》，群众出版社 2000 年版，第 307、317 页。

② 参见石毅主编：《中外律师制度综观》，群众出版社 2000 年版，第 303 页。

定的收费标准是否违法的判决等，都可以对律师甚至律师协会进行管理。[①]

4. 对律师协会的监督、指导方面：美国对律师的管理是通过律师协会和法院的共同运作来实现的，律师协会与司法机关之间是一种分工合作、相互制约的关系。这种行业管理与司法审判监督模式主要源于英国法院管理律师的传统，具有以下几个显著特征：(1)以律师协会的行业管理为主，联邦政府的司法行政部门（如司法部）并不直接管理律师。(2)法院拥有对律师行业的监管权。美国法院一直认为，他们对律师的监管包括了从批准予以开业到取消资格为止的一切事务，即享有“颁布官方律师法规，批准律师开业，取消律师资格或其他惩戒，权威地解释法规，限制非律师在法律领域内从业、未经法定程序无权开业，与律师协会结合使律师具有良好行为以保证法律实施，强制律师必须支持法院的监督管理活动”等权力。[②] (3)美国律师管理体制是一种相互制衡的体制。律协监督管理律师，律师则通过法院反过来监督律协；另一方面，法院监督管理律师律协，而律协及律师又通过上诉权、对法官的选举权等来监督法院。

在英国律师管理中，国家公权力的具体体现：

1. 律师资格授予方面：英国实行律师二元制。律师分为初级律师（又称“事务律师”“小律师”）与专门律师（又称“出庭律师”“大律师”）。各有不同的资格取得方式，不能互相替代转化。专门律师含有名誉公职的性质，必须在四大律师学院入学，参加一定次数的晚餐会，按规定参加由四大律师学院委托国家法学教育评议会组织的律师资格考试，才能由自己所属的学院正式授予律师资格。专门律师从事律师业务十年以上，成绩突出者，本人向大法官提出申请，由大法官批准，可以由英国女皇授予“皇家律师”称号。要成为初级律师，在经过登记作为律师协会进修生，并在从事实际业务的初级律师指导下进修、在有关的法律学校接受培训及参加初级律师考试合格后，可以向高等法院案卷保管法官申请律师资格。

2. 执业证书发放方面：取得初级律师资格，经过履行相关手续并将名字载入律师名单后，由初级律师协会颁发执业证书。如果初级律师协会拒绝颁发或者不颁发，申请人可以向高等法院或向该法院的任何法官，或向高等法院案卷保管法官提出上诉，由法院作出裁决。

3. 对律师的惩戒方面：(1)专门律师的惩戒：在“旧评议会”（由各律师学院和专门律师理事会的代表组成）成立前，对专门律师的惩戒权属于律师学院。1966年成立了“旧评议会”后，律师学院把专门律师的惩戒权让与了“旧评议会”。1974年成立的“新评议会”（由检察总长、副检察总长和法学教育委员会会长、律师学院监督的代表、律师代表等组成）又继续了这一工作。“新评议会”的纪律惩

① 参见石毅主编：《中外律师制度综观》，群众出版社2000年版，第326～329页。

② 参见石毅主编：《中外律师制度综观》，群众出版社2000年版，第328页。

戒法庭由 5～7 名既是“新评议会”会员又是从事实际业务的专门律师构成。(2)初级律师的惩戒:由初级律师纪律惩戒法庭或法院负责。纪律惩戒法庭独立于初级律师协会,属于一个准司法机构,由执业 10 年以上的初级律师和非律师人员组成,但需由高等法院案卷保管法官任命。高等法院对初级律师也拥有惩戒权,可以作出除名或中止其开业的处罚。不服高等法院处罚决定的,可以向上诉法院提出上诉,由上诉法院作出最终判决。①

相对于大陆法系的监管模式,英美法系“司法审判监管模式”具有以下特点:(1)公权力的痕迹相对较轻。(2)律师自治程度更高,律师协会管理职能突出,以律师协会行业管理为主。(3)监督、管理的公权力主要由司法审判机关掌握和行使。

中国作为“现代化进程晚发外生型”国家,虽然在法治领域向发达的法治国家学习既是一个必然趋势,又被改革开放以来三十余年中国法治建设的历史进程所印证,但是,学习借鉴、法治实践并不能简单照搬西方经验,而只能是一个扬弃的过程,是一种西方经验与中国法治实践的有机结合,必须完成西方经验的本土化培育,必须积极回应、解决中国的现实问题,找寻适合自己的现实发展道路。

中国的律师或者律师制度是一个真正的“舶来品”,虽然在清末和民国时期就有雏形,但是其真正产生并作为司法制度的历史,还是非常短暂的。新中国建立之后,律师制度经过短暂初创到 20 世纪 50 年代末的很快夭折,在多达二十余年的时间里处于停滞状态,到改革开放之后,律师制度得到恢复重建,中国律师及律师制度的历史,多说不过百年,少说则仅有几十年。律师及律师制度在我国发展历史的短暂,成为中国法治以及律师制度的重要特征。这一特征如同我国法治发展的全部历史,决定了中国法治及律师制度正处在一个明显的成长、发展时期。

任何事物都是发生在具体的历史时空之中。而法治是受特定社会条件和环境约束的社会实践,一个国家的法治总是由这个国家的国情和社会制度决定并与之相适应的。“一个民族的生活创造它的法治,而法学家创造的仅仅是关于法制的理论。”②而且,“一个国家的法治道路,是由该国人民自己选择和创造的。综观世界各国的法治道路,既有发达国家的模式,也有发展中国家的模式;既有自下而上社会自然演变的模式,也有自上而下政府自觉推动的模式;既有流血的暴力革命模式,也有非暴力的相互妥协模式。但不论是何种模式,凡是法治搞得比较成功的国家,无一不是较好地坚持了法治规律与本国国情创造性结合。‘全面移植’‘照抄照搬’别国的法治模式,几乎没有成功的先例,对我们这样一个历

① 参见石毅主编:《中外律师制度综观》,群众出版社 2000 年版,第 249～250 页。

② 苏力:《法治及其本土资源》,中国政法大学出版社 2004 年版,第 289 页。

史悠久、幅员辽阔、人口众多、国情复杂的大国来说,尤其如此。”[①]因此,强调律师管理的“中国特色”或者“中国国情”,并不是迟滞改革的托词,也不是排斥向西方法治先进国家的学习、借鉴,而是要真正从中国的国情和政治经济法律制度以及律师业发展现状等实际情况出发,在学习、借鉴法治先行国家律师管理经验的基础上,找寻、确立适合中国实际的律师管理模式和未来发展之路。

我们认为,律师组织自治既是一种秩序、状态,又是一种规则、制度,还是一个顺序渐进的过程。我们确信,在中国,律师及律师协会逐步走向较高程度的自治是一个必然的发展趋势。但我们尚没有能力预见,中国律师究竟何时能够实现较高程度的自治。因此,我们认为,需要真正立足中国国情,解决好当下的现实困难与问题,以真正实现有效、科学治理,并积极探寻由自律到自治之路。

没有必要对律师自治讳莫如深,也不要将律师协会界定为“自律组织”而感到不解与疑惑。有人一谈到律师自治,或者在呼吁律师自治时,总是绝对排斥任何公权力对律师行业的监督、指导,这是对西方法治先行国家律师管理模式的一种误读,也是背离中国律师业发展实际而不负责的一种态度。自治都是相对的。在中国实现较高层次的律师自治,是进行时而非完成时,是未来之路,或者是法治境界的理想目标;而自律是自治的基础,或者是较低程度的自治。

四

我们无意填补我国律师管理研究领域的空白,但我们在实际工作、学习和研究过程中,真切地感受到中国正处在经济社会文化发展的一个特殊时期,开展研究、思考的总依据依然是社会主义初级阶段,经济、社会、政治、法治、民情、传统、(发展)模式、路径都带有典型的阶段性特征。如何从中国特殊的发展阶段以及特殊发展阶段的经济社会文化发展现实出发,在贯彻落实现有《律师法》和坚持律师管理合法性的基础上,找寻律师管理的合理性依据,尝试并努力建构律师管理的理论体系,构筑司法行政、律师协会对律师管理的规制体系,指导实务工作的正常开展,以有效推动中国律师业的健康、科学、快速成长,是摆在我们面前的一个非常现实的问题。

在开展研究时,我们做了以下结构设计,除绪论和第十九章展望之外,共分为五大板块:一是综合论述,第一章至第四章;二是行政管理,第五章至第十章;三是协会管理,第十一章至第十三章;四是行政管理、行业管理共同涉及的管理、

① 袁曙宏:《论全面推进依法治国》,载2012年11月29日《法制日报》。

服务内容，第十四章至第十六章；五是域外律师管理考察，第十七章和第十八章。我们将对中国律师概念及其属性进行再探索、再思考，尝试给出律师管理的概念，并对律师管理从公共管理学和行政法学上进行分析，阐述律师管理的地位、原则、内容和方法；追溯中国“律师管理体制”的历史，对当前中国“律师管理体制”作出梳理和归纳；根据新《律师法》和其他法律的规定以及部颁规章的要求，理清律师行政管理的脉络和框架，分别就国家司法考试制度、执业行政许可制度、律师事务所考核制度、行政处罚制度和日常监管、市场监管等作出论述，并尽可能地增强所述内容的可操作性和实效性；将努力厘清并构建行业管理、服务体系，为突出律师行业管理地位、彰显律师协会职能作用创造条件；对大陆法系、英美法系主要国家不同的管理体制和中国香港、澳门、台湾地区律师管理体制进行细致考察，并紧密结合中国法治实践，提出完善律师管理体制的意见与建议，对律师管理体制发展的未来作出展望。

需要特别强调的是，我们对司法行政指导、律师职业伦理及其构建、律师行业党建工作和律师执业环境优化设专章进行研究、阐述，努力还原一个真实而全面的律师管理框架。因为这些内容都是于法有据而反复实践着的工作，该是下功夫加以归纳、梳理、提升的时候了，这也是开展这一课题研究最富有特色的亮点之一。需要指出的是，由于本书主要从宏观管理的角度探讨律师管理问题，因此，对律师事务所的微观管理不是本书讨论、研究的重点。同时，我们也思考过，律师队伍建设历来是党和国家关注、司法行政系统着力做好的一项工作，在我们的研究中如何体现这一重点？经过反复斟酌和考量，我们是通过以下方式加以安排和实现的：从国家司法考试与法学教育的有机衔接，筑牢队伍“进口”根基；综合使用行政、行业管理手段，以有效管理实现队伍建设之目的；加强律师行业党建工作，以党建工作带动队伍建设；努力构筑律师政治思想教育培训、业务及律师事务所管理培训、职业伦理培训、表彰奖励“四个体系”，分别在律师行业党建工作、律师协会之服务、律师职业伦理及其构建和律师管理的方法部分进行阐述，最终致力于形成一个完整的律师队伍建设架构。

管理出效益，管理出战斗力。我们希望通过开展这一课题的研究，推动管理能力和管理水平的提升，并以有效、科学的管理，助推中国律师业成长。同时，我们也希望，通过总结、梳理律师管理成功经验，提炼并形成适合中国律师业发展的律师管理理论、工作体系，进而为加快律师管理体制机制改革，完善具有中国特色的社会主义律师制度，全面推进依法治国、建成社会主义法治国家作出应有的努力！

第一章　律师和律师管理

律师概念及其属性是律师理论的基本范畴，在一定意义上甚至是律师学学科建立的逻辑起点；对其进行准确界定是律师管理研究的基础，也是完善律师管理制度和律师行业发展的理论前提。律师、律师事务所的权利和义务是律师法和律师制度的核心问题，也是律师管理的重要标准和价值尺度。随着社会发展，管理在现代出现了战略化、信息化、人性化、弹性化等新的发展趋势；与之相适应，现代律师管理的构成要素、性质特点以及内部法律关系也产生了前所未有的变化。

第一节　律师概念及其属性

律师是什么？这是律师制度的基础性或本源性问题。在世界范围内，不同法系、不同国家虽然赋予律师许多共同（性）的意义，但对律师的概念并没有统一的表述，学界和业界对律师概念及其属性的认识也是见仁见智。

一、律师的概念

2007 年新修订的《律师法》第 2 条规定："本法所称律师，是指依法取得律师执业证书，接受委托或者指定，为当事人提供法律服务的执业人员。"根据新《律师法》对律师的定义，律师概念至少有以下三层含义：

（一）依法取得律师执业证书

在我国，获取律师执业证书是从事律师职业的必备条件。没有取得律师执业证书的人员，不得以律师名义从事法律服务业务。这里需要区分两个概念：取得国家统一司法考试合格证书和取得律师执业证书。这二者既有区别，也有联系。联系主要体现在，取得律师执业证书原则上应当需要取得国家统一司法考试合格证书。区别主要体现在两方面：一是根据新《律师法》第5条的规定，取得国家统一司法考试合格证书只是取得律师执业证书的条件之一，除此之外，申请取得律师执业证书的人员还应当满足拥护中华人民共和国宪法、在律师事务所实习满一年、品行良好等条件。取得国家统一司法考试合格证书后未取得律师执业证书的人员，不得以律师名义从事法律服务，这类人员虽有律师资格但还不能称为律师。二是根据新《律师法》第8条的规定，在一些特殊情况下，经国务院司法行政部门审核同意，申请人可以不具有国家统一司法考试合格证书获得律师执业证书，但必须依照国务院制定的《特许律师执业考核条例》办理。目前，该《条例》尚未出台。

（二）接受委托或者指定，为当事人提供法律服务

"接受委托或者指定，为当事人提供法律服务"是律师执业的具体根据，也是新《律师法》定位律师的一个重要特征。与1996年通过的《律师法》相比，新《律师法》在第2条中，对"律师"的法定概念作了修改。1996年《律师法》规定，本法所称的律师，是指依法取得律师执业证书，为社会提供法律服务的执业人员。在律师法修改过程中，有人提出，为社会提供法律服务的人员很多，除了律师外，还有法官、检察官等，认为1996年《律师法》规定不明确，范围太宽，没有突出律师与其他法律工作者的区别。为此，新法强调了本法规定的律师必须是接受委托或者指定，为当事人提供法律服务的执业人员，反映了律师职业的外在特征，可以基本上将律师与其他法律工作者区别开来，有利于明确律师的范围，防止"非律师"以律师名义从事律师业务，并对大众分清律师法意义上的律师与仅具有律师资格等人员有明示作用。

（三）律师是以法为业的执业人员

以法为业，是律师的又一个重要特征。律师是法律从业者。与法官、检察官等法律从业者不同，前者属于行使国家司法权力的"当政法曹"，其工资由国家财政予以保障，而后者则是为委托人提供法律服务的"在野法曹"，其首先面临的是生存压力。律师职业的突出特点就在于，律师要以自己渊博的法律知识和娴熟的专业技能为社会提供法律服务。因此，律师以法为业，首先意味着律师要以运用和传播法律及其知识形态来挣钱吃饭、养家糊口，以此作为"安身立命之本"。其次，律师与会计师、审计师等其他专业人员的明显不同之处在于，律师是法治的承载者、捍卫者、传播者，承担着治国理政、推动法治进步的使命。法律职业群体是社会的良心和脊梁。律师作为法律职业家，必须保持对法律的信仰，必须保持对公平正义的信仰。"你带着荆棘的王冠走来，你握着正义的宝剑而来。律师，神圣之门，又是地狱之门，你视一切诱惑为无物。你的格言：在法律面前人人平等，唯有客观事实才是最高的权威。"胡乔木先生为律师题写的这一经典诗句，

展示了中国律师在法治建设进程中应有的独特角色和职业风姿。

根据新《律师法》对律师的定义，结合国内外对律师概念的描述，我们可以得出以下启示：

1. 三部《律师法》对律师的职业定位在不断作出合乎理性的调整

1980 年颁布的《律师暂行条例》规定："律师是国家法律工作者，其任务是对国家机关、企业事业单位、社会团体、人民公社和公民提供法律帮助，以维护法律的正确实施；维护国家、集体的利益和公民的合法权益。"强调了"律师是国家的法律工作者"，律师具有公职身份，是"吃皇粮"的国家干部，这与当时的计划经济体制是相适应的。

1996 年颁布的《律师法》规定，律师"是依法取得律师执业证书，为社会提供法律服务的执业人员"。与《暂行条例》相比，强调了"律师是社会的法律服务执业人员"。主要变化有：律师不再是"吃皇粮"的国家干部，而是"为社会提供法律服务的执业人员"。律师及律师机构逐渐与国家机关、事业单位相分离，走向了社会。

2007 年新修订的《律师法》在规定"律师是依法取得律师执业证书，接受委托或者指定，为当事人提供法律服务的执业人员"的同时，增加了律师"应当维护当事人合法权益，维护法律正确实施，维护社会公平和正义"。这通常被认为是对律师职责的新规定，并被认为是律师法关于律师概念表述的最大变化，也是新律师法一个很大的亮点。

从国家本位到社会本位再到当事人本位，三部《律师法》对律师的职业定位在不断作出合乎理性的调整，越来越接近律师的应有本义，这是一个明显的法治化演进过程。现在的律师法相对符合中国国情，体现了律师角色实际上的定位，同时也把维护当事人的利益同维护社会公平正义、维护法律的正确实施结合了起来。[①]

2. 新《律师法》并没有全面采纳域外对律师的定义

综合国外和台湾地区对律师的定义，主要有以下几种：《德国联邦律师条例》规定："律师在司法中是独立的个体。"《法国律师法》规定："律师，为司法佐理人员。"《加拿大律师法》规定："律师属于司法辅助人员系列。"《欧盟律师职业操守法规》规定："律师是法律和司法中不可缺少的角色，他有责任捍卫法律和自由。"《美国律师职业行为示范规则》规定："律师作为法律职业群体的一员，是委托人的代理人、法律制度的执行者和对于正义负有特殊责任的国民。"日本的表述最简单，称律师为"在野法曹"。我国《台湾律师法》规定，律师"以保障人权、实现社

① 参见徐凯：《中国律师十字路口》，载《财经》2010 年总第 268 期，第 146 页。

会正义及促进民主法治为使命”。可见国外及台湾地区，从法律制度的层面对律师在整个司法体系中的地位和作用作了一个界定，即都承认律师是“法律职业共同体”的重要组成部分。虽然在西方，“法律职业共同体”的表述并不一定出现在有关国家的律师法中，但从法律规定和相关规范性文件中，可以解读出这一制度框架。上述德国、法国、加拿大、欧盟、美国、日本对律师的界定都反映了律师在司法体系中的地位，为法律职业共同体的重要成员。在这一方面，意大利比较典型，它把律师与检察官的职业性质视为相同，没有独立的律师法，实施的是一体化的《意大利律师和检察官法》，把二者放在一起来做制度设计。不仅把律师与检察官的职业性质视为相同，制定实施一体化法律，而且在任职资格上对律师的要求还要高于检察官，必须是在具备检察官任职资格的基础上，已经从事检察官工作若干年以上，才可以注册为律师。而台湾的律师法规定，取得律师资格可以有两种形式来实现，一种是司法考试，另一种是曾经担任法官、检察官的，甚至是具有一定知识和技能层次的法学教授，经过“核检”也可以做执业律师。

与之相比，我国新《律师法》虽然增加了对律师职责使命的规定，但是，从现有规定看不出律师在司法体系中的地位和作用。因为体制、制度等各个方面的原因，“法律职业共同体”在我国仍然处于法理学上的概念意义，还没有上升到制度层面。因此，随着时间的推移，我们认为下一步律师法再修改，应把“法律职业共同体”的这一概念引进律师法之中。

3.我国现阶段的律师概念具有明显的时代特征

我国三部《律师法》对律师概念的定义，体现了我们对律师制度的认识不断深化，是与我国法制建设尤其是律师制度建设的发展进程密切联系的，分别与计划经济、市场经济和经济全球化的发展阶段相适应，进行了不同的制度设计和安排，适应了不同时期的社会发展状况，都带有明显的时代性特征，特别是新律师法最大程度地适应了我国经济社会发展、司法体制和职业共同体发育现状等情况，既具有明显的时代进步特征，又具有典型的阶段性意义。

综合归纳并合理吸收域外关于律师概念的描述，我们对中国律师定义如下：律师是中国特色社会主义法律工作者，是依法取得律师执业证书、接受委托或者指定、为当事人提供法律服务的执业人员。律师应当维护当事人合法权益，维护法律正确实施，维护社会公平和正义。

二、律师的属性

律师的属性，即律师的性质，是指由一定的法律制度决定的、由特定从事律师职业的人依法维护委托人的权益及所具有的法律地位、权限、责任和作用等体现的根本属性。[①]“在律师理论的基本范畴建构方面，律师职业的性质是亟待解决一个基础性问题，甚至在一定意义上，可以说，对于律师职业及其基本性质的认识，正是律师学学科建立的逻辑起点。因此，对律师性质或属性问题进行研究，准确地界定律师职业属性是对律师基本理论进行深入研究的基础，也是律师制度建构和律师行业发展对于理论研究的必然要求。”[②]

我国关于律师的属性问题，理论界观点并不统一，主要有“二性说”“三性说”“四性说”“五性说”“六性说”“八性说”。[③] 律师的属性可以从不同的角度有不同的概括，但是我们认为，从每一个领域和角度去概括其属性的时候，实际上说的是一回事。根据我们的认识和理解，我国律师具有以下属性：

1. 从法律属性讲，律师以法为业，是法律职业者或者叫“在野法曹”，与法官、检察官、法学教授共同组成“法律职业共同体”。而且从其法律属性来讲，律师是依法、独立、自由执业，不受任何干扰。

2. 从社会属性讲，律师事务所、律师协会是因为市场经济的发育而出现的一种新的社会组织，是一种典型的社会组织。所以，律师是新社会组织成员，角色在民间、在社会，不行使国家公共权力。

3. 从经济属性讲，律师业属于现代服务业，律师提供的是有偿服务，具有其经济属性或者说是一定程度的商业属性，但不追求经济利益的最大化。律师与委托人之间是契约关系，双方法律地位平等。这一契约的一项重要内容，是律师为委托人提供需要的法律服务，而另一项重要内容，则是委托人向律师支付约定的报酬，亦即律师提供法律服务的活动是有偿的，因此律师可以收费，具有一定的商业属性。

但是，需要特别强调的是，律师执业不以营利为主要目的，它还具有一定的公益性。这是因为：

第一，整体而言，法律服务属于半公共物品，具有一定的公益性质。中世纪意大利经院哲学家和神学家阿奎纳（1225～1274 年）曾说，法律的目的是公共福利。我国台湾学者姜世明在《法律伦理学》一书中指出：所谓律师的公益性，是指律师不仅要对委托人的利益负责，而且对“公益之促进负责”，不能仅以私利之汲取为主要目的。我国台湾理律法律事务所执行合伙人陈长文在《法律人，你为什么不争气？》一书中指出：法律人必须体认自己的特殊位置与特别的公益责任。

---

① 参见叶青、顾跃进：《中国律师制度研究》，上海社会科学院出版社 2005 年版，第 3 页。

② 陈卫东：《律师职业属性之维》，载 2008 年 3 月 23 日《法制日报》，http://news.sina.com.cn/o/2008-03-23/103413619040s.shtml.

③ 参见司莉：《律师职业属性论》，中国政法大学出版社 2006 年版，第 114～123 页。

美国律师协会在《律师职业行为示范规则》的前言中多达十处提到了律师的公共性，并把律师定位为具有公共服务理想的公共公民。这一点在大陆法系国家也毫无二致，《德国联邦律师条例》将律师职责界定为“其工作为非工商业”。《联合国关于律师作用的基本原则》也认为，律师制度的一个重要作用就是“向一切需要他们的人提供法律服务以及与政府和其他机构合作进一步推进正义和公共利益的目标”。

第二，律师服务的公益性也由律师服务的垄断性所决定。国家通过特殊的制度安排，例如通过规定律师强制代理制度所产生的业务垄断权来保障律师的收益，实际上可以视为是对律师公益服务的一种补偿。在律师所获得的这些职业利益的背后，是国家通过授权性的制度安排，通过律师间接地实现国家为社会提供“法律服务公共物品”的目的。

第三，从国家、社会、市场、公民四者关系看，现代民主成熟社会，社会建设不套用市场规则，社会与市场是有边界的。国家就是国家的，市场就是市场的，该市场的政府办不了。法律规定了公民的权利，法无禁止即可为。从社会的角度来看，不同的历史阶段有不同的模式，但总体来讲，还是大社会与小政府之分比较好一些。所以，从四者的边界来看，社会不是市场，律师事务所和律师所在的领域主要是社会，它有市场规则，但并不能完全起支配作用，在许多情况下不能完全适用市场规则。这也是为什么对律师收费实行政府指导价与市场调节价相结合的价格政策的原因所在。

第四，从与律师、医师、牧师、公证员的比较看，这些职业化的工作，均具有较强的公益性，不以营利为主要目的。学者季卫东认为：对于从事律师、医生以及牧师等职业的人来说，最根本的价值是为公众利益服务的精神，其职业义务的内容尤其强调利他主义和伦理性。《公证法》把公证“不以营利为目的”写进了法律当中，对于律师，我们认为，如果深入探讨的话，应该赋予其一定的公益性质或者说承担更多的公益责任，或者把“不以营利为主要目的”写进法律，这有助于律师的准确定位，树立律师正面形象，引导律师业健康发展，也会从制度层面有力地驳斥律师是个体户、私营企业主等错误的说法。

此外，目前大家争议比较多的就是律师的政治属性。在 2008 年 10 月全国第七次律师代表大会上提出律师“五者”的要求，其中“一者”是中国特色社会主义法律工作者，并在 2010 年时把这个提法写入了中办发[2010]30 号文件。中国特色社会主义法律工作者，这是中央对律师的一个定位，部分业界人士称之为律师的“政治属性”，并认为“政治属性是律师性质的本质属性”。[①] 我们认为，这种观点具有合理性。对律师属性的理解，应从不同的角度或者从不同的领域甚至从不同的法治文化语境来概括，不能用法律属性来取代其他的属性。在所有社会组织人员中，政治性是律师区别于其他中介人员的显著特征。虽然律师的社会角色在“民间”，但无时无刻不在国家的政治、社会、司法体制的规制之中。一方面，律师职业与政治、法治的关联性最强，对社会政治、法治等因素的变化反应敏感，这些因素在某个特定历史时期，甚至直接影响律师个体的职业命运和律师业的发展；另一方面，整个社会的民主政治水平、法治文明程度，也依赖包括律师在内的法律职业者的推动。相对其他职业而言，律师必须担负更多的政治和社会功能。政治属性实际上只是律师在政治、国家体制中的性质，与法律属性中依法独立自由执业并不矛盾，依法独立自由执业是对政治、法律制度的最大维护。从这个角度讲，当然也就不完全属于政治领域。在一国的政治制度和社会制度的框架下，特别是中央文件赋予了律师这种定位、定性，我们认为它是成立的；从现实的角度来看，它有利于律师以及律师行业的成长与发展。

三、当前应慎用的几个“措辞”或“概念”

（一）慎提律师事务所是“社会中介机构”、律师是“中介人员”

在现实生活中，许多人把律师事务所归类为“社会中介机构”，律师被看作是中介人员。我们认为，这种说法是不恰当的。不容否认，在非诉领域，律师行业具有中介的部分特点，但是在诉讼领域特别是刑事诉讼领域，律师并不具有居中性质。律师从事业务只为一方当事人服务，不能同时从交易的双方收取佣金，不具有“中介服务”以“居间”为特征的中间媒介性质。律师事务所、律师被叫作“中介机构”和“中介人员”，严重矮化了律师行业，矮化了律师地位和社会角色，弱化了司法或准司法的制度意义。因此，我们认为，目前不宜使用这种措辞和提法。

（二）慎提律师是“自由职业者”

有学者将律师定义为“自由法律职业者”，这一称谓是个“舶来品”（“自由职业者”这个词，远不如其对应的英文来得贴切——“Self-employed”，自己雇用自己，香港人译作“自雇人士”。根据《韦氏大词典》的定义，自由职业者是：独立工作，不隶属于任何组织的人；不向任何雇主做长期承诺而从事某种职业的人）。我们认为，这一称谓在中国不合时宜。“自由职业者”这个概念与律师依法独立自由执业是两码事。第一，党政领导不认同。中央将律师定性为中国特色社会

① 参见王隽、於建平：《自强 自律 自尊 自省——关于律师行业精神的探讨》，载《中国律师》2012 年第 2 期。

主义法律工作者，并将律师队伍作为政法队伍的一部分，如在中央政法委“全国政法系统先进基层党组织”的组织评选中，律师事务所就被囊括其中，可以说这是目前全国律师行业获得的一项很高的荣誉，从中可以看出中央政法委也是将律师队伍视为政法队伍的一部分。第二，不符合中国的文化传统。因为中国的老百姓对这一称谓也不认同，它和老百姓有距离感、隔膜感。第三，律师行业绝大多数律师也不认可这种表达方法。第四，在中国文化背景下，较易让人产生歧义，会被误解为不受任何因素、规则约束的一个职业。第五，自由职业，并不指你执业是任意的、不受任何约束的，而只是指你有执业的自由，也有不执业的自由；你有为他执业的自由，也有不为他执业的自由。从实用主义的角度讲，在中国的国情下，得不到党委、政府和广大群众的认可，对律师及律师业的成长是有害的。

（三）慎提“体制之外”

国家治理的基本模式都在体制之内，任何人都逃脱不了大的国家体制和治理规则，从宽泛的意义上讲，不存在体制之外。律师制度设计的初衷，看似是在民间，而实际上发挥的是一种权力制衡，或者说是制度的一种设计，它不存在体制内、体制外。从宏观的角度来讲，我们都是体制内的。例如，律师协会行使的是一种公共管理的职能，我们能将它称之为体制之外吗？在国外，这种权力的行使是可以通过司法审查的，不服可以起诉，它自然属于体制内。律师执业，通过自己的聪明才智去养家糊口、发展事业，同时在追求着法治，能说他是体制之外吗？当然，单从公权力与私权力的角度来看，因权力与权利的性质不同，它确实有体制之外和体制之内的区别，但是从有利于律师业的发展和推进法治建设进程的角度来看，我们认为“体制之外”这种措辞最好还是不用为宜。

第二节　律师、律师事务所的权利和义务

律师、律师事务所的权利和义务，既是《律师法》和律师制度的核心问题，也是律师管理的基本逻辑起点。

一、律师的权利

（一）律师权利的概念和法律渊源

律师的权利，是指法律赋予律师在执行职务过程中所享有的权利。对于律师的权利，可以从以下三个方面来理解：

1. 从权利本质来看，律师权利是一种职务性权利，是律师依法独立执行职务的基本制度性保障，律师如果不从事法律规定的业务活动，则不享有法律赋予的

特定权利。

2. 从权利来源来看,律师权利可分为继受权利和法定权利。前者是基于委托人的授权而产生的权利,由于当事人可以根据自己的实际情况授予,因此具有不确定性;后者是基于律师的法律地位而享有的法律上的权利。

3. 从权利内涵来看,律师权利包括三个方面:一是律师依法可以为或者不为一定的行为;二是律师依法可以请求他人为或者不为一定的行为;三是律师依法执业受法律保护。法律、法规赋予律师的权利,都是上述权利内涵的具体化、法制化。

律师权利的法律渊源主要有两种:一是三大诉讼法,也就是《刑事诉讼法》《民事诉讼法》和《行政诉讼法》,律师从事各种法律服务时具体的执业权利大多散落其中。二是《律师法》,集中规定了律师执业保障、律师开业、律师组织等方面的权利。

(二)律师权利的内容

根据律师法和三大诉讼法的有关规定,我国律师在执业活动中主要具有以下权利:

1. 调查取证权

调查取证权是指律师在办理法律事务时,依法向有关单位、个人进行调查、了解有关情况、收集有关证据的权利。"律师执业必须以事实为根据。"要做到以事实为根据,就必须有权进行调查,掌握并取得可靠的证据。赋予律师调查取证权,对于保障律师从事法律服务工作,维护好当事人合法权益,具有不可或缺的重要意义。

《律师法》第 35 条规定:"受委托的律师根据案情的需要,可以申请人民检察院、人民法院收集、调取证据或者申请人民法院通知证人出庭作证。律师自行调查取证的,凭律师执业证书和律师事务所证明,可以向有关单位或者个人调查与承办法律事务有关的情况。"这一规定实际上赋予了律师申请调查取证权和自行调查取证权。第一,律师在诉讼活动中享有申请国家专门机关调查取证的权利。律师不拥有国家公权力,其调查取证权不具有法律上的强制力,具有很大局限性。在刑事诉讼中,辩护一方处于弱势地位,其调查取证和举证能力无法与追诉机关实现必要的平衡。法律赋予律师根据案情需要申请人民检察院、人民法院收集、调取证据或者申请人民法院通知证人出庭作证的权利,可以弥补辩护一方调查取证和举证能力的不足。第二,律师承办任何法律事务均享有自行调查取证权。对于律师的自行调查取证权,新律师法取消了经有关国家专门机关批准的条件,也淡化了需经过被调查人同意的前提,无疑是一大进步。但由于律师不是国家公权力的行使者,在自行调查取证活动受阻时,没有强制措施可以行使。

因此实践中，被调查人如果不接受、不配合律师的调查，律师实际上将无法取证。但是，在法律用语中去掉“经同意”的要求，在价值取向上有助于缓解社会对律师调查取证权不予配合的状况。

2.会见权

律师会见权是指在刑事诉讼过程中，律师所享有的与犯罪嫌疑人、被告人见面，并了解有关案件情况的权利。《律师法》第33条规定：“犯罪嫌疑人被侦查机关第一次讯问或者采取强制措施之日起，受委托的律师凭律师执业证书、律师事务所证明和委托书或者法律援助公函，有权会见犯罪嫌疑人、被告人并了解有关案件情况。律师会见犯罪嫌疑人、被告人，不被监听。”会见犯罪嫌疑人、被告人，是律师做好辩护工作必不可少的重要环节。通过会见，可以了解犯罪嫌疑人、被告人涉嫌的罪名及有关案件情况，听取犯罪嫌疑人或者被告人对指控罪名的意见和辩解理由，发现有利于犯罪嫌疑人、被告人的线索和证据。

理解律师会见权应注意三点：第一，律师“自犯罪嫌疑人被侦查机关第一次讯问或者采取强制措施之日起”即享有会见权。对犯罪嫌疑人来说，被侦查机关第一次讯问或者采取强制措施，是其进入刑事诉讼的开始，自此，犯罪嫌疑人可以聘请律师为其提供法律咨询、代理申诉、控告、申请取保候审等，受委托的律师可以会见在押的犯罪嫌疑人，犯罪嫌疑人及其辩护律师的上述权利可以延续到整个刑事诉讼结束。第二，律师会见应当履行手续、出示有关证件，包括律师执业证书、律师事务所证明和犯罪嫌疑人、被告人及其近亲属出具的委托书，承担法律援助义务的律师则应提交法律援助公函。此外，根据新刑诉法修正案规定，在危害国家安全犯罪、恐怖活动犯罪、特别重大贿赂犯罪案件中，律师会见在押的犯罪嫌疑人，应当经侦查机关许可。第三，律师会见犯罪嫌疑人、被告人不被监听。律师会见不被监听的本质在于，保障律师与犯罪嫌疑人、被告人之间的谈话是在保密状态下进行的，其谈话内容不得为第三方知悉。

3.阅卷权

阅卷权是指律师在诉讼活动中，依法查阅、摘抄、复制有关案卷材料的权利。阅卷是律师办理案件的基本环节，也是律师全面了解案情、掌握证据的重要手段。在我国和许多国家的诉讼程序中，案件卷宗记载着大部分案件证据以及程序性事项，是律师进行辩护、代理工作的重要参考资料。在刑事诉讼中，律师通过阅卷，可以全面了解案情，确认对犯罪嫌疑人、被告人的指控是否可靠、充分，全面了解已经形成的有利于犯罪嫌疑人、被告人的相关资料，尽早发现案件疑点，选择有效的辩护途径和方式，进而提出高质量的辩护意见。

《律师法》第34条规定：“受委托的律师自案件审查起诉之日起，有权查阅、摘抄和复制与案件有关的诉讼文书及案卷材料。受委托的律师自案件被人民法院受理之日起，有权查阅、摘抄和复制与案件有关的所有材料。”《刑事诉讼法》第38条也作了相同的规定。这一规定，首先明确了律师有权阅卷的时间，即：自检察院对案件审查起诉之日起；在审判阶段，自法院受理案件之日起。其次，明确了阅卷的内容。这一内容相比修订前的律师法有了很大的扩展。在审查起诉阶段，只要是与案件有关的诉讼文书及案卷材料，受委托的律师都有权查阅、摘抄、复制，而不仅限于诉讼文书和技术性鉴定材料；自案件被法院受理之日，受委托的律师有权查阅、摘抄、复制与案件有关的所有材料，不能具有任何限制。

4.庭审言论责任豁免权

庭审言论责任豁免权是指律师享有在庭审过程中发表言论不受法律追究的权利。《律师法》第37条第二款规定：“律师在法庭上发表的代理、辩护意见不受法律追究。”这是我国法律首次确立庭审言论责任豁免权。实际上，赋予律师这一权利是现代法治国家的通行惯例。《联合国关于律师作用的基本原则》第20条规定：“律师对于其书面或者口头辩护时所发表的有关言论或作为职务任务出现于某一法院、法庭或其他法律或行政当局之前所发表的有关言论，应享有民事和刑事豁免权。”赋予律师庭审言论责任豁免权，可以解除律师后顾之忧，保障律师大胆陈述代理和辩护意见、充分履行职责，最大限度地维护犯罪嫌疑人、被告人及其他诉讼委托人的合法权益，从而达到维护法律正确实施的目的。

理解律师的庭审责任豁免权应注意三点：第一，律师在法庭上发表的代理、辩护意见不受法律追究，是指任何性质诉讼案件中律师发表的言论均不受法律追究。第二，律师仅在庭审过程中享有言论责任豁免权，在法庭外发表的言论则不享有此项权利。第三，律师庭审言论责任豁免权有一定限制。律师法明确规定了律师享有这一权利的例外情形，即“发表危害国家安全、恶意诽谤他人、严重扰乱法庭秩序的言论除外”。

5.拒绝辩护、代理权

拒绝辩护、代理权是指律师因法定事由或不可抗力等因素可以拒绝辩护或代理的权利。《律师法》第32条第二款规定：“律师接受委托后，无正当理由的，不得拒绝辩护或者代理。但是，委托事项违法、委托人利用律师提供的服务从事违法活动或者委托人故意隐瞒与案件有关的重要事实的，律师有权拒绝辩护或者代理。”

理解律师拒绝辩护、代理权，应当注意三点：第一，律师作为法律职业者，一旦接受当事人委托，就应当尽职尽责地为当事人提供法律服务，无正当理由不得拒绝辩护和代理，这是律师职业道德忠于职守义务的要求。第二，如果出现如下法定情形，有权拒绝辩护或者代理：(1)委托人的委托事项违法，如委托人委托律师毁灭、伪造证据或者为其串供、威胁引诱证人改变证言作伪证，等等。(2)委托人利用律师提供的服务从事违法活动，如：委托人让律师办“关系案”“金钱案”，等等。(3)委托人故意隐瞒与案件有关的重要事实。律师代理委托人委托事务的基础是充分了解委托事务的事实情况，如果委托人隐瞒与案件有关的重要事实，律师将无法开展工作。(4)《律师法》第 38 条规定了律师对执业活动中知悉的委托人不愿泄露的情况和信息负有保密义务。如果律师认为这些情况和信息对本案的正确处理有重要影响，可以动员、说服委托人向办案机关说明情况。委托人不接受律师劝告执意隐瞒的，律师也可以拒绝辩护和代理。这实际上赋予了律师有条件地拒绝辩护、代理权。第三，应当认为，《律师法》第 32 条第二款的规定并不是穷尽性的，如果遇有其他正当理由，如严重侮辱律师人格、不可抗力等因素，律师也可以拒绝辩护和代理。

6. 人身受保护权

《律师法》第 37 条规定：“律师在执业活动中的人身权利不受侵犯。”第 3 条第四款规定：“律师依法执业受法律保护，任何组织和个人不得侵害律师的合法权益。”这既是对律师人身权利的保护，也是对律师行使执业权利的保障性规定。

律师的职责决定了律师必须代表一方利益与另一方进行抗争。在刑事诉讼中，律师的对手是行使国家公权力的人民检察院；民事诉讼中，律师也天然地和另一方当事人产生利益冲突。律师始终处于利益或矛盾冲突的前沿，对执业律师人身权利的保护具有特殊意义，因为只有律师的人身权利依法得到维护，律师所代表委托人的权利维护才有可能。在此意义上讲，对律师执业权利的保护成为人权保护的“晴雨表”。

同时，《律师法》第 37 条第三款规定：“律师在参与诉讼活动中因涉嫌犯罪被依法拘留、逮捕的，拘留、逮捕机关应当在拘留、逮捕实施后的二十四小时内通知该律师的家属、所在的律师事务所以及所属的律师协会。”这一规定确立了权力机关的通知义务，也为家属、律师事务所、律师协会及时了解相关情况和采取其他措施提供了可能。

7. 其他权利

为全面维护当事人的合法权益，律师作为当事人的受委托人，在诉讼的任何阶段都有权利为当事人的权益抗争，应当享有一系列的诉讼权利，因此，律师权利是一个开放的体系。这些权利可以通过诉讼过程中若干具体的诉讼权利得以体现，也可以通过有关侦查、检察、审判机关及其工作人员对辩护人的法定义务表现出来。根据律师法和三大诉讼法，律师至少还享有以下权利：获得开庭通知权，出庭和参与诉讼权，代行上诉权，代理申诉和控告的权利，为犯罪嫌疑人、被告人申请变更或解除强制措施权，对阻碍其行使诉讼权利行为的申诉控告权，以及律师在庭审阶段的发问权、质证权、参与辩论权，等等。

此外，尽管律师提供法律服务具有商业营利性质，有权取得合理报酬，但实践中，律师并不能直接向当事人收费，只能从律师事务所获得报酬，因此，一般不把获得合理报酬作为律师的一项权利，在此不再赘述。

二、律师的义务

律师的义务，是指依照法律法规与律师执业规范、律师职业道德的要求，律师在提供法律服务时应当做出或不应做出一定行为的限制性或者禁止性规定。[①] 具体包括：

（一）律师对当事人的义务

1.勤勉尽责的义务。忠实维护当事人的合法权益是律师的重要职责，也是律师法的立法目的之一。我国《律师法》第 29～32 条分别规定了律师在担任法律顾问、诉讼或非诉业务代理人以及刑事辩护人时，均应尽职尽责地维护当事人的合法权益。根据这些规定，律师应当全面履行接受委托时所约定的法律服务，勤勉尽责地履行代理、辩护职责，避免给当事人造成损失；也不得超越委托权限，从事与委托代理的法律事务无关的活动。

2.避免利益冲突的义务。律师接受一方当事人的委托之后，就负有忠实维护委托人利益的义务，不得再同时接受诉讼立场、利益相互冲突的对方当事人的委托，以防止损害委托人的合法权益。我国《律师法》第 39 条对律师利益冲突执业禁止作出了规定。正确理解这一规定，应注意把握两点：一是律师在同一案件中为双方当事人担任代理人，或者代理与本人或者其近亲属有利益冲突的法律事务，是法律明令禁止的行为。无论委托人持何种态度，律师均应当予以回避。二是律师和律师事务所在接受委托之前应当进行利益冲突审查。遇有法律禁止代理的情形，应拒绝接受委托。

3.保密义务。律师基于职业特点和执业便利，往往接触到某些国家秘密、商业秘密和个人隐私。保守执业中知悉的国家秘密和委托人不愿泄露的秘密，是律师立信于当事人乃至社会的一个基本要求和条件。我国《律师法》第 38 条明确规定了律师的这一义务。同时，对于自己所知道的委托人或者其他人已经实施的一般罪行，辩护律师应当予以保密，而没有检举揭发的义务；只有对于委托人或者其他人准备或者正在实施的危害国家安全、公共安全以及其他严重危害他人人身、财产安全的犯罪事实和信息，辩护律师才有义务进行检举揭发。[②]

4.无正当理由不得拒绝委托的义务。律师接受当事人的委托之后，有义务

---

① 参见陈卫东主编：《中国律师法学》，中国人民大学出版社 2008 年版，第 48 页。

② 参见谭世贵主编：《律师法学》，法律出版社 2013 年版，第 74 页。

通过坚持不懈的努力去实现当事人的合法权益，无法定的正当理由，不得拒绝继续辩护或者代理。律师的这种义务在我国《律师法》第32条中得到了明确的规定。其中所谓的“法定的正当理由”是指委托事项违法，委托人利用律师提供的服务从事违法活动或者委托人故意隐瞒与案件有关的重要事实这三种情形。

（二）律师对司法机关和仲裁机关的义务

1. 律师的真实义务。我国《律师法》第3条规定，律师执业必须以事实为根据，以法律为准绳，它要求律师执业必须从实际出发，尊重客观事实，不能凭主观想象和猜测办事，更不能违背事实，甚至歪曲事实。第40条第六款更是进一步规定律师不得故意提供虚假证据或者威胁、利诱他人提供虚假证据，妨碍对方当事人合法取得证据。我国三大诉讼法对此也作出了相应规定。律师违反真实义务，将影响法官、仲裁员对案件事实的判断，影响案件的依法公正处理，与律师的职业使命相悖，必须严格禁止。

2. 维护司法公正与司法秩序的义务。律师为当事人提供法律服务时，其行为不得损害司法的纯洁性，不得妨碍司法程序的正常进行。也就是要求律师具有维护司法公正的义务。根据我国律师法有关规定，这种义务包括以下几项要求：律师不得违反规定会见法官、检察官、仲裁员以及其他有关工作人员；不得向法官、检察官、仲裁员以及其他有关工作人员行贿，介绍贿赂或者指使、诱导当事人行贿，或者以其他不正当方式影响法官、检察官、仲裁员以及其他有关工作人员依法办理案件；不得煽动、教唆当事人采取扰乱公共秩序、危害公共安全等非法手段解决争议；不得扰乱法庭、仲裁庭秩序，干扰诉讼、仲裁活动的正常进行。①

3. 执业禁止义务。我国《律师法》第41条对曾担任法官、检察官的律师从事代理和辩护进行了特殊限制，要求其从人民法院、人民检察院离任后二年内，不得担任诉讼代理人或辩护人。《法官法》和《检察官法》对此也作出了相应规定。应当指出，这种特殊限制的业务领域仅系诉讼业务。对于曾担任法官、检察官的律师从事非诉讼业务，则没有这一限制。

（三）律师负有的其他义务

主要有：(1)律师的执业活动必须要自觉接受所在律师事务所的监督和管理，尤其是在委托手续办理、利益冲突审查、学习培训等方面都要遵守其制度。(2)律师必须加入律师协会，自觉履行会员义务，遵守协会章程，按时交纳会费，参加律师协会组织的培训和其他活动等。(3)接受司法行政机关和律师协会的监督指导，不得向司法行政机关或者律师协会提供虚假材料、隐瞒重要事实或有

① 参见陈卫东主编：《中国律师法学》，中国人民大学出版社2008年版，第51页。

其他弄虚作假行为。

三、律师事务所的权利

律师事务所作为律师的执业机构，在律师法以及相关法律法规规定的范围内，向社会提供法律服务，依法享有广泛的权利。

1. 自主经营的权利

律师事务所作为独立的社会组织，享有自主经营的权利，任何组织和个人都不得非法干预律师事务所的经营活动，不得侵犯律师事务所的合法权益。这里包括两层含义：第一，律师事务所自主经营的权利。比如：律师事务所可以自主选择其组织形式、业务种类和执业方式；可以自主决定提供法律服务的对象和内容；有权决定接受或者不接受当事人的委托；有权拒绝当事人要求律师事务所为其从事违法行为提供服务；有权拒绝有关泄露当事人秘密和隐私的要求等。第二，律师事务所执业活动不受任何组织和个人的非法干预。即使是国资律师事务所，其执业活动也不受出资人或者主管行政机关的非法干预。

2. 统一接受委托的权利

《律师法》第25条规定："律师承办业务，由律师事务所统一接受委托，与委托人签订书面委托合同。"此条规定赋予了律师事务所接受当事人委托的权利。在律师与当事人的委托法律关系中，律师事务所是一方主体，它与当事人签订委托代理合同，继而委派其所内的律师按代理合同提供法律服务。律师并不是委托关系的主体，不得以自己的名义接受委托。承办律师无论以何种名义从事法律服务，均是作为律师事务所的派出人员执行职务的行为，其所有行为均代表律师事务所，受律师事务所章程的管理和约束。一般来说，律师事务所为接受当事人的委托，均建立了一套统一的收案制度。

3. 按国家规定统一向当事人收取费用的权利

《律师法》第25条第一款规定，律师事务所"按照国家规定统一收取费用并如实入账"。律师事务所作为享有自主经营权的法律服务机构，其向当事人提供的服务具有有偿性。鉴于律师事务所享有统一接受当事人委托的权利，也就当然享有统一收取费用的权利。

根据《律师服务收费管理办法》，律师事务所可以采用计件、计时、按标的比例三种收费方式。律师事务所应统一收取费用、向委托人出具合法票据并如实入账，律师个人不得私自收费。

4. 自主用人的权利

律师事务所自主用人的权利，是指律师事务所可以在符合有关法律规定的前提下，享有自主录用、使用和辞退律师的权利。律师是律师事务所的基本元素，律师事务所的竞争归根结底是律师人才的竞争。律师事务所的自主用人权体现在三个方面：第一，律师事务所可以根据自己的需要自主决定录用什么样的律师。第二，律师事务所可以根据律师的特点，自主安排对律师的使用。比如：有的律师精于分析案件和提出解决方案，但不善言辞，可以作为非诉律师办案；有的律师善于表达和随机应变，可作为诉讼律师办案；有的律师既懂法律又有较高的外语水平，可以办理涉外案件等。第三，律师事务所可以依照法律规定自主辞退律师。

一般来说，为了更好地使用律师人才，律师事务所一般都制定一套人才使用、培训、奖惩等制度，旨在提高律师的业务能力和水平，提升律师事务所的竞争能力。

四、律师事务所的义务

律师事务所作为律师的执业机构，依据《律师法》及相关法律法规的规定开展业务活动，接受司法行政机关和律师协会的监督管理，依法承担相应的义务。

1. 对本所律师加以监督、考核的义务。我国《律师法》第23～24条对律师事务所应当建立健全的管理制度和对本所律师监督考核的义务进行了要求，明确规定律师事务所应当建立健全执业管理、利益冲突审查、收费与财务管理、投诉查处、年度考核、档案管理等制度，对律师在执业活动中遵守职业道德、执业纪律的情况进行监督。应当于每年的年度考核后，向设区的市级或者直辖市的区人民政府司法行政部门提交本所的年度执业情况报告和律师执业考核结果。

2. 合理收费的义务。律师事务所为当事人提供法律服务，享有收取合理报酬的权利，同时也承担着合理收费的义务。律师事务所收费应当根据律师服务收费管理办法、统一收费标准或者收费合同的约定收取合理报酬，不得超标准收费，更不能违规收费。

3. 依法纳税的义务。我国《律师法》第25条第二款明确规定律师事务所和律师应当依法纳税。一切营利性组织和公民都有依法纳税的法定义务，律师事务所作为为律师提供法律服务的执业机构，依据《律师法》的规定，其享有向委托人统一收费的权利，具有营利性质，因此依法负有纳税义务。

4. 不得进行不正当竞争的义务。这既是对律师事务所的要求，也是对律师的要求。我国《律师法》第26条规定，律师事务所和律师不得以诋毁其他律师事务所、律师或者支付介绍费等不正当手段承揽业务。律师行业之间客观上存在着同业竞争，律师行业的竞争应当通过提高自身综合素质、提升法律服务质量、加强自身业务竞争力等正当手段来实现，而不能通过不正当手段来竞争。因此，禁止律师行业中的不正当竞争，是规范律师行业秩序的客观需要，也是维护当事人合法权益的必然要求。

5. 不得从事法律服务以外经营性活动的义务。《律师法》第 27 条对律师事务所的这一义务作了明确规定。该规定将律师事务所的活动主要限制在为社会提供法律服务的职能之内，即为社会提供法律服务是律师事务所的主要经济来源，律师事务所不得从事其他经营性活动。值得指出的是，法律并未限制律师事务所从事非经营性活动，如慈善、公益事业等。①

6. 提供法律援助的义务。在我国，律师和律师事务所都是实施法律援助的义务主体。国家建立法律援助制度，旨在为经济困难的公民或特殊案件的当事人予以减免费用提供法律服务，以使其合法权益得以维护，进而促进社会稳定和经济发展，实现法律对于公民的平等保护。因此，《律师法》第 42 条不仅明确规定了律师和律师事务所的法律援助义务，而且还规定律师和律师事务所应当为受援人提供符合标准的法律服务，维护受援人的合法权益。

第三节　律师管理概念及管理学、行政法学简要分析

管理包括公共组织对公共生活的管理活动，也包括私人组织对各自事务的管理行为。20 世纪 70 年代末 80 年代初，公共管理改革运动兴起，国家逐步还权于社会，公共管理社会化。现代律师管理中司法行政机关的管理为公共管理中的国家行政管理，律师协会的管理属公共管理中的社会管理；管理主体多元并存且相互配合，管理权限体现相对主体对服务的可接受性，运行机制从注重权力行政向注重权利尊重转变。

一、管理的概念及管理学的发展

（一）管理的概念

管理是人类社会活动和生产活动普遍存在的现象。在人类社会中，管理无处不在，无时不在。从一般意义上讲，有人群的地方就有管理；即使个人事务，也存在一定意义的管理问题。任何事情成也管理，败也管理。② 简言之，管理就是管理者所从事的工作。但是，这样过于简单的陈述没有告诉我们更多的信息。③

---

① 参见何悦主编：《律师法学》，法律出版社 2011 年版，第 123 页。

② 参见周三多、陈传明、鲁明泓编著：《管理学——原理与方法》，复旦大学出版社 2010 年版，第 3 页。

③ 参见[美]斯蒂芬・P・罗宾斯(Stephen P. Robbins)、玛丽・库尔特(Mary Coulter)著，孙健敏等译，孙敏健校：《管理学》(*Management*)，中国人民大学出版社 2008 年版，第 7 页。

于是,关于管理的更恰当的定义,近百年来许多学者进行了探索。

科学管理之父弗雷德里克·温斯特·泰勒(Frederick Winslow Taylor)认为:管理就是指挥他人能用最好的办法去工作。诺贝尔奖获得者赫伯特·西蒙(Herbert A. Simon)将管理定义为制定决策。彼得·德鲁克(Peter F. Drucker)认为,管理是一种实践,其本质不在于知而在于行,其验证不在于逻辑而在于成果,其唯一权威就是成就。亨利·法约尔(Henri Fayol)认为,管理是由计划、组织、指挥、协调及控制等要素组成的活动过程。该观点经过许多人的研究与实践,对西方管理理论的发展具有重大的影响力。哈罗德·孔茨(Koontz)与海因茨·韦里克(Heinz Weihrich)提出:管理就是设计并保持一种良好环境,使人在群体中高效率完成既定目标的过程。该观点首次提出管理包含设计并保持一种良好环境,满足了组织行为学与管理伦理学对管理的最本质要求,体现了管理对人的起码尊重与关怀,是时代进步的标志。[①]

我国学者张俊伟则从词源的角度分析了管理的定义:"管,原意为细长而中空之物,其四周被堵塞,中央可通达。使之闭塞为堵;使之通行为疏。管,就表示有堵有疏、疏堵结合。所以,管既包含疏通、引导、促进、肯定、打开之意,又包含限制、规避、约束、否定、闭合之意。理,本义为顺玉之纹而剖析;代表事物的道理、发展的规律,包含合理、顺理的意思。管理犹如治水,疏堵结合、顺应规律而已。所以,管理就是合理地疏与堵的思维与行为。"该定义强调管理者要能够理顺管理对象及其与管理者和周围环境之间的关系,使管理对象易于被管理者把握。[②]

综合上述定义,我们认为任何一种管理活动都必须由五个基本要素[③]构成,即管理主体,由谁管;管理客体,管什么;管理目的,为何而管;组织环境或条件,在什么情况下管;管理方式,怎么管。基于此,我们将管理定义为:管理是指管理者为了实现有效目标,利用一定环境条件对管理客体实施相应管理方式的活动过程。其中,管理方式应为管理概念的核心。

每一种组织、行业都需要基于一定的价值观导向而对其事务、资产、人员、设备等所有资源进行管理。因而,虽然在现代市场经济中工商企业管理最为常见,但管理不仅仅指工商企业管理,除此之外还有很多种类的管理,比如行政管理、

---

① 参见周三多、陈传明、鲁明泓编著:《管理学——原理与方法》,复旦大学出版社2010年版,第10页。

② 参见张俊伟:《极简管理:中国式管理操作系统》,机械工业出版社2013年版,第5页。

③ 管理的要素有三要素说、五要素说等。所谓三要素,即管理主体、管理对象与管理媒介;所谓五要素,即管理主体、管理客体、管理目的、组织环境或条件与管理方式。其实质相同,只是三要素说将五要素说中的管理目的、组织环境或条件与管理方式等合并为管理媒介而已。基于行文的方便,本文采用五要素说。

经济管理、社会管理、人力资源管理、情报管理、城市管理、卫生管理等等。当然，也包含了律师管理。

(二)管理学的发展

管理学属于一门博大精深而又与时俱进的学问。真正把管理变为一个系统的理论、学科，中外公认产生于19世纪末20世纪初，并被称为“古典管理理论”或者“科学管理理论”。[①] 美国被尊为“科学管理之父”的弗雷德里克·温斯特·泰勒(Frederick Winslow Taylor)1911年出版的《科学管理原理》被认为是科学管理理论的代表作。彼得·德鲁克(Peter F. Drucker)于1954年出版的《管理实践》一书，首次提出“管理学”概念，且著述颇丰，被誉为“现代管理学之父”。20世纪初诞生的管理学随着理论研究者和实践者的努力，理论与实践均呈现出空前的繁荣，流派迭出，新理论、新思想不断产生，人才辈出。哈罗德·孔茨(Koontz)1961年发表的《论管理理论的丛林》与1980年发表的《再论管理理论的丛林》两篇论文对1980年前的管理理论、主张等作了精辟的归纳与分析。尽管管理学各流派(如古典学派、行为学派、社会系统学派、决策理论学派、系统管理学派、经验主义学派、权变理论学派、管理科学学派、组织行为学派、社会技术系统学派、经理角色学派、经营管理学派等)各有自己的理论主张，但从内容上来看不超出组织、管理以及经营三大内容。

随着社会发展，管理学在现代出现了四种新的发展趋势。一是战略化趋势。现代社会生产日趋复杂，社会环境变幻莫测，组织与环境联系日益紧密，管理所涉及因素日益增多、日趋复杂，组织能否制定和实现正确的战略构想，关系到组织的兴亡。因此，从实际出发注重对长期计划和战略研究，成为管理中突出的热门课题，出现了战略化趋势。二是信息化趋势。在瞬息万变的时代，如何获取有效信息成为管理的首要任务。管理者若要发挥作用，必须以掌握丰富、真实、准确、及时的信息为前提。因此，对信息的管理就成了现代管理的一个突出特点，出现了信息化趋势。三是人性化趋势。随着信息时代的到来，人的作用在组织中日益凸显。管理者日益重视人的因素，管理以人为中心，把提高人的素质，满足人的需求，调动人的主动性、积极性和创造性放在首位；在管理方式上，更强调用柔的方法，尊重个人的价值和能力，以实现人力资源优化及合理配置。四是弹性化趋势。随着现代社会信息技术的进步、网络经济的发展，组织机构日趋灵活而富有弹性。为简化发号施令和相互沟通渠道，组织管理者缩小机构、减少层次，并赋予下属机构更大的自主权。既有利于发挥下属人员的专长和创造精神，又有利于使组织管理者把主要精力集中在高层战略决策问题上。

---

① 参见周三多、陈传明、鲁明泓编著：《管理学——原理与方法》，复旦大学出版社2010年版，第52页。

我国管理学的研究、发展也非常之快，出现了许多权威性的著作。由于西方管理理论缺乏人性关怀且在具体实践中出现了不理想的结果，中国管理界开始反思，在继承中华优秀管理思想的基础上形成了论权者谋[①]等更加适合中国人特点的管理学理论。复旦大学管理学科代表人物芮明杰的《管理学：现代的观点》（上海人民出版社 2005 年版）一书，注重以今天的观点去看基本的管理问题，从而给现代人以启迪。曾坤生的《管理学》（清华大学出版社 2009 年版，2012 年 9 月第 2 版），吸收了国内外大量管理学研究的最新理论、方法与案例。周三多主编的《管理学》采用罗宾斯《管理学》体系，从管理四大职能（计划、组织、领导、控制）角度设计全书体系，有复旦版、高教版、南大版等多个版本，是影响最为广泛的本土著作。另外，杨文士、王利平等人编著的《管理学原理》、孙健敏和李原的《组织行为学》、彭剑锋的《人力资源管理概论》以及付亚和的《绩效管理》也是国内比较优秀的著作。2013 年机械工业出版社出版了张俊伟的《极简管理：中国式管理操作系统》，这本书的内容与中国传统文化里的太极、两仪、三才、四象、五行、六合、七政、八卦、九宫、十方相对应，融合了中华民族的传统文化和优秀智慧，而且从管理理论基础到管理的方法论再到管理的实际应用，形成了一套完整的中国式管理理论系统。此书是纯中华智慧、纯本土、纯原创著作，有望打破西方管理理论一统天下的局面。

从管理学的发展历史来看，中外管理学均以企业管理为主要研究领域，即工商企业管理。但随着社会的文明进步和管理研究领域的拓展，管理学又出现了许多新的学派、分支和交叉、边缘学科，例如行为科学学派、管理科学学派、决策理论学派和公共管理学、行政管理学、工商行政管理学等等。

二、律师管理的概念

根据管理五要素说，就律师管理的主体来讲，律师作为法律职业者，一方面律师执业的根本条件在于独立自主的执业环境，律师行业的独立性与自主性要求律师管理要实行符合律师行业特点的律师协会自治管理；另一方面，对社会事

---

① 即东堂策《论权者谋》的管理理论。“权者”，即管理者。《论权者谋》集成了中国管理思想与理论，三千余字，文言格式行文，共修身、立道、驱心、勤人、谋事五篇，内容博大精深，思想深邃，逻辑缜密。它有极高的管理学以及文学价值，不仅仅是管理学著作，更是对中华文化的继承和发展；如果说《孙子兵法》是攻敌伐谋的“术”论，《论权者谋》则是精兵强将的“道”论。作者东堂策（笔名），原名王强，1979 年生于贵州省安顺市，苗族，在完成《论权者谋》及其注解之后，就此退出中国管理学术界，业内很少有人熟知其人其事。东堂策先生是“中国管理学的集大成者”，相对于那些以培训和出书为名的所谓“管理学大师”以及自恃才高而毫无实践经验的管理学教授而言，东堂策先生是无私的，从他“撰此文以助天下贤达兴其业、酬其志”的愿望可以看出，他一不求名、二不求利的学术风格，值得管理学家反思。其主要作品为《论权者谋》以及《〈论权者谋〉注解》。

务进行管理,是国家的一般职能,律师制度作为国家司法制度的组成部分也不例外,而且国家司法行政管理有助于对律师行业的总体控制,防止律师行业内部垄断利益的形成,行业自治管理不能完全排除国家的司法行政管理。因此,律师管理的主体包括律师协会与司法行政机关。

就律师管理的客体而言,律师管理可以分为四个方面:一是对执业律师的管理,这是律师管理的基本对象,主要涉及对律师地位的界定,执业资格的取得、培训,执业行为规范、执业纪律与职业道德规范,执业权益保障,资质评定与惩戒等方面。二是对律师事务所的管理,主要涉及组织形式的界定、设立、变更和终止、资质评定、法律责任以及惩戒等方面。三是对律师行业的管理,主要涉及政策导向、发展规模调控与布局、竞争规则、税收以及与其他法律职业关系的协调等方面。四是对法律服务市场的管理,主要涉及市场的培育与准入、律师法律服务范围、市场环境净化、市场的对外开放以及开辟国际市场等。

就律师管理的目的而言,既是为了规范律师行业,又是为了提供优质的服务和便捷地实现公共利益。

就律师管理的环境而言,注重公共行政、服务政府、法治、人权。

就律师管理的方式而言,管理向服务转变,行政权力色彩日渐淡化,广泛使用行政政策、行政指导、行政合同、行政激励等非强制性行政方式。

律师管理各要素不是静态、孤立的,而是相互联系、相互渗透和相互融合的有机统一整体。综合以上要素,我们认为,律师管理是指司法行政机关、律师协会为了规范律师行业、提供优质服务和便捷实现公共利益,而对执业律师、律师执业机构、律师行业以及法律服务市场实施非强制性、强制性行政方式的活动。

三、律师管理的主体

(一)律师管理的行政主体

在我国,行政主体概念是典型的舶来品,它的引入始于20世纪80年代末;在此以前,我国行政法理上以行政机关或者行政组织来表示行政管理主体。行政主体是学理上的概念,不是一个法律上的概念。它的引入有着功利性和工具性目的,且引入后对其进行了改造,因而已不是域外行政主体的源概念,成了中国特色的本土化的概念。许多学者认为,行政主体是指享有国家行政职权、以自己的名义行使职权并能独立承担责任的组织。但是,因为行政包括公行政和私行政,公行政又包括国家行政和社会行政;国家行政并不是公行政的全部,行政主体除享有国家行政职权的国家机关外,还应包含享有公共职能的非国家公共组织。而上述概念将享有国家行政职权作为行政主体的要件,带有很大的局限性。因而,我们认为,律师管理行政主体就是指享有律师管理行政职权、以自己的名义行使律师管理行政职权并独立承担责任的组织。

随着公共行政的发展,行政主体不仅包括了作为国家行政主体的行政机关和法律、法规授权的组织,而且还包括了作为社会行政主体的非政府组织。因此,行政主体分为三种类型:职权行政主体,主要是指国家行政机关,是最基本的行政主体;授权行政主体,包括:行政机关的内部机构、派出机构和临时机构,法律、法规授权的企事业单位、社会团体和基层群众自治性组织;自治行政主体,包括社区组织如城市的居民委员会和农村的村民委员会、行业组织包括行业协会(如服装行业协会、装饰行业协会等)与职业协会(如律师协会、注册会计师协会、医师协会等)、公共事业单位(如公立高等学校、公立医院、科研院所等)。因而,律师管理中,随着行政职能社会化、行政主体多元化,司法行政机关不再是律师管理的唯一行政主体,律师协会已不再是单纯的律师管理对象,它同时还取得了公共行政主体的地位,担负着对律师行业进行监督和管理的职责,与国家司法行政机关一样,处于行政主体地位。

1. 司法行政机关

在律师管理中,司法行政机关是国务院及地方各级政府管理律师行业的职能部门。司法行政机关的管理是代表国家对律师行业实施的管理,其性质属公权力,代表的是社会的公众利益。

2. 律师协会

在律师管理中,律师协会作为行政主体主要体现在两类法律关系中:一类是作为行使行政管理职权的行业组织与司法行政机关构成的法律关系。律师法赋予律师协会一定的行业行政职权和相应的行业行政职责,使它具有对律师行业进行管理的资格;司法行政机关既要为律师协会提供职务上的便利,又要对其管理行为实施有效的监督、指导。另一类是在行业管理过程中与执业律师和律师执业机构构成的法律关系。律师协会既享有对整个律师行业进行管理的权利,又有义务履行其职责。

(二)律师管理的行政相对主体

行政相对主体,是在行政管理法律关系中与行政主体相对应的另一方当事人,即行政主体行政行为影响其权益的个人或组织。在律师管理行政法律关系中,与律师管理行政主体相对应的、权益受律师管理行政行为影响的个人或组织,为律师管理行政相对主体。现行《律师法》第 4 条规定:“司法行政部门依照本法对律师、律师事务所和律师协会进行监督、指导。”由此,律师管理行政相对主体主要有以下几类:

1. 律师协会

在律师管理中,律师协会与司法行政机关一起成为管理行政主体的同时,也与律师执业机构、执业律师一起处于与司法行政机关相对应的行政相对主体地位。

2.律师事务所(含公职律师办公室、公司律师事务部)

律师事务所为律师执行职务的工作机构,它在规定专业活动范围内接受中外当事人委托,为当事人提供各种法律服务;负责具体分配和指导所属律师的业务工作。律师事务所受司法行政机关和律师协会的监督、指导。

3.执业律师(含法律援助律师、公职律师和公司律师)

律师是指依法取得律师执业证书,接受委托或者指定,为当事人提供法律服务的执业人员。律师应具备必须的法律专业知识,以提供法律服务为职能,受国家保护和管理。执业律师受司法行政机关和律师协会的监督、指导。

4.港澳律师事务所驻内地代表机构及其代表

香港、澳门特别行政区律师事务所驻内地代表机构的设立及其法律服务活动,应当按照《香港、澳门特别行政区律师事务所驻内地代表机构管理办法》的规定执行。司法部负责对代表处及其代表的监督管理。省、自治区、直辖市司法厅(局)应当对设在本行政区域内的代表处及其代表是否依法开展法律服务活动进行监督管理。

5.外国律师事务所驻华代表机构及其代表

外国律师事务所、外国其他组织或者个人不得以咨询公司或者其他名义在中国境内从事法律服务活动。外国律师事务所如欲在中国境内从事法律服务活动,必须在中国境内设立代表机构并派驻代表。境外律师事务所代表处应在规定的执业范围内执业并遵守相应的执业规则,受司法行政机关和律师协会的监督、指导。

四、现代律师管理的性质与特点——律师管理的管理学分析

(一)现代律师管理的性质

在管理学上,管理是指社会组织对一定范围内的事务进行组织与管理的活动,包括公共组织对公共生活的管理活动,也包括私人组织对各自事务的管理行为。由此,管理有公共管理和私人管理之分,是否基于公共利益和是否具有营利性是公共管理与私人管理区分的关键。而社会公共事务的管理并不能由国家行政独占,除了国家行政管理以外,还有社会管理,它们都属于公共管理。在早期行政国家,为了弥补市场功能的缺陷,强调国家干预,国家行政管理的范围不断扩大并空前膨胀,在社会生活中,国家行政管理居于绝对主导地位;而社会管理的范围很小,所起的作用也很小。20 世纪 70 年代末 80 年代初,公共管理改革运动兴起,开始寻求国家干预与市场调节的有机结合,国家逐步还权于社会,国家行政管理的范围缩小,社会管理的范围随之扩大,出现公共管理社会化。因

此，公共管理是与私人管理相对应的一个概念，二者均属于管理的范畴；而公共管理在范围上要宽于国家行政管理，它不仅包括国家行政管理，而且还包括社会管理。

现代律师管理属于公共管理的范畴，其中司法行政机关的管理为公共管理中的国家行政管理，律师协会的管理属公共管理中的社会管理。

（二）现代律师管理的特点

现代律师管理具有了一些前所未有的特点：

1.现代律师管理的行政主体多元并存且相互配合。现代律师管理要以能够最优地实现公共目标为标准，作为一种公共行政不再简单地由司法行政机关全部包揽，律师协会也进入律师管理领域。律师协会作为律师自律组织，试图寻求公共组织与私人组织、政府与市场之间新的平衡，有助于补救市场失灵和政府失灵的双重缺陷，有助于提高公共事务的管理效率和公共服务的能力，在律师管理方面的作用日渐突出。同时律师协会更贴近律师工作，律师可以更直接地参与其运作和更直接对之进行监督。

2.现代律师管理权体现了管理相对主体对服务的可接受性。现代律师管理打破了传统管理理论的思维模式，开始注重从管理到服务的理念转变，实现从管理行政到服务行政的行政法治观念上的革新，要求作为公共行政主体的司法行政机关、律师协会，其行使职权的目的是能够更有效地为全体律师和整个律师行业提供服务，其在实施行政管理的同时，也应站在律师的立场为律师行业服务；同时也强调律师执业机构、律师作为相对人对服务的交流与合作。律师管理方式的行政色彩日渐淡化，非强制性的服务色彩日渐浓厚，即便是传统意义上强制性的管理方式，也随着公共参与、听证制度、复议制度等民主程序的建立和完善而逐步失去昔日的威严。司法行政机关以及律师协会开始广泛使用行政指导、行政合同、行政激励等非强制性行政方式，以及带有契约、指导、协商、帮助等强制功能较弱的柔性手段来管理律师行业，提高行政效率，增进行政民主，保证行政目标实现。

3.现代律师管理的行政权运行机制正在从注重权力行政到注重权利尊重更新。传统的国家行政观念强调政府的权威和全面干预，行政权力凌驾于相对人权利之上，漠视相对人的权利要求。故在传统行政法中，对行政职权的规定面面俱到、不厌其详，乃至不惜超过授权法定的范围、界限、程度等去开辟延伸。因此容易造成双方互不信任，甚至可能产生对抗，导致行政低效率和高成本。现代律师管理中，行政法对权力进行重新定位，确立尊重权利的原则，律师管理行政权行使的目的不是消极地不侵犯相对人权利，而是积极地创造条件促进相对人权利的增长。通过律师管理行政主体与行政相对方之间的相互信任，充分调动双方的积极性和创造性，以实现公益与私益的有效平衡。现代律师管理中，允许存在更多律师私人权利、意志成分，允许律师执业机构、律师参与；在法律适用和救济方面，不是机械地适用公法的规定而是引入了公平交易、平等往来、互惠互利等私法活动原则，从而以平等、比例、公正为原则实现公共利益。

五、律师管理中的行政法律关系——律师管理的行政法学分析

对于律师管理中的行政法律关系，依据律师管理行政主体的不同，可分为三类：

（一）司法行政机关作为行政主体的律师管理行政法律关系

在此种行政法律关系中，司法行政机关为行政主体，律师协会、律师执业机构、执业律师为行政相对主体。这种行政关系根据双方权利义务的情况又分为两种：

其一，司法行政机关作为行政主体与律师协会作为行政相对主体的关系。该行政法律关系中，作为行政相对主体的律师协会，依法享有下列权利：参与权，即律师协会通过合法途径参加与其有关的行政管理活动的权利；受益权，即律师协会依法从行政机关获得某种利益，并要求相关行政机关予以保护的权利；知情权，即律师协会了解各种规范性法律文件、制度、办事程序以及与其相关的档案材料等行政信息的权利；监督权，即律师协会依法享有的对国家机关及其工作人员批评、建议、检举和控告的权利；救济权，即律师协会对行政机关的行政行为申请行政复议和提起行政诉讼，并依法获得赔偿或补偿的权利。律师协会作为律师管理的行政相对主体，同时必须履行遵守行政法律秩序、服从行政管理、接受监督检查、提供真实信息、协助行政机关及其工作人员进行管理以及遵守法定程序的义务。

其二，司法行政机关作为行政主体与律师执业机构、执业律师以及域外律师事务所代表处作为行政相对主体的关系。司法行政机关是律师行业的主管机关，主要实行宏观管理，其职责主要是：制定律师行业发展规划，起草制定律师管理法规和规章，起草和制定有关律师工作的法律草案、法规草案和规章制度；批准律师事务所及其分支机构的设立；负责律师资格的授予和撤销；颁发律师执业证书，负责执业律师的年度考核；对违法违规的律师进行行政处罚；加强律师机构的组织建设和思想工作等等。

（二）律师协会作为行政主体的律师管理行政法律关系

在此种行政法律关系中，律师协会为行政主体，律师执业机构、执业律师为行政相对主体。在此行政法律关系中：一方面，律师协会作为律师自律组织对律师行业进行管理，享有职务上的便利条件；律师和律师执业机构作为行政管理相对主体，有服从和协助律师协会实施管理的义务。另一方面，律师协会作为律师自律组织负有保护律师和律师执业机构合法权益不受侵害的责任，必须依法行

使其职权，努力提高工作效率。律师和律师执业机构不仅有权监督律师协会的活动，而且在合法权益受到侵害的情况下，还有权向律师协会、有关国家行政机关或司法机关请求救济。

（三）同为律师管理行政主体的司法行政机关与律师协会的关系

在律师管理行政法律关系中，司法行政机关与律师协会均可作为管理的行政主体。对于它们之间的关系，可以从如下方面加以理解：

一是司法行政机关的行政管理与律师协会的行业管理有机结合，即司法行政机关主要负责宏观管理，而由律师协会对律师和律师执业机构进行日常管理。司法行政机关职责侧重的管理，主要是采用行政方式来指导和监督律师合法执业，律师协会职责的核心是保护和发展律师行业；司法行政处罚是一种行政强制措施，包括警告，停止执业，吊销执业证书，罚款和没收违法所得，而律师协会惩戒是一种律师行业的内部处分措施，不具有强制性。律师协会对违规律师进行惩戒是必要的，但应当以教育和纠正为目的。

二是司法行政机关依法对律师协会进行监督、指导。律师协会应当而且必须将其各项活动置于司法行政机关的监督之下，在司法行政机关的指导下开展工作。司法行政机关虽然是从宏观上监督指导律师行业，但因其具有政府职能，仍处于主导地位。而律师协会的行业管理虽然符合政府职能转化的改革方向，但目前还相对比较薄弱，更需要各级司法行政机关的支持。对于律师协会行业管理中出现的问题，司法行政机关应当及时给予指导，并通过正当程序予以纠正。

第四节　与律师管理有关的几个概念

律师管理是一项法律性、政治性、专业性、理论性、实践性都很强的管理活动。做好律师管理工作的第一课，就是要廓清与律师管理密切相关、对律师管理至关重要的几个概念。

一、律师工作

一般来说，律师工作有狭义、广义之分。狭义的律师工作仅指律师职业、律师业务，亦即“律师及律师的工作”之意。我国《律师法》第 2 条规定：“本法所称律师，是指依法取得律师执业证书，接受委托或者指定，为当事人提供法律服务的执业人员。律师应当维护当事人合法权益，维护法律正确实施，维护社会公平正义。”这是《律师法》对律师的定义。《律师法》第 28 条规定了律师可以从事的业务：接受自然人、法人或者其他组织的委托，担任法律顾问；接受民事案件、行政案件当事人的委托，担任代理人，参加诉讼；接受刑事案件犯罪嫌疑人的委托，为其提供法律咨询，代理申诉、控告，为被逮捕的犯罪嫌疑人申请取保候审，接受犯罪嫌疑人、被告人的委托或者人民法院的指定，担任辩护人，接受自诉案件自诉人、公诉案件被害人或者其近亲属的委托，担任代理人，参加诉讼；接受委托，代理各类诉讼案件的申诉；接受委托，参加调解、仲裁活动；接受委托，提供非诉讼法律服务；解答有关法律的询问、代写诉讼文书和有关法律事务的其他文书。

广义的律师工作还包括为保障律师开展业务进行的一切活动，亦即“与律师有关的工作”之意，这里主要指对律师的管理和服务工作，具体包括司法行政机关、律师协会以及律师事务所三个层面的管理与服务。司法行政机关的管理与服务准确的表述应当是“监督”“指导”，根据律师法和部颁规章，行政管理的“监督”职能主要体现在五个方面：行政许可和资质管理；对律师事务所的年度检查考核；行政处罚；对律师协会的监督指导；对律师、律师事务所的日常监督管理。同时，基于我国国情以及律师工作实际，司法行政机关的“指导”职能至少体现在七个方面：营造良好的律师业发展环境；引导律师为经济社会发展服务；推动律师参政议政工作；指导协调大要案处理；指导律师党建工作；建立有效的教育培训体系；构建评先树优表彰宣传工作机制。律师协会作为律师的自律性组织，具有有别于行政的管理和服务特点。按照律师法及全国律协章程，律师协会的自律管理职能主要体现在：对律师执业活动进行年度考核；对违反行业规范的律师、律师事务所进行行业处分；对实习人员进行管理与考核。律师协会的服务职能，主要体现在：保障律师依法执业，维护律师合法权益；总结、交流律师工作经验；制定行业规范和惩戒规则；组织律师业务培训和职业道德、执业纪律教育；对律师、律师事务所实施奖励。

二、律师制度

律师制度，是指国家关于律师性质、任务、权利和义务及律师活动原则、组织结构、管理体制、法律责任、业务范围等法律规范的总称。[①] 其特征为：律师制度以国家法制的确认为前提；律师的业务活动是服务性质的，不带有强制性；确立律师制度必须明确律师的性质、资格、执业、权利义务、管理机构、业务范围、惩戒规则、法律责任等。

律师制度是国家司法制度的重要组成部分，改革和完善律师制度，是全面做好律师工作的重要内容。现代社会，律师制度的重要作用已经渗透到社会生活的各个领域，成为判断人类文明进步程度的标准之一。律师制度主要有以下几

① 参见陈业宏、唐鸣：《中外司法制度比较》，商务印书馆 2000 年版，第 301 页。

个方面的作用:(1)维护当事人的合法权益,维护社会公平与正义。律师业务活动的直接目的是为当事人提供法律服务,其对法制和社会正义的维护是通过维护当事人的合法权益的方式实现的。《律师法》第2条规定:“律师应当维护当事人合法权益,维护法律正确实施,维护社会公平和正义。”(2)促进民主与法制建设,保障司法公正。律师制度是国家民主和法律制度的重要内容,它的存在以民主的发展、法制的完善为前提,同时又以其自身的功能促进民主和法制建设。律师制度保证了律师可以其特有的方式参与法律事务,从而使当事人合法权益得以维护,使民主得到发扬,使法治得到维护。(3)促进经济良性发展,提高社会经济效益。市场经济体制下,律师业深入渗透到经济发展的各个环节,对促进经济的良性循环,减少生产、流通、消费等环节的成本具有重要作用。当事人基于对律师的信任,在诉讼、仲裁中根据律师的建议,接受和解、调解等,节省了当事人的诉讼成本及时间,提高了司法效率,降低了司法成本,从而提高了全社会的经济效益。

三、法律服务业

法律服务是指具有特定从业资格的专业人员向当事人提供法律帮助的活动。法律服务业的发展程度是法治社会进步的标志,其在保障公民法人权益、促进经济社会发展、维护社会和谐稳定等方面发挥着越来越重要的作用。

法律服务在WTO《服务贸易总协定》中被列为商业服务项下的专业服务之一,指以法律服务的提供与消费为内容的服务贸易,这个分类系统与联合国分类体系是对应的。其中法律服务被细分为:与刑法有关的法律咨询和代表服务;其他法律司法程序中的法律咨询和代表服务;在法定准司法程序中的法律咨询和代表服务;法律文书和证明服务;其他法律和咨询信息,以及仲裁和调解服务。

现代法律服务业与传统法律服务相比较,具有明显的转变:首先,在服务主体上,由律师、公证员扩大为律师、公证员、基层法律服务人员、司法鉴定人员、法律援助工作人员等。其次,在服务领域上,由传统刑事辩护、民商事案件代理、咨询、公证等向为经济社会发展提供全方位服务上拓展,延伸到企业经营、金融证券、科技创新、社会管理、政府行政等众多领域,涉及社会生活方方面面。再次,在服务方式上,由被动服务向主动服务转变。以诉讼、仲裁为主要方式的传统法律服务偏重于事后调整补救,而延伸至社会各领域、以非诉讼业务为重要内容的现代法律服务已经扩展为包括事前规划、事中控制、事后补救的全程法律服务,表现为法律审查、法律论证、法律调整等,实现由事后调整补救向主动服务转变。

法律服务业是特殊的服务行业,具有以下显著特征:第一,服务性。法律服务立足于社会各阶层的不同需求,提供法律方面的服务。这是法律服务的本质特征，服务对象是否满意，是检验法律服务水平的根本标准。第二，专业性。法律服务是服务主体运用法律知识和专业技能，为当事人提供法律帮助的活动，其服务内容实质上是一项严肃的法律工作，关系到国家法律的正确实施和国家的法律秩序，具有很强的专业性。因此国家强调服务主体专业化，规定法律服务工作者必须具有相应的法律素质、取得执业资格，才能从事相应工作。第三，广泛性。法律服务不仅行业众多，而且每一行业自身的服务领域有待拓展，服务领域涉及市场经济中生产、分配、交换、消费诸环节，涉及民主法治建设的各个方面。随着依法治国战略的实施和公民法律素质的提高，全社会对法律服务的需求必将越来越多，范围越来越广。第四，公益性。这是法律服务业区别于其他服务业最显著的特征。法律服务业更加注重社会效益，法律服务的根本目的不是谋利，而是保障人的权利，维护法律的正确实施，这就使法律服务业具有区别于其他服务业的特殊的社会公益性。

四、法律职业共同体

(一)法律职业共同体的概念

对于法律职业共同体的解释，学界并不统一，但普遍认为以“法律”为纽带连接的群体，便可称之为法律共同体。在此基础上，可分为广义说和狭义说。广义说比较简单，认为一切涉及法律的人都被包含在法律职业共同体的范围之内，大多数学者则主张狭义说，取其外延最小化的法律共同体予以界定。

在对法律职业共同体概念的表述上，有的学者定义比较详细：“法律职业共同体是一个由法官、检察官、律师以及法学学者等组成的法律职业群体，这一群体由于具有一致的法律知识背景、职业训练方法、思维习惯以及职业利益，从而使得群体成员在思想上结合起来，形成其特有的职业思维模式、推理方式及辨析技术，通过共同的法律话语（进而形成法律文化）使他们彼此间得以沟通。通过共享共同体的意义和规范，成员间在职业伦理准则上达成共识，尽管由于个体成员在人格、价值观方面各不相同，但通过对法律事业和法治目标的认同、参与、投入，这一群体成员终因目标、精神与情感的连带而形成法律事业共同体。”[①]有的定义比较简练，“法律职业共同体是包括法官、检察官、法律教师和律师等在内的诸法律职业者之间的联合，是他们之间在利益一致的基础上，以特有的传统和精神为纽带所形成的一种社会关系”[②]。但他们都认为我国法律职

① 张文显、卢学英：《法律职业共同体引论》，载《法制与社会发展》2002年第6期。

② 张志铭：《20世纪的中国律师业》，载苏力、贺卫方主编：《20世纪的中国学术与社会(法学卷)》，山东人民出版社2001年版，第454页。

业共同体主要包括这四类人:法官、检察官、律师和法学学者。总的说来,法律职业共同体可以被认为是由法官、检察官、律师以及法学学者等为核心的法律从业人员所组成的法律职业群体。

(二)法律职业共同体的特征及其构建

根据法律职业共同体概念的表述,其特征可以概括为知识共同体、利益共同体及信仰共同体三个方面。首先,从职业技能角度,相同的法学教育背景和职业训练使法律职业者使用一套特定的语言符号及概念系统,形成了特有的思维模式、推理方式和法律语言,从而把外行人排斥在外,更为紧密地联系在一起,是知识共同体。其次,从职业利益的角度,法律职业共同体作为一个职业群体,需要使法律职业获得相对确定的职业利益和职业价值,这是法律职业共同体得以维持和生长的物质基础,是利益共同体。再次,从职业精神层面,对法治的信仰成为一种将法律职业者联合在一起的无形的精神纽带,法律职业者具有共同的伦理、目标、价值观、归属感、荣辱与共感等,是价值共同体。

从法律职业共同体的特征出发,要构建法律职业共同体就需要从知识技能养成、法律伦理塑造、法律职业保障等方面着手,尤其要有职业转换的制度设计。

在西方法治发达国家,法律职业共同体之间的职业转换并没有制度层面的障碍,由律师到司法官的职业转换成为一种激励机制,既促进了律师业的发展,又保证了法官的高素质和廉洁性,有利于实现法律职业共同体的同质性;很多律师为有可能被选为法官,在平时的诉讼中都十分注意自己的言行和品行。

就我国来说,由于司法考试与公务员考试制度尚未统一以及人事制度制约等方面的因素,由律师到法官、检察官的职业转换渠道不通,但从长远来看,构建转换渠道通畅的法律职业共同体是大势所趋。当前,要逐步促进人事制度、公务员考试制度和司法考试制度的有机衔接,探索建立优秀律师通过考核转任中高级法官、检察官制度,以及培养、选拔优秀律师转任中层以上公务员制度,为律师行业的优秀分子提供职业转换机会,并树立有益的政治导向,进而推动整个法律职业共同体的建设。

五、律师学与律师法学

1988 年徐静村先生出版的《律师学》中首创了“律师学”这一名词,其认为“律师学应是一门以研究律师职业活动为中心的,以研究律师综合运用各种法律知识进行服务为内容的职业法学学科”[①],学界评价此书是“开创新学科的开山之作”,使律师理论的研究有了新的突破。此后几十年,法学学者、律师以及

---

① 徐静村:《关于律师学的几个基本问题》,载《政法论坛》1992 年第 5 期。

司法行政和行业管理人士为律师学学科的建设和发展作出过积极的努力，出现了一大批有关律师理论研究的著作、教材和论文。尽管各书的作者对律师学的概念、范畴、结构体系的认识并不一致，却均以相同的书名表达了对律师学作为一门独立学科的认同。

"律师法学"则是在1996年我国律师法制定和颁布后才正式提出的概念，"是一门以律师法及相关问题为研究对象的法律学科"[①]。"律师法学"是在"律师学"的基础上发展起来的，两者都研究律师问题，但又有一定的区别。"律师学"以律师和律师业为研究对象，是一个非常大的概念，而"律师法学"则以律师法为研究对象。从字面意义上看，"律师学"比"律师法学"范围要大得多，"律师法学"应包含在"律师学"的研究范围内。

在目前出版的教材中，无论是"律师学"还是"律师法学"，其研究内容和体系大都雷同。因此尽管"律师学""律师法学"作为一个学科概念早已为学界所认同，其理论研究也已有长足进步并取得阶段性的成果，但其能否从法学学科中剥离出来成为一个独立的学科，该学科到底应定义为"律师学"还是"律师法学"等问题，在理论界仍存有分歧。

结　语

尽管对律师概念的界定没有全面采纳域外对律师概念的描述，而是具有明显的时代性特征，但从国家本位到社会本位再到当事人本位，我国法律对律师的职业定位作出了合乎理性的调整；我国律师、律师事务所的权利在律师法与三大诉讼法中作了明确规定，但仍需进一步加以完善。随着公共管理的社会化，我国现代律师管理主体多元并存且相互配合，管理权限体现了相对主体对服务的可接受性，运行机制已经从注重权力行政向注重权利尊重转变。

① 谭世贵主编：《律师法学》，法律出版社2013年版，第9页。

第二章　律师管理的地位、作用和原则、内容、方法

律师管理是一个颇具特殊性的课题。一方面，源于课题内容具体、专门化程度高、实践性太强，不是法学家擅长发挥优势的领域；另一方面，长期以来以西方国家律师管理模式为标准的思维定式，导致律师管理特别是司法行政管理的合理性及其内在逻辑受到学者、专家的许多质疑。加之，律师管理话题和视域比较特殊，它的敏感性以及研究尺度的难以拿捏，很少有人愿意触碰这一课题。因此，到目前为止，有关律师管理的地位、原则、内容和方法的研究，基本处于空白，更遑论形成权威、系统的理论成果。我们以本职工作为基点，从实际工作的角度对此进行理性研究、思考和升华，努力探寻律师管理的合法性、合理性依据，尝试提炼并形成适合中国律师业发展的律师管理理论体系，以期能为实务工作提供理论指导，助推中国律师业成长。

第一节　律师管理的地位及其作用

律师管理是中国特色社会主义律师制度的一项重要内容，也是律师工作的重要组成部分，发挥着重要的杠杆和助推器作用，肩负着推进律师业依法依规健康发展的职能。

一、律师管理的地位

（一）律师管理是律师制度的重要内容

律师制度是国家关于律师性质、任务、权利和义务及律师活动原则、组织结构、管理体制、法律责任、业务范围等的重要载体。一国律师制度的模式是由该国的经济基础及与之相适应的社会、文化发展水平所决定的。但无论选择何种

模式的律师制度，要实现对律师的有效治理，都必须首先确定律师管理的主体和管理的内容。因此，各国律师制度体系中均有律师管理制度的设计。律师管理体制的选择或设计关乎一国律师的整体发展走向，也关系到律师职能的发挥程度。回顾我国律师制度确立特别是改革开放三十余年来的历史，律师管理在推动中国律师制度的形成、发展、改革、完善，助推中国律师业成长方面，发挥了举足轻重的作用。因此，律师管理是律师制度的重要内容。

（二）律师管理是律师工作的重要组成部分

狭义的律师工作仅指律师职业、律师业务，亦即“律师及律师的工作”。广义的律师工作还包括为保障律师开展业务进行的一切活动，亦即“与律师有关的工作”，这里主要指对律师的管理和服务工作。综观世界各国的律师制度，在有关律师管理问题上，很少有例外没有国家公权力的存在，这有其不可颠覆的内在逻辑与规律。即使从行业发展的角度来看，对于行业秩序的维护和管理，也是行业发展必不可少的一部分。就律师工作而言，律师管理活动渗透在律师执业活动的方方面面，贯穿于律师事业的发展过程之中。无论是对律师及律师组织的“监督、指导”工作，还是扶持律师业成长的体现政府职能转变的服务性工作，都是鲜活的律师管理实践。因此，从广义上讲，律师管理是律师工作的重要组成部分。

（三）律师管理是一种独特的专业性管理活动

律师独特的职业特点和职业属性决定了律师管理的特殊性。就律师的角色而言，独立依法执业是律师发挥职能的核心，甚至有学者将其称之为律师职业的生命。而强调管理与独立本身就是一对矛盾。特别是律师制度作为权力制衡机制的一项重要设计，律师具有更多权力制衡、人权保护理念和挑战性思维，这也使得律师管理难度较之普通行业要大得多。同时，从律师管理的职能配置来看，审批、监管等职能多集中在省、市两级，县域律师管理职能虚化，缺乏有效的抓手。职能配置的倒置，导致县域律师管理虽然是律师业创新发展的根基和关键，却也是整个律师管理工作体系的最薄弱环节。特别是律师事务所脱钩改制后，司法行政机关从过去对人、财、物的具体管理，转变为监督指导关系和间接、宏观管理。行政机关包括律师协会对于违法违规的律师和律师事务所，除了警告、罚款、没收违法所得、停业和吊销执业证书等处罚手段外，缺乏更加有效的制约手段。此外，由于律师制度与现有的干部人事制度、法官制度、检察官制度不衔接、不配套，律师行业缺乏积极、向上的制度支撑和职业转换的激励机制，导致一些律师行业精神的矮化、弱化，“大错不犯，小错不断”。特别是随着律师职业市场化程度的提高，律师队伍规模不断扩大，既要确保律师独立依法执业，彰显律师的职能作用，又要管好队伍不出大的问题，促使律师行业在承担一定社会责任的情况下按照市场规律运作，树立律师队伍在党委、政府和人民群众中的良好形象，其管理工作难度不言而喻。对于目前的律师管理工作，有人用“抓小鸟”来形容，抓得紧了，鸟儿可能被憋死，而抓得松了，小鸟就飞走了。如何把握其中的“度”，在管理手段不足、不硬的情况下，实现对律师行业的有效管理，是对管理智慧与能力的一种考验，这也决定了律师管理是一种技术含量极高的管理。

二、律师管理的作用

（一）律师管理是平衡公共利益与行业、个人利益之间关系的需要

律师服务作为一种特殊的商品，具有独特的职业特点和职业属性。这决定了律师所面临的利益冲突的数量和激烈程度。从律师职业的自身特点看，律师既是委托人的代理人，必须忠诚于委托人，同时又必须保持执业的独立性，维护司法的公正；从律师的属性来看，律师既具有一定的商业属性，又具有较强的公益性，甚至还承担着“三维护”的职责；作为律师队伍的组成个体，律师也应当有维护律师行业整体形象的义务。基于这些职业责任和职业属性，律师处于委托人利益、自身利益、公共利益的冲突与调和之中，不同角色之间的错位必然会引发各种形式的利益冲突。因此，律师职业本身包含公共利益和自身利益的冲突与调和，性质的双重性决定了职责的多元性，而各种职责之间需求的差异导致利益不可避免地发生冲突，这些冲突单靠律师自身是不能有效解决的，必须通过律师管理部门制定利益冲突规则，指导律师作出适当选择，平衡公共利益、行业利益、个人利益之间的关系。

（二）律师管理是培育律师行业协会发育成长的需要

由“官治”走向“官民共治”、由“管理”走向“治理”，既是国家治理的必然选择，又是现代文明、法治社会的必由之路，其核心在于“有限政府”的塑造。塑造“有限政府”，强调政府的宏观调控和社会的自我治理，这就需要政府转变职能，激发社会组织活力，充分发挥好社会组织在社会管理中的作用。因此，积极培育、扶持包括律师协会在内的社会组织的发育、成长，强化律师行业管理的地位和作用，逐步提高行业自律和自治能力，将是未来律师管理体制改革的重点发展方向。但在律师协会成长过程中特别是律师行业管理仍处于初级阶段的当前，司法行政机关仍将是最大的推手和培育者。这主要是由中国社会主义初级阶段的特殊国情和律师业的发展现状所决定的。一方面，我国律师制度生成和演进是由政府“催生”的，律师协会的发育也是由政府主导推进的。在律师行业组织产生、发展初期，司法行政机关为律师协会提供了坚强、有力的支持。如何还原律师协会的本来面貌，如何强化律师协会职能，如何彰显律师协会职能作用，实现律师协会的有效治理与服务，历来是司法行政机关思考、研究和推动的重点工作。另一方面，我国律师行业协会的发育仍处于初级阶段，律师协会在自我管

理、自我服务、自我约束等体制机制上还存在许多不足，尚不能完全胜任行业管理的需要。实践中，相关部门和社会各界对协会认可度不高，协会管理作用跟进不足，单靠律师协会去与有关部门协商、解决制约律师业发展中的问题，往往是举步维艰、力不从心。而且，根据行业协会发展的一般规律，以及对中国律师协会发展的现状分析，律师协会将在相当长的时间里仍然处于发育、成熟的时期，有赖于司法行政机关的鼎力扶持。

（三）律师管理是保障律师执业权利的需要

律师的执业权利是实现律师职能和维护律师自身生存发展的基础，是发挥律师功能、实现律师职业价值的必然要求。我国现行律师法以立法的形式肯定了我国律师制度改革成果，进一步完善了对律师执业权利的保障措施，丰富了执业的内容，为律师更好地履行职责、维护当事人合法权益、维护法律的正确实施、维护社会公平和正义提供了法律保障。

法律的生命在于实施。只有将《律师法》赋予的律师执业权利在司法实践中落到实处，律师制度的功能和作用才能得到发挥。由于我国正处于法治建设的成长发展阶段，律师执业权利保障问题仍是一个需要高度关注的问题。在一些地区和单位，律师执业活动仍受到种种限制和阻碍，律师执业“三难”问题依然没有得到有效改善。如何在实践中落实法律赋予律师的各项权利，特别是律师庭上言论豁免权、裁判文书载明权、文书送达权，以及律师正当权益受侵害时的维权工作等，都迫切需要律师管理部门去保护和协调。

（四）律师管理是塑造法律家队伍的需要

“法律家之治是法治的重要标志。我们甚至可以说，法治就是法律家之治。”[①]所谓法律家，也被称之为“法律职业共同体”，是指法官、检察官和律师通过相似的教育和培训，具有相同的法律知识和素养，遵守相同的职业道德规范，运用一套相同的法律概念、原理和思维方式，进行有别于普通人的法律逻辑推理的职业群体。由于法律家的活动直接决定着法与社会的适应程度，决定着法的权威和法律的价值取向，因此，在现代社会，法律家的存在是法制运作的基础。法律家的素质决定着法律适用乃至法制运作的质量和效率。

作为律师队伍的管理部门，司法行政机关对于法律职业家队伍特别是律师队伍的塑造和培养，具有不可替代的作用。其主要表现在以下几方面：一是把好律师队伍入口关。统一司法考试资格的获得，是加入法律职业共同体的前提。司法行政机关作为司法考试的主管部门，可以通过健全律师执业准入机制，加强律师实习制度建设，健全实习指导制度，完善执业技能训练，严把实习鉴定关，从

---

① 孙笑侠：《法律家的技能与伦理》，http://www.china-review.com/lat.asp? id=26942.

源头上确保进入律师队伍人员的政治素质、业务素质和职业道德素质。二是推动律师队伍素质的提高。律师素质主要包括业务素质和职业道德两大方面。司法行政机关可以通过建立完善的律师教育培训体系、科学的律师执业状况评价机制、合理的律师执业奖惩机制,推动律师队伍素质的提高。三是树立律师业的良好社会形象。加强诚信建设,提高职业道德水平,树立律师队伍良好的社会形象,是律师职业的生命,也是律师队伍建设的基石。司法行政机关通过建立和完善律师服务诚信制度体系,建立信用档案制度、信息披露制度等,进一步强化诚信监管,提高律师行业的公信力,推动律师行业的健康成长。

(五)律师管理是优化律师行业发展环境的需要

律师执业环境的优化与律师管理具有密不可分的联系。律师执业权利的保障落实,律师社会功能、作用的发挥,乃至整个律师行业的健康发展,都有赖于一个良好的发展环境。按照现行《律师法》规定,所谓律师管理,主要是指对律师及律师组织的"监督、指导"工作。而营造良好的律师业发展环境就是司法行政机关"指导"职能的重要体现之一。可以说,律师执业环境优化是律师管理的应有之义,也是律师管理追求的重要目标。而且,从多年来我国律师管理的工作实践来看,律师执业环境的优化,历来都是司法行政机关和律师协会的重点工作和努力目标。近年来,律师执业环境方面所取得的每一点进步,除了广大律师自己的呐喊和呼吁外,更多地饱含着司法行政机关、律师协会所付出的艰辛和努力。特别是在律师执业环境方面依然存在许多问题的当下,律师管理的作用更加凸显。因为律师执业环境与法律文化传统、经济发展水平、司法体制和法律制度的完善密切相关,解决这方面的问题,律师、律师事务所和律师协会的努力固然重要,而司法行政机关可以依赖自身的行政资源与优势,发挥更加重要的作用。这已为多年来的管理工作实践所证明,也为当前司法行政机关工作重点、努力目标所印证。

第二节　律师管理的原则、内容和方法

律师管理作为管理活动的一种,具有管理活动的一般属性,同时,鉴于其调整对象的独特性,律师管理在原则、内容、方法等方面又具有不同于其他管理活动的独特性。

一、律师管理的原则

管理原则是组织活动的一般规律的体现,是人们在管理活动中为达到组织

的基本目标而在处理人、财、物、信息等管理基本要素及其相互关系时所遵循和依据的准绳。根据律师工作的性质、任务和特点，律师管理工作应当坚持以下原则：

（一）依法管理原则

依法管理原则源于行政合法原则，其基本含义为律师管理权力的存在、行使必须以法律规定为依据，不得与法律相抵触。此处的法律应作广义理解，包含全部与律师工作有关的法律、法规、行政法规、地方性法规、部颁规章等。合法不仅要合乎实体法，而且还要合乎程序法。具体来说，依法管理原则就是要求律师管理者不能超越法律规定的界限，同时要勤勉尽责，把律师法等法律法规赋予的管理职责履行到位。

（二）简约适度原则

简约适度原则包括简约化管理和适度管理两层含义。所谓简约化管理就是在系统思想的指导下，利用科学的方法，将管理的主要目标以外的枝节因素尽可能剔除掉，使复杂问题简单化，使简单问题条理化，从而简化管理环境，优化工作流程，提高工作效率，创造更高效的一种管理方法。简约化管理并不是简单或简化管理，它是一种构建在现代信息技术、网络化基础上的，使管理行为更具科学形态的简洁化或标准化。所谓适度管理，是指依据管理学的基本原理，将哲学中度的规律运用于管理之中，使用现代管理学的理论、方法和手段，达到各管理要求的质和量的高度统一，保证管理目标的实现。①

律师管理工作坚持简约适度原则，一是要充分利用信息化手段，整合律师管理资源，降低律师管理成本，提高管理效率。二是要进一步大力推进政务公开，增强律师管理工作透明度。完善律师管理工作的标准、规范、程序和相应的责任制度，并按照松绑、放权、搞活的要求，切实清除管理工作中影响律师业发展的障碍。三是要修订完善批所办证的程序性规则，明确各程序阶段的固定时限，简化工作程序，缩短压证时间，减少工作的随意性，最大限度地便利律师执业。四是要深化律师管理方式改革，明确管理机关与律师事务所各自的管理责任，努力达致“宏观管好，微观搞活”的管理境界。凡是属于律师事务所内部管理职责范围、自身能管好的事，管理机关不要越俎代庖，过多干预，对某些问题不干预、少干预就是最大的支持。要改革目前对律师事务所的微观事务管得过宽、过细、过碎的工作方式，将工作重点转移到加强对全局性、普遍性、基础性管理问题的研究上来，通过制定普适性的规则，去解决那些律师事务所自身不能解决的外部管理问

① 参见李红燕：《适度管理的内涵及在现代管理中的价值体现》，http://www.doc88.com/p-849644372868.html.

题，真正做到管理到位而不越位、不错位。

（三）科学效能原则

科学管理（scientific management），是以美国 F.W.泰勒（又译为：F.W.泰罗）为代表的管理阶段、管理理论和制度的统称。泰勒把科学管理概括为科学，而不是单凭经验办事；和谐，而不是合作；合作，而不是个人主义；以最大限度的产出取代有限的产出，每人都发挥最大的工作效率，获得最大的成功，就是用高效率的生产方式代替低成本的生产方式，以加强劳动力成本控制。科学管理的核心就在于管理要科学化、标准化。

公共管理的效能，是指公共部门履行职责的状况以及由此产生的种种影响。与效率相比，效能指的是组织预期目标达成的程度，它集中反映的是公共部门工作的社会成效。[①] 效能管理要求管理者通过有效的管理手段，使管理系统达到提高效率和实现最佳效果的目的。

律师管理坚持科学效能的原则，应该注重：

1.要建立科学有效的组织体系。根据《律师法》及部颁规章的规定，适应律师业发展和律师管理的新要求，建立一套职责明确、内容科学、手段有效、程序流畅的律师管理体系。通过改进和完善管理组织机构，革除职责不清、关系不顺等弊端，简化不必要的管理层次和环节，达到管理组织体系的最佳配置。

2.要科学划分四级司法行政机关管理律师的权限。其划分原则是：管理部门层级越高，其管理的事项就应该越宏观；管理部门层级越低，管理的事项则应该越具体。通过科学划分管理权限，实现司法行政机关宏观管理与微观规制的有机结合。按照这一原则，2010 年，山东省司法厅根据新《律师法》对司法制政机关律师管理权限的重新界定，出台了《关于省、市、县三级司法行政机关律师管理职责的规定》，进一步明确了三级司法行政部门律师管理的对象、内容、手段、责任，取得良好的工作效果。

3.要合理界定司法行政部门和律师协会的职能分工。对司法行政机关而言，“法不授权即禁止”，对律师协会而言，其职能由法律及律师代表大会的授权而来。

4.要科学计划、科学组织、科学调控。出台每一项管理措施、实施每一项行政行为，都要尊重律师工作的规律，符合律师职业的属性，适合律师管理工作的实际。要注重运用科学的管理方法和管理手段，并最大限度地发挥其作用，解决律师管理工作中出现的新情况、新问题。

---

① 参见黎民主编：《公共管理学》，高等教育出版社 2003 年版，第 167 页。

(四)管理与服务并重原则

服务是管理的根本目的,这是由管理的实质所决定的。现代公共管理已经开始注重从管理行政向服务行政转变。建设服务型政府是转变政府职能的重要内容。十六届六中全会提出要“在服务中实施管理,在管理中实施服务”。律师管理部门应当牢固树立“管理就是服务”的理念,明确律师管理“服务律师、推动法治”的工作定位,寓管理于服务之中,本着既不缺位也不越位、错位的原则,优化、改善管理工作。律师协会作为律师之家,更要把服务会员作为首要职责,想律师之所想,急律师之所急,解律师之所难,维律师之权。要努力为律师业的发展创造良好的环境和条件,加大与公、检、法、税务、物价等部门的沟通协调力度,千方百计地解决好律师执业中存在的问题和困难,改善律师执业环境,保障律师执业权利,争取有利于律师业发展的优惠政策。

(五)分工负责原则

从公共管理的角度看,律师管理主要涉及行政管理、行业管理两个方面。二者既相互联系、相得益彰,又相对独立、各负其责。要充分发挥行政管理与行业管理各自的职能优势,实现二者的有机结合,形成工作合力,推动律师业健康发展。特别是要发挥好律师协会在社会管理中的自律作用,积极培育、扶持律师协会的发育、成长。在强调行政管理主导地位的同时,要少管、放权,积极支持律师协会提高行业自律和自治能力。司法行政机关要把工作重点放在依法监管和宏观指导、把握方向、创造良好执业环境上。对律师协会内部自律管理事务,坚持凡是行业能够自我管理的领域,公权力就不再进入,就应该让行业实施自我管理,让它们尽快成长、成熟,使它们在社会建设和社会管理中发挥更大的作用,适应社会转型及社会管理体制改革创新的大局和大势。

二、律师管理的内容

根据律师法的有关规定,律师管理主要包括以下内容:

(一)政治引导

政治性是律师区别于中介人员的显著特征。一方面,律师职业与政治、法治的关联性最强,对社会政治、法治等因素的变化反应敏感,这些因素在某个特定历史时期,甚至直接影响律师个体的职业命运和律师业的发展;另一方面,整个社会的民主政治水平、法治文明程度,也依赖包括律师在内的法律职业者的推动。相对其他职业而言,律师必须担负更多的政治和社会功能。因此,必须强化政治引导,实现广大律师对中国特色社会主义在政治上、思想上和情感上的高度认同。要坚持中国特色社会主义理论在律师工作中的指导地位,用马克思主义中国化的最新成果教育引领广大律师,指导律师工作;要把中国特色社会主义理论纳入律师培训、考核体系之中，坚定广大律师的社会主义信念；要自觉把律师工作置于经济社会发展大局中去谋划、去推动，坚持在围绕中心、服务大局过程中，拓展律师业发展的空间；要通过会议、文件和系统内的组织体系，让广大律师经常听到党委政府及司法行政机关的声音，实现律师工作与党委政府工作的协调合拍，使党的路线、方针、政策在律师执业过程中得到贯彻落实。

（二）资质管理

所谓资质管理，也就是俗称的"批所办证"，这是律师行政管理的基本内容，也是保障律师队伍素质的第一道关口。根据律师法和有关部颁规章规定，申请设立律师事务所和申请律师执业的，应当向设区的市或者直辖市的区人民政府司法行政部门提出申请，受理申请的部门应当自受理之日起 20 日内予以审查，并将审查意见和全部申请材料报送省级司法行政部门。在审查的过程中，可以征求拟设立律师事务所所在地县级司法行政机关的意见或委托县级司法行政机关对有关情况进行核实。省级司法行政部门应当自收到报送材料之日起 10 日内予以审核，作出是否准予设立（执业）的决定。

（三）行为规范管理

所谓行为规范管理，是指加强对律师、律师事务所执业活动的监督，规范律师执业行为，维护正常的法律服务秩序。主要包括以下三项内容：

1.行政处罚。对律师和律师事务所的违法行为依法进行处罚，既是司法行政机关的重要权力，也是必须履行好的重要职责。《律师法》列举了律师的 18 种违法行为和律师事务所的 8 种违法行为。2010 年司法部颁布的《律师和律师事务所违法行为处罚办法》对律师和律师事务所违法行为如何进行处罚作出了明确规定。在这方面，总的要求是依法依规管理。要畅通投诉渠道，对投诉的问题及时认真进行调查、核实、取证，对投诉反映出的倾向性问题，要抓早、抓小、抓苗头，决不能因为处理不及时、不扎实，使一些"小毛病"变成了"大问题"，危害整个行业发展；对查实了的违法违规律师和律师事务所，要依照各级的权限严格依法处罚。同时，要建立律师不良执业行为档案，健全完善信息披露制度，及时公布违法违纪行为查处结果。

2.律师事务所年度检查考核。这是新律师法赋予司法行政机关的一项重要职能。主要内容包括：(1)律师队伍建设情况；(2)业务活动开展情况；(3)律师执业表现情况；(4)内部管理情况；(5)受行政奖惩、行业奖惩情况；(6)履行律师协会义务情况；(7)省级司法行政机关根据需要认为应当检查考核的其他事项。司法行政机关对律师事务所年度检查考核职责的划分是：省级司法行政机关负责指导、监督，设区的市级司法行政机关负责组织实施，县级司法行政机关负责年度检查考核的初审工作。

3.行业处分。对律师和律师事务所违反行业规范的行为进行行业处分是律师协会的重要职责。全国律协制定的《律师协会会员违规行为处分规则(试行)》列举了个人会员的32种违规行为、团体会员的27种违规行为。

4.律师年度考核。对律师的年度考核由律所和律协承担。全国律协制定的《律师执业年度考核规则》对此作出了具体规定。

(四)法律服务市场管理

法律服务市场是律师从业的基础,是律师业发展的载体。对法律服务市场的管理,是律师管理工作的重要内容之一。法律服务市场管理,包括拓展和规范两方面。

拓展,就是要求律师工作有更大的发展,重点是拓展律师工作的业务领域和市场空间,通过推动立法、制定规章、搭建平台、优化环境等工作,引导、推动律师服务向经济建设的各个领域、向市场经济的各个环节、向高科技和新兴产业、向国家政治生活和社会生活等领域拓展,以满足社会多层次、多方面的法律服务需求。规范,就是要求律师工作的开展必须建立在健康有序的基础之上,重点是规范法律服务市场布局,规范法律服务市场秩序,规范法律服务市场的监管,协调处理好律师与基层法律服务工作者的关系,严格查处法律服务行业不正当竞争,依法取缔非法法律服务人员和法律服务机构,维护法律服务市场的正常秩序。

(五)对协会的管理

《律师法》规定,司法行政部门对律师、律师所、律师协会负有监督、指导职责。其管理内容主要是在一些大的事情上,包括:律师协会章程必须报司法行政机关备案;在涉及行业发展的重大决策、重要活动、人事安排上,协会要主动向司法行政机关汇报,该通过司法行政机关党委研究决定程序的,必须通过;实践中,律师协会党组织负责人一般由司法行政机关分管领导同志担任,从党的组织架构上加强对律师协会监督指导。

(六)公共服务

从政治上、工作上、生活上关心律师,为律师业发展搞好服务,切实解决律师执业中存在的困难和问题,是司法行政机关与律师协会共同的管理内容,需要二者配合进行。

行政管理中的服务大致包括:争取优惠税费、财政政策;优化律师执业环境;推动参政议政;搭建服务平台;构筑争先创优及表彰宣传机制;搞好高端培训、示范培训等。

律师协会为会员提供服务大致包括以下几方面:积极与司法行政及公、检、法等部门沟通协调,与法官协会、检察官协会建立正常的会商机制,反映律师诉求,维护合法权益,捍卫行业利益;建立健全律师的生活保障机制,落实“五险一金"社保制度;建立关怀、帮扶机制,对青年律师、老律师、生活困难律师在精神上、经济上给予适当的帮助和照顾;关心会员福利,活跃文体生活,培养健康向上的律师文化,增强会员认知感和行业凝聚力;加强律师宣传工作,不断扩大律师行业的社会影响,树立良好的社会形象。

三、律师管理的方法

管理方法,是指行使管理职能和实现管理目标的方式、手段和措施的总和。科学、合理地运用好各种管理方法,对于实现管理职能、提高管理科学水平具有重要意义。[①] 归纳起来,律师管理的方法大致有以下几种:

(一)准入许可

1. 职业资格许可。法定资格的取得是办理执业许可的必不可少的条件。不论是 2001 年之前的律师资格还是之后的司法资格,其考试组织和颁发资格证书均由司法行政机关负责,每年都要投入大量的人力、物力、财力,这也可以视为是政府对律师行业的一种隐形扶持。通过司法考试,严把入口关,是选拔法律人才、提高法律服务水平的一项有效手段。

2. 执业许可。依照律师法规定的许可条件,做好申请律师执业人员及律师事务所执业申请的审核工作,是保障律师队伍素质的第一道关口。这方面的工作要掌握两条原则:一是从严审核,与律师协会的实习人员管理工作相衔接,严格执行行政许可的条件和程序,严把"入口",确保进入律师行业从业人员的政治、业务素质和品行良好。二是对符合条件的,按照法定时限办结。律师法要求,设区的市的司法行政机关对申请律师执业和对设立律师事务所的申请,应当自受理之日起 20 日内予以审查,并将审查意见和申请材料报省厅。要通过网站等有效形式将行政许可相关事项全部向申请人公开,并严格按照行政许可的条件、程序、流程、时限做好"批所办证"工作。

(二)考核评价

考核评价是定期考察和评价管理相对人在组织运行中的行为状态和行为结果的一种正式的制度安排。具体到律师管理中 ,主要是指年度检查考核和建立律师行业评价体系。

年度检查考核是从原来的年检注册转化而来的,对律所的年度检查考核,主要由市、县(市、区)司法局负责,省厅只负责备案;对律师的年度考核则由律所和律协承担。用好年度检查考核手段,就是要严格按照司法部颁布的《律师事务所年度检查考核办法》和全国律协制定的《律师执业年度考核规则》开展工作,制定

---

① 参见宇培杲主编:《人民法院管理学》,山东人民出版社 1995 年版,第 50 页。

具体的律师事务所和律师执业考核办法，吸收年检注册中行之有效的经验，进一步简化程序，使考核的内容、方式、程序更具有可操作性，特别是对考核不合格的律师事务所和律师如何处理要有明确规定，年度考核工作要“严起来”“硬起来”，树立考核工作的权威，确保“考核”作为监管手段的实际效用。

建立科学的律师行业评价体系，重点是要建立完善以律师信用为核心的评估标准制度，通过建立健全律师诚信执业制度，完善律师诚信执业的评价、监督机制和失信惩戒机制，开展律师人事、执业、党员管理“三位一体”档案管理试点工作等方式，实现对律师执业活动的有效监督，形成正确的执业导向，引导律师事务所通过不断提高自身素质、服务水平和服务质量来提高行业竞争力，树立律师行业的良好形象。

（三）奖励惩处

奖励惩处，就是按照具体、合理、可行的原则，制定考核标准与奖惩办法，对成绩突出的律师、律师事务所按规定给予表彰和奖励，对违反法律法规或行业规范的给予批评和惩罚，做到奖罚分明，合理使用，鼓励先进，鞭策后进。

奖励就是要探索并建立“项目适度、程序合理、标准科学、影响过硬”的表彰奖励体系。通过大力开展评先创优活动，树立典范，弘扬正气，提升律师的社会形象。

惩处就是要做好投诉查处工作，对违法违规行为依法依规进行行政处罚和行业处分。按照律师法的制度设计，律师因违规执业，可能面临警告、罚款（最高5万元）、停止执业（最长时间1年）、没收违法所得、吊销律师执业证书等五种行政处罚。律师事务所的行政处罚包括：警告、罚款、停业整顿、没收违法所得、吊销律师事务所执业证书等五种行政处罚。省级司法行政机关享有吊销律师、律师事务所执业证书的行政处罚权，市级司法行政机关享有除此之外的全部行政处罚权，县级司法行政机关则享有行政处罚建议权。按照全国律协《律师协会会员违规行为处分规则（试行）》的规定，律师协会对违规会员的行业处分种类有：训诫、通报批评、公开谴责、取消会员资格。其中，取消会员资格只能由省级律师协会行使，其他三种处分可由省级或设区的市级律师协会行使。

（四）行政指导

行政指导，是行政主体为了实现特定的行政目的，采用非强制手段并辅之以利益诱导，以谋求行政相对人为或不为的一类新型行政活动方式。[①] 目前，行政指导广泛渗透到行政管理各个领域，标志着政府的行政模式由传统的规制模式向服务模式转变。

---

① 参见肖金明、刘炳君主编：《行政法学》，国家行政学院出版社2010年版，第295页。

律师管理中的行政指导主要是在宏观领域，大致包括：根据律师业发展的规律和特点，推动、指导律师行业党建工作；根据国家和当地国民经济和社会发展的规划以及服务业发展的整体规划，制订律师业中长期发展规划；根据发展规划和律师业发展状况，制定、实施有关发展战略；组织、指导律师为国家的大局和中心工作服务，发挥职能作用，积极参加维护社会和谐稳定的工作；推动律师参政议政工作，引导律师更多地投身于政治、社会生活；指导、协调大要案，努力实现法律效果与社会效果、政治效果的统一；构建评先树优表彰宣传工作机制，为律师业发展营造良好氛围等等。

（五）会商协调

会商手段主要用于处理司法行政管理部门与律师行业管理部门之间的关系。由于律师管理的许多工作很难截然分开，所以必须加强行政与协会之间的联系、沟通、协商，着力构建"重大决策会商，重大情况沟通，重大信息共享"的工作机制。在涉及行业发展的重大问题、重要活动、人事安排上，协会要主动向司法行政机关汇报，按规定程序规范行事。司法行政机关则要主动听取协会的意见，尊重他们的行业选择与安排。

协调主要是指律师管理主体通过与相关部门的协调，使法律服务执业渠道更畅通，执业环境更优化。主要包括：在规范和约束律师与司法人员关系的基础上，建立健全律师与司法人员正常交往、良性互动的机制，完善、落实定期会谈、信息交流、业务研讨等机制，畅通交流、沟通和反映意见的渠道；加强同公检法等司法部门的沟通协调，认真落实法律赋予的律师在会见、阅卷、调查取证等方面的执业权利保障；加强与有关部门的协调，完善税收、收费、人才培养等方面的扶持、优惠政策等。

（六）教育培训

律师教育培训工作，不仅是提高法律服务质量、拓展律师业务的有效措施，而且还是建设一支高素质律师队伍的有效手段。加强律师队伍教育培训工作，首要的是建立有效的教育培训体系。主要包括：

1. 思想政治教育培训体系。通过建立律师学院以及推动律师进党校、行政学院、社会主义学院、团校等方式，实现律师思想政治教育培训的制度化、规范化、常态化，加强对律师队伍的政治引领，增进律师对中国特色社会主义的感情认同、理论认同、政治认同、道路认同。

2. 职业伦理培训体系。加强以"严格依法、恪守诚信、勤勉尽责、维护正义"为核心内容的律师职业道德和执业纪律教育培训，在律师队伍中形成热情服务、诚实守信、扬善惩恶的行业风尚，努力使律师成为社会诚信建设的倡导者、推动者和示范者。

3. 业务培训体系。根据经济社会发展和市场需求，积极开展律师业务培训工作，特别是强化新兴、前沿、高端业务的培训，努力提高律师的服务能力和层次。培训要按照“高层次、高起点、高标准”的原则，通过专门培训、理论研讨、境外深造、网上远程授课等多种形式，不断提高培训的覆盖面、针对性和实效性。

结　语

通过本章的论述，我们可以看出，律师管理尤其是司法行政机关的行政管理，不仅是法律赋予的法定职责，而且也是现阶段律师行业健康发展的实际需要，这就是律师管理的合法性、合理性依据。作为管理者，要从思想上澄清错误、模糊认识，并在此基础上，把握律师管理工作的内容和方法，遵循律师管理的基本原则，努力提升管理能力和管理水平，以有效、科学的管理，推动中国律师业的健康、科学、快速成长。

第三章　律师管理体制

律师管理体制是律师制度的重要组成部分。各国因为历史文化、法治生态和国情的不同，律师管理体制也不尽相同。我国当前实行的是司法行政机关的行政管理与律师协会的行业管理“两结合”的律师管理体制，而这种体制有其独特的沿革历史。研究律师管理体制问题，首先必须依据我国法律和其他规范性文件，厘清司法行政机关、律师协会的设置和各自的职责。

第一节　律师管理体制概念及其模式

律师管理体制是否科学，在很大程度上决定着管理的功效，影响着律师事业的发展。从各国的情况来看，负责律师管理的机构主要是司法行政机关或者法院与作为律师自治组织的律师协会两类。由于各国法律文化、历史传统与律师业发展状况等方面的差异，两种机构在管理权限以及管理地位上存在许多不同之处。

一、律师管理体制的概念

律师管理体制，是指律师工作管理系统中的机构设置、权限划分的组织制度及该制度所确定的法律关系。概言之，它是一个国家法律规定或者认可的对律师进行管理的制度体系。

一般来说，律师管理体制有狭义、广义之分。狭义的律师管理体制包括司法行政机关的行政管理和律师协会的行业管理，这两类管理是对律师的他律性管理，通常也被称为外部管理。广义的律师管理体制还包括律师事务所对律师的管理，这种管理属于律师事务所的自律性质，通常也被称为内部管理。律师管理应当是他律与自律的结合，律师事务所的管理是律师管理的基础环节，通过健全律师事务所的内部规章制度，完善自我约束机制，增强律师事务所负责人的管理职责，可以弥补外部管理的缺陷与不足。但是，律师事务所作为律师的执业机构，其管理的目标与整个律师管理体制的目标并非完全一致，特别是律师事务所作为一类社会组织具有一定的商业性和自利性，需要外部权力来平衡律师事务所的利益和公共利益的关系，因此，来自司法行政机关、律师协会的外部规范和约束就显得尤为重要。本章所称“律师管理体制”皆指其狭义概念。

二、律师管理体制的模式

从各国的情况来看，根据倾向于国家管理还是行业管理程度的不同，律师管理体制大致可以分为四种模式：

一是较为纯粹的国家管理模式。这种较为极端的模式，在当今各国已不多见，主要存在于部分国家建立律师制度的初期。比如，我国在新中国成立后以及改革开放后律师制度恢复重建初期，就是实行的国家统一管理的模式。

二是以国家管理为主、行业管理为辅的模式。这种模式以大陆法系的德国为代表，德国律师管理体制中司法行政部门和法院占有重要地位。在德国，各州的司法行政部门负责律师资格的考核与授予、律师执业行为的惩戒、律师管理规范的制定等重要管理权限，律师协会对律师管理主要是建议、参与的作用。律师协会受司法行政部门的指导和监督，律师协会代表大会的选举结果及所作的重大事项决议要向司法行政部门报告，律师协会修改章程、制定的重要的规范性文件须向司法行政部门备案，律师协会每年要向司法行政部门提交年度工作报告，司法行政部门如果认为律师协会的选举或作出的决议违反法律或章程，可提请法院判决选举或决议无效。在律师执业准入方面，司法行政部门负责审查并授予律师资格，法院负责颁发律师执业证，律师执业要接受法院的指导和监督。在律师惩戒方面，由专门设立的律师纪律惩戒法庭（职业法院）负责，法庭组成人员由司法部长任命。

三是以行业管理为主、国家管理为辅的模式。这种模式以美国为典型代表。美国律师管理体制的最大特点是以律师协会为主进行管理，联邦政府的司法行政部门并不管理律师。美国律师协会是全国性组织，由律师自愿加入，它不仅是整个律师界的代言人，而且还是法律工作者的全国性机构。各州律师协会与美国律师协会是平等关系，在组织上和业务管理上都互不隶属。各州律师协会在律师管理中占有重要地位，是律师管理的主要机构，行使的管理职能主要体现在四个方面：(1)负责法学教育；(2)负责律师的从业资格审查与惩戒；(3)负责律师制度的建设；(4)负责律师管理工作的日常事务，拟定有关政策、议案，进行其他活动。

尽管美国的律师管理是以律师协会为主，但认为是律师协会绝对管理则是不确切的，法院在律师管理中也处于非常重要的地位，对律师管理负有特别的监督义务，主要体现在：(1)通过或创设有关律师执业的法规、规则。在很多州，律师协会制定的律师法律规范必须在法院通过后才能生效。同时，法院可以创制一些原则规范、解释法律，还可以运用先前的判例对律师进行监督。(2)颁布律师执照。虽然批准律师从业的绝大部分工作由律师协会进行，但律师资格的执照由法院颁发。(3)法院具有对律师适用惩戒的权力。律师协会对律师的惩戒只负责先行调查、听讯、对惩戒作出建议等，而最终惩戒的决定则由法院来作出，并且，很多州的惩戒委员会就在法院内办公。(4)行使法院固有的司法监督权。法院通过审判涉及律师方面的案件，对律师的执业行为进行司法监督。(5)法院和律师协会在管理律师上互相制衡。这是分权与制衡精神在律师管理中的具体体现，一方面，律师协会监督管理律师，律师则通过法院反过来监督律师协会；另一方面，法院监督管理律师、律师协会，而律师、律师协会又通过上诉权、选举权等来监督法院。

四是较为纯粹的行业管理模式。这种模式属于例外情况，只有日本等个别国家采用。在日本，律师联合会是全国性的律师组织，具有法人资格，是一个完全独立的自治团体和职业团体，负责领导、监督地方律师会及其工作。地方律师会是地区性的律师组织，其使命与日本律师联合会相同，是日本律师联合会的当然会员，所有律师都必须加入地方律师会和日本律师联合会。日本律师联合会的职责有：(1)审查律师资格、监督律师行为、惩戒违法律师、指导律师会的工作；(2)对立法、司法工作的改善进行调查研究，然后会同最高法院向国会提出意见；(3)从事维护人权的活动。对于日本律师联合会依据律师法所作的处分，不得依据行政不服法提出不服。由此可见，日本律师联合会和地方律师会这两个律师自治团体，负责几乎所有的律师管理事务，日本的国家机关在律师管理方面的权限很小。但是，最高法院在认为必要时，可以要求日本律师联合会提出有关其执行事务情况的报告，或委托它进行有关律师及律师会事务的调查。

世界上大多数国家的律师管理体制之所以奉行司法行政机关或者法院管理与律师协会管理相结合的模式，主要是体现国家管理与自治管理的结合。一方面，律师执业的根本条件在于独立自主的执业环境，律师行业的独立性和律师执业的自主性，要求律师管理要实行符合律师行业特点的律师协会的自治管理。另一方面，行业自律管理并不完全排斥国家的管理，因为对社会事务进行管理是国家的一般职能，律师制度作为国家司法制度的组成部分也不例外，并且国家管理有助于对律师行业的总体控制，防止律师行业内部垄断性利益的形成。

第二节 我国律师管理体制的历史沿革

从世界范围考察，律师制度的起源，可以追溯到古罗马时期，那时在诉讼中就曾出现过“辩护士”“保证人”，并由此逐步发展为律师。现代意义上的律师制度，是随着资产阶级革命的发展逐步建立起来的。到19世纪末，英国、美国、法国、德国、日本等主要资本主义国家都建立了较为完善的律师制度。

在我国，律师制度属于“舶来品”。我国古代没有关于律师的称谓，但早在春秋时期，著名法家代表人物之一的邓析就帮助别人诉讼，成为中国“讼师”的始祖。从奴隶社会到封建社会漫长的历史进程中，历代统治者都实行专断的纠问式诉讼制度和刑讯逼供的野蛮程序，当事人的诉讼权利被剥夺殆尽，尽管曾先后出现过辩护士、讼师和代理人，但他们都不是现代意义上的律师，因此，也根本谈不上有律师制度。律师及律师制度传入我国是从近代才开始的。

一、我国近代律师制度的产生与存续

清朝末期，中国沦为半殖民地半封建社会。外国侵略者凭借不平等条约攫取了领事裁判权，设立了公审公廨，外国律师开始出现在中国。在国外法律文化的冲击下，闭关锁国的清政府为求自保，于1902年开始变法修律。1906年草成的《大清刑事民事诉讼法》中，对律师作了专项规定。这是中国立法史上首次规定律师的内容，但因遭到各省督抚的反对而未颁行。1911年，清政府修订法律馆重新编纂《刑事诉讼律草案》和《民事诉讼律草案》，再次规定了律师制度，但未及审议颁行，清王朝就被推翻了。但民间已有许多自发的个体律师出现。

1911年10月，辛亥革命胜利后成立南京临时政府，临时大总统孙中山曾命令法制局起草《律师法(草案)》，后因临时政府很快解散而未能颁布实施。1912年4月，袁世凯窃国后建都北京的北洋军阀政府，于同年9月起先后颁布了《律师暂行章程》《律师登录暂行章程》《律师惩戒会暂行规则》《律师甄别章程》等一系列有关律师管理的法令，对律师资格、律师义务、律师惩戒、律师登录与甄别等内容作出了具体明确的规定，标志着我国正式建立律师制度。1912年1月，上海律师公会、中华民国律师总公会(尽管名称为“中华民国律师总公会”，但仅是地域性的律师行业组织)相继成立。这一时期，律师队伍有了较大发展，全国律师人数达到两千余人。[①]

---

① 参见何悦主编:《律师法学》，法律出版社2010年版，第48页。

1927年国民党政府在南京成立后，沿袭了北洋政府的律师制度，并确定由国民政府司法部掌管律师事项。同年7月，国民政府颁布了《律师章程》和《律师登录章程》。1928年10月，司法部改称司法行政部。1929年5月，在各地律师公会倡议下，经南京国民政府司法行政部核准，"中华民国律师协会"在南京召开成立大会，产生了第一个全国性的律师行业组织，此后每年召开一次会员大会。1941～1945年，国民党政府先后颁布了《律师法》《律师法施行细则》《律师登录规则》《律师惩戒规则》《律师检核办法》等，逐步替代了北洋政府颁布的律师法规，使律师制度趋于规范。1948年3月，南京国民政府开始筹组"中华民国律师公会全国联合会"，并于同年9月9日在南京召开了首届代表大会，通过了该会章程，选举理事、监事，成立了理事会、监事会，9月9日也成为中华民国律师节。这一时期，律师可以个人开业，著名律师酬金较高，而且与司法界、政界关系密切，能请得起这些律师的往往是有产者，但律师队伍中也不乏像沈钧儒、施洋、史良这样追求民主、为民撑腰的律师。这一时期，律师业有所发展，律师法规较以前完备，律师人数有所增长，尤其是上海、南京等一些大城市，律师队伍发展很快。据统计，仅上海市1930年就有律师659人，1931年有828人，1934年有1120人，四年共增加约500人；南京市在1934年有律师1200余人。①

二、新中国律师管理体制的历史沿革

新中国成立前，在各个时期的革命根据地，工农政府均颁布法规、法令，允许被告人委托辩护人为自己辩护。但由于当时的环境和条件，尚没有设置律师和建立律师制度。

新中国成立后，我国继承革命根据地法制建设的优良传统，吸取了外国主要是前苏联一些有益的经验，在彻底废除旧中国律师制度的基础上，从我国实际情况出发，逐步建立了社会主义律师制度。至今我国律师管理体制大体经历了三种形态：

（一）建国初期和改革开放后律师制度恢复重建时期：单一的司法行政管理体制模式

1. 建国之初律师制度草创时期

新中国成立之初，废除了国民党的《六法全书》，并根据《共同纲领》的规定，彻底废除了旧中国的律师制度，同时着手建立新的律师制度。1950年7月，政务院颁布的《人民法庭组织通则》规定："县（市）人民法庭及其分庭审判案件时，应当保障被告有辩护和请人辩护的权利。"同年7月下旬至8月上旬召开的第一

① 参见邓建民主编：《律师法学与公证法学》，四川大学出版社2006年版，第91页。

次全国司法工作会议上，司法部将草拟的《京、津、沪三市辩护人制度试行办法》提交会议讨论，并要求有条件的地方都可酌情试办。1953年，上海市人民法院率先设立"公设辩护人室"，帮助刑事被告人进行辩护，1954年又设立"公设律师室"，既帮助刑事被告人进行辩护，也为离婚妇女提供法律帮助。1954年7月，司法部发出《关于试验法院组织制度中几个问题的通知》，指定北京、上海、天津、重庆、武汉、沈阳等大城市试办法律顾问处，开展律师工作。

1954年9月，全国人大一届一次会议通过《中华人民共和国宪法》和《中华人民共和国人民法院组织法》，分别规定："被告人有权获得辩护"，"被告人除自己行使辩护权外，还可以委托律师为其辩护"，从法律上明确肯定了律师制度。1956年7月，国务院批转了司法部《关于建立律师工作的请示报告》，对律师的性质、任务、工作机构、任职条件等作了原则规定，正式确立新中国的律师制度，同时还批准颁布了《律师收费暂行办法》，并授权司法部起草《律师暂行条例》等法规。

至1957年6月，全国共建立法律顾问处817个，有专、兼职律师2932人，30万人口以上的城市和中级法院所在地的县一般都设有法律顾问处，有14个省、市、自治区开始筹建律师协会。①

这一时期，律师是国家工作人员，律师的执业机构为法律顾问处，律师和法律顾问处都受律师协会的直接领导，律师协会设在司法行政机关内，没有成立全国性的律师协会。从管理体制来看，虽然律师协会直接管理律师，但这种管理并不是自律性的行业管理，而是行政管理，因此属于单一的行政管理体制。这一体制，是适应当时国家统一的行政管理体制需要而产生的，对废除旧中国律师制度、建立社会主义律师制度发挥了重大作用。

1957年下半年，由于极"左"思潮的影响，"反右"斗争扩大化，多数律师被打成"右派"分子，律师队伍受到严重摧残，律师制度也被宣布为资产阶级的东西而受到彻底否定。1959年4月，司法部被撤销，各地法律顾问处也被撤销，我国律师制度遂告夭折。至此，我国出现了一个二十年没有律师和律师制度的空白时期。

2.改革开放后律师制度恢复重建时期

"文化大革命"结束后，民主、法制得到恢复，我国律师制度也进入了恢复重建时期。1978年《宪法》重新确立了刑事辩护制度。1979年7月，五届全国人大二次会议通过了《中华人民共和国刑事诉讼法》，对律师制度作出专门规定。同年9月，中央组织部分配下达了律师编制人数；12月，司法部发出《有关律师工

① 参见陈卫东主编：《中国律师学》，中国人民大学出版社2008年版，第20页。

作的通知》,要求尽快把大中城市的律师机构建立起来。1980 年 8 月 26 日,五届全国人大常委会第十五次会议通过了《中华人民共和国律师暂行条例》,对我国律师的性质与任务、律师的权利与义务、律师的主要业务、律师资格、律师的工作机构等作了具体规定,并明确了律师协会的性质和职能,第一次从法律上确立了律师协会作为律师行业性组织的地位,不再沿用建国初期律师协会隶属于司法行政机关的做法。《律师暂行条例》的颁布对我国律师制度的恢复重建起到了极大的促进作用,我国律师工作开始走上正轨。

这一时期,我国律师事业和律师队伍迅速恢复。截至 1981 年底,我国有法律顾问处 1456 个,律师超过 5500 人。这一时期,律师的性质是国家法律工作者,律师执业机构是事业单位,由政府核拨编制和经费。尽管从立法上确立了律师协会的地位和作用,但当时的律师协会是交流、联谊性质的社团组织,并没有具体的管理职能,并且由于律师制度刚刚恢复,律师数量不多,普遍建立律师协会的条件尚不成熟。在各地的实践中,律师协会大多设在司法行政机关的律师管理部门内,其领导主要由司法行政机关领导兼任,律师的行政管理与行业管理实际上是"一套人马、两块牌子"。所以从总体上看,当时的律师管理体制仍是政府直接管理的单一体制。

(二)20 世纪 80 年代中期到 1994 年:司法行政机关绝对主导、律师协会从属辅助的律师管理体制模式

自 20 世纪 80 年代中期,随着改革开放的不断深入,旧的律师管理体制开始表现出历史的局限性,改革势在必行。1983 年 3 月,司法部召开了六省一县律师工作体制改革座谈会,探索律师体制改革的道路,并指定到会单位进行试点。1984 年 8 月,全国司法工作会议后,一些法律顾问处改名为律师事务所,并在经营管理上进行了改革的尝试,打破了收入和支出由国家包办的框框。1986 年 3 月,国务院办公厅转发了司法部《关于加强和改革律师工作的报告》。同年 7 月,第一次全国律师代表大会在北京召开,正式成立中华全国律师协会,并通过了协会章程,成为律师协会参与律师行业管理的重要里程碑。此后,中华全国律师协会相继加入亚太地区律师协会和国际律师协会。1986 年 9 月,司法部举办了第一次全国律师资格考试。1988 年 6 月,司法部下发《合作律师事务所试点方案》,开始探索建立合作制律师事务所。1992 年,司法部开始外国律师事务所在我国境内设立办事处的试点工作,确定北京、上海、广州、深圳和海南省作为首批试点城市(地区)。1993 年 12 月,国务院批准了司法部《关于深化律师工作改革的方案》,该方案的主要内容是实现"四个突破"和"四个转变":突破以生产资料所有制模式划分律师事务所性质的束缚,向建立"两不四自"(不占国家编制,不要国家经费;自愿组合、自收自支、自我发展、自我约束)的自律性组织转变;突破

用行政官员、行政级别概念界定律师和律师机构属性的束缚，向律师作为面向社会、为社会服务的法律工作者转变；突破律师执业机构单一模式的束缚，向多种执业组织形式转变；突破以司法行政机关为主管理律师的束缚，向司法行政管理和律师协会行业管理相结合的模式转变，不断强化律师协会职能，努力创造条件，向司法行政机关宏观管理下的律师协会行业管理体制过渡。

这一时期是我国律师队伍迅速发展、律师制度改革不断取得实质性进步的时期。律师管理体制也在摸索中探寻方向。各地律师协会有了很大发展，普遍建立了律师协会，律师协会的内部机构建设力度加大，律师协会在律师管理中的作用越来越受重视，律师协会的表现更加积极、主动。但从全国律协章程规定的协会职能来看，主要是律师业务指导、工作经验交流、维护律师合法权益等，律师资格的考试与授予、颁发律师执业证书、律师事务所审批等律师管理工作中的实质性内容仍然保留在司法行政机关，律师协会的主要领导仍然由司法行政机关的领导兼任。律师协会在律师管理体制中处于从属、辅助地位，行业管理的作用仍然不明显。

（三）1995 年至今：司法行政机关监督指导与律师协会行业管理相结合的管理体制模式

1995 年 7 月，第三次全国律师代表大会审议通过了新的《中华全国律师协会章程》，选举产生了第一届全国律师协会理事会，141 名理事全部由执业律师组成，会长、副会长、常务理事全部由理事会产生，司法行政机关的负责同志不再兼任职务，并实行秘书长负责制，律师协会履行行业管理职能实现了由理论向实践的跨越，这对充分发挥律师协会的自律作用无疑具有重要作用。1996 年 5 月，八届全国人大常委会第十九次会议通过了《中华人民共和国律师法》，这是我国制定的第一部律师法，是我国律师事业发展的重要里程碑。它规定了我国律师的性质、律师执业条件、律师事务所、律师的权利与义务、律师协会、法律援助、法律责任等，特别是明确了司法行政机关对行业的监督、指导职责，明确了“律师协会是社会团体法人，是律师的自律性组织”。律师的司法行政管理与律师协会行业管理相结合的管理体制（俗称“两结合”律师管理体制）得到了法律的正式确认，至此，我国律师管理体制的框架基本形成。2001 年 12 月，九届全国人大常委会第二十五次会议对律师法作了修改，明确了取得律师资格应当经过国家统一的司法考试。2002 年 1 月，司法部下发了《关于进一步推动律师工作改革的若干意见》，提出开展公职、公司律师试点工作。2007 年 10 月，十届全国人大常委会第三十次会议通过了修订后的律师法，对原律师法作了较大的调整、补充和修改，从诸多方面进一步改革和完善了我国的律师制度。在律师管理体制方面，增加了律师协会“制定行业规范和惩戒规则”，“对律师、律师事务所实行奖励和惩戒”,“组织管理申请律师执业人员的实习活动,对实习人员进行考核”等重要的管理职能,强化了律师协会的行业管理地位和作用,进一步完善了“两结合”的律师管理体制。此后,司法部依据修订后的律师法对部颁规章进行了全面修订和补充,基本构建了一套较为完整的律师管理工作法律体系。2010 年 9 月,中央办公厅、国务院办公厅转发了司法部《关于进一步加强和改进律师工作的意见》,明确了“律师是中国特色社会主义法律工作者”的政治定位,提出了一系列促进律师业发展的扶持保障政策,对做好新时期律师工作作出全面部署,对完善律师管理体制也提出了明确要求。

这一时期,律师业空前发展,律师制度日益完善,律师队伍迅速壮大。截至 2012 年底,全国共有各类律师事务所 19361 家、律师 232384 人,律师队伍已经成为我国落实依法治国基本方略、建设社会主义法治国家的重要力量。这一时期,律师协会建设已延伸到全国多数地级市,基本构建了全国、省、市三级律师协会组织体系,律师协会在律师管理中的地位和作用更加突出,“两结合”的律师管理体制更加健全,管理效能更加明显。

从司法行政机关的单一行政管理体制,到司法行政机关绝对主导、律师协会从属辅助的管理体制,再到司法行政机关与律师协会“两结合”的管理体制,标志着我国对律师职业属性和律师工作规律的认识与把握更加深刻。实践证明,“两结合”律师管理体制是符合律师业发展规律、适合我国当前国情的管理体制。

第三节　司法行政机关的行政管理

司法行政机关的行政管理,是“两结合”律师管理体制的重要内容,特别是当前,行政管理还处于主导地位,但从长远来看,随着政府职能的转变和社会组织的发育成长,行政管理必然向着“宏观、有限”的方向发展,司法行政机关需要将一定的管理权限逐步让渡给律师协会。

一、司法行政管理机构

我国《律师法》第 4 条规定:“司法行政部门依照本法对律师、律师事务所和律师协会进行监督、指导。”这赋予了司法行政机关对律师行业的行政管理权。司法行政机关是各级人民政府的职能部门之一,主管法制宣传、律师、公证、法律援助、司法鉴定、人民调解、监狱、劳教(戒毒)等方面的工作。对律师工作实行行政管理是其重要职能之一。

我国司法行政机关共分四级:中央设司法部;省、自治区、直辖市设司法厅

(局);市级和县级设司法局。其中,司法部是中央司法行政机关,负责对全国的司法行政工作进行宏观管理,通过制定方针、政策和规章等对司法行政工作实行间接管理。省、市、县三级司法行政机关负责实施、执行司法部和上级司法行政机关的政策和决定,对司法行政工作实行直接管理。各级司法行政机关都设有专门机构对律师工作进行监督和指导:司法部设律师公证工作指导司;省(自治区、直辖市)司法厅(局)设律师管理处;一般来说,市、县级司法局设律师管理科。

二、司法行政管理的职权与内容

根据《律师法》《法官法》《检察官法》及有关部门规章,司法行政机关主要有以下管理权限:(1)概括性的律师管理权。《律师法》第 4 条赋予了司法行政部门概括性的律师管理权,表明司法行政管理在律师管理体制中的主导地位。(2)律师管理规章的制定权。司法部作为国务院组成部门,具有制定律师管理方面行政规章的权力。实践中,司法部先后颁布了一系列部门规章,涉及律师管理工作的各个方面,体现了司法行政机关在律师管理中的规章制定权。(3)司法考试组织实施权。《法官法》第 51 条和《检察官法》第 54 条规定"国家对初任法官、检察官和取得律师资格实行统一的司法考试制度。国务院司法行政部门会同最高人民法院、最高人民检察院共同制定司法考试实施办法,由国务院司法行政部门负责实施"。明确了国家建立统一的司法考试制度,并由司法行政机关具体组织实施。(4)行政许可和资质管理权。申请律师执业、设立律师事务所,律师、律师事务所执业证注销,以及律师、律师事务所资质变更等方面,都需要司法行政机关许可或核准。(5)行政处罚权。在《律师法》第六章"法律责任"中,凡是针对律师、律师事务所违法违规行为作出的较为严重的处罚决定,司法行政机关具有排他性的垄断权。如给予警告、停止执业 3 个月以上 1 年以下的处罚、吊销执业证书、没收违法所得、罚款等处罚均由司法行政机关作出。(6)律师事务所年度检查考核权。《律师法》第 24 条规定:"律师事务所应当于每年的年度考核后,向设区的市级或者直辖市的区人民政府司法行政部门提交本所的年度执业情况报告和律师执业考核结果。"设定了司法行政机关对律师事务所的年度检查考核权。(7)日常监督管理权。《律师执业管理办法》《律师事务所管理办法》明确了司法行政机关对律师、律师事务所执业活动的日常监督管理权。

我国对律师、律师事务所实行分级管理的原则,根据《律师执业管理办法》《律师事务所管理办法》,县、设区的市、省三级司法行政机关的具体管理职责如下:

1. 县级司法行政机关对其执业机构在本行政区域的律师、律师事务所的执业活动进行日常监督管理,履行下列职责:(1)检查、监督律师在执业活动中遵守法律、法规、规章和职业道德、执业纪律的情况。监督律师事务所在开展业务活动中遵守法律、法规、规章的情况。(2)监督律师事务所执业和内部管理制度的建立和实施情况。(3)监督律师事务所保持法定设立条件以及变更报批或者备案的执行情况。(4)监督律师事务所进行清算、申请注销的情况。(5)掌握律师事务所对律师执业年度考核的情况,监督律师事务所开展律师执业年度考核和上报年度执业总结的情况。(6)受理对律师、律师事务所的举报和投诉。(7)监督律师、律师事务所履行行政处罚和实行整改的情况。(8)司法部和省、自治区、直辖市司法行政机关规定的其他职责。县级司法行政机关在开展日常监督管理过程中,对发现、查实的律师在执业活动中和律师事务所在执业和内部管理中存在的问题,应当对有关律师或律师事务所负责人进行警示谈话,责令改正,并对其整改情况进行监督;对律师、律师事务所的违法行为认为依法应当给予行政处罚的,应当向上一级司法行政机关提出处罚建议;认为需要给予行业惩戒的,移送律师协会处理。

2.设区的市级和直辖市的区级司法行政机关履行下列监督管理职责:(1)掌握本行政区域律师队伍建设和发展情况,掌握本行政区域律师事务所的执业活动和组织建设、队伍建设、制度建设的情况,制定加强律师队伍建设和律师工作的措施和办法。(2)指导、监督下一级司法行政机关对律师、律师事务所的日常监督管理工作,组织开展对律师、律师事务所的专项监督、检查或者考核工作,指导对律师、律师事务所重大投诉案件的查处工作。(3)对律师、律师事务所进行表彰。(4)依法定职权对律师、律师事务所的违法行为实施行政处罚;对依法应当给予吊销律师执业证书或律师事务所执业许可证处罚的,向上一级司法行政机关提出处罚建议。(5)对律师事务所的律师执业年度考核结果实行备案监督,并组织开展对律师事务所的年度检查考核工作。(6)受理、审查律师执业,变更执业机构,执业证书注销和律师事务所设立、变更、设立分所、注销申请事项等。(7)建立律师、律师事务所执业档案,负责有关律师执业许可、变更、注销和有关律师事务所的许可、变更、终止及执业档案等信息的公开工作。(8)法律、法规、规章规定的其他职责。

3.省、自治区、直辖市司法行政机关履行下列监督管理职责:(1)掌握、评估本行政区域律师队伍建设情况和总体执业水平,制定律师队伍和本行政区域律师事务所的发展规划和有关政策,制定加强律师、律师事务所管理的规范性文件。(2)掌握本行政区域律师事务所组织建设、队伍建设、制度建设和业务开展情况。(3)监督、指导下级司法行政机关对律师、律师事务所的监督管理工作,组织、指导对律师、律师事务所的专项监督、检查或者年度考核工作。(4)组织对律师、律师事务所的表彰活动。(5)依法对律师、律师事务所的严重违法行为实施吊销律师执业证书或律师事务所执业许可证的处罚，监督、指导下一级司法行政机关的行政处罚工作，办理有关行政复议和申诉案件。（6）办理律师执业核准、变更执业机构核准、执业证书注销和律师事务所设立核准、变更核准或者备案、设立分所核准、执业许可证注销事项。（7）负责有关本行政区域律师事务所、律师队伍、执业情况、管理事务等重大信息的公开工作。（8）法律、法规、规章规定的其他职责。

第四节　律师协会的行业管理

律师协会的行业管理，是律师管理体制的重要组成部分。在一些西方发达国家，律师协会充当着律师管理的重要角色。1986 年，中华全国律师协会成立并通过了《中华全国律师协会章程》，标志着自律性的律师协会在我国正式诞生。1996 年的《律师法》设专章对律师协会进行了规定，这是我国第一次将律师协会的地位、职责等内容上升到法律的高度。2007 年修订后的《律师法》，增加了律师协会制定行业规范和惩戒规则、对律师执业活动进行考核、管理实习人员等职能，进一步强化了律师协会的行业管理地位和职能。

一、律师协会的性质和宗旨

《律师法》第 43 条规定："律师协会是社会团体法人，是律师的自律性组织。"这说明，律师协会的性质既不是国家机关，也不是事业单位，而是一种行业性的社会团体法人。律师协会是非营利性组织，不以营利为目的，它既是管理和组织依法执业的机构，又是律师自我教育、自我管理、自我约束的自律性组织。

根据 2011 年 12 月修订的《中华全国律师协会章程》的规定，律师协会的宗旨是：坚持中国共产党的领导，团结带领会员高举中国特色社会主义伟大旗帜，忠实履行中国特色社会主义法律工作者的职责使命，维护当事人的合法权益，维护法律的正确实施，维护社会公平和正义，为建设社会主义法治国家、促进社会和谐发展和文明进步而奋斗。

二、律师协会的组织体系

《律师法》第 43 条规定："全国设立中华全国律师协会，省、自治区、直辖市设立地方律师协会，设区的市根据需要可以设立地方律师协会。"由此可见，我国律师协会基本是三级架构：中华全国律师协会、省级律师协会和市级律师协会。各级律师协会之间的关系是指导与被指导的关系，每级律师协会都接受本级司法行政机关的监督、指导。

我国律师协会组织体系建设经历了一个逐步完善的过程。律师制度恢复后，省、自治区、直辖市陆续成立了律师协会。关于地市一级成立律师协会的问题，1986 年 10 月，司法部《关于同意本溪市成立律师协会的批复》把本溪市律师协会作为地、市律师协会的试点单位。但地、市设置律师协会的做法并未得到推广。1989 年，司法部《关于地、市是否可以设置律师协会的批复》认为，省以下一般不宜成立律师协会，沿海地区和经济发达地区的大、中城市如确需成立律师协会的，报司法部批准。随着律师管理体制改革的进一步深化，为更好地实现司法行政管理与律师协会行业管理相结合，1996 年通过的《律师法》明确规定："设区的市根据需要可以设立地方律师协会。"这一规定，为加强律师协会三级组织体系建设创造了条件。

三、律师协会的职责

根据《律师法》第 46 条的规定，律师协会应当履行下列职责：(1)保障律师依法执业，维护律师的合法权益。(2)总结、交流律师工作经验。(3)制定行业规范和惩戒规则。(4)组织律师业务培训和职业道德、执业纪律教育，对律师的执业活动进行考核。(5)组织管理申请律师执业人员的实习活动，对实习人员进行考核。(6)对律师、律师事务所实施奖励和惩戒。(7)受理对律师的投诉或者举报，调解律师执业活动中发生的纠纷，受理律师的申诉。(8)法律、行政法规和规章规定的其他职责。律师协会制定的行业规范和惩戒规则，不得与法律、行政法规、规章相抵触。

四、律师协会会员的权利与义务

(一)律师协会的会员

《律师法》第 45 条规定："律师、律师事务所应当加入所在地的地方律师协会。加入地方律师协会的律师、律师事务所，同时是全国律师协会的会员。律师协会会员享有律师协会章程规定的权利，履行律师协会章程规定的义务。"《中华全国律师协会章程》第 7 条规定："本会会员分为团体会员和个人会员。依照律师法取得律师执业证书的律师，为本会个人会员；依法批准设立的律师事务所为本会团体会员。"

可见，律师协会的会员包括两类：团体会员和个人会员，团体会员是指律师事务所，个人会员是指律师。

(二)会员的权利、义务

1. 个人会员的权利：(1)享有表决权、选举权和被选举权；(2)享有合法执业保障权;(3)参加本会组织的学习和培训;(4)参加本会组织的专业研究和经验交流活动;(5)享受本会举办的福利;(6)使用律师协会的图书、资料、网络和信息资源;(7)提出立法、司法和行政执法的意见和建议;(8)对本会的工作进行监督,提出批评和建议;(9)通过本会向有关部门反映意见。

2.个人会员的义务:(1)遵守本会章程,执行本会决议;(2)遵守律师执业行为规范,遵守本会行业规则和准则;(3)接受本会的指导、监督和管理;(4)承担本会委托的工作;(5)承担律师协会委托的工作,履行律师协会规定的法律援助义务;(6)自觉维护律师职业声誉,维护会员间的团结;(7)按规定交纳会费。

3.团体会员的权利:(1)参加本会举办的会议和其他活动;(2)使用本会的信息资源;(3)对本会工作进行民主监督,提出意见和建议。

4.团体会员的义务:(1)遵守本会章程;(2)遵守本会的行业规范,执行本会决议;(3)教育律师遵守律师执业行为规范;(4)组织律师参加本会的各项活动;(5)制定、完善内部规章制度;(6)为律师行使权利、履行义务提供必要条件;(7)组织和参加律师执业责任保险;(8)对实习律师加强管理;(9)对律师的执业活动进行考核;(10)按规定交纳会费;(11)承担本会委托的工作。

结 语

我国律师制度特殊的沿革历史,孕育了颇具中国特色的律师管理体制,突出表现为司法行政管理与律师协会行业管理"两结合"的体制,且以司法行政管理为主导。如同世界其他国家一样,这是由不同的法律文化、历史传统与律师业发展状况等国情决定的,两种机构之间在管理权限划分以及管理中所处的地位存在着许多差异。

第四章　律师管理法律政策

律师管理法律政策，是调整律师管理关系的相关法律规范以及政策的总称。从渊源来看，律师管理法律政策渊源包括宪法、法律、行政法规、地方性法规、部门规章、地方政府规章、立法解释、司法解释、行政解释以及党和国家、各级政府部门制定的有关律师管理方面的工作政策。本章以律师法、部门规章和律师工作政策为主线来阐释律师管理法律政策。

第一节　律师法

律师法在所有律师管理法律政策中居于核心地位，是律师管理工作基本法，也是制定其他律师管理行政法规、行政规章和律师管理政策的重要依据。

一、律师法的概念

律师法有广义和狭义之分。狭义的律师法，是指由国家最高立法机关通过的律师法典。在我国，1996 年 5 月 15 日第八届全国人民代表大会常务委员会第十九次会议通过的《中华人民共和国律师法》，是我国第一部律师法典。此后，这部《律师法》于 2001 年 12 月 29 日被第九届全国人民代表大会常务委员会第二十五次会议修正、2007 年 10 月 28 日被第十届全国人民代表大会常务委员会第三十次会议修订，形成了现行的《律师法》。

广义的律师法，包括所有的国家有权机关制定的规制律师工作的规范性法律文件，除了律师法典外，还包括四个层面的法律文件：一是国务院制定的有关律师工作的行政法规。比如国务院制定的《外国律师事务所驻华代表机构管理条例》。二是国务院各部委制定的有关律师工作的行政规章。比如国家发展和改革委员会、司法部联合制定的《律师服务收费管理办法》。三是省、自治区、直辖市和较大的市的国家权力机关制定的规范本地区律师工作的地方性法规。比如深圳市人大常委会颁布的《深圳经济特区律师条例》。四是省、自治区、直辖市和较大的市的人民政府制定的规范本地区律师工作的规章。比如上海市政府颁布的《上海市律师管理规定》。

二、律师法的调整对象

任何一部法律都有其独特的调整对象,律师法也不例外。我国律师法的调整对象包括以下四个方面:

1. 确定律师、律师执业机构、律师行业组织和律师管理机关的法律地位。比如,《律师法》第2条规定了律师的概念和性质,第二章规定了律师执业条件,第三章确立了律师执业机构的组织形式及其设立程序,第四章规定了律师的业务和权利、义务,第五章规定了律师协会的性质与职责等。

2. 规范和调整律师、律师执业机构、律师行业组织和律师管理机关之间的关系。比如,《律师法》规定了律师与律师事务所之间的关系,律师、律师事务所与律师协会之间的关系,律师、律师事务所、律师协会与司法行政机关之间的关系。

3. 规范和调整律师与服务对象之间的关系。比如,《律师法》规定了律师接受委托从事各项业务活动时与委托人之间形成的不同的权利义务关系等。

4. 规范和调整律师在业务活动中与有关国家机关或社会组织的关系。比如,规定律师在侦查阶段为犯罪嫌疑人提供法律帮助时与公安机关、国家安全机关和检察机关之间的关系;律师在起诉、审判阶段为犯罪嫌疑人或被告人进行辩护时与检察机关、审判机关之间的关系;律师在代理民事诉讼、行政诉讼、刑事诉讼时与法院之间的关系;律师在代理行政复议、办理企业登记等法律事务时与有关行政机关之间的关系;律师在代理参加仲裁、代办公证等法律事务时与仲裁、公证机构等社会组织之间的关系等。

三、律师法的地位和作用

(一)律师法的地位

在法的体系中,鉴于律师法所调整的法律关系主要为行政法律关系,我们认为律师法应属于行政法部门。同时,律师法独特的调整对象决定了它又是一个独立的二级法律部门。在这个二级法律部门中,律师法处于基本法的地位,因为律师法规定的是我国律师制度的主要和基本方面,确立的是律师工作的基本原则和制度,是制定有关律师工作法规、规章的根本依据。从内容来说,律师法规定了律师执业机构、律师行业组织的组织形式和程序,带有组织法的性质,属于组织法的范畴;律师法规定了律师的职务范围,带有职务法的性质,属于职务法的范畴;律师法规定了律师的权利以及保障律师权利的措施,带有保障法的性质,属于保障法的范畴。

律师法与其他法律部门有着密切的联系。律师以为当事人提供法律服务为天职,其业务与其他部门法之间有着广泛而密切的关系。比如,律师接受民事诉讼当事人的委托担任代理人,就必须按照民事诉讼法的有关规定参加诉讼活动,并根据民法的规定提出代理意见;律师接受犯罪嫌疑人或被告人的委托或人民法院的指定担任辩护人,就必须依据刑法的有关规定为犯罪嫌疑人或被告人进行辩护;律师接受非诉讼当事人的委托,办理有关法律事务,就必须根据与非诉讼法律事务相关的部门法开展活动。因此,其他部门法既是律师开展业务的规则,也是律师开展业务的依据,离开了其他部门法,律师的业务将失去相关的法律支持。因此,其他部门法越完备、调整的范围越广泛深入,律师的作用就越能得到彰显;同样,律师法越完善,律师的行为越规范,其他部门法的实施就越有效,法律的作用就越能得到发挥。

综上所述,律师法是行政法中一个独立的二级法律部门,是律师工作的基本法,是律师的职务法、组织法和保障法,它与其他部门法相辅相成,构成中国特色社会主义法律体系的一个有机、重要的组成部分。

(二)律师法的作用

我国《律师法》第 1 条规定了立法宗旨,第 2 条第二款规定了律师的职能。实际上,立法宗旨或主体职能的实现,也就是某一法律的作用得以充分发挥的结果。因此,律师法的立法宗旨和律师的职能与律师法的作用应当是一致的。据此,我国律师法至少具有以下几个方面的作用:

第一,完善律师制度。律师法对完善我国律师制度至关重要。我国律师业发展的历史实际上就是律师制度的实践成果不断被法律确认巩固的历史,律师法在我国律师制度改革完善的关键节点上都起了重要作用。1980 年制定的《律师暂行条例》,对律师制度的恢复重建起到了推动和促进作用。至 1996 年,随着我国经济社会的巨大变化,律师工作也取得了长足的发展,《律师暂行条例》中的某些规定已被突破,如:律师的工作机构已由原来的法律顾问处改称律师事务所;出现了合作制、合伙制律师事务所,等等。因此,在总结经验的基础上制定一部全新的律师法,有利于确认和巩固律师制度改革的成果,推动律师工作走上法制化轨道。“入世”以后,我国律师工作的实践、律师的执业环境、律师的法律服务观念发生了一系列深刻变化,外国律师进入我国法律服务市场、国家建立了统一的司法考试制度、许多地方设立了个人律师事务所,等等,对法律层面的律师制度提出了严峻挑战。在此背景下,全国人大常委会于 2007 年对《律师法》进行了新的修订,对律师业改革发展的成果加以确认,并进一步完善了我国律师制度。

第二，保障律师执业权益、规范律师执业行为。保障律师执业权益、规范律师执业行为，是律师法的重要任务。综观律师法的历史沿革，律师法每次修订都将这方面列为重点内容。由于历史的局限性，1980年制定的《律师暂行条例》对律师的权利和义务规定得不够全面具体，对律师的执业条件未作严格要求，甚至连法律责任这样重要的问题也只字未提，导致在实践中，一方面，律师的人身权利和正常执业得不到有效保护，律师合法权益被侵犯的现象时有发生；另一方面，少数律师把追求金钱作为最高目标，乱收费、作伪证、勾兑司法人员等违法乱纪的现象也时有发生。为此，1996年颁布的《律师法》对律师执业条件、律师的业务范围、律师的权利义务、律师执业保障措施以及法律责任等作了具体明确的规定。但随着同年修订后的《刑事诉讼法》的颁布实施，实践中又逐渐发生了律师"会见难""阅卷难""调查取证难"等严重问题，并且由于管理不到位、不规范，律师在执业活动中的违法违纪现象亦有增无减。2007年修订的《律师法》充实了律师执业权利保障的内容，增加了规范律师执业行为的规定，完善了对律师的行政管理和行业自律的措施。这对于规范律师执业行为、保障律师依法执业、维护律师的良好形象，无疑起到了重要的作用。

第三，维护当事人合法权益，维护法律正确实施。维护当事人合法权益、维护法律正确实施是我国律师的根本任务，也是我国律师法的目的和任务，这是由我国国情和律师法的社会主义性质决定的。律师法的许多规定都体现了这一精神。律师行业严格遵守和执行这些规定，就能够造就一支高素质的律师队伍，形成依法、诚信、尽责的优良作风，严守忠于事实和法律的行为准则，从而既维护当事人合法权益，又维护法律的正确实施。

第四，发挥律师在法治建设中的作用。律师队伍是落实依法治国基本方略、建设社会主义法治国家的重要力量。多年来，广大律师秉持良好职业道德，依法开展法律服务，为服务经济社会发展、保障人民群众合法权益、维护社会公平正义、化解社会矛盾纠纷、促进社会和谐稳定作出了积极贡献。这些成绩的取得与律师法以立法形式肯定了律师的地位和作用是分不开的。随着全面推进依法治国，加快建设社会主义法治国家，律师的作用将更加凸显，律师法将为律师发挥更大作用提供更加有力的法律保障。

四、我国现行《律师法》的主要特点[①]

我国现行《律师法》是2007年10月28日第十届全国人民代表大会常务委员会第三十次会议修订的，本次修订对原《律师法》作了较大的调整、补充和修改。修订后的《律师法》主要有六大亮点：一是进一步明确了律师的职业使命，规定律师应当维护当事人合法权益，维护法律的正确实施，维护社会公平和正义。二是进一步规范和完善了律师执业许可制度，包括完善了律师执业许可条件、调整了律师执业许可的权限和程序、规定了律师执业特别许可制度等。三是调整和完善了律师执业的组织形式，明确了普通合伙和特殊的普通合伙两种律师事务所合伙组织形式，增加了设立个人律师事务所的规定。四是充实了律师执业权利保障内容，增加了对律师依法行使会见权、阅卷权和调查取证权保障的规定，增加了律师参与法庭诉讼活动责任豁免的权利和对律师采取强制措施方面的保障措施。五是增加了规范律师执业行为的规定，从严格律师执业申请、担任合伙人的程序和条件完善律师执业禁止等方面作出了规定。六是完善了对律师的行政管理和行业管理措施。对司法行政机关的监管职责和行政处罚权层级配置作了相应调整，强化了对律师执业的监督，同时，进一步明确了律师协会的职责，为发挥律师协会的自律作用进一步作出了规定。

第二节　部门规章

2007年，全国人大常委会对《律师法》进行修订后，司法部依据新《律师法》对律师管理方面的规章进行了修订和补充，构建了一套结构较为科学、覆盖较为完整的律师管理工作规章体系。这是开展律师管理工作最直接、最主要的法律遵循和依据，对促进司法行政机关依法行政、规范律师管理工作行为、保障律师和律师事务所的合法权益，具有十分重要的作用。律师管理工作最常用、最重要的规章主要有：《律师事务所管理办法》《律师执业管理办法》《律师事务所年度检查考核办法》以及《律师和律师事务所违法行为处罚办法》。

一、《律师事务所管理办法》

《律师事务所管理办法》是规制对律师事务所设立许可、监督管理等工作的

① 参见"就十届全国人大常委会第30次会议审议通过修订后的律师法司法部负责人答记者问"，载2007年10月31日《法制日报》。

行政规章。主要有以下几个特点：

一是明确了特殊的普通合伙和国家出资律师事务所的设立条件。《律师事务所管理办法》对特殊的普通合伙所规定了较普通合伙所更为严格的设立条件，即除应当符合设立律师事务所的基本条件外，还应当“有20名以上合伙人”和“有人民币1000万元以上的资产”。之所以这样规定，一方面旨在引导、培育一部分律师事务所向规模化方向发展；另一方面，从维护委托人利益角度考虑，该类律师事务所本身应当具有与其规模、实力相适应的责任承担能力，确保无故意或者无重大过失的合伙人免除承担无限连带责任的同时，仍能拥有一定数量的资产份额承担有限责任。考虑到一些欠发达地区律师事务所自我发展能力较弱，为了解决这些地区的法律服务需求，《律师事务所管理办法》对国家出资律师事务所的设立条件作了较低的要求，规定有两名专职律师即可，并没有硬性规定设立资产数额，但要求筹建的律师事务所申请设立许可前，须经所在地县级人民政府有关部门同意核拨编制并提供经费保障。《律师事务所管理办法》既体现了新《律师法》保留国家出资设立的律师事务所的立法原意，也能适应我国经济社会发展不平衡的现状对律师法律服务的客观需求，而且具有可操作性。

二是赋予了省级司法行政机关调整律师事务所设立资产数额的权限。考虑到各地经济发展不平衡的现状，《办法》授权各省、自治区、直辖市司法行政机关可以根据本地经济社会发展状况和律师业发展需要，对普通合伙律师事务所、特殊的普通合伙律师事务所和个人律师事务所的设立资产数额进行适当调整，但必须报司法部批准后方可实施。

三是对律师事务所变更事项及程序作出了更为具体的规定。《律师法》对这部分内容的规定过于原则和笼统，但实践中律师事务所变更的情况较为复杂，涉及名称、负责人、章程、合伙人、合伙协议、住所、组织形式的变更以及由于分立、合并引起的变更等多种情形。《律师事务所管理办法》对《律师法》的相关规定作了进一步细化和补充，对律师事务所变更涉及的主要问题及相关管理、措施作了规定，增强了可操作性。

四是明确了律师事务所对律师的监管职权。《律师事务所管理办法》第41条第二款规定：“对于年度考核不合格或者严重违反本所章程及管理制度的律师，律师事务所可以与其解除聘用关系或者经合伙人会议通过将其除名。”这项规定既是律师事务所开展内部管理应有的职权，也是对律师事务所强化自律监督科以的一项责任。其目的是强化律师事务所内部管理在行业自律中的基础性作用，加强对律师执业表现及其品行的监管，用此机制将有不良执业记录、不适宜从事律师工作的人员调整出律师队伍，维护律师队伍良好的素质形象和执业水平。

五是明确了律师事务所建立执业风险等基金和律师参加执业责任保险等问题。《律师事务所管理办法》从保障委托人合法权益、增强律师事务所执业风险承担能力以及保障律师社会公信力等角度出发，对律师事务所建立执业风险、事业发展、社会保障等基金问题作出原则性规定，同时要求律师参加执业责任保险。

六是加强了县级司法行政机关对律师事务所的监管职责。《律师事务所管理办法》在第六章明确规定了地方各级司法行政机关管理律师事务所工作的事权划分及其职责，特别是对县级司法行政机关对律师事务所的日常监管职责、监管方式等作出较为具体的规定，体现了《律师法》关于司法行政机关对律师事务所监管重心下移的立法精神，为发挥县级司法行政机关在日常监管中的职能作用提供了依据和保障。

二、《律师执业管理办法》

《律师执业管理办法》的调整对象和适用范围定位是律师执业许可和许可后的监督管理，目的是规范律师的执业行为，维护律师执业秩序，并为司法行政机关履行监管职责提供依据和措施，主要包括三方面内容：(1)律师执业的条件和许可程序。(2)律师执业行为规范。(3)司法行政机关对律师执业的监管职责和监管措施。主要有以下几个特点：

一是细化了律师变更执业机构的规定。鉴于律师变更执业机构是律师执业管理中经常遇到的问题，为确保律师有序流动，《律师执业管理办法》作出了较为细化的补充规定。(1)明确了律师变更执业机构的程序。《律师执业管理办法》规定：律师变更执业机构，应当向拟变更的执业机构所在地设区的市级或者直辖市的区(县)司法行政机关提出申请，并提交无不得变更执业机构情形的证明、与原执业机构解除聘用关系或者合伙关系以及办结业务、档案、财务等交接手续等证明材料。由受理机关出具审查意见后，报送省、自治区、直辖市司法行政机关审核。对准予变更的，为其换发律师执业证书，并由原执业机构和变更的执业机构所在地的司法行政机关之间交接该律师执业档案。(2)明确了律师不得变更执业机构的情形。规定律师受到停止执业处罚期间，不得申请变更执业机构；律师事务所受到停业整顿处罚期限未满的，该所负责人、合伙人和对律师事务所受到停业整顿处罚负有直接责任的律师不得申请变更执业机构；律师事务所应当终止的，在完成清算、办理注销前，该所负责人、合伙人和对律师事务所被吊销执业许可证负有直接责任的律师不得申请变更执业机构。这样规定主要是为了防止律师以变更执业机构方式逃避应承担的法律责任，保护委托人的合法权益，保护其他合伙人和律师的利益，维护正常的律师执业管理秩序。

二是明确了律师专职执业规定。《律师执业管理办法》第 40 条第二款规定："律师在从业期间应当专职执业，但兼职律师或者法律、行政法规另有规定的除外。"这主要是针对部分执业律师从事法律服务以外的经营活动的现象，为确保律师充分履行职责，实现职业使命而作的限制性规定。除兼职律师外，律师除按法律、法规或有关政策可以兼任法学教育研究职务、兼任公司独立董事、兼任仲裁员以及其他与法律服务相关行业的职务外，应当专职执业，这不仅是从事律师职业的基本要求，而且还是保证充分发挥律师职能作用的基础和条件。

三是强化了县级司法行政机关对律师的监管职责。《律师执业管理办法》特别对县级司法行政机关对律师执业活动进行日常监管的职责、监管方式作出较为具体的规定，包括监督律师在执业活动中遵守法律、法规、规章和职业道德、执业纪律的情况，受理对律师的举报和投诉，监督律师履行行政处罚和实行整改的情况，掌握律师事务所对律师执业年度考核的情况等职责；规定对执业中有问题的律师应当进行警示谈话，责令改正，对应当给予行政处罚的向上一级司法行政机关提出处罚建议，对应当给予行业惩戒的移送律师协会处理。为充分发挥县级司法行政机关在对律师执业实行日常监管中的职能作用提供了依据和保障。

三、《律师事务所年度检查考核办法》

这是专门规范律师事务所年度检查考核工作的行政规章，明确了律师事务所检查考核工作的基本原则、检查考核的内容、考核等次及评定标准以及检查考核的基本程序等内容，为司法行政机关具体组织实施律师事务所年度检查考核工作提供了遵循和依据。理解《律师事务所年度检查考核办法》要注意把握以下几个关键问题：

一是关于律师事务所年度检查考核制度的定位。《律师事务所年度检查考核办法》明确规定律师事务所年度检查考核"是指司法行政机关定期对律师事务所上一年度的执业和管理情况进行检查考核，对其执业和管理状况作出评价"，同时，明确规定了该制度的功能和目的，即通过年度检查考核，"应当引导律师事务所及其律师遵守宪法和法律，加强自律管理，依法、诚信、尽责执业，忠实履行中国特色社会主义法律工作者的职业使命，维护当事人合法权益，维护法律正确实施，维护社会公平和正义"。作此定位，突出表明该制度是司法行政机关对律师事务所执业、管理状况的一种考核评价机制，是有别于过去的年检制度，又不同于评先创优机制的一种重要的指导、管理手段。

二是关于律师事务所年度检查考核的内容及程序。根据《律师法》对律师事务所执业和管理的基本要求，同时着眼于律师是中国特色社会主义法律工作者的定位，《律师事务所年度检查考核办法》明确将律师事务所"遵守宪法和法律、履行法定职责、实行自律管理的情况”规定为检查考核的主要内容，具体包括律师队伍建设情况、业务活动开展情况、律师执业表现情况、内部管理情况、受行政和行业奖惩情况、履行律师协会会员义务情况等。同时，为了进一步明确、规范检查考核的内容，增强可操作性，便于律师事务所和司法行政机关把握、遵循，《律师事务所年度检查考核办法》又对检查考核的主要内容，包括律师队伍建设情况、业务活动开展情况、律师执业表现情况和内部管理情况，分别细化、列举了检查考核的具体事项。在年度检查考核组织实施的程序安排上，《律师事务所年度检查考核办法》赋予了县级司法行政机关初审权和评定等次的建议权，无疑强化了县级司法行政机关对律师事务所的监督管理职责，充分体现了《律师法》关于司法行政机关对律师执业监管重心下移的立法精神。

三是关于律师事务所年度检查考核的结果。律师事务所年度检查考核的结果是司法行政机关对律师事务所的执业和管理活动是否符合法律、法规和规章要求所作的基本评价，重在对有问题的律师事务所，根据其性质、情节及严重程度，分别采取相应的指导、惩处措施，以起到正确引导、强化管理的作用。(1)《律师事务所年度检查考核办法》对考核结果设定了“合格”“不合格”两个等次。“不合格”所仅限于极少数存在较严重违法情形，且不服从监管的律师事务所。(2)对执业和管理方面存在一般性或轻微问题的律师事务所，虽然被纳入“合格”所的范围，但司法行政机关仍可责令其限期整改并对其整改情况进行监督。(3)接受年度检查考核是律师事务所的法定义务。实践中，不管因何种理由不按规定接受年度检查考核的，客观上都会造成律师事务所脱离司法行政机关监管的严重后果。基于此，《律师事务所年度检查考核办法》规定：律师事务所不按规定接受年度检查考核的，由设区的市级或者直辖市区(县)司法行政机关公告责令其限期接受年度检查考核；逾期仍未接受年度检查考核的，视为自行停办，由司法行政机关收回并注销其执业许可证。

四、《律师和律师事务所违法行为处罚办法》

这是规制律师、律师事务所违法行为处罚工作的行政规章，是对《律师法》设定的违法行为、处罚种类和幅度等的适用问题作出的具体规定。主要有两个方面的特点：

一是对律师、律师事务所应予处罚的违法行为采取了列举的办法。鉴于新《律师法》采用列举方式设定律师、律师事务所的违法行为，并取消了原有“应当给予处罚的其他行为”的兜底条款，根据《行政处罚法》的有关规定，司法部只能在《律师法》规定的应予处罚的违法行为种类的范围内作出具体适用解释性的规定，不能在法律设定之外自行补充、扩展应予处罚的行为。因此，《律师和律师事务所违法行为处罚办法》也采用列举的方式逐项对律师、律师事务所违法行为的认定作出了具体适用解释性规定。(1)对《律师法》设定的各项违法行为在实践中的各种表现形式，采用进一步列举的方式作出细化、具体的描述和界定，从而为司法行政机关准确认定违法行为提供标准和依据。如第 6 条，列举“以误导、利诱、威胁或者作虚假承诺等方式承揽业务”等四种主要情形，属于《律师法》第 47 条第二项规定的律师“以不正当手段承揽业务的”违法行为。(2)基于《律师法》对部分违法行为的设定比较抽象、原则，《律师和律师事务所违法行为处罚办法》将构成这类违法行为的各种具体情形、表现形态作出较明确的列举，以解决司法行政机关在管理实践中对相关违法行为鉴别、认定困难的问题。如第 12 条规定“采用诱导、欺骗、胁迫、敲诈等手段获取当事人与他人争议的财物、权益”等两种情形，属于《律师法》第 48 条第三项规定的律师“利用提供法律服务的便利牟取当事人争议的权益的”违法行为。(3)对各项违法行为具体表现形式的列举，力求反映和涵盖律师、律师事务所执业活动中表现最为突出或处理难度较大的违法情形，从而为司法行政机关加强律师执业监管、整肃法律服务秩序、加强律师队伍建设提供有力的依据和保障。当然，采用列举方式难以穷尽实践中纷繁复杂的违法情形，其中有些属于极特殊、极个别的违法表现形态，有些属于以后可能产生的新的违法情形，对此，可由司法部采用个案批复的方式解决相关规定的具体适用问题。

二是对行政处罚种类和幅度的适用授权执行机关裁量。由于我国律师业发展不平衡，加之各地经济社会发展存在较大差异，目前尚不具备条件就行政处罚种类、幅度的具体适用制定全国统一的裁量标准。因此，《律师和律师事务所违法行为处罚办法》规定，行政处罚的具体适用由司法行政机关依照《律师法》和《律师和律师事务所违法行为处罚办法》的有关规定，根据律师、律师事务所违法行为的事实、性质、情节以及危害程度，在法定的处罚种类及幅度范围内进行裁量，作出具体处罚决定。同时，明确规定了实施行政处罚可以从轻或者减轻的四种情形以及不予处罚的条件，规定了在法定的处罚种类、幅度范围内应当从重处罚的五种情形，以及应当加重处罚的情形，以指导、规范司法行政机关处罚裁量权的正确行使。

第三节　律师工作政策

律师工作政策是开展律师管理工作的政策依据，由于律师管理的法律性、政策性都很强，单靠法律法规和部门规章并不能解决律师工作的所有问题，很多时候还需要律师工作政策，特别是在中国当前特殊的国情下，离开律师工作政策的指导，律师管理工作将丧失生机与活力。

一、律师工作政策的概念

所谓律师工作政策，是指公共权威为实现一定的律师工作目的而制定的指导、协调和管理律师工作的方针、准则、策略。

律师工作政策的表现形式主要是各种律师工作文件，特殊情况下也体现在有关领导人的重要讲话和批示中。律师工作文件的名称一般有通知、意见、规定等。从发文机关来看，律师工作文件通常有：(1)司法行政机关单独印发的文件。(2)司法行政机关与有关部门联合印发的文件，比如2010年最高人民法院、最高人民检察院、公安部、国家安全部、司法部联合印发的《关于规范量刑程序若干问题的意见(试行)》。(3)有关部门转发的文件，比如2010年中共中央办公厅、国务院办公厅以中办发[2010]30号转发《司法部关于进一步加强和改进律师工作的意见》。

二、律师工作政策的性质和功能

(一)律师工作政策的性质

一般而言，律师工作政策具有管理性、指导性、服务性等基本属性，既具有一般公共政策的属性，又体现了律师工作政策的个性。

1.管理性。司法行政机关本身就是律师工作的专门管理机关，属于国家行政机关序列，行使行政管理权。律师工作政策作为律师管理工作不可缺少的手段和依据，理所当然具有浓厚的行政管理色彩。

2.指导性。律师工作政策对于各级司法行政机关、律师协会和广大律师事务所贯彻落实党和政府的方针政策、国家法律法规，具有重要的指导作用。这种指导性一方面体现为律师工作政策具有鲜明的导向性，尤其是政治导向，体现了司法行政机关的意志倾向性，确保律师工作坚持正确的政治方向。另一方面，体现为对律师工作尤其是律师管理工作的工作指导和业务指导，这种指导往往具有较强的专业性，能确保律师工作的顺利运作。

3.服务性。首先，每一项律师工作政策都服务于贯彻落实国家法律法规和重大司法政策的需要，服务于党和政府的中心工作和大局，也服务于保障司法活动的正常运行。其次，律师工作政策作为政府提供的一项公共产品，为律师业提供扶持和保障，服务于律师业的科学健康发展。再次，律师工作政策大量与指导和监督律师法律服务有关，带有浓厚的社会服务性。

(二)律师工作政策的功能

律师工作政策对于整合优化律师工作资源、督促司法行政机关依法行政、保障律师业健康发展等,都发挥着法律法规不可替代的重要作用。具体来说,至少有以下几个方面的重要功能:

1.指导功能。这是律师工作政策的最突出功能,从某种意义上讲,律师工作政策类似于律师工作的"指南针",缺乏律师工作政策的导向功能,律师工作就容易迷失方向。一方面,律师工作政策指导各级司法行政机关贯彻落实国家的方针政策,准确实施国家的法律法规;另一方面,律师工作政策还引导社会公众了解、配合、支持和参与律师工作。通过律师工作政策的指导,可以确保律师工作政治效果、法律效果和社会效果的统一。

2.规范功能。规范既需要刚性权威的法律法规,也需要因地制宜、灵活多样的律师工作政策。实际上,由于律师工作多是纷繁复杂的行政类事务,政策的调整和规范往往更为灵活、更为妥当。律师工作政策的规范功能体现在两个方面:一是规范司法行政机关的行为,为司法行政机关的权力划定边界,确保司法行政机关依法行政、依法管理、依法办事。二是规范律师协会、律师事务所和律师的行为,确保他们的行为符合法律。

3.保障功能。主要体现在三个方面:一是保障律师合法权益,这主要表现在司法行政机关和法院、检察院联合出台的保障律师执业权益的具体政策中。二是保障律师业健康发展,这主要表现在扶持律师业发展的各项保障政策中。比如,中办发[2010]30号文件中就提出了"完善律师工作经费保障","完善律师行业财税、劳动用工和社会保障"等政策。三是保障律师管理工作顺利运行,这主要表现在为规范司法行政机关行为而制定的关于管理权限划分以及管理工作规程的具体政策中。

4.资源配置功能。律师工作政策是配置律师工作资源的重要介质。律师工作资源本身具有有限性和稀缺性,需要通过律师工作政策实现对有限资源的合理调配。

5.助推律师工作改革的功能。同其他许多领域的改革类似,律师工作改革也带有政策推进型改革模式的典型痕迹,不少律师工作改革举措都是先以政策文件形式出台,通过实践的进一步检验、发展和完善,最后以法律形式固定改革成果的。

三、律师工作政策的制定

律师工作政策制定的主体是具有决策权的公共权威。在我国,这个公共权威包括党中央、国务院、司法部、有权限的地方党委、政府,地方司法行政机关,与律师工作有关的司法机关、行政机关。比如，律师工作经费政策涉及财政机关，律师执业保障政策涉及公安、检察、法院等机关。一般情况下，制定的主体主要是司法行政机关。

律师工作政策制定的基本原则遵循行政政策制定的一般原则，主要有法治原则、科学原则、民主原则。法治原则要求律师工作政策的制定必须在法律框架内进行，制定的主体、程序和内容都要合法，都要符合法律的原则和精神。科学原则要求制定政策要运用科学的程序、方法和技术进行可行性、可靠性论证，确保律师工作政策符合律师工作的发展规律，符合律师业发展的实际。民主原则要求制定政策时要敞开大门充分吸纳民意，扩大公众和专家的民主参与，提倡讨论和辩论，从而形成自下而上的民主基础。

一般来说，律师工作政策制定的程序大体包括确定目标、设计方案、评估选优、正式颁布等四个环节。确定目标是有的放矢地制定律师工作政策的第一步，制定主体在一定的环境和条件下确定政策所要达到的目标和衡量目标的指标。设计方案，就是在围绕政策目标深入调研的基础上，拟定供决策筛选的多种方案。评估选优就是对各备选方案评估、分析、比较后选出最优方案的过程，这是律师工作政策制定的实质性决策阶段，也就是“拍板”。正式颁布，就是将酝酿成熟、修改完善的政策文本以规范性文件等形式公布的过程。需要强调的是，对律师工作政策制定的程序不应作教条的、机械的理解，而应当灵活掌握运用。比如，为完成上级指令的任务而制定政策，就不必经过确定目标的阶段；有些政策的方案具有唯一性，就不必再评估选优。

四、律师工作政策的执行

所谓律师工作政策的执行，就是指政策执行者综合运用各种资源，将律师工作政策的文本内容转化为实际效果，从而实现既定政策目标的活动过程。任何一项政策都必须转变为实施性的实际行动，否则就是一纸空文。律师工作政策的执行，是律师工作政策的实践环节，也是实现既定政策目标的关键一环。

律师工作政策执行的原则，主要有准确原则、创造原则、迅速原则、务实原则等。所谓准确原则，是指忠实于政策目标，贯彻执行不走样，这是律师工作政策执行环节的基本要求。准确原则要求执行者正确理解律师工作政策的精神、原则、目标等，准确地把握工作要求，不折不扣地付诸实践，防止改变或偏离政策目标。所谓创造原则是指创造最有效的执行方式和方法，以取得最好的效果。创造原则要求执行者在不违背政策目标的前提下，一切从实际出发，创造性地使用各种手段和方法，较灵活地执行律师工作政策。坚持创造原则能充分发挥执行者的积极性和创造性。需要强调的是，创造原则和准确原则并不矛盾，这是灵活性与原则性对立统一关系在律师工作政策执行环节的具体体现，二者统一于实现律师工作政策目标的执行实践中。所谓迅速原则，是指律师工作政策的执行要雷厉风行、果断及时、不拖拉、不积压、不欠账，如期圆满地实现政策目标。律师工作政策的执行如果不遵循迅速原则，往往会失去时机、贻误大事，但坚持迅速原则，并不意味着操之过急、简单图快，实践中要注意把握"快"与"准"的度，在确保准确原则的前提下落实好迅速原则。所谓务实原则，是指政策的执行要坚持务实的工作方法，建立务实的工作机制，取得实实在在的政策效果。务实原则要求律师工作政策执行者必须坚决摈弃"假大空""坐而论道""纸上谈兵"等不实的行为和作风，以实干精神踏踏实实、兢兢业业地做好执行工作。

律师工作政策执行的手段，主要有法律手段、行政手段、经济手段、教育手段。所谓法律手段，是指执行者通过制定和执行法律、法规、规章等对政策执行的过程进行规范的手段。法律手段是政策执行中的外在约束因素，具有强制性、权威性和普遍性的规范作用。法律手段要严格依法进行，尤其是对律师工作政策执行过程中滥用职权、妨碍执行公务的个人和组织，要采取法律手段予以制裁。所谓行政手段，是指司法行政机关利用上下级之间的权威和服从关系对律师工作进行管理的一种手段，通常也被称作"行政干预"。律师工作政策执行过程中，为保证总体目标的实现，控制和排除各种干扰因素，就必须进行行政干预，指令下级司法行政机关、律师协会或律师事务所为或者不为某种行为，或者对它们的某种行为加以纠正或责令改正。干预的形式多种多样，可以是口头的，包括当面谈话或电话谈话；也可以是书面的，包括文件和电传。对于重大事项，应以书面为主。所谓经济手段，是指通过经济利害关系，鼓励或抑制有关单位和个人为或者不为某种行为的管理手段。经济手段在政策执行中运用得越来越广泛。经济手段主要有两种：一是经济政策引导。在律师行业主要表现为在税收、财政资金等方面提供扶持，以及向管理对象提供补贴等，这种做法常常能产生用行政手段不能达到的作用和影响。二是奖励与惩罚。奖励是一种激励手段，包括物质奖励和精神奖励。奖金是物质奖励的主要形式，精神奖励主要是授予各种荣誉称号。惩罚是对工作中的违纪、失职等过错的直接责任者进行惩戒。所谓教育手段，亦即思想政治工作手段，是指通过宣传、动员、感化、鼓舞等沟通方式，将政策理念输入到人的脑海中，使之理解政策的内容和意义，从而自觉地执行政策的手段。由于人们的思想状况、觉悟程度、认识能力各有不同，在政策执行过程中难免会有这样或那样的想法，有的一时难以想通或理解，这直接影响工作的效果，关系到人们在工作中的积极性和主动性。解决这些思想问题靠其他手段难以取得满意效果，还需运用教育的手段去沟通、说服和疏导，以确保政策的顺利实施。

律师工作政策执行的过程一般分为准备、实施和总结三个阶段。

1. 准备阶段。准备阶段是为整个执行过程做好准备、打好基础的阶段，准备阶段工作的成效直接影响政策能否被顺利执行。准备阶段大致包括动员宣传、制定计划、组织准备、财物准备等具体环节。政策的执行需要由众多人员协作配合才能完成，如果政策宣传不到位、公众不了解、不认同，则很难配合政策的执行。因此，有必要通过动员宣传工作，让全体执行人员以及社会公众准确、清晰地了解政策的意图、意义、价值以及实现途径、步骤、方法、期限等，从而自觉地为实现政策目标而协力奋斗。动员宣传的方式一般有召开动员大会、开展协商对话、组织广泛讨论、运用媒介进行宣传等。制定计划是为执行政策“画路线图”，周密详尽的计划方案对律师工作政策的执行具有重要意义。制定计划首先要在深入调研摸清情况的基础上拟定两套以上的计划草案，然后通过论证评估综合确定最优的计划方案。组织准备是对计划方案的组织落实。一般来说，组织准备包括机构和人员两个方面的准备。机构准备是指通过建立组织机构，确定机构的职、责、权，并将机构的各个环节连接成一个有机的整体，发挥组织的整体功能。人员准备是指为承担执行任务的具体机构配备能胜任的执行人员。在进行人员的准备时，应注意在人员的能力、知识、专业、年龄、经验等方面形成合理的整体素质结构，使其能以较好的整体合力将执行计划落到实处，取得较佳的效果。另外，在做好机构和人员准备的基础上，还要着力完善领导制度、考核制度、奖惩制度、工作程序、工作纪律等方面的制度机制，以保障执行活动能高效运行。财物准备是“兵马未动，粮草先行”这一军事后勤管理原则在政策执行中的具体应用，几乎任何政策的执行都离不开一定的物质基础，多数律师工作政策从制定之初就应当将财务资源考虑在内。财物准备主要包括财务准备和物资准备两个方面。财物准备须具体做好三个方面的工作：一是编制好预算，即对执行过程中各项活动所需开支的经费项目与数量作出预算，为政策执行提供一定的经费。二是采办必要的物资设备，如办公用品、文书档案、交通通信设备等。三是切实安排好相关人员的生活，解除他们的后顾之忧。财物准备应遵循经济和适用的原则，使经费使用合理、物资购置得当，同时也要加强监督，防止出现浪费、挪用公款、贪污等情况的发生。

2. 实施阶段。实施阶段是政策执行中工作较为具体、情况较为复杂、任务最繁重的阶段，实施阶段工作成效如何将直接决定政策执行的效果，因此，实施阶段也是政策执行最主要、最关键的阶段。这一阶段具体包括指挥、沟通、协调、控制等方面的内容。(1)政策执行中的指挥，是指领导者在政策执行过程中，按照既定的政策目标和执行计划，采用命令、指示等方式对执行活动进行调整和安排的行动或活动过程。指挥是政策执行的重要环节之一，在政策执行活动中有着极为重要的作用。通过有效的指挥，能激发全体执行人员高昂的士气和团结奋进的思想意识，最大限度地调动全体人员完成执行任务的积极性和创造性。政策执行中的指挥主要有现场指挥、会议指挥、书面指挥三种类型。(2)政策执行中的沟通，是指在政策执行系统的各部门之间、各层级之间、各人员之间，依据一定的媒介和渠道，传递政策、指令、情报、信息、意见，交流思想、观点、情感，达成相互了解，取得一致共识的过程。沟通是政策执行系统的神经，其作用具体表现在四个方面：一是可促进全体执行人员进一步明确执行计划和目标，保持工作步调一致；二是有助于消除隔阂和意见分歧，减少冲突和摩擦，增加执行系统的内聚力和战斗力；三是能起到联系各部门、各环节的纽带作用，有助于提高执行效率；四是有助于执行人员的相互监督，有利于避免或克服官僚主义、形式主义。在沟通过程中，应注意沟通信息渠道的畅通性、沟通信息的准确性、信息传递的完整性和速达性。(3)政策执行中的协调，是指为了有效地实现政策目标，对执行系统各部分之间、执行系统与外部环境之间的各种关系进行调整，使之相互配合地去实现政策目标的管理活动。执行中的协调与沟通息息相关，沟通是协调的前提，协调是沟通的结果；沟通的目的之一就是为了促进协调，而协调的根本目的在于提高和实现执行系统的整体功能。协调的范围一般包括三个方面：内部横向协调，即执行系统互相平行的各部分之间的协调；内部纵向协调，即执行系统中有隶属关系的上下级部分的协调；外部协调，即执行系统与外部环境之间的协调。协调应主要遵循两项原则：局部服从全局原则，即从大处着眼，在局部服从全局的前提下协调各方面的关系；原则性和灵活性相结合的原则，即在以实现政策目标为最高原则的前提下，注意协调的灵活性，如针对不同的特殊情况，照顾不同的特殊利益，以尽快解决问题，保证整个执行工作的顺利进行。协调的方法主要有两种：个别磋商，即在解决具体问题和特殊问题时，应当与有关工作人员进行直接的接触，分别做工作，化解矛盾；集体协调，即召集有关方面和人员举行“执行性的协调会议”进行集体协调，这种协调能巧妙地利用集体的力量，在协调、研究、讨论的气氛中求同存异，把各方面的积极性都调动起来。(4)政策执行中的控制，是指根据政策执行的目标和计划对执行活动进行检查和调整的管理活动。控制的对象是政策执行的过程，其目的是为了使执行活动与执行计划相符合，更是为了保质保量地如期完成执行任务，实现预期的政策目标。它需要针对政策执行过程中的工作与计划所产生的差距或背离采取一定的纠正措施。控制的种类主要有预先控制、现场控制、反馈控制三种。控制的过程一般包括确定控制标准、衡量成效和纠正实际执行中的偏差三个步骤。

3. 总结阶段。总结阶段是指政策执行的目标完成之后，对整个政策执行活动的过程和结果进行的总结。总结对政策的执行至少具有三方面的重要作用：

一是通过检查计划的执行情况，肯定成绩，鼓舞斗志，推动工作；二是可以揭露工作的缺点和错误，研究措施，改进工作；三是可以使人们的感性认识上升到理性认识，实现认识上的飞跃，提高思想水平和工作能力。总结包括检查核实、评定奖惩、汇总反馈等内容：(1)检查核实，即对政策执行工作的完成情况和工作成果进行全面的梳理、检查和核实。其中，要特别注意从数量、质量和效益等诸多方面进行，以全方位地反映执行结果。(2)评定奖惩，即对有关单位和人员的执行情况进行评定，再根据评定结果决定奖励和惩罚情况。(3)汇总反馈。汇总包括两个方面：一是将执行情况、考核结果、成绩评定、奖惩情况等方面的资料汇集存档，方便以后查找；二是指从总体上、理论上对政策执行工作加以概括，这是查找不足、总结经验的过程。反馈就是把总结的经验、教训传递到政策制定中心，以便以后提高政策制定的科学性。

结　语

律师管理法律政策体系，是具有内在联系、相互协调的律师管理法律政策的统一体，包括律师管理法律体系和律师工作政策体系两个部分。律师管理法律体系是开展律师管理工作的法律遵循和依据，律师法在其中居于核心地位，是律师管理工作的基本法，律师管理方面的部门规章由于数量多、覆盖广，对律师管理工作至关重要。律师工作政策体系是开展律师管理工作的政策依据，是对律师管理法律体系必要和有益的补充。实践中，律师工作政策已经成为律师管理工作不可替代的重要依据，律师管理工作在相当程度上是通过制度、修改和完善律师工作政策来实现和推进的。

第五章　国家司法考试制度

根据《法官法》《检察官法》《律师法》《公证法》的规定，初任法官、初任检察官、申请律师执业和担任公证员，必须通过国家司法考试，取得法律职业资格。国家司法考试制度的建立，是党和国家着眼于提高政法队伍素质，建立公正高效权威的中国特色社会主义司法制度，建设社会主义法治国家作出的一项重大决策。国家司法考试制度的实施，为储备和选拔法律职业人才发挥了重要作用，为加强政法队伍建设、维护司法公正、建设社会主义法治国家作出了重要贡献。

第一节　国家司法考试制度概述

国家司法考试制度作为法律职业的统一准入制度，作为保障司法公正的一项基础性制度，它的建立与实施，关系到法律专门人才的培养、选拔方式的变革，关系到法律从业人员的职业化、同业化和精英化，有利于提高包括法官、检察官和律师、公证员在内的法律职业人员的专业素质和标准，将使以法官、检察官、律师为主体的法律职业人员成为一支具有共同的法律知识水准、共同的法律素质、共同的法律信仰的法律职业队伍，共同维护法律的权威和统一。

一、国家司法考试的概念

国家司法考试是为国家和社会选拔符合法律职业要求的法律专门人才，由国家统一组织的从事特定法律职业的资格考试。国家司法考试以公平、公正的考试方式与方法，检验应试人员是否具有担任初任法官、初任检察官和执业律师、公证员应具备的相应法律基础知识、专业技能、实务能力和职业道德水准。国家司法考试由司法部负责实施，实行全国统一命题和评卷，考试成绩由司法部国家司法考试办公室公布，一次有效。通过国家司法考试的合格人员可以向司法部申请授予法律职业资格。

二、国家司法考试制度的主要内容

2001年6月30日，九届全国人大常委会第22次会议通过《法官法》《检察官法》修正案，规定初任法官、检察官要从通过国家统一司法考试取得资格的人员中择优提出人选。2001年12月29日，第九届全国人大常务委员会第25次会议通过《全国人民代表大会常务委员会关于修改〈中华人民共和国律师法〉的决定》，规定取得律师资格应当经过国家统一的司法考试。至此，国家统一司法考试制度正式确立。

为保证国家司法考试制度的顺利实施，司法部健全完善了国家司法考试各项规章制度。截至2013年5月，司法部共制定国家司法考试规章制度11件，其中"办法"3件，"部长令"2件，"规定"3件，"通知""意见"等规范性文件3件。如《国家司法考试实施办法》《国家司法考试工作规则》《国家司法考试违纪行为处理办法》和《法律职业资格与证书管理办法》等。上述法律、法规和规范性文件，确定了国家司法考试制度的主要内容：

（一）国家司法考试的报名条件

《国家司法考试实施办法》第15条对报名参加国家司法考试的人员条件作了规定：(1)具有中华人民共和国国籍；(2)拥护《中华人民共和国宪法》，享有选举权和被选举权；(3)具有完全民事行为能力；(4)高等院校法律专业本科毕业或者高等院校非法律专业本科毕业并具有法律专业知识；(5)品行良好。

依据《中华人民共和国教育法》第68条规定，"高等院校"是指大学、独立设置的学院和高等专科学校，其中包括高等职业学校和成人高等学校。

在每年司法部国家司法考试公告中，也会根据当年的具体情况作出具体的规定。例如，《司法部关于2013年国家司法考试有关事项的公告》中，对报名条件在《国家司法考试实施办法》的基础上，对民族自治地区、中西部地区的报名学历条件放宽为高等学校法律专业专科学历；普通高等学校2014年应届本科毕业生可以报名参加国家司法考试；持香港、澳门、台湾地区或者国外高等学校学历(学位)证书报名的，其学历(学位)证书须经教育部留学服务中心认证，符合报考学历(学位)条件的，可以报名参加国家司法考试等。

同时，《国家司法考试实施办法》第16条对不能报名参加国家司法考试的人员作了规定：(1)因故意犯罪受过刑事处罚的；(2)曾被国家机关开除公职或者曾被吊销律师执业证、公证员执业证的；(3)被处以二年内不得报名参加国家司法考试期限未满或者被处以终身不得报名参加国家司法考试的。

（二）国家司法考试的内容

国家司法考试的内容和科目，在制度设计时主要基于两点考虑：一是国家司法考试和法学教育的关系；二是国家司法考试作为一种资格考试，必须与法律职业相衔接。基于此，首次国家司法考试参照教育部确定的法学专业14门主干课程的标准和要求，本着测试法学基本理论和法律实务相结合的原则确定了国家司法考试的具体科目。因此，《国家司法考试实施办法》第8条对国家司法考试的内容作了规定：国家司法考试主要测试应试人员所应具备的法律专业知识和从事法律职业的能力。国家司法考试的内容包括：理论法学、应用法学、现行法律规定、法律实务和法律职业道德。随着形势的发展，社会主义法治理念等内容逐步列入考试范围。

（三）国家司法考试的形式

国家司法考试实行闭卷、笔试的方式，全国统一命题，全国统一评卷。命题范围以司法部当年制定并公布的《国家司法考试大纲》为准，成绩由司法部公布。

考试共4张试卷，2002、2003两年总分是400分，自2004年开始调整到600分，每卷各150分。其中，卷一、卷二、卷三都是客观题，主要考查法律基础知识，机读阅卷。卷四是主观题，主要包括案例分析、司法文书和论述题等，考查分析问题、解决问题的能力，人工阅卷。前三卷每卷考试时间为3小时，第四卷为3个半小时。

（四）国家司法考试的效果

参加国家司法考试，取得合格成绩的人员，可以向司法行政机关申请授予法律职业资格，经审核，符合法律职业资格授予条件的申请人，由司法部统一发布授予法律职业资格的通知，并颁发法律职业资格证书。法律职业资格证书是证书持有人申请从事法律职业的资格凭证。违反规定取得法律职业资格证书的，由司法部撤销原授予法律职业资格的决定，并收回、注销其法律职业资格证书。每年度国家司法考试的通过数额及合格分数线，由司法部商最高人民法院和最高人民检察院确定后公布。

（五）国家司法考试的违纪处理

国家司法考试是国家级考试，为加强考试管理，严肃考试纪律，确保考试的公平公正，保证考试顺利实施，司法部对国家司法考试报名人员、应试人员、考试工作人员的违纪行为制定了严格的处理办法。对违纪的报名人员的处理包括报名无效、当年考试成绩无效直至撤销授予的法律职业资格、收回、注销法律职业资格证书；对违纪的应试人员的处理包括口头警告、责令离开考场、取消当场考试成绩、当年考试成绩无效、两年内不得报名参加国家司法考试直至终身不得报名参加国家司法考试；对违纪的考试工作人员的处理包括停止其继续参加考试工作、禁止其再从事司法考试工作同时给予相应处分或者建议其所在单位给予相应处理、涉嫌犯罪的移交司法机关等。

（六）国家司法考试的管理体制

司法部与最高人民法院、最高人民检察院共同成立了国家司法考试协调委员会，主要就确定、调整国家司法考试的有关政策、原则进行协商、协调，就国家司法考试制度的健全、完善提供咨询。司法考试协调委员会是我国统一司法考试制度中一项十分必要的工作制度，但只是一个内部的、高层次的协商、协调和咨议的形式、渠道，不是决策机构，也不行使具体的管理和实施职能。

司法部设立了司法考试司，对外称国家司法考试办公室，是司法部的职能部门，具体负责国家司法考试工作。同时，司法部还设有国家司法考试中心，具体承办考务工作。各省、自治区、直辖市司法厅（局）设立了专门机构具体负责本辖区内的考务工作。

第二节　国家司法考试溯源

国家司法考试的概念首次在我国提出始于2001年6月九届全国人大第22次会议审议通过的《法官法》《检察官法》的有关修改条款中，其前身为全国统一的律师资格考试以及检察官考试、法官考试两类各自系统内部的职业资格考试。

一、法官、检察官选任制度和全国统一的律师资格考试制度

（一）法官、检察官的选任制度

1995年以前，我国没有设立通过考试途径选任检察官、法官的制度，法官、检察官由法院、检察院直接提名报同级人大任命。1995年《法官法》《检察官法》通过并实施，根据“两法”的规定，两院系统开始分别建立起了初任法官、初任检察官的考试制度，规定通过考试者方能提请人大任命为法官、检察官。自1995年起，最高人民法院先后3次组织了“初任法官资格考试”、最高检察院先后4次组织了“初任检察官资格考试”，共有7万人通过考试并取得相应的职业初任资格。

（二）全国统一的律师资格考试制度

律师资格考试是最早建立的全国统一的法律职业资格考试，由司法部组织实施。1986年9月27～28日，我国历史上第一次全国统一律师资格考试在全国举行。第一次律师资格考试全国共有2.9万人报名，其中1134人通过了考试。截至2000年最后一届，这项国家级职业资格考试延续了15年，共组织了

12 次，全国有 150 万人报名参加。律师资格考试的时间最初是两年一考，1992 年之后则是一年一考，定在每年的 10 月份。参加考试的人员包括大专以上学历的中华人民共和国公民、参加过我国法律培训的港澳台人士及外国公民。

（三）法官、检察官和律师资格考试的区别

法官、检察官、律师三种法律职业资格考试，在人员范围、科目设置、试卷组成等方面都有较大区别。在应试人员范围方面，律师资格考试主要面向全社会，符合规定条件的人员均可报名；而法院、检察院的任职资格考试主要面向本系统人员，非法院、检察院系统的人员不得参加；在考试科目方面，律师资格考试的内容与范围最广，几乎涵盖了法学的所有学科；法官任职资格考试比律师资格考试科目要少，不包括国际法、国际私法；检察官任职资格考试面较窄，主要限于刑事法律，而民事法律和经济法律相对较少；在试卷与试题形式方面，律师资格考试是四张试卷，试题主要是选择题和案例分析；法官任职资格考试和检察官任职资格考试是三张试卷，试题形式既包括选择、判断、改错形式等客观题，也包括简答、材料分析、案例分析、文书写作等主观题。

二、国家司法考试制度的建立

法官、检察官和律师同为法律职业人员，而在选拔方式、标准要求上却有较大区别，导致了无法形成统一的法律信仰，法律素质差异也很大，因此广大法律专家、学者、社会民众普遍呼吁实施“三考合一”。

（一）国家司法考试制度的提出

法官、检察官与律师在选拔过程中的脱节问题，引起了很多学者的关注。随着我国法治化进程的加速，很快就出现了法官、检察官和律师的专业化水平不平衡的状况。这一状况，在基层尤其明显。[①] 这无疑引起了司法高层对这一问题的重视，也成为国家司法考试制度出台的诱因之一。

2000 年 7 月，九届全国人大常委会第 16 次会议初审《法官法》《检察官法》修改草案，部分委员又提出了建立国家统一司法考试制度的建议。《法官法》《检

---

① 1998 年，法律学者贺卫方在报纸上发表了一篇《复转军人进法院》的千字短文。在这篇文章中，贺卫方提到了法官专业化的问题，认为司法人员和医生一样，都是职业化要求很高的工作，让没有经过法律职业训练的军人进法院做法官是不合适的。这篇文章发表后，很快引起了激烈争论，有批判的，有赞成的，也有学术性的商榷。值得一提的是朱苏力的观点。朱苏力教授在《送法下乡》一书中，专门用一章对这个问题作了商讨。他指出，今天的法院已经不同于新中国前 30 年时期的法院，今天的法院是依据普遍的规则解决具体纠纷、实现司法正义并在解决纠纷中确认规则的一个具有很强专业性的制度机构；仅仅强调军人作风、军人气质和军人严格的组织纪律性，这反映了我们社会对法官和法院的理解已经落后于时代的要求，已经不能适应当代法院工作乃至整个中国法治发展的需要。在当时，这引起了对于“复转军人进法院”以及由此引申出来的司法人员专业化问题的讨论。

察官法》修改草案送有关部门征求意见时，有关部门也提出了同样的建议。对此，全国人大常委会和全国人大法工委在经过认真研究后认为，随着我国政治经济形势的发展和国家司法改革进程的不断推进，社会各方面对建立这一制度已达成共识，且当前世界上许多因家均已实施统一的司法考试制度，在我国建立这一制度的条件已经具备。鉴于此，全国人大常委会进一步征求意见后采纳这一建议。

（二）国家司法考试制度的建立

2001 年 6 月 30 日，九届全国人大常委会第 22 次会议再次审议《法官法》《检察官法》草案，讨论通过了《中华人民共和国法官法》和《中华人民共和国检察官法》修正案，两法修正案附则明确规定："国家对初任法官、检察官和取得律师资格实行统一的司法考试制度，国务院司法行政部门会同最高人民法院、最高人民检察院共同制定司法考试实施办法，由国务院司法行政部门负责实施。"《法官法》《检察官法》的修正，标志着统一的国家司法考试制度在我国正式确立。

根据《法官法》和《检察官法》的规定，司法部会同最高人民法院、最高人民检察院制定了《国家司法考试实施办法（试行）》。根据形势的发展，2008 年 8 月，司法部又会同最高人民法院、最高人民检察院对《国家司法考试实施办法（试行）》进行了修订，形成了正式的《国家司法考试实施办法》。《国家司法考试实施办法》对考试方式、考试组织、报名条件、资格授予、违纪处理等作出了具体明确的规定。

三、国家司法考试改革历程

国家司法考试制度是一项全新的制度，从 2002 年设立到今天，在大的框架基本不变的前提下，经过了一系列的改革完善。2007 年以前，改革按平稳渐进的方式进行，党的十七大特别是 2008 年之后，改革进入了快速发展期，可以说，今天的国家司法考试，无论是从形式还是内容，都与设立初期的国家司法考试有较大区别。

党中央、全国人大、国务院领导高度重视国家司法考试工作，多次就改进国家司法考试工作作出重要指示。司法考试制度改革也列入中央关于司法体制和工作机制改革的内容之一。按照这些指示精神，司法部在 2008 年初提出了今后一段时期改革完善国家司法考试制度的总思路，即围绕全面落实依法治国基本方略，加快建设社会主义法治国家，本着有利于推进政法队伍建设，有利于解决中西部地区特别是偏远、贫困和基层地区法律人才短缺的问题，有利于加强中国特色社会主义国家司法考试制度建设，进一步改进国家司法考试方式，完善配套政策，为国家法治建设选拔更多合格法律人才。综合司法考试制度建立以来的

十几年,在“基本稳定、适当调整、不断完善”的原则下,司法考试主要进行了以下方面的调整和变化:

(一)试题类型的调整变化

2002年首次国家司法考试和2003年第二次国家司法考试采用的试题类型和分值是一致的,都是4张试卷,每卷100道题满分100分,4张试卷满分400分。自2004年第三次国家司法考试开始,4张试卷不变,每卷改为150道题满分为150分,4张试卷满分600分。这一类型一直持续到现在。

(二)考试内容的调整变化

首次司法考试参照教育部法学专业13门主干课程的标准和要求,本着测试法学基本理论和法律实务相结合的原则确定了国家司法考试的具体科目,2003年又加上了中外法制史,共14门主干课目。随着形势的发展,司法部修改完善了司法考试大纲,调整知识点和有关法规政策,将社会主义法治理念纳入国家司法考试大纲,加大了法律实务的考查力度,强化了法律职业道德内容的考查。

(三)报名政策的调整变化

2006年,首次允许香港、澳门居民参加国家司法考试;2007年司法部对国家司法考试报名政策进行了调整。首先是取消了对异地报名的限制性要求;其次是允许对成人教育、广播电视大学、高等教育自学考试毕业的毕业生,凭所在毕业院校毕业证待发证明,先报名领取准考证,申请法律职业资格时提交毕业证书;再次是对各省、自治区、直辖市所辖的自治县、自治旗,各自治区所辖县、旗,各自治州所辖县、国务院审批确定的国家扶贫开发工作重点县(市、区)、西部地区(除西藏外)11省、自治区、直辖市所辖县(包括省级扶贫开发工作重点县级市、区和享受民族自治地方政策的县级市、区),西藏自治区所辖市、地区、县、县级市、市辖区国家司法考试报名学历条件放宽为高等院校法律专业专科毕业。2008年,又对报名政策作了调整,一是允许普通高校大三在校生报名参加国家司法考试;二是允许台湾地区居民身份的人员报名参加大陆的国家司法考试;三是进一步扩大放宽学历条件地区范围,将中部六省部分地区国家司法考试报名学历条件放宽为高等院校法律专业专科毕业。

(四)国家司法考试规章制度的调整变化

随着国家司法考试实践经验的不断积累,自2005年起,司法部陆续对国家司法考试制度设立之初制订的部分规章制度进行了修订,2008年修订完善规章制度达到了顶峰,共对8件办法、规章、规定作了修改调整,进一步规范了考试流程,提高了科学组织司法考试的水平。

第三节　国家司法考试的组织实施

司法考试的组织实施是一项专业性、科学性和政策性很强的工作。无论是政策发布，还是报名、组织考试以及试卷的保管、保密、成绩发放、成绩核查、资格审查和资格证书发放等工作，每个环节都需要严格按照国家有关法律法规、政策以及各项规定周密组织实施。国家司法考试的整个运作过程前后持续一年的时间，业已形成了规律性的周期工作。

一、国家司法考试政策发布

每年的 4 月下旬，司法部通过公布司法考试大纲的形式对当年度司法考试的考试内容、知识点等作出规定，同时颁布当年度考试涉及的法律法规，供参考人员复习参阅。5 月下旬，司法部就当年度司法考试有关事项出台公告。公告就报名的资格和条件，报名的方式、时间，报名所需要的材料，考试的时间，考试的内容，考试方式和科目，试题参考答案异议，考试成绩与资格授予等一系列问题作出具体的规定。

二、国家司法考试报名

报名工作是国家司法考试考务工作的基础环节，它关系到国家司法考试各项工作的顺利进行，还将直接影响到法律职业队伍的素质。因此，报名工作的全过程必须严格执行法律、政策，严格按照司法部公告的内容、规定的程序组织，在法定的时间里科学地完成报名工作，不能出现差错。2006 年前，报名只有现场报名一个环节。为减少现场报名的拥堵、提高工作效率，自 2006 年始，实行网上预报名和现场确认两个报名环节。每年的 6 月中旬，司法部开通网站上的司法考试预报名系统，供报名人员预报名，填写个人有关信息，预约现场确认时间；7 月上、中旬，在司法部规定的全国统一现场确认时间内，各省组织报名人员现场确认。报名地司法行政机关在严格审查报名人员的基本条件后，认为符合报名条件且已交纳报名考务费的，在确认现场准予发放准考证主证。经省级司法行政机关复审合格的，准予生成准考证副证。准考证副证由报名人员从司法部网站自行下载。应试人员须同时携带准考证主证与副证和本人居民身份证参加考试。

2013 年国家司法考试报名方式作了改革，实行网上报名方式。报名人员通过网上填报报名信息、交纳考试费、下载打印准考证，不再进行现场确认。

三、国家司法考试的组织实施

自第二次国家司法考试后，国家司法考试时间基本安排在每年9月份的第三个周六、周日两天进行。司法考试的成功举行，离不开各级司法行政机关和干警的全力配合，同时，也与社会各界对国家司法考试的大力支持分不开。考试前，省、市两级司法行政机关要成立考试工作领导小组和保密工作领导小组，联系考点学校，抽调考务工作人员和监考人员并对他们进行考务培训；考试期间，教育、公安、无线电管理等部门全力配合国家司法考试，出动大量人力、物力，在监考、交通、防止无线电考试作弊等方面全力配合司法行政机关，省级司法行政机关也派出若干督考组，协助市级司法行政机关组织考试，确保考试的平稳顺利进行。考试结束2～3天内，司法部会向社会公布考试试题、参考答案。凡对试题参考答案有异议的，可以登录司法部网站，在国家司法考试试题参考答案异议专区提出意见并说明理由。司法部组织专人汇总情况，整理意见，提交“试题参考答案审查专家组”研究论证。经“试题参考答案审查专家组”论证的参考答案为试卷评阅依据。

四、国家司法考试成绩发布与资格授予

国家司法考试实行全国统一评卷。根据《国家司法考试实施办法》，当年国家司法考试合格分数线由司法部商最高人民法院、最高人民检察院确定。每年11月下旬，司法部国家司法考试办公室向社会公布考试成绩和合格分数线。

参加国家司法考试成绩合格者，应在规定时间内到报名地司法行政机关提出授予法律职业资格、颁发《法律职业资格证书》的申请。经市级司法行政机关初审、省级司法行政机关复审后报司法部审批。司法部经审核符合资格授予条件的人员，授予法律职业资格，颁发A类法律职业资格证书。

户籍在放宽报名学历条件的地方，报名时申请享受放宽地方政策、成绩合格者，可以申领B类或C类法律职业资格证书。

普通高等学校当年应届本科毕业生参加国家司法考试成绩合格的，在第二年7月31日前，持国家司法考试成绩书面通知和毕业证书向司法行政机关申请授予法律职业资格。

第四节　法律职业资格及证书

法律职业资格证书是证书持有人申请从事法律职业的资格凭证。获得法律

职业资格证书，就具有了从事特定法律职业的资格。

一、法律职业资格及证书的分类

法律职业资格及证书因报名条件、合格分数线及适用范围不同，分为A、B、C三类。A类为符合报考条件，本科以上学历，考试成绩合格人员；B类为户籍在国家规定的放宽报名条件地区，法律专科学历，考试成绩合格人员；C类为户籍在国家规定的放宽报名学历条件地区，本科以上或法律专科学历，降低考试成绩合格人员。2002年首次国家司法考试时，因参考人员中包含2001年报名参加律师资格考试的人员，这部分人员为符合原《律师法》规定的学历条件，考试成绩在240分以上的，发放了D类法律职业资格证书。

二、法律职业资格及证书的效力

法律职业资格及证书一旦取得终生享有。取得法律职业资格及证书后，可以报名参加法官、检察官的考选，可以从事律师职业，可以担任公证员。在条件成熟的情况下，可以真正实现四种特定法律职业的相互流动。法律职业资格证书分正本和副本，由司法部统一制作和发放，正本和副本具有同等效力。A类资格及证书效力无地域限制；B、C两类资格及证书仅能在放宽条件地区任职或执业，以实现放宽条件的目的，保证该地区法律职业人才的需求和补充。

三、法律职业资格证书的管理

（一）年度备案和变更备案

法律职业资格证书副本设有"年度备案"和"变更备案"栏。根据司法部《法律职业资格证书管理办法》的规定，司法行政机关对尚未从事法律职业的法律职业资格证书持有人实行年度备案和变更备案制度。

具有法律职业资格、尚未从事法律职业的人员，应在领取法律职业资格证书时，持证书副本到资格管理所在地司法行政机关进行备案。

具有法律职业资格、开始从事法律职业或已经从事法律职业的，变更法律职业或离开法律职业的，应办理职业变更备案。具有法律职业资格人员应当在职业变更后30日内，持资格证书副本、初任法官或初任检察官任命书、律师执业证、公证员执业证，到资格管理所在地（市）司法局办理职业变更备案。

（二）补办或换发

法律职业资格证书持有人遗失法律职业资格证书的，可以申请补发。在省（区、市）司法厅（局）指定的报刊上刊登遗失声明，向本人资格管理所在地（市）司法局提出补发的书面申请，经省（区、市）司法厅（局）审核同意后，由司法部补发。

补发的法律职业资格证书编号与原编号一致，只在正本背页和副本备注栏中注明“原证书遗失，补办”字样。

法律职业资格证书因损毁影响使用的，证书持有人可以向本人资格管理所在地(市)司法局申请更换新证书，经省(区、市)司法厅(局)审核同意后，由司法部更换。更换的法律职业资格证书编号与原编号一致，只在正本背页和副本备注栏中注明“原证书损毁，补办”字样。更换新证书的，原损毁证书收回。

(三)无效

已经取得法律职业资格人员违反以下规定的，其已经取得的法律职业资格证书无效，由司法部作出取消其法律职业资格的决定，省(区、市)司法厅(局)负责书面通知被取消法律职业资格人员。

1. 不符合《国家司法考试实施办法》第 15 条规定的报名条件的；

2. 具有《国家司法考试实施办法》第 16 条规定的不能报名参加司法考试情形的；

3. 具有《国家司法考试违纪行为处理办法》第 5～10 条规定的违纪行为的情形的。[①]

被取消的法律职业资格证书应当予以收缴。证书持有人拒绝上缴的，司法行政机关应当予以公告作废。

第五节 国家司法考试制度的改革完善

经过十几年的不懈努力，国家司法考试工作取得显著成绩，考试模式和方法更加科学，考试组织实施工作体系逐步健全。但随着形势的发展，还要继续对国家司法考试制度进行研究、探索和设计，继续探索国家司法考试制度与法学教育、司法机关用人制度的有效衔接，使司法考试制度更加科学合理，不断适应法治国家建设的需要。

一、进一步研究法律职业对人才的需求

法治以法律职业为载体。依法治国，建设社会主义法治国家，高素质的法律职业者是关键一环，可以说，“没有一个独立而强大的法律职业阶层，就不可能有

① 《国家司法考试违纪行为处理办法》规定的违纪行为主要有：报名人员提供虚假证明材料或以其他形式骗取报名的；违反规定随身携带书籍、电子用品、通信工具等物品进入考场的；抄袭、查看、偷听违规带进考场的文字、视听资料的；由他人冒名顶替的或互以对方身份参加考试的；指使、组织考试作弊或者参与有组织作弊的；在答卷(答题卡)上做提示标记的等。

现代的法治”[①]。

人事法律职业究竟需要具备什么条件，在法律信仰、法律意识、法律知识、专业素质、分析解决问题的能力、职业道德水平、个人品质等方面应当达到何种程度，必须经过认真研究，以便能够通过考试反映和测试出来。

法律职业不是一个简单工种，法律职业更多需要的是一个有思想的人而不是一个简单被人操作的机械。因此，法律职业不仅需要深厚的法律知识和扎实的法学功底，而且还需要长期法学理论的积累和现代法律意识的培养。在欧美国家，法学院到了硕士阶段才开设，只有法学院毕业的学生才有资格参加司法考试，只有最优秀的才能通过司法考试从事法律职业。[②] 法律职业本身的特点以及其与公权力、与民主权利的天然联系决定了这是人文职业中最精英化的部分。只有司法的精英化，才能在社会上使得法治精神的示范作用得以发挥，才能最大程度地保障社会公平公正；只有法律功底深厚，具有人文关怀精神，具有民主法治观念的法官、检察官才能更好地完成其使命和责任。民主法治的现代化，必然伴随司法制度的精英化，司法制度的精英化，必然伴随着司法考试改革，高难度的司法考试促进职业标准统一化和从业人员的高素质化。这是历史前进的方向，也是历史的必然。司法考试门槛不高、报名条件及合格成绩偏低等做法无异于自降身份。司法考试是选拔精英的考试，选拔精英的考试就不能降低门槛。因此，司法考试应提高门槛，特别是在报名条件、考试内容、通过比例等各方面都应朝着选拔精英化的方向改革完善。

二、完善国家司法考试制度与法学教育制度的衔接机制

2001 年 6 月，在《法官法》和《检察官法》修正案出台时，立法部门有关负责人在所作的相关说明(解释)当中明确指出：统一司法考试制度的实施，“对我国法学教育提出了新的课题。法学教育必须适应这种要求”。确如这位负责人所预料的，司法考试制度一确立，特别是司法考试基本内容明确后，司法考试制度与法学教育制度的关系问题的讨论就开始了，两种制度如何实现有效衔接也就成为了改革完善司法考试制度必须面对的内容之一。

从理论上讲，无论法学教育还是司法考试，它们的总目标或方向都是一致的，即最终都是为了培养和造就理想的法律职业人才，特别是作为典型的法律职

---

① 张文显主编：《马克思主义法理学》，高等教育出版社 2003 年版，第 400 页。

② 德国国家司法考试共分两次进行，第一次针对大学法科毕业生，第二次针对已通过第一次司法考试且在司法机关实习过一定年限的人员。只有通过两次司法考试，考生才具备法官、检察官、律师、公证员的从业资格。日本 2011 年旧司法考试废止后，不是法科大学院的毕业生不能直接参加新司法考试，而是先参加国家的司法预备考试。如果通过了预备考试，那么就取得了参加新司法考试的资格，与法科大学院毕业生一样可以参加新司法考试。

业类型的法官、检察官和律师。可以说，相对于理想法律人才的造就，法学教育、司法考试乃至应当完备起来的职前培训，都是实现这个总目标的一种途径或方式。因此，司法考试和法学教育必须做到相辅相成、相互支持、相互衔接。司法考试必须以法学教育为基础。司法考试制度功能的有效发挥，离不开大学教育的发展与支撑，离不开法学教育的成效。原全国高等学校法学学科教学指导委员会主任、中国人民大学法学院院长曾宪义教授说过，正因为有了改革开放三十多年法学教育的蓬勃发展，各法学院系培养了一大批合格的法律人才，司法考试才有基础，才可能获得成功。没有法学教育今天的规模，就不会有每年近 40 万考生。不断健全、完善的高等法学教育体系，是保证国家司法考试健康发展的前提和基础，没有完备的、成熟的法学教育，国家司法考试只能是无源之水、无本之木。因此，无论国家司法考试如何改革，都不应背离法学教育的范畴，都必须以法学教育为基础。法学教育必须适应司法考试的发展。司法考试的目的就是从具有法律知识的人员中选拔适应司法实践需要的优秀法律职业人才。为实现这一目的，兼顾大学的法学教育和司法实践对法律职业人才的需要的国家统一司法考试，经过十几年的努力，建立了一套特有的、比较成熟的人才选拔甄别机制。司法考试制度的设立和实施，无疑赋予了大学法学教育一个明确的任务和目标，那就是大学法学教育必须也应当为那些准备从事法律职业的学生提供有针对性的训练，只有这样，才能使法学教育既适应司法考试选拔机制又适应司法实践对法律职业人才的需求。

司法考试推动法学教育的发展。司法考试制度的设立，使得法官、检察官、律师都被纳入到大学法学教育这个共同的知识背景条件下，导致了司法考试的消费者，必然首先是法学教育的消费者，这就给大学法学教育行业带来了新的发展希望和生机，使大学法学教育处于社会的更加耀眼的位置。

国家司法考试协调委员会委员、山东大学前校长徐显明教授曾经说过，司法考试与法学教育有一个相互适应的过程，第一阶段，司法考试必须适应法学教育。因为司法考试制度是个新鲜事物，相比之下，法学教育在我国已经比较成熟，因此，司法考试制度在前期必须适应法学教育。第二阶段，法学教育与司法考试制度的互动期。在这个阶段，两种制度相互影响，更重要的表现是司法考试对法学教育的冲击。第三阶段，司法考试引领法学教育。随着司法考试制度的改革和完善，司法考试必然引领和指导法学教育，法学教育必然要为司法考试制度服务。

无论国家司法考试或者法学教育如何改革，法学教育永远是国家司法考试的基础，国家司法考试就是实现法学教育通向司法实践需要的桥梁。只有两者的有效衔接，才能实现司法考试和法学教育的“双赢”。

三、进一步研究司法考试的模式选择和方案设计

国家司法考试制度建立以来的十多年，虽在不断改革完善，但考试模式一直没有变化。目前我国采取一次性书面考试的方式，其中四分之三的题型是选择题，总的特点是覆盖面广，问题开口小，取得的成绩主要反映考生的记忆能力和对法律一些基本条款及司法解释的一些基本内容的掌握程度，很难反映出考生的分析问题、逻辑思维、推理能力、判断能力等综合能力，而这些能力恰恰是从事法律职业者最应当具备的基本能力。

建立符合我国司法和法律服务实践要求的，有利于选拔优秀法律人才的司法考试模式和方式方法，是司法考试制度改革完善的方向之一。这方面的改革，应该主要围绕选拔优秀人才乃至精英人才这个宗旨，对考试的次数、方式、内容、科目、题型等进行科学设计，使通过考试的人员更能适应法律职业的需求。这种考试模式和方法既要能够检验出考生的法律知识水平，更要能够反映出考生的综合法律素养和法律职业技能；既应当与现阶段我国法学教育和法治实践的实际相适应，也应当借鉴国外成熟的、行之有效的司法考试模式。基于这些需求和我国法律成文法的基本特征，应该更多地借鉴成文法国家阶段性考试的成功模式。

阶段性考试模式的具体设计，必须综合考虑我国法律职业的状况和需求、法学教育的现状、阶段性设计的组织实施等因素，应该既具有科学性，又具有操作性。阶段性考试可设想由两个阶段组成：第一阶段主要考查应试人员对法律专业知识和法学理论基础的掌握程度。考试全部采取客观题的方式，可以题量大、考查范围广、难度与现行司法考试的选择题相比相对简单。该阶段考试的设置目的是通过相当数量的法学基础知识的考查，将具有基本法学素养的考生送入第二阶段的考试，而将那些尚未完成对法学知识系统学习的考生淘汰，使相关考试资源的利用能更集中、有效。第二阶段主要考查应试人员的法学应用能力，注重从理论深度和应用能力考查考生的综合分析、逻辑思维、判断推理和理论素养等。在适当时候，增加口试，以更好地对考生的上述能力进行考察。

四、探索建立统一的法律职业人员职前培训制度

组织实施统一司法考试只是司法考试制度的一个组成部分，作为一项重要的司法制度，司法考试制度要在国家的法治建设中真正发挥作用，建立起与统一考试相配套的、让通过考试者能够顺畅地进入司法官队伍的用人制度，以及作为培养法律职业共同体的桥梁的统一职前培训制度，是其必要的前提条件。

统一职前培训制度，是指对取得法律职业资格的人员在正式从业之前进行统一的岗前培训制度，通过统一的职前培训，使这些“法律职业共同体”候选人养

成对法律共同的信仰，对法律职业的认同感，以及共同的法律职业操守，从而使这些即将执掌国家法律事务的人员能够信仰和尊重法律，献身于推进民主法治建设、实现社会公平正义的崇高事业。现代法治国家普遍推行的法律职业者一体化培养模式，其目的就在于通过共同的培训过程使将成为法官、检察官的人能理解律师的业务和工作性质，也使将成为律师的人能体验法官的实际工作，了解检察官的立场，同时使法学学者通过对他们的培训了解实践，完善理论，通过这一培训过程也缩小了差距，排除了偏见，从而促进法律职业者体会共同的使命，强化彼此的认同感，达到群体共生的效果；其优点也在于，这些未来的法官、检察官和律师以及法学学者之间在经常进行的充分的思想交流中，在不断的切磋中，有利于形成法律言语和法律职业一体化的意识，正是这种共同的言语和意识使他们在专业上的判断趋于一致，从而造就出一个解释的共同体。[①] 当前我国还没有形成统一的职前培训制度，法律职业培训是以部门为界的分散培训方式，律师、法官、检察官三种职业的职前培训分别由本系统进行，律师实行的是为期一年的实习制度，初任法官和检察官采取短期的初任培训或上岗培训，在培训的期限、方式、内容、标准等方面都不统一。长此以往，不仅会对国家统一司法考试制度产生消极影响，而且也会对整个国家的法律职业人才队伍建设带来不利影响。因此，借鉴现代法治国家的成功经验，并结合我国的现实国情，从建设法治中国的高度尽快探索建立起与统一司法考试相配套的统一职前培训制度，不仅是司法制度研究的当务之急，而且还是完善司法考试制度的重要举措。

五、探索国家司法考试制度与国家公务员及法官检察官选任制度的衔接机制

自国家司法考试制度建立以来，司法部与全国人大、中组部、人力资源与社会保障部及最高人民法院、最高人民检察院等有关部门就国家司法考试制度与国家公务员及法官、检察官选任衔接问题进行过积极沟通和协调，也取得了很大进展。2007 年，《公务员法》颁布，其中规定："确定初任法官、初任检察官的任职人选，可以面向社会，从通过国家统一司法考试取得资格的人员中公开选拔。"说明司法考试与公务员考试"两考"衔接问题，已经从法律和制度的层面上得到了部分解决。法检系统在选任法官、检察官时，也是从通过取得法律职业资格的人员中，利用公务员考试渠道选拔补充。进一步改革完善国家司法考试制度，使国家司法考试与国家公务员考试更加趋近，逐步实现初任法官、初任检察官从通过国家统一司法考试取得资格，具备法官、检察官条件的人员中，按照德才兼备的

---

① 参见张文显、信春鹰、孙谦主编：《司法改革报告——法律职业共同体研究》，法律出版社 2003 年版，第 202 页。

标准，采用严格考核的办法，择优录用人选。

六、加强统一职前培训和未从业人员管理

组织实施统一司法考试只是司法考试制度的一个组成部分，作为一项重要的司法制度，司法考试制度要在国家的法治建设中真正发挥作用，建立起与统一考试相配套的、让通过考试者能够顺畅地进入司法队伍的用人制度，以及作为培养法律职业共同体的桥梁的统一职前培训制度，是其必要的前提条件。

统一职前培训制度，是指对取得法律职业资格的人员在正式从业之前进行统一的岗前培训制度，通过统一的职前培训，使这些"法律职业共同体"候选人养成对法律共同的信仰，对法律职业的认同感，以及共同的法律职业操守，从而使这些即将执掌国家法律事务的人员能够信仰和敬畏法律，献身于推进民主法治建设，实现社会公平正义的崇高事业。目前，我国还没有形成统一的职前培训制度，律师、法官、检察官三种职业的职前培训分别由本系统进行，律师实行的是为期一年的实习制度，初任法官和检察官采取短期的初任培训或上岗培训，在培训的期限、方式、内容、标准等方面都不统一。长此以往，不仅会对国家统一司法考试制度产生消极影响，而且还会对整个国家的法律职业人才队伍建设带来不利影响。因此，建立统一的职前培训制度，是关系到建立司法考试制度的最终目的能否实现、关系到法律职业共同体意志品格能否生成、关系到能否为国家法治建设培养和提供合格专门人才的重大课题。尽快建立与统一司法考试相配套的统一职前培训制度，是当前我们面临的一项紧迫任务。

结　语

国家司法考试制度是一项符合我国国情、适应中国特色社会主义法治国家建设要求、顺应广大人民群众社会公平正义需求的法律制度。[①] 国家司法考试制度是我国司法体制改革的重大举措，是我国实现依法治国的必由之路，是提升法官、检察官和律师综合素质的重要途径。

在国家司法考试制度的统一框架下，以社会主义法治理念为统领，以法学教育的核心课程和司法机关的业务要求为测试基础，形成了国家统一命题、统一组织、统一评卷，考试时间相对固定的考试模式。国家司法考试制度不断完善，成为中国特色社会主义司法制度建设的重要组成部分。

① 参见吴爱英在司法部"纪念国家司法考试制度建立十周年会议上的讲话"，2011 年 6 月 28 日。

第六章 律师执业行政许可制度

我国《行政许可法》第 2 条规定："行政许可，是指行政机关根据公民、法人或其他组织的申请，经依法审查，准予其从事特定活动的行为。"根据这一规定，行政许可至少包含三层意思：(1)行政许可是一种经依法申请的行为，是行政机关依照行政管理相对人申请而做出的事先批准的行政行为。无申请即无行政许可。(2)行政许可是行政机关的外部行政行为，直接体现行政机关与行政相对人之间的行政法律关系。(3)行政许可是准予行政相对人从事特定活动的行为。实施行政许可的结果是行政相对人获得了从事特定活动的权利或资格。

律师许可制度包含律师执业许可和律师事务所设立许可，它是我国律师制度的重要组成部分。

第一节 律师执业许可的条件和程序

所谓律师执业许可，是指司法行政机关根据申请人的申请，经依法审查，对符合法定条件的申请人颁发执业证书，准予申请人以律师身份进行执业的行为。在律师执业准入制度上，我国采取的是法律职业资格与执业资格相分离的制度，获得法律职业资格仅仅是从事法律职业的一个前提条件，要想以律师身份执业，还必须获得法律执业资格证书。[①]

一、律师执业许可的条件

我国《律师法》第 5 条规定，申请律师执业，应当具备下列四项条件：(1)拥护中华人民共和国宪法；(2)通过国家统一司法考试；(3)在律师事务所实习满一

① 参见何悦主编：《律师法学》，法律出版社 2011 年版，第 90 页。

年;(4)品行良好。

在高等院校、科研机构中从事法学教育、研究工作的人员,符合律师执业条件,经所在单位同意,可以申请兼职律师执业。但根据司法部的批复,各类警察院校中纳入人民警察序列,被授予警衔,具有人民警察身份的现职人员,均不得兼职从事律师工作。公务员不得兼任执业律师。此外,《律师法》第7条还规定了不予颁发律师执业证书的情形:(1)无民事行为能力或者限制民事行为能力;(2)受过刑事处罚的,但过失犯罪的除外;(3)被开除公职或者被吊销律师执业证书。

二、律师执业许可的程序

根据《律师法》和《律师执业管理办法》规定,律师执业许可应当遵循以下程序:

1.申请。申请律师执业,应当向设区的市级或者直辖市的区人民政府司法行政部门提出申请。

2.受理。设区的市级或者直辖市的区(县)司法行政机关对申请人提出的律师执业申请,应当根据下列情况分别作出处理:(1)申请材料齐全、符合法定形式,应当受理。(2)申请材料不齐全或者不符合法定形式,应当当场或者自收到申请材料之日起五日内一次告知申请人需要补正的全部内容。申请人按要求补正的,予以受理;逾期不告知的,自收到申请材料之日起即为受理。(3)申请事项明显不符合法定条件或者申请人拒绝补正、无法补正有关材料的,不予受理,并向申请人书面说明理由。

3.审查。受理申请的司法行政机关应当自决定受理之日起二十日内完成对申请材料的审查。在审查过程中,可以征求申请执业地的县级司法行政机关的意见;对于需要调查核实有关情况的,可以要求申请人提供有关的证明材料,也可以委托县级司法行政机关进行核实。经审查,应当对申请人是否符合法定条件、提交的材料是否真实齐全出具审查意见,并将审查意见和全部申请材料报送省、自治区、直辖市司法行政机关。

4.审核。省、自治区、直辖市司法行政机关应当自收到受理申请机关报送的审查意见和全部申请材料之日起十日内予以审核,作出是否准予执业的决定。准予执业的,应当自决定之日起十日内向申请人颁发律师执业证书。不准予执业的,应当向申请人书面说明理由。

三、几种特殊情形的规定

1.申请军队律师执业的条件和程序。军队律师是指为军队提供法律服务的律师，其具体管理办法，由国务院和中央军事委员会制定。

2. 申请法律援助律师执业的条件和程序。法律援助律师是指受聘于法律援助机构或政府其他部门，通过全国法律职业资格的考试，取得法律职业资格证书和律师执业资格证书，专门从事法律援助事业的人员。这类人员的编制属于国家行政或事业单位，并享受国家行政事业等单位工作人员的待遇，不能向社会提供任何有偿的法律服务。其申请执业许可的程序为由所在的法律援助机构向省、自治区或直辖市的司法行政机关的法律援助机构提出申请。

3. 申请公职律师执业的条件和程序。公职律师是指具有律师执业资格，在国家机关或者依法履行社会公共管理、服务职能的事业单位、社会团体中专门从事法律服务的公职人员。[①] 根据《司法部关于开展公职律师试点工作的意见》，公职律师的任职条件为：(1)具有中华人民共和国律师资格或司法部颁发的法律职业资格；(2)供职于政府职能部门或行使政府职能的部门，或经招聘到上述部门专职从事法律事务的人员。申请公职律师执业证，由符合上述任职条件的人员提出申请，经工作单位批准后，报经所在地司法行政机关审核，再由审核同意的司法行政机关报省、自治区、直辖市司法厅(局)审批。司法厅(局)应在十五日内作出批准或不批准的决定。

4. 申请公司律师执业的条件和程序。公司律师是指具有律师资格或法律职业资格，受雇于公司，专职从事公司内部法律事务，不对社会提供有偿法律服务的专业人员。[②] 根据司法部《关于开展公司律师试点工作的意见》，公司律师的任职条件为：(1)具有中华人民共和国律师资格或司法部颁发的法律职业资格；(2)在企业内部专职从事法律事务工作；(3)所在企业同意其担任公司律师。申请公司律师执业证书，由符合任职条件的人员提出申请，经所在企业批准后报经所在地司法行政机关审核，再由审核同意的司法行政机关报省、自治区、直辖市司法厅(局)审批。司法厅(局)应在十五日内作出批准或不批准的决定。

5. 取得内地法律职业资格的香港、澳门特别行政区居民在内地申请从事律师职业的条件和程序。根据司法部《取得内地法律职业资格的香港特别行政区和澳门特别行政区居民在内地从事律师职业管理办法》规定，参加内地举行的国家司法考试合格，取得《中华人民共和国法律职业资格证书》的香港、澳门居民，可以在内地申请律师执业。取得内地法律职业资格的香港、澳门居民在内地申请律师执业，应当依照《律师法》和《律师执业管理办法》规定，向拟聘其执业的内地律师事务所住所地设区的市级或者直辖市区(县)司法行政机关提出申请，由

---

① 参见谭世贵主编：《律师法学》，法律出版社 2013 年版，第 128 页。

② 参见谭世贵主编：《律师法学》，法律出版社 2013 年版，第 116 页。

其出具审查意见后报省级司法行政机关审核，作出是否准予申请人在内地执业的决定。具体许可程序，根据《律师法》和《律师执业管理办法》的规定办理。

6.取得国家法律职业资格的我国台湾居民在大陆从事律师职业的条件和程序。根据司法部《取得国家法律职业资格的我国台湾居民在大陆从事律师职业的管理办法》规定，参加国家司法考试合格，取得《中华人民共和国法律职业资格证书》的台湾居民，可以依法在大陆申请律师执业。台湾居民在大陆申请律师执业，还应当符合《律师法》规定的其他条件。台湾居民申请律师执业，应当根据《律师法》和《律师执业管理办法》的有关规定，向设区的市级或者直辖市的区（县）司法行政机关提出申请，并提交与申请执业相关的证明材料。台湾居民申请律师执业，由设区的市级或者直辖市的区（县）司法行政机关受理申请，并进行初审，报省、自治区、直辖市司法行政机关审核，作出是否准予执业的决定。具体许可程序，根据《律师法》和《律师执业管理办法》的规定办理。

7.香港法律执业者和澳门执业律师受聘于内地律师事务所担任法律顾问的条件和程序。香港法律执业者、澳门执业律师受聘于内地律师事务所担任法律顾问，应当依照《香港法律执业者和澳门执业律师受聘于内地律师事务所担任法律顾问管理办法》规定申请领取法律顾问证。香港法律执业者、澳门执业律师符合规定条件，可以向内地司法行政机关申请领取香港、澳门法律顾问证。内地律师事务所符合规定条件，可以聘用香港法律执业者、澳门执业律师为本所香港、澳门法律顾问，内地律师事务所聘用香港法律执业者、澳门执业律师的数量合计不得超过本所专职律师总数的五分之一。香港法律执业者、澳门执业律师申请领取香港、澳门法律顾问证，应当通过拟聘其担任法律顾问的内地律师事务所向设区的市级司法行政机关提交材料。内地律师事务所所在地设区的市级司法行政机关应当自收到香港法律执业者、澳门执业律师申请材料之日起十日内完成审查，出具审查意见，并连同申请材料上报省级司法行政机关。省级司法行政机关应当自收到申请材料之日起二十日内完成审核。对于符合规定条件的，准予在内地受聘担任法律顾问，并办理登记，向其颁发香港、澳门法律顾问证；对于不符合规定条件的，不准在内地受聘担任法律顾问，并书面通知申请人和拟聘其担任法律顾问的内地律师事务所。

8.关于特许律师执业的规定。依据我国《律师法》第8条规定，申请特许律师执业许可必须具有高等院校本科以上学历，在法律服务人员紧缺领域从事专业工作满十五年，具有高级职称或者同等专业水平并具有相应的专业法律知识的人员，申请专职律师执业的，经国务院司法行政部门考核合格，准予执业。具体办法由国务院规定。设立特许执业制度，并不是要在律师执业准入制度上形成两个渠道，而是以司法考试为主渠道、特许执业渠道为辅，作为律师执业基本准入制度的一种补充，主要是解决法律服务相关专业领域的人才缺乏问题。[①]

第二节 律师事务所设立许可的条件和程序

律师事务所设立许可，是指司法行政机关依律师事务所设立人之申请或根据国家需要，经依法审查，对符合法定条件的律师事务所颁发执业许可证书并准予其设立的行为。依据《律师法》规定，我国律师事务所的组织形式有：合伙律师事务所（包括普通合伙律师事务所和特殊的普通合伙律师事务所）、个人律师事务所和国资律师事务所三种。

一、律师事务所的设立条件

1. 我国《律师法》第 14 条明确规定了律师事务所设立的条件，具体包括：

（1）有自己的名称、住所和章程。律师事务所的名称是经批准设立的律师事务所在执业活动中使用的供公众识别的机构名字和称号。律师事务所只准使用一个名称，该名称应当符合司法部《律师事务所名称管理办法》和其他部颁规章规定，并需在申请前按规定办理名称检索。经核定的律师事务所名称在全国范围内享有专用权。

律师事务所的住所即我们通常所说的办公场所，是指律师事务所的主要办事机构所在地，这是确保律师事务所正常开展业务活动的重要保证。

律师事务所的章程是指以书面形式表现出来的关于律师事务所组织形式及活动的基本规则。章程由律师事务所制定，是律师事务所律师及其他人员必须遵守的内部行为规范，也是保证律师事务所正常经营和发展的准则。[②]

（2）有符合法律规定的律师。设立律师事务所，应当有符合法律规定的律师。所谓符合法律规定的律师，是指符合《律师法》等规定的执业律师的条件。我国《律师法》第 2 条规定本法所称律师，是指依法取得律师执业证书，接受委托或者指定，为当事人提供法律服务的执业人员。要成为符合法律规定的执业律师，须具备《律师法》第 5 条规定的条件。

（3）设立人应当具有一定的执业经历，且三年内未受过停止执业处罚。律师事务所对律师执业具有重大影响，因此《律师法》明确规定律师事务所设立人应当具有一定执业经历的律师，并且还应当是在申请设立律师事务所时的前三年

① 参见王胜明、赵大程主编：《中华人民共和国律师法释义》，法律出版社 2007 年版，第 25 页。

② 参见王胜明、赵大程主编：《中华人民共和国律师法释义》，法律出版社 2007 年版，第 37～38 页。

内未受过停止执业处罚的律师。此外，《律师法》和《律师事务所管理办法》针对不同组织形式律师事务所的设立人条件进行了更为明确的限制。设立普通合伙律师事务所应有三名以上合伙人作为设立人，设立特殊的普通合伙律师事务所应有二十名以上合伙人作为设立人，且合伙律师事务所的设立人应当具有三年以上执业经历并能专职执业的律师；设立个人律师事务所，设立人应是具有五年以上执业经历并能专职执业的律师。

(4)有符合国务院司法行政部门规定数额的资产。律师事务所作为一个独立的法人，拥有一定的资产是开展业务活动的基础，也是独立承担民事责任、取信社会的必要条件。[①] 对设立不同组织形式的律师事务所，《律师事务所管理办法》规定了不同的设立资产数额。设立普通合伙律师事务所，应有人民币三十万元以上的资产；设立特殊的普通合伙律师事务所，应有人民币一千万元以上的资产；设立个人律师事务所，应有人民币十万元以上的资产。

2.律师事务所分所的设立条件

律师事务所分所是指律师事务所根据业务需要，在注册地以外设立的分支机构。依据《律师事务所管理办法》规定，成立三年以上并具有二十名以上执业律师的合伙律师事务所，根据业务发展需要，可以在本所所在地的市、县以外的地方设立分所。设在直辖市、设区的市的合伙律师事务所也可以在本所所在城区以外的区、县设立分所。律师事务所及其分所受到停业整顿处罚期限未满的，该所不得申请设立分所；律师事务所的分所受到吊销执业许可证处罚的，该所自分所受到处罚之日起二年内不得申请设立分所。

分所应当具备下列条件：(1)有符合《律师事务所名称管理办法》规定的名称；(2)有自己的住所；(3)有三名以上律师事务所派驻的专职律师；(4)有人民币三十万元以上的资产；(5)分所负责人应当是具有三年以上的执业经历并能够专职执业，且在担任负责人前三年内未受过停止执业处罚的律师。律师事务所到经济欠发达的市、县设立分所的，上述规定的派驻律师条件可以降至一至二名；资产条件可以降至人民币十万元。具体适用地区由省、自治区、直辖市司法行政机关确定。

二、律师事务所设立许可的程序

律师事务所的设立许可包括申请、受理、初审和审核四个阶段。

1.申请。由设立人或者拟设立分所的律师事务所，向拟设立律师事务所或者分所所在地设区的市级或者直辖市的区(县)司法行政机关提出，并按规定提

① 参见陈卫东主编：《中国律师学》，中国人民大学出版社2008年版，第159页。

交申请材料。

2. 受理。设区的市级或者直辖市的区(县)司法行政机关对申请人提出的设立律师事务所申请,应当根据下列情况分别作出处理:(1)申请材料齐全、符合法定形式,应当受理;(2)申请材料不齐全或者不符合法定形式,应当当场或者自收到申请材料之日起五日内一次告知申请人需要补正的全部内容。申请人按要求补正的,予以受理;逾期不告知的,自收到申请材料之日起即为受理;(3)申请事项明显不符合法定条件或者申请人拒绝补正、无法补正有关材料的,不予受理,并向申请人书面说明理由。

3. 初审。受理申请的司法行政机关应当在决定受理之日起二十日内完成对申请材料的审查。在审查过程中,可以征求拟设立律师事务所所在地县级司法行政机关的意见;对于需要调查核实有关情况的,可以要求申请人提供有关证明材料,也可以委托县级司法行政机关进行核实。经审查,应当对设立律师事务所的申请是否符合法定条件、材料是否真实齐全出具审查意见,并将审查意见和全部申请材料报送省、自治区、直辖市司法行政机关。

4. 审核。省、自治区、直辖市司法行政机关应当自收到受理申请机关报送的审查意见和全部申请材料之日起十日内予以审核,作出是否准予设立律师事务所的决定。准予设立的,应当自决定之日起十日内向申请人颁发律师事务所执业许可证。不准予设立的,应当向申请人书面说明理由。

第三节 律师和律师事务所的资质管理

资质管理是我国律师制度的重要组成部分,包含律师资质管理和律师事务所资质管理。律师资质管理包括变更执业机构、中断律师执业后重新申请执业以及律师执业档案调转等;律师事务所资质管理包括变更名称、变更负责人、变更组织形式、变更合伙人、律师事务所注销等。

一、律师的资质管理

律师的资质管理是指司法行政机关依法对律师变更执业机构、中断律师执业后重新申请执业、申请补发或换发律师执业证、注销律师执业证和律师资格档案及律师执业档案的调转等事项进行监督和管理的行为。对律师的资质管理,主要包括:

1. 变更执业机构。(1)律师变更执业机构,必须与原执业机构解除聘用合同或聘用合同到期不再续签,或被原所除名,或合伙人退出后不再在原所执业。但律师受到停止执业处罚期间、律师事务所受到停业整顿处罚期限未满，该所负责人、合伙人和对律师事务所受到停业整顿处罚负有直接责任的律师或律师事务所应当终止的，在完成清算、办理注销前，该所负责人、合伙人和对律师事务所被吊销执业许可证负有直接责任的律师不得申请变更执业机构。(2)律师变更执业机构，应当向拟变更的执业机构所在地设区的市级或者直辖市的区(县)司法行政机关提出申请。(3)受理机关应当对变更申请及提交的材料出具审查意见，并连同全部申请材料报送省、自治区、直辖市司法行政机关审核。对准予变更的，由审核机关为申请人换发律师执业证书；对不准予变更的，应当向申请人书面说明理由。准予变更的，申请人在领取新的执业证书前，应当将原执业证书上交原审核颁证机关。

2.中断律师执业后重新申请执业。(1)曾经因本人不再从事律师职业申请注销的，或曾因与所在律师事务所解除聘用合同或者所在的律师事务所被注销，在六个月内未被其他律师事务所聘用的，或曾因其他原因终止律师执业的，并且符合《律师执业管理办法》规定的执业条件，可以重新申请执业。但受到吊销律师执业证书处罚，不得重新申请执业。(2)中断律师执业后重新申请执业应当向拟执业机构所在地设区的市级或者直辖市的区(县)司法行政机关提出申请。

受理机关应当对申请及提交的材料出具审查意见，并连同全部申请材料报送省、自治区、直辖市司法行政机关审核。对准予重新执业的，由审核机关为申请人颁发律师执业证书；对不准予重新执业的，应当向申请人书面说明理由。

3.律师执业档案调转。(1)律师跨设区的市变更执业机构的，原执业机构所在地和变更的执业机构所在地的司法行政机关之间应当交接该律师执业档案。申请人应当通过变更后的执业机构向当地设区的市级司法行政机关提出申请，经审查符合要求，由当地设区的市级司法行政机关向申请人原执业机构所在地设区的市级司法行政机关发送调档函。(2)律师跨省、自治区、直辖市变更执业机构，原执业机构所在地和变更的执业机构所在地的司法行政机关之间应当交接该律师执业档案和律师资格档案或司法职业资格档案。申请人应当通过变更后的执业机构向当地设区的市级司法行政机关提出申请；经审查同意的，报送省、自治区、直辖市司法行政机关；省、自治区、直辖市司法行政机关经审核符合要求的，向申请人原执业机构所在地省、自治区、直辖市司法行政机关发送调档函。

二、律师事务所的资质管理

律师事务所的资质管理是指司法行政机关依法对律师事务所变更名称、负责人、章程、合伙协议、组织形式、住所、合伙人、分所变更派驻律师及律师事务所的吸收、合并、分立和律师事务所的注销、律师事务所执业许可证的补发、换发等事项进行监督和管理的行为。对律师事务所的资质管理，主要包括：

1.变更名称。(1)律师事务所变更名称，应当按照《律师事务所名称管理办法》规定办理名称预核准。省、自治区、直辖市司法行政机关应当根据律师事务所变更名称的申请及已预核准的律师事务所名称，办理律师事务所名称变更手续。(2)律师事务所设立分所，应当自总所名称获准变更之日起三十日内，向分所设立许可机关申请变更分所名称。(3)律师事务所受到停业整顿处罚期限未满或发生终止事由，不得申请变更名称。本所取得设立许可后不满一年，但发生变更组织形式或者分立合并情形的除外。(4)律师事务所自本所名称获准变更之日起一年内，可以在本所推介材料、律师名片上使用新名称时加注变更前的名称。(5)律师事务所获准变更名称，或者因终止被注销，其变更或者被注销前使用的名称，自获准变更或者被注销之日起三年内，省、自治区、直辖市司法行政机关不得核准其他律师事务所使用。

2.变更负责人。(1)合伙律师事务所根据本所的章程和合伙协议决定变更负责人并经全体合伙人选举产生新的负责人，国家出资设立的律师事务所由本所律师推选出新的负责人，个人律师事务所设立人决定将律师事务所转让给其他人或律师事务所决定变更分所的负责人，根据律师事务所的申请，可以变更负责人，新的负责人应当符合《律师法》及《律师事务所管理办法》的规定。(2)合伙律师事务所的负责人应当从本所合伙人中选举产生；国家出资设立的律师事务所变更负责人需经所在地县级司法行政机关同意；个人律师事务所变更后的负责人应当符合个人律师事务所设立人的条件且需作为设立人出资；分所的负责人应当具有三年以上的执业经历并能够专职执业，且在担任负责人前三年内未受过停止执业处罚。

3.变更章程、合伙协议。律师事务所变更后的章程、协议应当符合《律师事务所管理办法》的规定。因合伙人变更需要修改合伙协议的，修改后的合伙协议应当按照《律师事务所管理办法》的规定程序报批。

4.变更组织形式。律师事务所的组织形式之间可以相互转换。组织形式变更前的律师事务所应依照法律、法规、本所章程就业务衔接、人员安排、资产处置、债务承担、潜在执业风险责任的承担、未办结业务的处理、分支机构存废等事项作出有效决议或者决定。

5.变更住所。律师事务所可以根据工作需要变更办公场所。我们认为，变更办公场所存在三种情况：(1)在同城区内变更，只需按照规定报省、自治区、直辖市人民政府司法行政机关备案。(2)在本省、自治区、直辖市内变更，在备案变更办公场所的同时，还应根据实际情况变更主管司法行政机关。(3)办公场所变更到原省、自治区、直辖市以外的，则需按照注销原律师事务所和新设立律师事务所的程序办理。

6.变更合伙人。(1)律师事务所变更合伙人,包括吸收新合伙人、合伙人退伙、合伙人因法定事由或者经合伙人会议决议被除名。(2)新吸收的合伙人应当符合《律师事务所管理办法》规定的合伙人条件和合伙协议约定的入伙条件。新合伙人应当从专职执业的律师中产生,并具有三年以上执业经历,但司法部另有规定的除外。受到六个月以上停止执业处罚的律师,处罚期满未逾三年的,不得担任合伙人。已担任合伙人的律师受到六个月以上停止执业处罚,自处罚决定生效之日起至处罚期满后三年内,不得担任合伙人。符合合伙协议规定的退伙条件,可以申请退伙。(3)合伙人具有法律、法规规定的不能担任合伙人的情形或者由合伙人会议依照章程、合伙协议的规定决议除名,应当退伙。合伙人退伙、被除名,律师事务所应当依照法律、本所章程和合伙协议处理相关财产权益、债务承担等事务。(4)合伙人加入、退出或被除名,律师事务所应当依照法律、本所章程和合伙协议处理相关财产权益或债权债务等事务。

7. 变更分所派驻律师。分所派驻律师的变更包括派驻律师的派入和撤出两种情况。派驻律师的派入和撤出,须由总所根据实际情况决定,变更负责人的,变更后的负责人需符合《律师事务所管理办法》规定的条件。

8. 律师事务所通过吸收合并设立分所。随着律师事务所发展的需要,近几年律师事务所不断向规模化发展。发展的方式多种多样,其中一种就是通过吸收合并的方式设立分所,即某一律师事务所在人员、办公场所等不变的情况下,只是名称变更为××律师事务所的分所。按照《律师事务所管理办法》的规定,应注销原律师事务所,再设立新的律师事务所的要求办理。但这样办理,手续繁琐,时间也需要较长,势必会影响律师事务所的业务,并有可能带来律师事务所人员的流失和对业务的影响,因此,我们认为,可以按照吸收合并的方式办理。律师事务所通过吸收合并设立分所存在三个问题:(1)律师事务所的组织形式的变更,即由一个独立的所变更为分所;(2)律师事务所名称的变更;(3)部分律师身份的变更,即部分律师由原来的合伙人、设立人或聘用律师变更为派驻律师。因此,律师事务所通过吸收合并设立分所需要同时办理律师事务所组织形式、名称和派驻律师的变更。

9.律师事务所注销。(1)根据《律师法》第22条的规定,律师事务所不能保持法定设立条件且经限期整改仍不符合条件、执业许可证被依法吊销、自行决定解散或存在法律、行政法规规定应当终止的其他情形,应当终止。(2)律师事务所在取得设立许可后,六个月内未开业或者无正当理由停止业务活动满一年的,视为自行停办,应当终止。(3)律师事务所在受到停业整顿处罚期限未满前,不得自行决定解散。(4)律师事务所在终止事由发生后,应当向社会公告,依照有关规定进行清算，依法处置资产分割、债务清偿等事务。因被吊销执业许可证终止的，由作出该处罚决定的司法行政机关向社会公告。因其他情形终止、律师事务所拒不公告的，由设区的市级司法行政机关向社会公告，并要按照《律师和律师事务所执业证书管理办法》第15条第二款或第三款的规定注销律师事务所及其律师的执业证书。(5)律师事务所自终止事由发生后，不得受理新的业务。(6)律师事务所应当在清算结束后十五日内向所在地设区的市级司法行政机关提交注销申请书、清算报告、本所执业许可证以及其他有关材料，由其出具审查意见后连同全部注销申请材料报省司法厅审核，办理注销手续。(7)律师事务所被注销，其业务档案，财务账簿，本所印章的移管、处置，按照有关规定办理。

三、律师和律师事务所执业证书管理

律师和律师事务所执业证书是律师、律师事务所依法获准执业的有效证件。为贯彻实施2007年10月颁布的《律师法》，依法规范和加强律师和律师事务所执业证书管理。2009年9月21日，司法部发布了《律师和律师事务所执业证书管理办法》，这是保障律师依法执业、维护正常的律师执业秩序的现实需要，是整个律师管理工作中一项极为重要的工作。

《律师和律师事务所执业证书管理办法》从执业证书的定义、分类、制作、申领、颁发、换发、补发、注销、变更登记、年度考核记载、处罚记录、执业证书扣缴、统计和登记报备、违法责任追究等方面，系统、全面地规定了各级司法行政机关的职责分工、工作要求、办事程序及对律师、律师事务所保管、使用执业证书的要求。

第四节　对其他机构和人员的管理

根据《外国律师事务所驻华代表机构管理条例》《香港、澳门特别行政区律师事务所驻内地代表机构管理办法》规定，外国律师事务所在华、港澳律师事务所在内地设立代表机构、派驻代表，应当经国务院司法行政部门许可。这意味着外国律师事务所驻华代表机构、港澳律师事务所驻内地代表机构应受国务院司法行政部门的管理。

一、对外国律师事务所驻华代表机构的管理

根据《外国律师事务所驻华代表机构管理条例》规定，外国律师事务所在华设立代表机构、派驻代表，应当经国务院司法行政部门许可。

1.代表机构设立及其代表执业核准的条件。(1)代表处的名称规定：拟设代

表处的外国律师事务所的中文译名不得使用中国法律、法规、规章禁止或限制的名称，不得使用可能使公众产生误解的文字。(2)设立代表处的条件：该外国律师事务所已在其本国合法执业，并且没有因违反律师职业道德、执业纪律受到处罚；代表机构的代表应当是执业律师和执业资格取得国律师协会会员，并且已在中国境外执业不少于两年，没有受过刑事处罚或者没有因违反律师职业道德、执业纪律受过处罚。其中，首席代表已在中国境外执业不少于三年，并且是该外国律师事务所的合伙人或是相同职位的人员；有在华设立代表机构开展法律服务业务的实际需要。申请设立代表处，应当有拟派驻的一名首席代表和拟派驻的若干代表。申请增设代表处，应当符合在华最近设立的代表处连续执业满三年；已经设立的各代表处及其代表遵守中国法律、法规、规章，遵守律师职业道德和执业纪律，没有被追究《外国律师事务所驻华代表机构管理条例》规定的各项法律责任的条件。

2. 设立代表机构及代表执业核准的程序。(1)外国律师事务所申请在华设立代表机构，应当向拟设立的代表机构住所地的省、自治区、直辖市人民政府司法行政部门提交申请材料。(2)省、自治区、直辖市人民政府司法行政部门应当自收到申请文件材料之日起三个月内审查完毕，并将审查意见连同文件材料报送国务院司法行政部门审核。国务院司法行政部门应当在六个月内作出决定，对许可设立的代表机构发给执业执照，并对其代表发给执业证书；对不予许可的，应当书面告知其理由。(3)代表机构及其代表，应当持执业执照、执业证书在代表机构住所地的省、自治区、直辖市司法行政部门办理注册手续后，方可开展规定的法律服务活动。

3. 对代表处的日常管理。(1)外国律师事务所需要变更代表机构名称、减少代表，应当事先向代表机构住所地的省、自治区、直辖市人民政府司法行政部门提交其主要负责人签署的申请书和有关文件材料，经国务院司法行政部门核准，并收回不再担任代表的人员的执业证书。(2)代表机构合并、分立或者增加新任代表，应当依照《外国律师事务所驻华代表机构管理条例》有关代表机构设立程序的规定办理许可手续。(3)代表机构有所属的外国律师事务所已经解散或者被注销、所属的外国律师事务所申请将其注销、已经丧失《外国律师事务所驻华代表机构管理条例》第 7 条规定条件、执业执照被依法吊销等情形的，由国务院司法行政部门撤销其执业许可并收回其执业执照，由省、自治区、直辖市人民政府司法行政部门相应注销其执业注册；依照上述规定注销的代表机构，应当依法进行清算；债务清偿完毕前，其财产不得转移至中国境外。

4. 代表机构的代表有下列情形之一，由国务院司法行政部门撤销其执业许可并收回其执业证书，由省、自治区、直辖市人民政府司法行政部门相应注销其执业注册:(1)在其本国的律师执业执照已经失效;(2)被所属的外国律师事务所取消代表资格;(3)执业证书或者所在的代表机构的执业执照被依法吊销。

二、对香港、澳门特别行政区律师事务所驻内地代表机构的管理

根据《香港、澳门特别行政区律师事务所驻内地代表机构管理办法》规定,港澳律师事务所在内地设立代表处、派驻代表,应当经国务院司法行政部门许可。

1.代表机构设立及其代表执业核准的条件。(1)该律师事务所已在港、澳特别行政区合法执业,并且没有因违反律师职业道德、执业纪律受到处罚。(2)代表处的代表应当是执业律师和港、澳特别行政区律师协会会员,并且已在内地以外执业不少于两年,没有受过刑事处罚或者没有因违反职业道德、执业纪律受过处罚;其中,首席代表已在内地以外执业不少于三年,并且是该律师事务所的合伙人或是相同职位的人员。(3)有在内地设立代表处开展法律服务业务的实际需要。代表处被依法吊销执业执照,该代表处所属的港澳律师事务所五年内不得申请在内地设立代表处;代表处的代表被依法吊销执业证书,该代表五年内不得在内地担任代表处的代表。

2.代表机构设立及其代表执业核准的程序。港澳律师事务所申请在内地设立代表处,应当向拟设立的代表处住所地的省、自治区、直辖市司法厅(局)提交文件材料。省、自治区、直辖市司法厅(局)应当自收到申请文件材料之日起三个月内审查完毕,并将审查意见连同文件材料报送司法部审核。司法部应当在六个月内作出决定,对许可设立的代表处发给执业执照,并对其代表发给执业证书;对不予许可的,应当书面告知其理由。

3.对代表处的日常管理。司法部负责对代表处及其代表的监督管理。省、自治区、直辖市司法厅(局)应当对设在本行政区域内的代表处及其代表是否依法开展法律服务活动进行监督管理。(1)港澳律师事务所需要变更代表处名称、减少代表,应当事先向代表处住所地的省、自治区、直辖市司法厅(局)提交其主要负责人签署的申请书和有关的文件材料,经司法部核准,并收回不再担任代表的人员的执业证书。(2)代表处合并、分立或者增加新任代表,应当依照《香港、澳门特别行政区律师事务所驻内地代表机构管理办法》有关代表处设立程序的规定办理许可手续。(3)代表处的代表有提供的律师执业资格失效、被所属的港澳律师事务所取消代表资格、执业证书或者所在的代表处的执业执照被依法吊销等情形的,由司法部撤销其执业许可并收回其执业证书,由省、自治区、直辖市司法厅(局)相应注销其执业注册。(4)代表处存在所属的港澳律师事务所已经解散或者被注销、所属的港澳律师事务所申请将其注销、已经丧失规定条件或执业执照被依法吊销等情形之一,由司法部撤销其执业许可并收回其执业执照,由

省、自治区、直辖市司法厅(局)相应注销其执业注册；依照上述规定注销的代表处，应当依法进行清算；债务清偿完毕前，其财产不得转移至内地以外。代表处不得聘用内地执业律师；聘用的辅助人员不得为当事人提供法律服务。

三、香港、澳门特别行政区律师事务所与内地律师事务所联营管理

联营，是由已在内地设立代表机构的香港、澳门律师事务所与一至三家内地律师事务所，按照协议约定的权利和义务，在内地进行联合经营，向委托人分别提供香港、澳门和内地法律服务。

为落实国务院批准的《内地与香港关于建立更紧密经贸关系的安排》和《内地与澳门关于建立更紧密经贸关系的安排》，规范香港、澳门律师事务所与内地律师事务所在内地进行联营的活动及管理，司法部制定了《香港特别行政区和澳门特别行政区律师事务所与内地律师事务所联营管理办法》。该办法对联营申请、联营规则和监督管理进行了明确而详细的规定。

首先，香港、澳门律师事务所与内地律师事务所联营，不得采取合伙型联营和法人型联营。联营期间，双方的法律地位、名称和财务应当保持独立，各自独立承担民事责任。联营应当遵守国家法律法规和规章，恪守律师职业道德和执业纪律，不得损害国家安全和社会公共利益。

其次，符合条件的香港或澳门律师事务所与符合条件的内地律师事务所联营，应当共同向内地律师事务所所在地的省级司法行政机关提交申请材料，省级司法行政机关应当自收到申请人联营申请材料之日起二十日内作出准予或者不准联营的决定。二十日内不能作出决定的，经本机关负责人批准，可以延长十日，并应当将延长期限的理由告知申请人。对于符合本办法规定条件的，应当准予联营，颁发联营许可证；对于不符合本办法规定条件的，不准联营，并书面通知申请人。对准予联营的，省级司法行政机关应当自颁发联营许可证之日起三十日内，将准予联营的批件及有关材料报司法部备案。

结　语

依照法律规定的许可条件，做好律师执业申请及律师事务所执业申请的审核工作，是保障律师队伍素质的第一道关口。在从严审核、严格按照行政许可的条件、程序、流程，确保进入律师行业从业人员的政治、业务素质和品行良好的同时，还要注意公开相关事项，对符合条件的按照法定时限办结，提高“批所办证”工作的效率与质量。

第七章 律师事务所年度检查考核制度

对律师事务所进行年度检查考核，是司法行政机关对律师事务所的执业及管理情况实施有效监督、指导的一项制度性措施。这一制度的确立与实施，有利于司法行政机关全面了解掌握律师事务所的执业及管理情况，有针对性地加强对律师事务所及其律师执业活动的指导和监督。从广义来讲，这一制度也包含对域外驻华律师机构的年度检查制度。

第一节 律师事务所年度检查考核制度概述

所谓律师事务所年度检查考核，是指司法行政机关对律师事务所上一年度的执业和管理情况进行定期检查考核，并对其执业和管理状况作出评价的行为。

2007 年《律师法》修订前，对律师事务所的年度执业考评是以对律师事务所年检的形式进行的。1994 年，司法部为建立和完善律师事务所审批登记管理制度、维护律师执业秩序而制定的《律师事务所审批登记管理办法》规定："律师事务所应当按照规定的时间提交年检报告。报告内容包括：本所人员、机关、业务工作、执业纪律、财务开支和预决算以及其他方面的情况，接受管理登记的机关的检验。" 1996 年，司法部根据《律师法》制定并颁布的《律师事务所登记管理办法》规定："登记机关每年对所登记的律师事务所进行年检。未通过年检的律师事务所不得继续执业。"

2007 年修订后的《律师法》第 24 条规定："律师事务所应当于每年的年度考核后，向设区的市级或者直辖市的区人民政府司法行政部门提交本所的年度执业情况报告和律师执业考核结果。"这一规定，以法律的形式确立了律师事务所年度检查考核制度。同时，根据中央关于深化司法体制机制改革的部署和要求，加强和完善对律师和律师事务所执业评价考核机制，也被列入律师制度改革的一项重要内容。为切实贯彻实施律师法，依法推进律师工作改革，进一步加强对律师事务所执业和管理活动的监督，完善对律师事务所的考核评价机制，司法部于2010年4月制定并施行了《律师事务所年度检查考核办法》(以下简称《办法》)，对律师事务所年度检查考核制度进行了定位，并具体规定了考核的内容、等次、评定标准、有关问题的处理及与律师执业年度考核的关系，进一步规范了律师事务所年度检查考核工作。

根据律师法对律师事务所执业和管理的基本要求，司法行政机关对律师事务所进行年度检查考核，应当坚持依法、公正、公开的原则，坚持日常监管与年度检查考核相结合，规范管理与自律约束相结合的原则。省、自治区、直辖市司法行政机关负责指导、监督本行政区域律师事务所的年度检查考核工作。设区的市级或直辖市区(县)司法行政机关负责组织实施对本行政区域内律师事务所的年度检查考核工作。县级司法行政机关负责年度检查考核的初审工作。

第二节 考核内容、等次、评定标准和程序

在我国，律师事务所年度检查考核这一制度包含考核内容、考核等次、评定等级以及考核程序等内容。

一、考核内容

《律师事务所管理办法》第6条明确规定，对律师事务所年度检查考核主要检查律师事务所遵守宪法和法律、履行法定职责、实行自律管理的情况，具体内容包括七项：(1)律师队伍建设情况；(2)业务活动开展情况；(3)律师执业表现情况；(4)内部管理情况；(5)受行政奖惩、行业奖惩的情况；(6)履行律师协会会员义务的情况；(7)省、自治区、直辖市司法行政机关根据需要认为应当检查考核的其他事项。同时，为了进一步明确、规范检查考核的内容，增强可操作性，便于律师事务所和司法行政机关把握、遵循，《办法》又对检查考核的主要内容进行了细化，列举了检查考核的具体事项。

1.律师队伍建设情况，主要包括并可分解为下列事项：(1)律师人员的数量、素质、结构变化的情况；(2)组织律师开展思想政治教育和律师职业道德、执业纪律教育的情况；(3)组织律师开展业务学习和参加职业培训的情况；(4)开展律师党建工作的情况。

2.业务活动开展情况，主要包括并可分解为下列事项：(1)办理业务的数量

和类别、拓展服务领域、提高服务质量以及业务收入等方面的情况；(2)在开展业务活动中遵守法律、法规、规章和行业规范的情况；(3)指导和监督律师代理重大案件、群体性案件的情况；(4)对律师执业实施监督和投诉查处的情况；(5)履行法律援助义务、参加社会服务及其他社会公益活动的情况；(6)因执业活动受到当事人、有关部门及社会公众表扬、投诉的情况。

3.律师执业表现情况，主要包括并可分解为下列事项：(1)律师在执业活动中遵守法律、法规和规章，遵守职业道德、执业纪律和执业行为规范的情况；(2)律师履行法律援助义务、参加社会服务及其他社会公益活动的情况；(3)律师受行政奖惩、行业奖惩的情况；(4)律师执业年度考核的情况。

4.内部管理情况，主要包括并可分解为下列事项：(1)执业管理制度建立和实施的情况；(2)收费管理、财务管理和分配管理制度建立和实施的情况；(3)依法纳税的情况；(4)建立执业风险、事业发展等基金及其使用的情况；(5)管理聘用律师和辅助人员的情况；(6)管理分支机构的情况；(7)管理申请律师执业人员实习的情况；(8)业务档案、律师执业档案建立和管理的情况；(9)章程、合伙制度实施的情况。

二、考核等次和评定标准

考核等次是司法行政机关对律师事务所上一年度执业和管理情况的总体评价。年度检查考核作为一项工作手段，其主要目的在于，通过对律师事务所上一年度的执业和管理情况的检查、考核和评价，及时发现、纠正律师事务所在执业和管理活动中存在的突出问题，并根据问题的性质、情节及严重程度，分别采取相关的惩处措施，以起到教育引导、强化管理的作用。本着惩治与教育相结合、重在教育引导的原则，将年度检查考核结果设定为“合格”和“不合格”两个等次，并分别规定了具体的评定标准。为充分体现设置两个考核等次的目的，同时确保对“不合格”的律师事务所能依法采取相应的行政处罚措施，《办法》所列“不合格”的情形需要与《律师法》和修订后的《律师和律师事务所违法行为处罚办法》的相关规定保持协调一致，并处理好与“合格”评定标准之间的衔接问题，做到依法处罚，不留漏洞。此外，在“不合格”情形中设置了弹性条款，以赋予地方司法行政机关一定的裁量权，可由其结合当地律师工作实际，合理把握考核标准的具体适用。

考核评定标准具有导向性和可检测性，为律师事务所依法执业、规范管理提供了明确指引，同时增强了该行政规章的现实约束力。[①]其评定标准具体如下：

1. 考核等次为“合格”的评定标准：(1)能够遵守宪法和法律，较好地履行法定职责；(2)在律师队伍建设、开展业务活动、实行内部管理等方面符合法律、法规、规章和行业规范的要求；(3)本所未因执业违法行为受到行政处罚，或者受到行政处罚已按要求完成整改。

2. 考核等次为“不合格”的评定标准：(1)放任、纵容、袒护律师执业违法行为，造成严重后果；(2)不按规定建立健全内部管理制度，日常管理松懈、混乱，造成本所不能正常运转；(3)本所受到行政处罚未按要求进行整改或者整改未达标；(4)本所不能保持法定设立条件；(5)提交的年度执业情况报告和律师执业年度考核情况存在严重弄虚作假行为；(6)有其他严重违法行为，造成恶劣社会影响。

为了强化年度检查考核的刚性约束力，《办法》对考核结果的使用作出了具体规定，如第25条明确规定对“不合格”所的处理措施，即由设区的市级或者直辖市区(县)司法行政机关根据其存在违法行为的性质、情节及危害程度，依法给予停业整顿一个月以上六个月以下的处罚，并责令其整改；同时对该所负责人和负有直接责任的律师依法给予相应的处罚；情节特别严重，依法吊销其执业许可证。律师事务所因不能保持法定设立条件而被评定为“不合格”，考核机关应当责令其限期整改。经整改仍不符合法定设立条件的，应当终止。将“不合格”律师事务所的范围应限定于极少数存在较为严重问题或者不服从监管的律师事务所，为了切实纠正和解决这类律师事务所存在的问题，同时达到警示多数、以儆效尤的目的，《办法》对“不合格”律师事务所规定了较为严厉的停业整顿的处罚措施。由于考虑到《办法》列举的“不合格”的几种情形均属于较为严重的情况，不可能也不宜囊括律师事务所存在的其他方面的问题，因此，在实践中可能会有一些存在一般性或者轻微问题的律师事务所被纳入“合格”所的范围，对于这些形式上虽然“合格”但又确实存在问题的有瑕疵的律师事务所，也应当给予“黄牌”警告，司法行政机关应当将其纳入重点监督范围，故此，《办法》第24条专门规定了处理措施，即由设区的市级或者直辖市区(县)司法行政机关责令其限期整改，并对其整改情况进行监督。另外，《办法》还规定，律师事务所年度检查考核结果，应当记入律师事务所执业档案，同时还应当记入该所负责人、合伙人的

① 参见“司法部律师公证工作指导司负责人就《律师事务所年度检查考核办法》有关问题答记者问”，载“中央政府门户网站”：www.gov.cn，2010年4月26日。

律师执业档案,以加大律师事务所负责人、合伙人的管理责任。[①]

三、考核程序

律师事务所年度检查考核的程序主要分为以下几个步骤:

1. 自我总结阶段。律师事务所接受年度检查考核,应当首先对本所律师执业年度考核和本所执业、管理情况进行认真总结。

2. 提交材料。依据规定的检查考核内容,按照规定时间,向所在地的县级司法行政机关报送本所上一年度执业情况报告和对本所律师执业年度考核的情况,并提交年度财务审计报告,开展业务活动的统计报表,纳税凭证,年度内被获准的重大变更事项的批件,获得行政或者行业表彰奖励,受到行政处罚或者行业惩戒,建立执业风险,事业发展等基金,为聘用律师和辅助人员办理养老、失业、医疗等社会保险,履行法律援助义务,参加社会服务及其他社会公益活动,履行律师协会会员义务等相关的证明材料及省、自治区、直辖市司法行政机关要求提供的其他材料。律师事务所在向县级司法行政机关报送年度检查考核材料的同时,应当将对本所律师执业年度考核的意见报所在地市级律师协会进行审查,由其确定考核结果。

3. 材料审查及报送。县级司法行政机关收到律师事务所报送的材料后,应当依照规定进行审查,发现报送的执业情况报告及有关材料不齐全或者有疑义的,应当要求律师事务所予以补充或者作出说明,必要时可以进行调查核实。县级司法行政机关应当在规定的时间内完成审查,出具初审意见和考核等次评定建议,连同律师事务所报送的材料,一并报设区的市级司法行政机关。

4. 等次评定。设区的市级司法行政机关收到县级司法行政机关报送的律师事务所的材料和初审意见后,应当依照规定的考核内容和考核标准,对律师事务所上一年度的执业和管理情况进行审查,同时对市级律师协会报备的律师执业年度考核结果予以备案审查。根据审查结果,为律师事务所评定考核等次。对律师事务所评定考核等次,应当征求市级律师协会的意见。设区的市级司法行政机关在审查中发现律师事务所报送的材料以及县级司法行政机关的初审意见、律师协会对律师的考核结果与实际情况不符,或者收到相关投诉、举报的,可以进行调查核实或者责成县级司法行政机关、律师协会重新进行审查。

5. 公示。律师事务所的考核等次评定后,设区的市级或者直辖市区(县)司法行政机关应当将考核结果在本地律师工作管理网站上予以公示。公示期不得

---

① 参见“司法部律师公证工作指导司负责人就《律师事务所年度检查考核办法》有关问题答记者问”,载“中央政府门户网站”:www.gov.cn,2010年04月26日。

少于七日。律师事务所对考核结果有异议的,可以向考核机关申请复查。考核机关应当自收到申请之日起十日内进行复查,并将复查结果书面告知申请人。

6. 确定考核结果。设区的市级或者直辖市区(县)司法行政机关在年度考核结果确定后,应当在律师事务所执业许可证副本上加盖"律师事务所年度检查考核"专用章,并注明考核结果;在律师执业证书上加盖"律师年度考核备案"专用章。

7. 向社会公告。省、自治区、直辖市司法行政机关收到备案材料后应当及时进行审核,完成汇总,将本行政区域律师事务所年度检查考核的结果在指定的报刊和政府网站上予以公告。公告的内容,应当同时包括律师事务所的名称、执业许可证号、组织形式、住所地址、邮编、电话、负责人、律师姓名及执业证号等内容。律师事务所年度检查考核结果和律师执业年度考核结果,应当分别记入律师事务所和律师执业档案。律师事务所年度检查考核结果应当记入该所负责人、合伙人的律师执业档案。

此外,《律师事务所年度检查考核办法》第四章还规定了对律师事务所年度检查考核中两种特殊情形的处理:(1)关于对暂缓考核律师事务所的处理。为了确保年度检查考核制度与责任追究机制的衔接,《办法》第 23 条规定,律师事务所因涉嫌违法正在接受查处,或者受到停业整顿处罚且处罚期未满的,应当暂缓考核,待有查处结果或者处罚期满后再予考核。(2)关于不按规定接受年度检查考核律师事务所的处理。接受年度检查考核,是律师事务所的法定义务,更是司法行政机关对律师事务所实施监管的有效途径。实践中,不管因何种理由不按规定接受年度检查考核的,客观上都会造成律师事务所脱离司法行政机关监管的严重后果。基于此,《办法》第 26 条规定,律师事务所不按规定接受年度检查考核的,由设区的市级或者直辖市区(县)司法行政机关公告责令其限期接受年度检查考核;逾期仍未接受年度检查考核的,视为自行停办,由司法行政机关收回并注销其执业许可证。[①]

第三节　域外驻华律师机构年度检查制度

域外驻华律师机构年度检查制度主要包括对外国律师事务所驻华代表机构及其代表的年度检查考核规定、对港澳律师事务所驻内地代表机构及其代表年度检查的规定、对香港法律执业者和澳门执业律师受聘于内地律师事务所担任

---

① 参见司法部法制司:《〈律师事务所年度检查考核办法〉解读》(2010 年),第 30 页。

法律顾问注册的规定以及港澳律师事务所与内地律师事务所联营年度检验的规定等。

一、对外国律师事务所驻华代表机构及其代表的年度检查考核规定

《外国律师事务所驻华代表机构管理条例》第 10 条规定:外国代表机构及其代表每年应当注册一次。省、自治区、直辖市人民政府司法行政部门应当自接到注册申请之日起两日内办理注册手续。

1.时间及程序:代表机构应当于每年 3 月 31 日前向住所地的省、自治区、直辖市人民政府司法行政部门提交执业执照和代表执业证书的副本以及上一年度检验材料,接受年度检验。

2.内容:外国律师事务所驻华代表机构应提交执业执照副本和代表执业证书以及下列上一年度检验材料,接受年度检验:开展法律服务活动的情况,包括委托中国律师事务所办理法律事务的情况;经会计师事务所审计的代表机构年度财务报表,以及在中国境内结算和依法纳税凭证;代表机构的代表变动情况和雇用中国辅助人员情况;代表机构的代表在中国境内的居留情况;代表机构及其代表的注册情况;经公证、认证的派驻代表执业资格取得国的律师管理机构出具的代表处代表上一年度没有受过刑事处罚和没有因违反律师职业道德、执业纪律受过处罚的证明材料及代表处及其代表有效的本年度执业责任风险保险文件复印件;履行《外国律师事务所驻华代表机构管理条例》规定义务的其他情况。

3.代表机构的代表每年在中国境内居留的时间不得少于六个月;少于六个月的,下一年度不予注册。未按时报送年度检验材料接受年度检验,或者未通过年度检验,由省、自治区、直辖市人民政府司法行政部门给予警告,责令限期改正;情节严重的,由省、自治区、直辖市人民政府司法行政部门责令限期停业;逾期仍不改正,由司法部吊销其执业执照。省、自治区、直辖市司法厅(局)对设在本行政区域内的代表处进行年度检验后,应当将检验意见报送司法部备案。

二、对香港、澳门特别行政区律师事务所驻内地代表机构及其代表年度检查的规定

1.时间及程序:代表机构应当于每年 3 月 31 日前向住所地的省、自治区、直辖市人民政府司法行政部门提交执业执照和代表执业证书的副本以及上一年度检验材料,接受年度检验。

2.内容:香港(澳门)律师事务所驻内地代表机构应提交执业执照副本和代

表执业证书以及下列上一年度检验材料，接受年度检验：开展法律服务活动的情况，包括委托内地律师事务所办理法律事务的情况；经会计师事务所或审计事务所审计的代表处年度财务报表，以及在内地结算和依法纳税凭证；代表处的代表变动情况和雇用内地辅助人员情况；代表处的代表在内地的居留情况；代表处及其代表的注册情况；履行本办法规定义务的其他情况。

3.未按时报送年度检验材料接受年度检验，或者未通过年度检验，由省、自治区、直辖市司法厅(局)给予警告，责令限期改正；情节严重的，由省、自治区、直辖市司法厅(局)责令限期停业；逾期仍不改正，由司法部吊销其执业执照。省、自治区、直辖市司法厅(局)对设在本行政区域内的代表处进行年度检验后，应当将检验意见报送司法部备案。

4.对于代表处的代表在内地的居留时间问题，2003年11月，司法部关于修改《香港、澳门特别行政区律师事务所驻内地代表机构管理办法》的决定中规定："代表处的代表每年在内地居留的时间不得少于两个月。少于两个月的，下一年度不予注册。代表处在广州、深圳的，其代表每年在内地的居留时间不受前款最少居留时间的限制。"这一规定实际于2009年已不再执行，即自2009年起，代表处的代表每年在内地居留的时间已不再作为年检的条件规定。

三、对香港法律执业者和澳门执业律师受聘于内地律师事务所担任法律顾问的规定

《香港法律执业者和澳门执业律师受聘于内地律师事务所担任法律顾问管理办法》第15条规定，香港、澳门法律顾问证，每年须经省级司法行政机关年度注册，未经注册的无效。香港法律执业者和澳门执业律师受聘于内地律师事务所担任法律顾问申请注册应当提交律师事务所及香港法律顾问年度工作总结报告，香港法律顾问聘用合同，香港、澳门法律顾问在内地已办理保险的证明等材料。

四、香港、澳门律师事务所与内地律师事务所联营年度检验的规定

《香港、澳门律师事务所与内地律师事务所联营管理办法》第22条规定，香港、澳门律师事务所与内地律师事务所联营，应当在每年3月31日前，共同向内地律师事务所所在地的省级司法行政机关提交联营执业许可证副本以及下列年度检验材料，接受年度检验：香港、澳门律师事务所驻内地代表机构和内地律师事务所的有效执业许可证副本及复印件；上一年度的联营情况报告，内容包括以

联营名义接受委托办理法律事务的情况，以联营名义办理法律事务的收费情况，联营收费的分享和运营费用的分摊情况，联营的收入和纳税情况，以联营名义开展业务过程中因违法执业或因过错给委托人造成损失的赔偿情况等；香港、澳门律师事务所驻内地代表机构和内地律师事务所所在地的省级司法行政机关或地（市）级司法行政机关出具的代表机构和内地律师事务所在上一年度受到行政处罚或行业惩戒情况的文件。无正当理由逾期不提交年检材料接受年度检验，视为联营双方自行终止联营。

结　语

律师事务所年度检查考核吸收了年检注册中行之有效的经验，更重要的是，明确了对考核不合格的律师事务所的处理措施，并制定了具体办法，进一步简化了程序，使考核的内容、方式、程序更具有可操作性，从而树立了“考核”工作的权威，确保了“考核”作为监管手段的实际效用。

第八章　律师执业行政处罚制度

根据我国律师法及其他相关规定，我国律师执业行政处罚制度包含律师执业行政处罚的原则、种类，律师和律师事务所违法违规行为的表现，行政处罚主体的层级配置，行政处罚程序，对行政处罚不服的救济渠道等内容。

第一节　律师执业行政处罚制度概述

依照律师法规定，司法行政机关对律师、律师事务所的行政处罚包括警告、罚款、没收违法所得、停业和吊销执业证书。依法处罚、以事实为根据、公开公正、责任处罚相当、惩处与教育相结合、权利保障等行政处罚的原则也适用于律师执业行政处罚。

一、行政处罚的概念

德国法学大师耶林说过，不以法律强制作为后盾的法律命题是自相矛盾的，是无焰的光、不亮的光。[①] 行政处罚是法律惩罚的一种方式，行政处罚权作为当今社会一种重要的惩罚手段和行政执法手段，被行政机关广泛运用。所谓行政处罚，是指行政机关或其他行政主体依法定职权和程序对违反行政法规尚未构成犯罪的相对人给予行政制裁的具体行政行为。[②]

二、行政处罚的原则

我国律师法规定了具有中国特色的律师行政处罚制度，即由国家司法行政

① 参见顾培东主编：《社会冲突与诉讼机制》，四川人民出版社 1991 年版，第 204 页。

② 参见肖金明、刘炳君主编：《行政法学》，国家行政学院出版社 2010 年版，第 160 页。

机关对实施违反律师法的律师、律师事务所依法进行法律制裁，以规范律师执业行为，维护当事人合法权益。我们认为，对律师、律师事务所的行政处罚应当遵循以下基本原则：

1. 依法处罚原则。司法行政机关实施行政处罚，必须在职权范围内严格按照《行政处罚法》、《律师法》及有关部颁规章的规定进行。

2. 以事实为根据原则。律师、律师事务所违法违规事实不清楚，司法行政机关不得给予行政处罚。

3. 公开公正原则。司法行政机关对律师、律师事务所实施行政处罚，应当遵循公开、公正的原则。

4. 责任处罚相当原则。实施行政处罚，应当与违法违规行为的事实、性质、情节及社会危害程度相当。

5. 惩处与教育相结合原则。通过作出否定性评价，给予存在违法违规行为的律师、律师事务所以警示和训诫，使其明确违法违规导致的法律后果，教育其自觉遵守律师法及相关法律法规。

6. 权利保障原则。人权保障是法治的重要理念。司法行政机关实施行政处罚，必须充分保障律师、律师事务所依法享有的陈述权、申辩权、听证权和其他权利。

三、行政处罚的种类

依照律师法规定，司法行政机关对律师、律师事务所的行政处罚包括警告、罚款、没收违法所得、停业和吊销执业证书。

1. 警告，是指司法行政机关对有违法违规行为的律师、律师事务所的谴责和告诫，是对其行为的一种正式否定评价。警告在行政处罚体系中居于最低地位，是最轻微的一种行政处罚；警告处罚的重要目的，是使被处罚律师、律师事务所认识其行为的违法性和对社会的危害，纠正违法违规行为并教育其他律师和律师事务所，起到以儆效尤的作用。

2. 罚款，是指司法行政机关对有违法违规行为的律师、律师事务所处以一定金钱给付义务的行政处罚措施。它适用于对多种违法违规行为的制裁。罚款是一种附加适用的行政处罚。依照律师法规定，对律师的罚款分为三个档次，即五千元以下、一万元以下和五万元以下；对律师事务所的罚款幅度为十万元以下一档。[①]

3. 没收违法所得，是指司法行政机关对律师、律师事务所通过违法途径和方

---

① 参见何悦主编：《律师法学》，法律出版社 2011 年版，第 114 页。

法取得的财产予以没收的一种制裁方法，是一种经济性的行政处罚。没收违法所得也是一种附加适用的处罚，即在对律师、律师事务所处以警告、停业或吊销执业证书的同时，将违法所得予以收缴。

4.停业，是指司法行政机关责令律师、律师事务所在法定期间内不得以律师身份执业或者提供法律服务的行政处罚措施。依照律师法规定，律师停止执业的期限分为三个月以下、三个月以上六个月以下、六个月以上一年以下三个档次，对律师事务所停业整顿的期限为一个月以上六个月以下一档。

5.吊销执业证书，是指司法行政机关依法吊销存在严重违法违规行为的律师、律师事务所的执业证书，以剥夺其执业资格的处罚形式，它是对律师和律师事务所最严厉的一种行政处罚措施。

第二节　律师和律师事务所违法违规行为

律师和律师事务所的法律责任是因其违法违规行为而引起的不利后果。我国《律师法》和《律师和律师事务所违法行为处罚办法》对律师和律师事务所需承担法律责任的违法违规行为作出了明确规定，其中列举了律师的违法违规行为十八种、律师事务所的违法违规行为八种。

一、律师应受处罚的违法违规行为

1.同时在两个以上律师事务所执业。具体是指：(1)在律师事务所执业的同时又在其他律师事务所或者社会法律服务机构执业；(2)在获准变更执业机构前以拟变更律师事务所律师的名义承办业务，或者在获准变更后仍以原所在律师事务所律师的名义承办业务。

2.以不正当手段承揽业务。具体是指：(1)以误导、利诱、威胁或者作虚假承诺等方式承揽业务；(2)以支付介绍费、给予回扣、许诺提供利益等方式承揽业务；(3)以对本人及所在律师事务所进行不真实、不适当宣传或者诋毁其他律师、律师事务所声誉等方式承揽业务；(4)在律师事务所住所以外设立办公室、接待室承揽业务。

3.在同一案件中为双方当事人担任代理人，或者代理与本人及其近亲属有利益冲突的法律事务。具体是指：(1)在同一民事诉讼、行政诉讼或者非诉讼法律事务中同时为有利益冲突的当事人担任代理人或者提供相关法律服务；(2)在同一刑事案件中同时为被告人和被害人担任辩护人、代理人，或者同时为二名以上的犯罪嫌疑人、被告人担任辩护人；(3)担任法律顾问期间，为与顾问单位有利益冲突的当事人提供法律服务；(4)曾担任法官、检察官的律师，以代理人、辩护人的身份承办原任职法院、检察院办理过的案件；(5)曾经担任仲裁员或者仍在担任仲裁员的律师，以代理人身份承办本人原任职或者现任职的仲裁机构办理的案件。

4.从人民法院、人民检察院离任后二年内担任诉讼代理人或者辩护人。具体是指曾经担任法官、检察官的律师，从人民法院、人民检察院离任后二年内，担任诉讼代理人、辩护人或者以其他方式参与所在律师事务所承办的诉讼法律事务。

5.拒绝履行法律援助义务。具体是指：(1)无正当理由拒绝接受律师事务所或者法律援助机构指派的法律援助案件；(2)接受指派后，懈怠履行或者擅自停止履行法律援助职责。

6.私自接受委托、收取费用，接受委托人财物或者其他利益。具体是指：(1)违反统一接受委托规定或者在被处以停止执业期间，私自接受委托，承办法律事务；(2)违反收费管理规定，私自收取、使用、侵占律师服务费以及律师异地办案差旅费用；(3)在律师事务所统一收费外又向委托人索要其他费用、财物或者获取其他利益；(4)向法律援助受援人索要费用或者接受受援人的财物或者其他利益。

7.接受委托后，无正当理由，拒绝辩护或者代理，不按时出庭参加诉讼或者仲裁。按时出庭参加诉讼或仲裁，是律师提供符合标准的法律服务的最低要求，也是律师职业道德和执业纪律的基本内容。除以下情形外，律师接受委托后，无正当理由不得拒绝辩护或代理：(1)委托事项违法，或者委托人利用律师提供的法律服务从事违法活动；(2)委托人故意隐瞒与案件有关的重要事实或者提供虚假、伪造的证据材料；(3)委托人不履行委托合同约定义务；(4)律师因患严重疾病或者受到停止执业以上行政处罚；(5)其他依法可以拒绝辩护、代理的情形。

8.利用提供法律服务的便利牟取当事人争议的权益。具体是指：(1)采用诱导、欺骗、胁迫、敲诈等手段获取当事人与他人争议的财物、权益；(2)指使、诱导当事人将争议的财物、权益转让、出售、租赁给他人，并从中获取利益。

9.泄露商业秘密或者个人隐私。具体是指律师未经委托人或者其他当事人的授权或者同意，在承办案件的过程中或者结束后，擅自披露、散布在执业中知悉的委托人或者其他当事人的商业秘密、个人隐私或者其他不愿泄露的情况和信息 。

10.违反规定会见法官、检察官、仲裁员以及其他有关工作人员。具体是指：(1)在承办代理、辩护业务期间，以影响案件办理结果为目的，在非工作时间、非工作场所会见法官、检察官、仲裁员或者其他有关工作人员；(2)利用与法官、检察官、仲裁员或者其他有关工作人员的特殊关系，影响依法办理案件；(3)以对案件进行歪曲、不实、有误导性的宣传或者诋毁有关办案机关和工作人员以及对方当事人声誉等方式，影响依法办理案件。

11.向法官、检察官、仲裁员以及其他有关工作人员行贿，介绍贿赂或者指使、诱导当事人行贿。具体是指：(1)利用承办案件的法官、检察官、仲裁员以及其他工作人员或者其近亲属举办婚丧喜庆事宜等时机，以向其馈赠礼品、金钱、有价证券等方式行贿；(2)以装修住宅、报销个人费用、资助旅游娱乐等方式向法官、检察官、仲裁员以及其他工作人员行贿；(3)以提供交通工具、通信工具、住房或者其他物品等方式向法官、检察官、仲裁员以及其他工作人员行贿；(4)以影响案件办理结果为目的，直接向法官、检察官、仲裁员以及其他工作人员行贿、介绍贿赂或者指使、诱导当事人行贿。

12.向司法行政部门提供虚假材料或者有其他弄虚作假行为。具体是指：(1)在司法行政机关实施检查、监督工作中，向其隐瞒真实情况，拒不提供或者提供不实、虚假材料，或者隐匿、毁灭、伪造证据材料；(2)在参加律师执业年度考核、执业评价、评先创优活动中，提供不实、虚假、伪造的材料或者有其他弄虚作假行为；(3)在申请变更执业机构、办理执业终止、注销等手续时，提供不实、虚假、伪造的材料。

13.故意提供虚假证据或者威胁、利诱他人提供虚假证据，妨碍对方当事人合法取得证据。具体是指：(1)故意向司法机关、行政机关或者仲裁机构提交虚假证据，或者指使、威胁、利诱他人提供虚假证据；(2)指示或者帮助委托人或者他人伪造、隐匿、毁灭证据，指使或者帮助犯罪嫌疑人、被告人串供，威胁、利诱证人不作证或者作伪证；(3)妨碍对方当事人及其代理人、辩护人合法取证，或者阻止他人向案件承办机关或者对方当事人提供证据。

14.接受对方当事人财物或者其他利益，与对方当事人或者第三人恶意串通，侵害委托人权益。具体是指：(1)向对方当事人或者第三人提供不利于委托人的信息或者证据材料；(2)与对方当事人或者第三人恶意串通、暗中配合，妨碍委托人合法行使权利；(3)接受对方当事人财物或者其他利益，故意延误、懈怠或者不依法履行代理、辩护职责，给委托人及委托事项的办理造成不利影响和损失。

15.扰乱法庭、仲裁庭秩序，干扰诉讼、仲裁活动的正常进行。具体是指：(1)在法庭、仲裁庭上发表或者指使、诱导委托人发表扰乱诉讼、仲裁活动正常进行的言论；(2)阻止委托人或者其他诉讼参与人出庭，致使诉讼、仲裁活动不能正常进行；(3)煽动、教唆他人扰乱法庭、仲裁庭秩序；(4)无正当理由，当庭拒绝辩护、代理，拒绝签收司法文书或者拒绝在有关诉讼文书上签署意见。

16.煽动、教唆当事人采取扰乱公共秩序、危害公共安全等非法手段解决争议。具体是指:(1)煽动、教唆当事人采取非法集会、游行示威,聚众扰乱公共场所秩序、交通秩序,围堵、冲击国家机关等非法手段表达诉求,妨害国家机关及其工作人员依法履行职责,抗拒执法活动或者判决执行;(2)利用媒体或者其他方式,煽动、教唆当事人以扰乱公共秩序、危害公共安全等手段干扰诉讼、仲裁及行政执法活动正常进行。

17.发表危害国家安全、恶意诽谤他人、严重扰乱法庭秩序的言论。具体是指:(1)在承办代理、辩护业务期间,发表、散布危害国家安全,恶意诽谤法官、检察官、仲裁员及对方当事人、第三人,严重扰乱法庭秩序的言论;(2)在执业期间,发表、制作、传播危害国家安全的言论、信息、音像制品或者支持、参与、实施以危害国家安全为目的的活动。

18.律师违反保密义务规定,故意或者过失泄露在执业中知悉的国家秘密。国家秘密是指关系国家安全和利益,依照法定程序确立的,在一定时限内只限一定范围内的人员知悉的事项。[①]

二、律师事务所应受处罚的违法违规行为

1.违反规定接受委托、收取费用。具体是指:(1)违反规定不以律师事务所名义统一接受委托、统一收取律师服务费和律师异地办案差旅费,不向委托人出具有效收费凭证;(2)向委托人索要或者接受规定、合同约定之外的费用、财物或者其他利益;(3)纵容或者放任本所律师有私自收案收费等违法行为。

2.违反法定程序办理变更名称、负责人、章程、合伙协议、住所、合伙人等重大事项。具体是指:(1)不按规定程序办理律师事务所名称、负责人、章程、合伙协议、住所、合伙人、组织形式等事项变更报批或者备案;(2)不按规定的条件和程序发展合伙人,办理合伙人退伙、除名或者推选律师事务所负责人;(3)不按规定程序办理律师事务所分立、合并,设立分所,或者终止、清算、注销事宜。

3.从事法律服务以外的经营活动。具体是指:(1)以独资、与他人合资或者委托持股方式兴办企业,并委派律师担任企业法定代表人或者总经理职务;(2)从事与法律服务无关的中介服务或者其他经营性活动。

4.以诋毁其他律师事务所、律师或者支付介绍费等不正当手段承揽业务。具体是指律师事务所从事或者纵容、放任本所律师从事下列行为:(1)以误导、利诱、威胁或者作虚假承诺等方式或以支付介绍费、给予回扣、许诺提供利益等方式承揽业务;(2)以对本人及所在律师事务所进行不真实、不适当宣传或者诋毁

① 参见王胜明、赵大程主编:《中华人民共和国律师法释义》,法律出版社2007年版,第157页。

其他律师、律师事务所声誉等方式承揽业务;(3)在律师事务所住所以外设立办公室、接待室承揽业务。

5.违反规定接受有利益冲突的案件。具体是指:(1)指派本所律师担任同一诉讼案件的原告、被告代理人,或者同一刑事案件被告人辩护人、被害人代理人;(2)未按规定对委托事项进行利益冲突审查,指派律师同时或者先后为有利益冲突的非诉讼法律事务各方当事人担任代理人或者提供相关法律服务;(3)明知本所律师及其近亲属同委托事项有利益冲突,仍指派该律师担任代理人、辩护人或者提供相关法律服务。

6.拒绝履行法律援助义务。具体是指:(1)无正当理由拒绝接受法律援助机构指派的法律援助案件;(2)接受指派后,不按规定及时安排本所律师承办法律援助案件或者拒绝为法律援助案件的办理提供条件和便利;(3)纵容或者放任本所律师在接受指派后,懈怠履行或者擅自停止履行法律援助职责。

7.向司法行政部门提供虚假材料或者有其他弄虚作假行为。具体是指:(1)在司法行政机关实施检查、监督工作时,故意隐瞒真实情况,拒不提供有关材料或者提供不实、虚假的材料,或者隐匿、毁灭、伪造证据材料;(2)在参加律师事务所年度考核、执业评价、评先创优活动中,提供不实、虚假、伪造的材料或者有其他弄虚作假行为;(3)在办理律师事务所重大事项变更、设立分所、分立、合并或者终止、清算、注销的过程中,提供不实、虚假、伪造的证明材料或者有其他弄虚作假行为。

8.对本所律师疏于管理,造成严重后果。具体是指:(1)不按规定建立健全内部管理制度,日常管理松懈、混乱,造成律师事务所无法正常运转;(2)不按规定对律师执业活动实行有效监督,或者纵容、袒护、包庇本所律师从事违法违纪活动,造成严重后果;(3)纵容或者放任律师在本所被处以停业整顿期间或者律师被处以停止执业期间继续执业;(4)不按规定接受年度检查考核,或经年度检查考核被评定为“不合格”;(5)不按规定建立劳动合同制度,不依法为聘用律师和辅助人员办理失业、养老、医疗等社会保险;(6)有其他违法违规行为,造成严重后果。

第三节　各级行政处罚主体及其权限配置

我国律师法及部门规章对国务院司法行政部门,省、自治区、直辖市人民政府司法行政部门,设区的市级或直辖市的区人民政府司法行政部门的行政处罚权以及县级司法行政部门日常监管检查权和行政处罚建议权分别进行了层级配置。这种层级配置，重视发挥各个层级的职能作用，调动了各个层级工作的主动性。

一、国务院司法行政部门的行政处罚权

《外国律师事务所驻华代表机构管理条例》和《香港、澳门特别行政区律师事务所驻内地代表机构管理办法》在“法律责任”部分明确规定了国务院司法行政部门有权对代表机构或代表的违法行为行使吊证的处罚权。

1. 代表机构或代表危害国家安全、公共安全或者社会管理秩序，依照刑法有关规定追究刑事责任的或尚不够刑事处罚、依法给予治安管理处罚的，由国务院司法行政部门吊销该代表机构的执业执照或该代表的执业证书。

2. 代表机构或代表非法从事法律服务活动或其他营利活动且情节严重，由国务院司法行政部门吊销该代表机构的执业执照或该代表的执业证书。

3. 代表机构存在违反《外国律师事务所驻华代表机构管理条例》第 26 条和《香港、澳门特别行政区律师事务所驻内地代表机构管理办法》第 26 条的规定情形之一，且经省级司法行政部门给予处罚后逾期仍不改正的，由国务院司法行政部门吊销其执业执照。

4. 代表机构的代表提供虚假证据、隐瞒事实或者威胁、利诱他人提供虚假证据、隐瞒事实，在依照刑法有关规定追究刑事责任的同时，由国务院司法行政部门吊销其执业证书。

二、省、自治区、直辖市人民政府司法行政部门的行政处罚权

1996 年 5 月颁布的《律师法》规定，对律师和律师事务所的监管职能主要集中在省级司法行政部门。实践证明，这种体制不利于发挥基层司法行政部门的管理作用，不利于对律师和律师事务所进行有效监管。2007 年 10 月颁布的《律师法》对行政处罚权的层级配置作出了相应的调整，仅赋予省级司法行政部门吊销律师和律师事务所执业证书的行政处罚权。

1. 律师和律师事务所有严重违法违规行为应予吊证的情形。我国《律师法》明确规定，律师有违反第 49 条规定的九种违法违规行为之一且情节严重的，律师事务所有违反第 50 条规定的八种违法违规行为之一且情节特别严重的，由省、自治区、直辖市人民政府司法行政部门吊销律师和律师事务所的执业证书。

2. 律师因故意犯罪受到刑事处罚应予吊证的情形。我国《律师法》第 49 条第二款规定，律师因故意犯罪受到刑事处罚，由省、自治区、直辖市人民政府司法行政部门吊销其律师执业证书。应注意的是，律师因故意犯罪受到刑事处罚，不限于律师故意实施《律师法》第 49 条规定的九种违法违规行为构成犯罪受到刑

事处罚的情形。只要律师实施了故意犯罪受到刑事处罚,无论是何种故意犯罪,也无论受到何种刑事处罚,都要被吊销执业证书。

3.律师和律师事务所因违法累进加重处罚予以吊证的情形。我国《律师法》第51条规定律师因在受到停止执业处罚期满后两年内又发生应当给予停止执业处罚情形的,律师事务所在受到停业整顿处罚期满后两年内又发生应当给予停业整顿处罚情形的,由省、自治区、直辖市人民政府司法行政部门吊销执业证书。

此外,依照《外国律师事务所驻华代表机构管理条例》和《香港、澳门特别行政区律师事务所驻内地代表机构管理办法》规定,省、自治区、直辖市人民政府司法行政部门有权对代表机构或代表的违法违规行为行使除吊证以外(即警告、罚款、没收违法所得和责令限期停业)的行政处罚权。

三、设区的市或直辖市的区人民政府司法行政部门的行政处罚权

我国律师法着眼于强化基层司法行政机关在律师管理工作中的职责,将司法行政机关对律师和律师事务所的监管职责的重心适当进行了下移,将吊销律师和律师事务所执业证书之外的其他行政处罚权,全部赋予设区的市级或者直辖市的区人民政府司法行政部门。

1.对律师的行政处罚权主要体现在《律师法》第47～49条。律师实施违反《律师法》第47条规定的五种违法违规行为和第48条规定的四种违法违规行为之一的,赋予设区的市级或直辖市的区人民政府司法行政部门的行政处罚权有警告、罚款、没收违法所得和停止执业。因二者违法违规行为性质的不同,给予的行政处罚程度也有所不同,如律师有违反第47条规定的情形,罚款为五千元以下,停止执业期间为三个月以下。律师有违反第48条规定的情形,罚款为一万元以下,停止执业期间为三个月以上六个月以下。律师实施违反《律师法》第49条规定的九种违法违规行为之一的,因行为性质较严重,赋予设区的市级或者直辖市的区人民政府司法行政部门停止执业六个月以上一年以下的行政处罚权。

2.对律师事务所的行政处罚权主要体现在《律师法》第50条。律师事务所实施违反《律师法》第50条规定的八种违法违规行为之一的,除赋予设区的市级或者直辖市的区人民政府司法行政部门给予律师事务所警告、停业整顿一个月以上六个月以下、十万元以下罚款和没收违法所得的行政处罚权的同时,还增加了律师事务所负责人的法律责任,即视情节轻重对律师事务所负责人给予警告或两万元以下的罚款处罚。

3.对律师的违法累进加重处罚权主要体现在《律师法》第51条。律师因违法违规行为在受到警告处罚后一年内又发生应当给予警告处罚情形的,赋予设区的市级或者直辖市的区人民政府司法行政部门停止执业三个月以上一年以下

的行政处罚权。

四、县级司法行政部门的日常监管检查权和行政处罚建议权

我国《律师法》第52条规定了县级人民政府司法行政部门对律师和律师事务所执业活动的日常监管检查权和行政处罚建议权。县级司法行政部门依法享有的监管职能包括：

1. 对律师和律师事务所的执业活动实施日常监督管理。由于县级司法行政部门与律师事务所接触比较多，更方便掌握律师事务所的情况，因此，由县级司法行政部门对律师和律师事务所的执业活动进行日常的、经常性的监督管理最为有效，也最为方便。县级司法行政部门实施日常监督管理的形式也比较灵活，可以采取谈话、调查走访、实地检查、核实书面材料等多种方式。

2. 对检查发现的问题，责令改正。县级司法行政部门对在日常监督检查中发现的律师和律师事务所执业活动中存在的问题，有权责令律师或律师事务所改正。

3. 对当事人的投诉，应当及时进行调查。依照律师法规定，司法行政部门和律师协会都有权受理当事人的投诉。县级司法行政部门接到投诉后，应及时审查投诉是否应当由本机关受理，如果投诉不属于本机关的管辖范围，应当及时答复投诉人，并建议投诉人到有关部门解决。如果投诉属于本机关的管辖范围，县级司法行政部门应当在受理后及时进行调查，并将调查结果反馈给投诉人，必要时，还要向上级司法行政部门报告。

4. 提出处罚建议。律师法没有赋予律师和律师事务所的行政处罚权（只是在第55条赋予县级司法行政部门对没有取得律师执业证书而以律师名义从事法律服务业务的人员的行政处罚权）。县级司法行政部门在日常监督管理中发现，或者接到当事人投诉调查后发现律师和律师事务所在执业活动中有违法违规行为，并且该行为应当给予处罚，应当向上级司法行政部门提出处罚建议，建议既可以包括处罚的种类，也可以包括处罚的期限。[①]

第四节　行政处罚程序

行政处罚程序是指行政主体实施行政处罚必须遵循的步骤、方式、顺序、时

---

① 参见王胜明、赵大程主编：《中华人民共和国律师法释义》，法律出版社2007年版，第167～168页。

限等的总称，它是保证行政处罚合法性，限制行政处罚恣意的有效规则。[①] 对律师和律师事务所违法违规行为实施行政处罚的法律依据主要有《行政处罚法》《律师法》《司法行政机关行政处罚程序规定》和《律师和律师事务所违法行为处罚办法》。司法行政机关实施行政处罚，根据情况分别适用简易程序和普通程序。

一、普通程序

1.投诉。投诉是指公民、法人或者其他组织，认为律师、律师事务所在执业过程中存在违反律师法及部颁规章的行为或其他问题，采取书信、电子邮件、传真、电话、来访等形式，向司法行政机关反映情况提出控告并要求进行调查处理的行为。实践中，司法行政机关对律师、律师事务所的行政处罚程序很大一部分是由投诉而启动。此外，通过日常监管或年度考核等方式发现律师、律师事务所的违法违规线索，也是司法行政机关启动处罚程序、进行立案审查的重要手段。

对可能实施行政处罚的案件，应当填写行政处罚立案审批表并经批准后，再依法进行调查取证。

2.调查取证。调查取证是指司法行政机关为查明案情、收集证据和查获有违法违规行为的律师、律师事务所而依法定程序进行的专门活动。司法行政机关受理案件后，应对律师、律师事务所的违法违规行为进行调查，全面客观公正地收集证据，查明事实。案件调查结束后，律师管理部门应根据案件情况作出不同的处理决定：对违法事实不清或证据不足的，报经机关负责人审批后作出不予处罚的决定；违法事实清楚，证据确实，按规定不需要听证的，提出处罚意见报机关负责人审批后作出予以处罚的决定；违法事实清楚，证据确实，应当予以处罚，但按照规定需要举行听证会的，提出处罚意见后送法制工作部门，由法制工作部门举行听证会。

3.举行听证。听证，是指司法行政机关作出处罚决定前，举行公开会议，听取当事人的评价和意见，对当事人提出的质证和申辩予以说明、解释和答复的行政程序法律制度。听证程序不是行政处罚的独立程序，也不是必经程序。拟对当事人作出责令停业、吊销执业证书、对个人处以三千元以上罚款、对机构处以两万元以上罚款等行政处罚的，律师管理部门应立即告知当事人在三天内有要求举行听证的权利。听证会由法制工作部门（人员）主持。当事人要求听证的，律师管理部门应当在三日内告知法制工作部门，法制工作部门应当在十日内组织听证，并将举行听证的时间、地点于举行听证会七日前通知当事人。当事人超

---

① 参见肖金明、刘炳君主编：《行政法学》，国家行政学院出版社 2010 年版，第 180 页。

过三日提出听证要求的，司法行政机关可以根据情况决定是否组织听证。听证按以下程序进行：听证主持人宣布实施行政处罚的机关、当事人名称和案由；宣布当事人申请回避权、陈述权、申辩权、质证权以及申请复议权、提起诉讼等权利；当事人就调查人员提出的事实和有关问题陈述意见，出示证据材料，进行申辩；行政机关调查人员与当事人就各自出具的证据材料的真实性和处罚的法律依据进行辩论；当事人最后陈述。最后，根据双方的意见制作笔录，核查无误后双方当事人及听证主持人均应签字。听证时双方的意见应当制作笔录，经核查无误后由当事人或者其代理人、行政机关调查人员和听证主持人签字。

4.决定。行政处罚决定，是指司法行政机关在弄清事实的基础上依据法律法规作出裁决的活动，它是行政处罚一般程序的关键阶段。听证结束后，法制工作部门应当在充分听取律师管理部门的意见后提出对该案的处理意见，连同听证笔录一并送交行政机关负责人审批。法制工作部门的意见与律师管理部门的意见不一致时，在提交时应当附上律师管理部门的详细意见。司法行政机关应当在听证后十五天内书面通知当事人处罚决定。决定不予处罚时，制作不予处罚决定书；决定予以处罚的，制作处罚决定书。行政处罚决定书应载明下列事项：(1)当事人的姓名或者名称、地址；(2)违反法律、法规或者规章的事实和证据；(3)行政处罚的种类和依据；(4)行政处罚的履行方式和期限；(5)不服行政处罚决定，申请行政复议或者提起行政诉讼的途径和期限；(6)作出行政处罚决定的行政机关名称和作出决定的日期。行政处罚决定书必须盖有作出行政处罚决定的行政机关的印章。

5. 执行。司法行政机关依法对存在违法违规行为的律师、律师事务所作出行政处罚决定，该决定具有法律上的约束力和执行力，被处罚的律师、律师事务所应当自觉、按时、全面地履行行政处罚决定，并向司法行政机关如实报告履行情况。对当事人处以罚款的，在行政处罚决定书中应当载明缴纳罚款的银行。当事人应当自收到行政处罚决定书之日起十五日内，到指定的银行缴纳罚款。对作出责令停业、吊销执业证书行政处罚的，如果办案机关与原核发执业证书机关不是同一机关，由办案机关建议或者上级司法行政机关责成原核发执业证书机关实施处罚。上一级司法行政机关可以委托下一级司法行政机关代为执行。

6.过错责任追究。司法行政机关作出处罚后，发现行政处罚错误或不当的，应当及时纠正；上一级司法行政机关发现下一级司法行政机关作出的行政处罚错误或者不当，应当通知下一级司法行政机关纠正。司法行政机关及其工作人员在行政处罚工作中，有违反《行政处罚法》第七章规定的，必须依法承担法律责任。

二、简易程序

简易程序又称为“当场处罚程序”，或“即时处罚程序”。根据《行政处罚法》第33条规定，简易程序适用于违法事实确凿有法定依据，较小数额罚款或警告的行政处罚。

我国《律师法》和《司法行政机关行政处罚程序规定》中并没有明确规定简易程序的适用范围。我们认为，适用简易程序处理的案件应该是事实清楚、证据充分、责任明确，而且案件的处罚结果只能是警告、停止执业、没收违法所得。[①]司法行政机关适用简易程序当场实施行政处罚时，执法人员应当向当事人出示执法身份证件，并填写符合《行政处罚法》第34条规定的行政处罚决定书。行政处罚决定书当场交付当事人。

第五节　对行政处罚的救济

行政复议与行政诉讼都是一种权利救济手段。依据我国《行政处罚法》《行政复议法》《行政诉讼法》及相关法律法规规定，律师、律师事务所对司法行政机关给予的行政处罚不服的，有权依法申请行政复议或者提起行政诉讼。

一、行政复议

行政复议是指行政相对人认为行政主体的具体行政行为侵犯其合法权益，依法向行政复议机关提出复查该具体行政行为的申请，行政复议机关依照法定程序对被申请的具体行政行为进行审查并作出决定的一种行政活动。[②]

行政复议的程序一般包括申请、受理、审理和决定四个环节。

1.申请。它是行政复议程序启动的第一个环节。受到司法行政机关行政处罚的律师、律师事务所认为具体行政行为侵犯其合法权益的，可以自知道该具体行政行为之日起六十日内提出行政复议申请；但是法律规定的申请期限超过六十日的除外。因不可抗力或者其他正当理由耽误法定申请期限的，申请期限自障碍消除之日起继续计算。对县级以上司法行政机关的具体行政行为不服的，由受处罚的律师和律师事务所选择，可以向该部门的本级人民政府申请行政复议，也可以向上一级主管部门申请行政复议。

---

① 参见陈卫东主编：《中国律师学》，中国人民大学出版社2008年版，第141～142页。

② 参见肖金明、刘炳君主编：《行政法学》，国家行政学院出版社2010年版，第391页。

2.受理。它是指行政复议机关审查申请人所提出的复议申请之后决定是否立案与处理。行政复议机关收到行政复议申请后，应当在五日内进行审查，对不符合行政复议法规定的行政复议申请，决定不予受理，并书面告知申请人；对符合规定，但是不属于本机关受理的行政复议申请，应当告知申请人向有关行政复议机关提出。除上述规定外，行政复议申请自行政复议机关负责法制工作的机构收到之日起即为受理。行政复议期间具体行政行为不停止执行。但是，有下列情形之一的，可以停止执行：(1)被申请人认为需要停止执行的；(2)行政复议机会认为需要停止执行的；(3)申请人申请停止执行，行政复议机关认为其要求合理，决定停止执行的；(4)法律规定停止执行的。

3.审理。它是行政复议程序的核心。(1)原则上采取书面审查的办法，但是受处罚的律师、律师事务所提出要求或者行政复议机关负责法制工作的机构认为有必要时，可以向有关组织和人员调查情况，听取申请人、被申请人和第三人的意见。(2)行政复议机关负责法制工作的机构应当自行政复议申请受理之日起七日内，将行政复议申请书副本或者行政复议申请笔录复印件发送被申请人。被申请人应当自收到申请书副本或者申请笔录复印件之日起十日内，提出书面答复，并提交当初作出具体行政行为的证据、依据和其他有关材料。行政复议决定作出前，申请人要求撤回行政复议申请的，经说明理由，可以撤回；撤回行政复议申请的，行政复议终止。(3)行政复议机关应当自受理申请之日起六十日内作出行政复议决定；但是法律规定的行政复议期限少于六十日的除外。情况复杂，不能在规定期限内作出行政复议决定的，经行政复议机关的负责人批准，可以适当延长，并告知申请人和被申请人；但是延长期限最多不超过三十日。

4.决定。行政复议机关负责法制工作的机构应当对被申请人作出的具体行政行为进行审查，提出意见，经行政复议机关的负责人同意或者集体讨论通过后，作出行政复议决定。申请人在申请行政复议时可以一并提出行政赔偿请求，行政复议机关对符合国家赔偿法的有关规定应当给予赔偿的，在决定撤销、变更具体行政行为或者确认具体行政行为违法时，应当同时决定被申请人依法给予赔偿。申请人在申请行政复议时没有提出行政赔偿请求的，行政复议机关在依法决定撤销或者变更罚款，撤销没收财物、征收财物、摊派费用以及对财产的查封、扣押、冻结等具体行政行为时，应当同时责令被申请人返还财产，解除对财产的查封、扣押、冻结措施，或者赔偿相应的价款。

二、行政诉讼

行政诉讼是指公民、法人或者其他组织认为行政主体及其工作人员行使行政职权的行为侵犯其合法权益，依法向人民法院提起诉讼，并由人民法院审理裁决行政争议的活动和制度。[①]律师、律师事务所对司法行政机关作出的行政处罚不服提起行政诉讼，要特别注意以下问题：

1.起诉。起诉是受处罚的律师、律师事务所请法院保护其合法权益的法律行为，它是行政诉讼得以启动的唯一途径。受处罚的律师、律师事务所可以先向上一级行政机关或者法律、法规规定的行政机关申请复议，对复议不服的，再向人民法院提起诉讼；也可以不经行政复议，在知道司法行政机关作出具体行政行为之日起三个月内直接向人民法院提起行政诉讼。受处罚的律师或律师事务所不服行政复议机关作出的决定，可以在收到复议决定书之日起十五日内向人民法院提起诉讼。复议机关逾期不作决定的，申请人可以在复议期满之日起十五日内向人民法院提起诉讼。

2.审理和判决。被告对作出的具体行政行为负有举证责任，应当在收到起诉状副本之日起十日内，提供据以作出被诉具体行政行为的全部证据和所依据的规范性文件。诉讼期间，不停止具体行政行为的执行。但有下列情形之一的，停止执行：(1)被告认为需要停止执行的；(2)原告申请停止执行，人民法院认为该具体行政行为的执行会造成难以弥补的损失，并且停止执行不损害社会公共利益，裁定停止执行的；(3)法律、法规规定停止执行的。人民法院经过审理，根据不同情况，分别作出不同判决。当事人不服人民法院第一审裁定的，有权在裁定书送达之日起十日内向上一级人民法院提起上诉。逾期不提起上诉的，人民法院的第一审判决或者裁定发生法律效力。

3.执行。当事人必须履行人民法院发生法律效力的判决、裁定。受处罚的律师、律师事务所对具体行政行为在法定期间不提起诉讼又不履行的，司法行政机关可以申请人民法院强制执行，或者依法强制执行。

4.侵权赔偿责任。受处罚的律师、律师事务所认为其合法权益受到司法行政机关或者工作人员作出的具体行政行为侵犯造成损害的，有权请求赔偿。

结　语

对律师和律师事务所的违法行为依法进行处罚，既是司法行政机关的重要权力，也是必须履行好的重要职责。在依照权限严格依法处罚的同时，要畅通投诉渠道，对投诉的问题及时认真进行调查、核实。建立不良执业行为档案，健全完善信息披露制度，及时公布违法违规行为查处结果，这些措施均有利于提升律师执业行政处罚的公正、透明及其权威性。

---

① 参见肖金明、刘炳君主编：《行政法学》，国家行政学院出版社 2010 年版，第 414 页。

第九章　律师执业行政指导制度

行政指导，是行政主体为了实现特定的行政目的，采用非强制手段并辅之以利益诱导，以谋求行政相对人为或不为某种行为的一类新型行政活动方式。律师执业行政指导的主体仅指司法行政机关，不包括律师协会。随着政府管理方式的转变以及“两结合”律师管理体制改革的不断深化，行政指导在律师管理工作中得到越来越广泛的应用。

第一节　律师执业行政指导概述

律师法确定的司法行政部门对律师、律师事务所、律师协会的职责主要是两条：一是监督，二是指导。因此司法行政机关在律师管理工作中，除了使用行政许可、行政处罚等直接产生法律后果的“硬手段”之外，也使用行政指导这一“软手段”“柔性手段”，并且行政指导在律师行政管理中占有重要地位。

一、行政指导的概念

行政指导，是指行政主体在其职责、任务或其所管辖的事务范围内，为适应复杂多变的经济和社会生活的需要，基于国家的法律原则和政策，在行政相对方的同意或协助下，适时灵活地采取非强制手段，以有效地实现一定的行政目的，不直接产生法律效果的行为。①

司法行政指导，则是指司法行政机关在律师管理工作中，除了使用行政许可、行政处罚等直接产生法律后果的“硬手段”之外，使用其他“软手段”“柔性手段”实现行政管理工作目的，不直接产生法律效果的行为。

---

① 参见罗豪才主编：《行政法学》，北京大学出版社 1996 年版，第 275 页。

对于行政指导的概念可以从以下几方面来理解：

第一，行政主体实施行政指导是根据其职责和承担的具体任务的要求进行的，只要属于其管辖范围内的事项，行政主体均可对之实施行政指导。

第二，实施行政指导在现代市场经济、民主法治建设背景下，适应日益复杂多变的社会、经济生活对行政管理的需要。

第三，尽管一些行政指导行为有具体的法律依据，但多数行政指导行为则是基于法律原则以及行政组织法上的职能规定作出的，有的则是直接根据国家政策而适时灵活地作出的。

第四，行政指导行为不具有强制力，行政相对方可自主决定接受或配合与否，因而不直接产生行政法律后果。行政指导概念的这些要件使它明显区别于行政立法、行政命令、行政裁决等行政法律行为。①

二、行政指导的特征

行政指导具有以下特征：

1.行政指导是行政主体的社会管理行为。只有具有行政主体资格的行政机关和法律法规授权的组织才能实施行政指导行为。

2.行政指导适用的范围极其广泛，其方法多种多样。行政机关可以根据法定的职责任务和管辖事务的范围灵活采取指导、劝告、建议、告诫等方式，对社会经济生活作出及时灵活的反应。

3.行政指导属于"积极行政"的范畴。传统行政主要是"消极行政"，政府基本上扮演"守夜人"的角色，对社会生活很少主动干预。在现代社会，由于社会经济生活日趋复杂化和多样化，政府为了平衡公益与私益，兼顾公平与效率，注重降低社会成本和增进社会福利，消极行政已不能满足客观需要。这就要求行政机关从实现一定行政目的，特别是从社会发展目的出发，实施积极的行动，包括采取行政指导方式，补充单纯法律强制手段的不足。

4.行政指导是符合现代法治原则的一种具有行政活动性质的行为。尽管许多行政指导行为并无具体的法律依据，不具有法律强制力，但行政指导行为是在不违背法律原则的前提下，为实现一定的行政目的而作出的。行政指导符合积极的法治原则，是对传统上依法行政原则的一种必要补充。

5.行政指导是一种柔性的不具有法律强制力的行为。与具有强制力的行政命令行为不同，行政指导主要以指导、劝告、建议、鼓励等柔性的、非强制性的方式进行，并辅以利益诱导机制，向特定行政相对方施加作用和影响，以促使其为

---

① 参见罗豪才主编：《行政法学》，北京大学出版社 1996 年版，第 275～276 页。

一定行为或不行为，从而达到一定的行政目的。至于相对方是否接受行政指导，则听凭其自主抉择。

6.行政指导是不直接产生法律后果的行为。尽管行政指导的作用对象是行政相对方，但因行政指导大都非基于具体法律规范而作出，不直接导致行政相对方的权利或义务的增减，因此不属于严格的行政行为的范畴。但是行政指导一经作出，对于行政主体则具有约束力，不经一定程序，不得“反悔”。行政指导违反法律，给相对方造成损害的还应当承担法律责任，这也是依法行政的要求。同时，行政指导也不同于行政合同。行政合同虽然不具有单方性，但它可直接产生法律效果，从而属于广义的行政行为。[①]

三、行政指导的作用

（一）对法律手段的补充作用

现代社会各种关系日益复杂，难免出现立法跟不上或者由于各方利益难协调，某一法律在修改中某一问题被搁置的情况。为弥补“法律空白”，行政机关往往采取形式多样与灵活便利的行政指导方式有效的实现行政目标。特别是律师制度自恢复重建以来，一直处于不断改革的过程之中，发展很快，一时无法通过立法解决的问题，有时需要以行政指导的形式来推动。比如律师法并未对公职律师、公司律师制度作出法律规定，但 20 世纪 90 年代以后随着市场经济体制的建立、依法治国方略的实施以及中国入世后经济全球化进程的加快，政府机关面临着越来越多复杂的法律事务，企业面临中复杂的经济环境和国际竞争压力，迫切需要建立公职律师、公司律师制度。因此，2002 年 10 月 22 日，司法部下发了《关于开展公司律师试点的工作意见》和《关于开展公职律师试点的工作意见》。十年来，各级司法行政机关主要就是靠行政指导来推进“两公”律师试点工作。

（二）辅助与引导作用

即使法律对某些事项已有规定，行政主体对此可以采取命令、强制等手段，但是如果在一定阶段行政主体采用强制手段尚无必要或者效果并不理想时，行政主体可以采取行政指导的手段来达到同样的目的。对于行政相对人来说，也希望行政主体通过建议、协商、劝告、指引等方式来对其实施行政指导。因此，行政指导对于行政主体而言是一种极好的辅助手段。而且，与其他传统行政方式相比，通过行政指导实现同样行政目标的优势还在于，行政指导的这种利益诱导性、示范性以及非强制性，使得它能够跨越严格的法律义务界限，进而使得其引

① 参见罗豪才主编：《行政法学》，北京大学出版社 1996 年版，第 276～277 页。

导功能的发挥，不仅仅以法律规范的合理性为基础，而且还具有了道德上的合理性。[1] 比如律师与法官的相互关系对司法公正影响重大，社会上对律师与法官的关系问题比较关注。为了规范律师与法官两大法律职业群体间的相互关系，既构建非正常交往的“隔离带”“高压线”，也构建合法正当交往的机制、渠道。2004 年 3 月，最高人民法院、司法部制定出台了《关于规范法官和律师相互关系维护司法公正的若干规定》，之后全国各级法院、司法行政机关均出台了类似的文件，就是在法律强制手段之外用行政指导的方式引导法官与律师建立良性互动关系的一个典型事例。

（三）平衡与协调作用

由于行政指导是行政主体利用其所具有的知识、信息、政策等优越地位所采取的非命令式的积极行政手段，力图将行政机关和相对人置于平等的地位，用协商的方式、温和的姿态、非强制性的手段，是以尊重相对人的自我选择和自我判断并自愿协力的方式取得预期效果的，其平衡与协调功能是显而易见的。[2] 比如在对律师代理重大、敏感、群体性案件时，司法行政机关依法履行监督、指导职能，做好协调、指导工作，既可以有效预防律师在工作出现失误、偏差，又避免律师与司法工作人员发生不当冲突，更为律师依法独立执业创造便利条件。尽管对此有不同意见，有人认为干预了律师的独立办案，个别司法行政机关在理解、执行上也出现了偏差，但大部分律师还是认可这种行政指导方式的，认为它与中国现阶段的法治进程与司法环境是相适应的，有利于实现法律效果与社会效果、政治效果的统一。

（四）预防与抑制作用

理论与实践早已证明，在强烈的利益驱动之下，社会组织和个人往往会产生一种为增进自身利益而不惜损害社会公共利益的倾向，对此需要加以适当的抑制，而在这种倾向尚处于酝酿、萌芽状态之时，行政指导这种非强制性的积极行政方式无疑是最好的选择。“强制只能用来针对少数不合作的人，因为在任何正常并运行有效的国家中，须用制裁手段加以对待的违法者的人数远远少于遵纪守法的公民。”行政指导将行政目的和意图明白地表达出来，通过解释法律的真实意图让相对人明白自己行为的方式、界限与后果，从而给人们的生活指引了明确的方向，抑制他们为追求自身利益而产生态意的冲动，从而对于可能发生的妨害经济秩序和社会公共利益的行为起到防患于未然的作用。[3] 比如在律师管理

① 参见肖金明、刘炳君主编：《行政法学》，国家行政学院出版社 2010 年版，第 297 页。

② 参见肖金明、刘炳君主编：《行政法学》，国家行政学院出版社 2010 年版，第 297～298 页。

③ 参见肖金明、刘炳君主编：《行政法学》，国家行政学院出版社 2010 年版，第 298 页。

工作中，司法行政机关对针对律师行业出现的突出问题开展警示教育活动，通报违法违规典型案例，发布律师执业风险提示，对管理混乱、执业不规范但尚不足以给予行政处罚的律师事务所、律师下达整改通知或进行谈话提醒等等，都属于行政指导的范围。

第二节 律师执业行政指导方式

随着政府职能的转变和“两结合”律师管理体制改革的不断深化，律师协会承接了部分原来属于司法行政部门的行政管理职能，行业管理在整个律师管理中权重不断增大，律师行政管理把方向、定政策的宏观色彩越来越重。近年来在工作实践中，行政指导作为一种灵活有效的行政方式，在律师行政管理中得到越来越广泛的应用，并逐渐形成了一些经常使用的有效方式。

一、常用行政指导方式

（一）制定律师业发展规划

司法行政机关根据经济社会发展状况对法律服务的要求，就律师业的发展作出宏观性、整体性、基本性的期限不同的规划，对律师业的发展作出导向性的指导和预测，引导律师事务所和律师遵循规律拓展、开展业务活动。比如常见各级司法行政机关根据各地国民经济和社会发展的五年规划，制定本地律师业发展五年规划，也有的地方制定三年短期规划或者制定十年律师队伍建设长期规划。但由于各级司法行政机关作为主体制定的发展规划，往往没有纳入各地国民经济和社会发展的总体规划当中，缺乏硬性的政策措施和调控手段，制定的目标任务是否完成没有考核、没有约束，其作用发挥受到很大影响。比如对律师业发展至关重要的税收、服务收费、职业保障等问题就不是司法行政机关自身能决定的。再比如各地发展规划中都会有律师数量的指标，但受国内法学院校毕业生人数和国家司法考试录取率的制约，律师数量指标也不是司法行政机关能控制的，如果国家提高司法考试录取率，律师人数就大幅增加；如果法科毕业生大幅增加或减少，就会对几年后的律师数量有大的影响。因此，近年来，全国各地司法行政机关积极争取将律师业的发展规划纳入更高层级的发展规划中。

例如，2011 年 12 月，山东省司法厅积极争取将以律师业为主体的法律服务业，作为山东省“十二五”期间重点发展的八类商务服务业之一，纳入了《山东省“十二五”商务服务业发展规划》，以期争取更多、更硬、更管用的配套政策支持法律服务业的发展。2012 年 11 月，国务院印发《服务业发展“十二五”规划》，要求大力发展以律师和公证为主体的法律服务业，稳步扩大从业人员数量，全面提高从业人员素质，着力培养一批具有国际眼光、精通涉外法律业务的高素质律师人才。拓宽服务领域和服务方式，提高法律服务水平，实现法律服务在经济社会发展各领域的广泛、有效参与。《规划》提出，稳步扩大法律服务规模，完善组织形式，推动业务转型和升级，促进专业化分工，扶持、培育一批规模较大、实力较强的法律服务机构。完善管理体制机制和行业规范，建立健全法律服务人员诚信执业制度，完善执业状况评价、监督机制和失信惩戒机制，规范服务秩序和服务行为。《规划》还提出，加大对法律服务业政策扶持和保障力度，改善法律服务业发展环境，健全体制机制和政策保障，扩大服务规模和服务领域，提升服务层次和服务质量，提高国际化水平和国际竞争力。《规划》要求"十二五"时期，建立起符合我国国情、适应我国经济社会发展和民主法治建设要求、较为成熟的法律服务制度体系。

（二）制定律师业发展战略

战略问题是全局问题、长远问题。司法行政机关在把握国家和当地经济社会发展战略大的背景下，根据各地律师业发展不同的阶段性特点，制定符合实际、顺应或引领潮流的发展战略，从战略布局上指导本地律师业抢占发展高地，越来越受到各地的重视和律师行业的欢迎。

2006年，上海市出版《上海律师业发展战略研究——以契合中国的上海发展战略为主要视点》一书，对上海律师业发展的战略背景、战略分析、战略规划、战略建议进行了详尽阐述。

山东省司法厅在律师业发展不同的历史阶段提出了一些发展战略，并不断归纳、不断完善，形成了目前山东律师业主要的发展战略。

1.专业化战略。2002年，山东省司法厅出台《关于进一步推动律师工作改革的实施意见》，提出到2010年全省建设50个规模强所、100个专业强所。随着社会分工的不断精细化，专业化问题一天比一天急迫，实施专业化战略不仅是形势的需要，而且还是加快律师业发展的必由之路。因此，山东省各级司法行政机关把指导、引导打造一批具有专业特色和竞争优势的律师事务所作为律师管理工作的重点。

2.规模化战略。规模化不仅是对律师事务所律师数量的要求，而且还包括能够提供综合性配套法律服务和在当地法律服务市场占据一定的份额，随着我国经济社会的发展，对律师事务所规模化相应地提出了更高要求。山东省各级司法行政机关通过制定相应的政策、措施，在尊重律师事务所意愿的基础上，积极指导、引导、鼓励、扶持律师事务所整合资源、优化结构，通过合并重组等形式形成了一批规模强所。

3. 国际化战略。伴随着经济全球化的进程，中国企业“走出去”的步伐明显加快，法律服务的国际化趋势也不断加快。山东省司法厅与省人力资源与社会保障社厅、省商务厅联合进行为期三年的“应对国际贸易摩擦高端法律服务人才培训工程”，由财政资金支持选派律师到国外进行系统培训，吸引美国、英国律师担任律师事务所国际业务总监，吸引具有英美律师执业资格、执业经历的人员加盟我省律师事务所，打造一支适应国际化战略的高端人才队伍。同时，吸引境外律师机构在省内设立办事机构，鼓励省内律师事务所到国外、境外设立分支机构，鼓励与国外、境外律师机构加强业务合作，使山东律师办理国际化业务的能力有了较大提高。

4. 品牌化战略。山东省在全国较早提出并实施品牌化战略。2001 年 2 月，《山东省司法行政工作第十个五年计划纲要》第一次提出实施品牌战略，要求培养一批在省内外有较大影响的律师事务所和知名律师。同年 6 月，山东省司法厅律管处撰写了《品牌的力量——琴岛、德衡律师事务所实行品牌战略的调查与思索》的调研报告，司法部律师公证指导司向全国转发，并在《法制日报》《中国律师》上刊发，对全国律师行业开始研究、重视品牌建设起到了积极作用。此后，山东省司法厅一直把品牌化战略作为山东律师业由大变强的重要措施之一，得到了全省广大律师的认同和响应。

5. 信息化战略。在一个信息技术日新月异的时代，以计算机网络为核心的信息技术给许多行业都提供了前所未有的发展机会和发展潜力。律师行业也不例外。近年来，山东省各级司法行政机关把信息化放在战略的高度来重新审视。不仅司法行政机关利用信息化手段改进管理、提高效率、加强沟通、完善服务，而且还指导律师事务所逐步提高业务、财务、管理、客户等方面的数字化管理水平。

6. 人才战略。律师主要以其智力资本为社会提供法律服务，是智力密集型行业，人才是第一生产力，律师业能否又好又快发展，关键在人才。山东省各级司法行政机关都把人才战略放到重要位置，紧紧抓住培养、吸引、用好人才三个环节，通过制定落实优惠政策、改善执业环境、加大培训力度等措施，努力使山东省律师人才总量较快增长、质量不断提高、配置更趋合理。

（三）制定政策

通过制定并发挥政策的导向、调控和分配等基本功能，来引导律师业向着正确的方向发展，是各级司法行政机关行政指导常用的手段（参阅本书第三章第三节“律师工作政策”）。2004～2006 年，司法部每年都出台中国律师业发展政策报告，详细阐述司法部确定的当年度律师业发展各类政策，指导全国律师业确定年度工作重点。2010 年 9 月，中共中央办公厅、国务院办公厅转发的《司法部关于进一步加强和改进律师工作的意见》（中办发[2010]30 号），在加强律师执业权益保障、建立律师工作经费保障制度、完善律师行业财税和社会保障政策、建立健全律师人才培养选用机制、积极为律师业发展搭建平台等方面提出了一系列政策扶持和保障措施。全国许多地方司法行政机关在出台贯彻落实中办发[2010]30 号文件时,都根据本地实际出台了一系列促进律师业发展的政策。

山东省司法厅紧紧围绕广大律师关心关注的问题,积极协调有关部门,在争取“税”“费”“财”等优惠政策上取得了突破性进展。2008 年与山东省地税局联合下发了《加强律师行业个人所得税征收管理工作的通知》,推行核定征税、降低税率、拉大累进档次,较好地解决了律师税负重、征收方式不合理的问题。2009 年与山东省物价局联合出台了律师服务收费管理实施办法和标准,较好地兼顾了社会利益和行业利益。

(四)指导、引导律师业服务经济社会发展

律师业与国家经济社会发展高度关联,引导律师业找准服务经济社会发展的切入点、着力点,在服务经济社会发展中加快自身发展,是司法行政机关对律师工作行政指导的重要内容。山东半岛蓝色经济区和黄河三角洲高效生态经济区是国家发展战略,自 2010 年以来,围绕服务“蓝、黄”战略实施,山东省司法厅、山东省律师协会与山东半岛蓝色经济区建设办公室和山东省推进黄河三角洲高效生态经济区建设办公室沟通协调,从全省选拔了相关专业领域的 120 名优秀律师组建了 2 个律师专项服务团,举办了山东律师服务“蓝、黄”战略论坛。组织编印了《半岛蓝色经济区、黄三角高效生态经济区法律服务指引》和《内容纲要》,将黄三角近期规划开工建设的重点项目通过网站和信息简报向全省律师推介。省及有关市司法行政机关、律师协会通过与有关部门搭建服务平台、出台指导意见、召开业务研讨会、加强信息通报等多种形式,积极探索服务“蓝、黄”战略的途径和方式,指导律师积极为“蓝、黄”建设的有关重大招商引资、经贸洽谈活动和重大建设项目、工程服务。针对山东成为国际贸易摩擦“重灾区”的情况,山东省司法厅与山东省商务厅挑选了 30 名律师成立了应对国际贸易摩擦律师服务团,制定了工作暂行规定和工作计划,指导律师为应对国际贸易摩擦提供法律服务。

通过与有关部门的沟通协调,积极为服务经济社会发展搭建平台,是近年来各级司法行政机关常用的行政指导方式。2011 年 6 月,中共山东省委办公厅 山东省政府办公厅转发《省司法厅关于贯彻中办发[2010]30 号文件 进一步加强和改进律师工作的意见》的通知(鲁办发[2011]14 号),明确要求司法行政机关要加强与发展改革委、经济和信息化委、国资委等有关政府部门的沟通协调,建立相关专业律师人才库或专项服务团队,推荐省内优秀律师事务所和律师为我省重点发展战略、重大工程、重点项目、大中型骨干企业提供专项法律服务。加强与知识产权、卫生、教育、商务、人民银行、银监会、证监会等有关部门的沟通协调，积极为律师开拓知识产权、医疗、教育、海外并购重组、反倾销、反垄断、金融衍生品、国（境）外上市等业务领域搭建平台，推动律师业务转方式、调结构，加快实现从传统法律服务业向现代法律服务业的转型升级。

（五）指导、协调律师、律师事务所办理重大法律事务

监督、指导律师、律师事务所办理重大法律事务，是履行律师法确定的司法行政部门对律师、律师事务所、律师协会监督、指导职责的具体体现。据此，2006年，山东省司法厅制定了《关于律师事务所办理重大法律事务的监督指导意见（试行）》，明确了办理重大法律事务应遵循的基本原则、重大法律事务的范围，明确了司法行政机关协调与指导的内容，建立了报告、备案、集体讨论等制度，对律师代理重大、敏感、群体性案件进行指导、协调工作，既保障律师依法执业，又防止极个别律师违法违规办理和炒作案件，影响社会稳定，实现法律效果与社会效果、政治效果的统一。

在严格要求律师依法、规范执业的同时，司法行政机关也大力加强律师执业权益保障。实践中，全国各地各级司法行政机关不断加强与公安、检察、审判机关的沟通协调，研究制定具体措施，认真落实法律赋予律师在刑事诉讼活动中的会见、阅卷、调查取证等方面的执业权利，完善诉讼中听取律师意见的制度，为律师执业提供相应的便利条件。许多地方的司法行机关与公安、检察、审判机关建立了联席会议制度，定期进行工作交流、信息沟通、情况反馈，畅通反映意见建议的渠道，规范律师与法官、检察官、警官之间的行为，努力形成互相尊重、互相支持、互相监督、平等交流的良好关系，为律师依法执业创造了良好条件。

（六）指导律师队伍建设

司法行政机关对律师队伍建设的行政指导主要包括推动律师参政议政、指导律师参与社会公益活动、开展教育培训、评先树优、宣传等活动。具体内容为：一是组织指导开展律师行业党的建设工作（详见第十四章律师行业党的建设部分）。二是指导律师参政议政工作，积极争取各级党委、人大、政府、政协和组织、统战等部门的关心支持，推介优秀律师担任各级党代表、人大代表、政协委员，与有关部门联合对律师代表、委员进行培训，指导律师代表委员充分发挥职能作用和专业优势，不断提高参政议政能力和水平。三是指导、组织律师参加各种社会公益活动，如从2009年起，司法部部署开展“1+1”中国法律援助志愿者行动，全国各地律师踊跃响应，分赴西部没有律师的边远贫困县，进行为期一年的法律援助志愿活动。四是掌握评估本地区律师队伍发展状况，制定人才发展战略，指导律师人才培养引进工作。五是加强律师队伍思想政治、职业道德执业纪律建设，建立律师执业状况评价机制，建立对律师事务所负责人和律师的约谈制度，由主管司法行政机关、律师协会进行谈话提醒，当面指出被约谈的律师事务所、律师

在管理和执业活动中存在的问题和瑕疵,提出管理机关的要求。六是指导律师培训工作。2007 年,司法部制定下发了《关于加强律师培训工作的意见》,就加强律师培训工作的指导思想、原则和目标、主要任务、保障措施等提出明确指导意见。七是构建项目适度、覆盖广泛、程序科学的律师行业评先树优体系,如山东省司法厅将律师纳入省人力资源与社会保障部门和省工会、共青团、妇联、残联系统表彰范围,并充分利用各种媒体,有计划、有步骤地做好宣传工作。司法行政对律师队伍建设的行政指导七项职能概括起来包括三个方面:一是思想政治方面的教育引导;二是职业技能方面和职业道德方面的培训提高;三是树立典型,做好律师工作宣传、扩大律师工作影响。

(七)监督、指导律师协会工作

监督和指导律师协会工作,是法律赋予司法行政机关的重要职责。司法行政机关对律师协会工作的监督、指导主要体现在以下方面:

1.定期听取同级或下级律师协会汇报,研究律师协会建设和工作中的重大问题;向党委政府汇报律师协会的工作,邀请党政领导到律师协会视察指导工作;积极争取政法机关和其他有关部门的支持和配合,帮助解决律师协会工作中存在的困难。

2.研究、审议同级律师协会的组织、人事工作,就有关人事任免和其他重大事项提出意见和建议,指导同级或下级律师协会换届选举。

3.健全完善重要决策会商机制。司法行政机关和律师协会作出重要决策要征求对方意见,提高决策的科学性、合理性和有效性。司法行政机关召开有关律师工作的重要会议,举办重要活动,邀请律师协会的主要负责同志参加会议,听取律师协会意见;律师协会召开律师代表大会、常务理事会、理事会、监事会等重要会议,研究决定律师行业发展的重要事项时,请示司法行政机关并邀请有关职能部门派员参加会议,听取有关工作意见,或者书面征求司法行政机关意见。

4.健全完善重要信息互通共享机制。司法行政机关向律师协会传达或者通报的重要信息包括:党政领导就律师工作所作重要批示和有关会议精神;司法行政机关领导讲话和律师工作会议精神;司法行政机关有关律师工作的总体部署安排;司法行政机关律师管理部门年度工作计划和工作总结;律师受表彰和重大违法违纪受行政处罚情况;律师工作重要统计信息;律师事务所年度考核情况;突发事件协调处理情况;其他重要信息。律师协会向司法行政机关律师管理部门报告或者通报的重要信息包括:律师协会年度工作计划和工作总结;律师协会秘书处工作计划和工作总结;律师代表大会、常务理事会、理事会、监事会的工作报告、会议纪要;律师协会各专门委员会、专业委员会工作情况;律师协会表彰、宣传和惩戒律师情况;律师协会维权情况;律师行业重要统计信息;律师年度培训计划和落实情况；申请律师执业人员实习考核情况；对律师执业考核情况；突发事件协调处理情况；其他重要信息。

5. 健全完善工作交流协调机制。司法行政机关与律师协会，通过会议、意见书、建议书等多种形式，及时加强工作交流协调。工作交流协调主要内容包括：律师管理和律师业发展宏观政策的研究和贯彻落实；律师行政管理规范性文件和行业规范的研究协调；分析律师工作面临的形势，研究改革发展思路和工作措施；针对律师行业存在的普遍性问题或突发性事件，研究解决方案；就管理过程中律师管理部门与行业协会意见不一致的问题进行研究，协商解决方案。对工作交流协调中的难以确定或意见分歧协商不成的问题，报请司法行政机关分管领导协调解决，重大问题由司法行政机关研究决定。

（八）指导律师收费

制定适应经济社会发展的律师收费办法及标准，也属于司法行政指导的范畴。1990 年 2 月，司法部、财政部、国家物价局联合发布《律师业务收费管理办法 》及《律师收费标准》，明确规定，律师业务收费由律师事务所统一收取，律师不得私自收费；律师业务具体收费数额的确定，应考虑律师承办业务的繁简程度、需时长短、标的大小、律师专业职务等级、委托人指定等因素，在收费标准范围内确定。1997 年 3 月，国家计划委员会、司法部发布《律师服务收费管理暂行办法》，对律师收费制度进行了重大改革，对律师收费的适用对象、收费范围及方式、律师收费的构成以及律师服务费的收取与退还、减收与免收等作了明确规定。2006 年 4 月 13 日，国家发展和改革委员会、司法部联合颁布《律师服务收费管理办法》，对律师收费制度再次进行改革与调整，从而使律师服务收费更趋合理与完善。

根据现行《律师服务收费管理办法》的规定，律师服务收费实行政府指导价和市场调节价。其中，律师事务所依法提供下列法律服务实行政府指导价：(1)代理民事诉讼案件；(2)代理行政诉讼案件；(3)代理国家赔偿案件；(4)为刑事案件犯罪嫌疑人提供法律咨询、代理申诉和控告、申请取保候审，担任被告人的辩护人或自诉人、被害人的代理人；(5)代理各类诉讼案件的申诉。政府指导价的基准价和浮动幅度由各省、自治区、直辖市人民政府价格主管部门会同同级司法行政部门制定。政府制定的律师服务收费标准应当充分考虑当地经济发展水平、社会承受能力和律师业的长远发展，按照补偿律师服务社会平均成本加合理利润与法定税金来确定。律师事务所提供其他法律服务的收费实行市场调节价，由律师事务所与委托人协商确定。该《办法》还规定，律师事务所、律师有价格违法行为的，分别由政府价格主管部门、司法行政部门分别依照《价格法》《价格违法行为行政处罚规定》和《律师法》《律师和律师事务所违法行为处罚办法 》

实施行政处罚。

其他政府部门对律师行业的行政指导主要包括：人力资源与社会保障部门对律师行业规范劳动用工制度、落实社会保障政策进行指导、监督；民政部门对律师协会作为社会团体法人进行指导、监督；税务部门根据经济社会和律师业发展现状，制定律师行业税费政策等等，也都可以视为行政指导的范畴。

二、实施行政指导的形式

工作实践中，各级司法行政机关主要通过以下形式实施行政指导。

（一）出台文件

通过出台文件，就某一阶段的整体工作或专项工作提出意见，推动某项工作开展，是各级司法行政机关行政指导的主要形式，有些文件直接以“意见”作为“文种”。在不同的时间节点上，各级司法行政机关都出台过一些对律师工作、对律师业发展有重要指导意义的文件。1993 年 12 月，国务院办公厅批转了《司法部关于深化律师工作改革的方案》，该《方案》对推动“两结合”律师管理体制改革具有重要的指导意义。2010 年 9 月，中共中央办公厅、国务院办公厅转发的《司法部关于进一步加强和改进律师工作的意见》（中办发[2010]30 号），总结我国律师制度重建三十多年的历史经验，深入研究律师工作的性质、规律和现状，提出了加强和改进律师工作的目标、任务、措施，对一些长期制约和困扰律师工作的重大问题制定出了政策，是指导做好新形势下律师工作的纲领性文件。适应某一阶段经济社会发展需求，各级司法行政机关出台一些文件，就推进某项工作提出指导性意见。2001 年司法部先后出台《司法部关于中国加入 WTO 后加快律师业改革与发展的意见》《司法部关于律师工作为西部大开发服务的意见》。山东省司法厅单独或与有关部门联合，先后出台了《关于全省律师为建设社会主义新农村服务的指导意见》《关于为全省进一步扩大对外开放搞好法律服务的意见》《关于律师服务中小企业发展的意见》等等。

（二）召开会议

通过召开会议，就某一阶段的整体工作或专项工作提出意见，推动某项工作开展，是各级司法行政机关行政指导的主要形式。会议的形式有综合性会议、专项工作会议、经验交流会、表彰会、现场会等多种，但目的只有一个，就是推动某一阶段的整体或单项律师工作。比如 2011 年 11 月 22～23 日，司法部在北京召开全国律师工作会议，就学习贯彻中办发[2010]30 号文件精神，进一步加强和改进律师工作，作了全面部署。还有一些专题会议，其指向性意义就更强，行政指导的特点更明显，比如加强县域律师事务所建设现场会、加强中小律师事务所建设座谈会、律师事务所分配机制研讨会等等。

（三）编印信息简报、刊物等

各级司法行政机关通过编印信息简报、工作性刊物和设立官方网站等形式，及时通报业内信息、推广经验做法、宣传先进典型以及刊登调研报告、理论文章等，可以很好地实现司法行政机关赞同、提倡、宣传、示范、激励、推广等多方面导向性意图、目的，助推一个时期司法行政机关着力开展的某项工作。比如自2008年以来，山东省滨州市在全市实施法律顾问全覆盖工程，泰安市泰山区全区部分街道社区和人口比较集中的村镇设立律师会客厅，菏泽市在城市社区设立社区律师工作室等。上述地方的探索实践，顺应了政府、企事业单位、行业组织、基层群众依法行政、依法管理、依法办事、依法维权的需求，顺应了法治建设、平安建设对法律服务不断增长的需求，取得了明显成效，具有很强的生命力和广阔的发展前景。为在全省推广这些成功的做法、经验，山东省司法厅不仅通过信息简报、网站等形式大力推介，而且还由厅分管领导带队，进行深入调研，就这些探索形成的背景、主要做法、取得的成效、存在的问题、改进的意见建议等，形成比较全面、深入、系统的调研报告，在《中国司法》等省内外行业刊物发表，有力地指导、推动上述经验、做法在全省范围内推广。

结　语

司法行政部门对律师、律师事务所、律师协会的职责主要是监督与指导，行政指导在律师行政管理中占有重要地位。随着政府职能的转变和“两结合”律师管理体制改革的深化，律师协会承接了部分原来行政管理职能，行业管理在整个律师管理中权重不断增大，律师行政管理中将越来越多地使用行政指导这一方式。

第十章 日常监管、市场监管与社会监督制度

日常监管、市场监管和社会监督共同构成了对律师和律师事务所执业活动的监督管理。日常监管是司法行政机关和律师协会的职责，是各种监督管理中最基础、最直接、最有效的，因而也是本章的重点内容。对律师事务所和律师实施的年度检查考核，以及对违法违规违纪行为进行行政处罚和行业处分，应是日常监管的内容之一，因律师法及部颁规章和行业规范对其有专门规定，在日常工作中讲的用的也比较多，故在其他章节作专门论述，本章不再涉及。市场监管是有权实施监管的机关、团体，运用市场手段对律师律师事务所进行的监管；社会监督是将律师事务所执业活动纳入广泛的国家、社会以及当事人的监督体系之中，两者对保护当事人利益、维护公平竞争、促进律师业健康发展都具有不可替代的作用。

第一节 日常监管

对律师和律师事务所的执业活动进行日常监管，是律师法赋予司法行政机关的法定职责，是一项日常性工作。日常监管有其繁重的监管任务和应遵循的原则、方法，在各种监管的形式和手段当中处于基础性地位。

一、日常监管的概念和特征

(一)日常监管的概念

日常监管是司法行政机关对律师和律师事务所进行执业监管的重要手段之一。对律师和律师事务所进行日常监管是律师法赋予各级司法行政机关特别是基层司法行政机关的法定职责，是经常性、基础性工作，是监管工作的重中之重。

《律师法》第 52 条规定："县级人民政府司法行政部门对律师和律师事务所的执业活动实施日常监督管理，对检查发现的问题，责令改正；对当事人的投诉，应当及时进行调查。县级人民政府司法行政部门认为律师和律师事务所违法行为应当给予行政处罚的，应当向上级司法行政部门提出处罚建议。"在目前体制下，全国各地省直、市直所还普遍存在，因此省(市、区)、市、县都有直接对律师、律师事务所的日常监管职责。由此可以看出，所谓日常监管是司法行政机关特别是基层司法行政机关依照法律法规对律师、律师事务所进行常规性的，无须再安排布置的经常性、连续性监管工作。

因日常监管任务主要由驻所地的司法行政机关承担，日常监管的优势和作用有以下几个方面：一是有地缘优势。监管者和被监管者在共同的区域工作和生活，"低头不见抬头见"，时间上方便灵活，既可以利用大块的工作时间，也可以利用工作间隙乃至业余时间见缝插针去工作，有利于发现问题苗头，及时及早解决，有效防止"小洞不堵、大洞受苦"现象的发生。二是有人缘优势。监管人员大都生于斯长于斯，对当地的社情民意、乡土人情十分了解和熟悉，"人熟是个宝"，良好的人际关系，有利于及时掌握了解被监管对象的真实情况，这一优势是那种走马观花式的检查指导不可比拟的。掌握的情况真实准确，不被假象蒙蔽，才能对症下药，药到病除。三是有情感优势。大家语言相通、生活习惯一致，感情上易沟通、交流，思想工作更容易做得通，一些整改措施和意见更容易被接受。律师是讲法讲理的人，对他们既讲法讲理又讲情，才能让他们信服，自觉接受监督管理。四是有服务优势。管理就是服务是被大家共同认可的一个管理法则。而对律师事务所人财物不具有直接管理职权的司法行政机关来说，管理就是服务就显得更加重要和实际。日常监管的过程实际是指导工作、发现问题和帮助解决问题的过程，说到底，这个过程也就是一个服务的过程，而来自身边的服务理应是最直接、最方便、最贴心的服务。五是有跟踪监督的优势。律师和律师事务所对存在的问题是真改了，还是"水过地皮湿"、应付了事，日常监管部门发挥地缘人缘优势，很快就能了解得一清二楚，跟踪监管，"不获全胜决不收兵"。

(二)日常监管的特征

综上可以看出，司法行政机关对律师和律师事务所实施的日常监管有以下特征：

1. 法定性。行政法学告诉我们，行政权力的取得和存在必须有法律依据，没有法律依据的行政权力从根本上说是一种非法权力，即行政主体的行政职权必须由法设定或依法授予，否则权力的来源就没有法律依据。司法行政机关对律师、律师事务所行使日常监管职责在《律师法》第 52 条有明文规定，是法定职责，应不折不扣、尽职尽责地去履行。在实践中，既要防止和反对不依法履职的行为,更要防止和反对越超法定职权的乱作为、瞎作为。

2.连续性。日常监管的总体要求是不能出现监管时间和空间上的盲区,因此连续性是日常监管的一个明显特征。对律师和律师事务所的执业监管主要包括日常监管、年度检查考核、投诉查处和行政处罚等方面。在这些监管当中,日常监管是贯彻始终的最重要、最基础性的工作,是做好其他工作的基础和前提。年度检查考核虽是每年必搞的一项工作,但具有阶段性。另外,日常监管做好了,年度检查考核就会顺利进行,投诉就会大大减少;同时,考核发现问题的整改、投诉的调查处理、行政处罚的落实也需要通过日常监管来实现。

3.灵活性。日常监管的灵活性主要是指监管方式方法上的灵活性、艺术性。一是时间上的灵活。根据问题性质和监管对象的工作安排,时间可长可短,可以用工作时间也可以利用工余时间。二是地点上的灵活。可以是司法局办公室,也可以是律师事务所或者其他合适的地方。三是工作方法的灵活。根据不同情况,可以实地检查、抽查,也可以采取开座谈会、约谈等方式。

二、日常监管的内容

按照《律师法》立法精神和第52条的规定,《律师事务所管理办法》第53条对司法行政机关对本行政区域内的律师事务所的日常监督职责作出了八个方面的规定。《律师执业管理办法》第43条规定司法行政机关对其执业机构在本行政区域的律师的执业活动进行日常监督管理履行五个方面的职责。另外,《律师和律师事务所执业证书管理办法》《律师事务所名称管理办法》《律师事务所年度检查考核办法》和《律师和律师事务所违法行为处罚办法》等都对司法行政机关的日常监管职责作出了明确规定。

根据法律法规规章规定,司法行政机关对直接监督和管理的律师和律师事务所实行日常监管的内容可以概括归纳为以下几个方面:

1.检查、监督律师及律师事务所在执业活动中遵守法律、法规、规章、行政规范性文件和行业规范的情况,包括:(1)遵守《律师法》,司法部《律师事务所管理办法》《律师执业管理办法》《律师事务所名称管理办法》《律师和律师事务所执业证书管理办法》等律师管理法律、法规、规章和行政规范性文件的情况;(2)遵守《中华人民共和国价格法》,司法部《律师事务所收费程序规则》和国家发改委、司法部《律师服务收费管理办法》以及省(市、自治区、直辖市)物价部门、司法行政机关制定的律师服务收费管理实施办法、服务收费标准等收费、价格管理法律、法规、规章和行政规范性文件的情况;(3)遵守《中华人民共和国劳动合同法》等劳动和社会保障法律、法规、规章和行政规范性文件的情况;(4)遵守《中华人民共和国税收征收管理办法》等税收征管法律、法规、规章和行政规范性文件的情况；(5)遵守中华全国律师协会《律师职业道德和执业纪律规范》《律师执业行为规范》等行业规范的情况；(6)遵守其他相关法律、法规、规章、行政规范性文件的情况。

2.检查、监督律师事务所执业和内部管理制度的建立和实施情况，主要包括：(1)建立和实施统一接受委托、收取费用制度的情况；(2)建立和实施财务管理及分配制度的情况；(3)建立和实施利益冲突审查制度的情况；(4)建立和实施承办重大敏感疑难案件的集体研究和请示报告制度的情况；(5)建立和实施学习制度的情况；(6)建立和实施投诉查处制度的情况；(7)建立和实施律师执业年度考核制度的情况；(8)建立和实施档案管理制度的情况；(9)建立和实施其他执业和内部管理制度的情况。

3.检查、监督律师事务所保持法定设立条件以及变更报批或者备案情况的执行情况。

4.检查、监督律师事务所进行清算、申请注销的情况。

5.检查、监督和掌握律师和律师事务事务所开展律师执业年度考核和上报年度执业总结的情况。

6.受理对律师事务所及其律师的举报和投诉，对律师和律师事务所违法行为及时进行调查处理。

7.检查、监督律师事务所及其律师履行行政处罚和实行整改的情况。

8.依法对没有取得律师执业证书但以律师名义从事法律服务业务的人员进行清理和处罚。

9.检查、监督律师事务所包括党建工作、评先树优、青年律师培养等队伍建设情况。

10.履行法律、法规、规章和上级司法行政机关规范性文件规定的其他日常管理职责。

综上，司法行政机关日常监管不是可有可无，而是任务艰巨。面对如此重要，又如此琐碎、繁重的日常监管任务，监管部门必须在树立正确监管观念、建立常态化的日常监管机制的同时，有所侧重、突出重点，这样才能收到事半功倍的效果。

一是要注重对律师事务所建章立制和基础性管理作用发挥情况的监管。没有规矩，不成方圆。要保证一个组织的正常运作和有序发展，当首先从建章立制入手。司法行政机关要把指导、监督律师事务所建立健全管用、好使的规章制度作为日常监管的第一任务，抓在手上、抓出成效。律师事务所管理处于管理最直接、最基础的地位，司法行政机关的日常监管要督促指导律师事务所负责人切实承担起第一管理责任人的责任，发挥好律师事务所基础管理作用。只有这样，日常监管工作才能落到实处，发挥应有的效能和作用。

二是要注重对律师事务所办理重大敏感法律事务的监管。重大法律事务和敏感案件等事关社会大局稳定，必须予以高度关注。要监督律师事务所实行重大敏感案件报告制度，指导律师事务所进行集体研究。要建立工作机制，制定工作预案，依法依规进行监督指导。

三是要注重对新设立所、新执业律师和有投诉的律所、律师的监管。新设立所、新执业律师处于建章立制和职业道德、执业理念形成的初始期、关键期，来自司法行政部门及时、正确、周到的监督、指导，对其的督促、启发、教育是长效的和无法替代的。我们在日常工作中也总能听到一些律师所负责人和律师对设立和执业之初，对来自司法行政部门的及时指导给他们带来的帮助重要性的肯定和感激。有投诉的律师和律师事务所一般有违法违规行为或存在工作上的瑕疵，把其作为日常重点监管对象，有利于其执业行为的规范和改进，有利于其违法违规行为得到及时查处和改正。

四是要注重对律所分立、合并和主要合伙人转所情况的监管。律师是流动性最频繁职业之一，分分合合是律师行业司空见惯的事情。但是，司法行政部门要对这种每天都有可能发生的事情保持敏感，对一些可能激化矛盾、影响发展的事情及早介入，与协会一起多做说服劝和工作；不能继续共事的，要帮助研究解决方案，妥善处置，至少保证不发生大的震荡。另外，对律所发生变更和律师转所的，要依据有关规定帮助及时办理变更手续。

三、日常监管的原则和方法

（一）日常监管应遵循的原则

律师以法为生，是最信奉法律、最讲法律的一个群体。因此，日常监管的第一原则理所当然的是依法监管原则。鉴于这一原则毋庸置疑，前面在日常监管的特征中又讲到了依法性，这里仅就其他原则作一阐述。

1. 计划性原则。科学制定日常监管工作计划，统筹安排时间，确保日常监管制度化、规范化。在每年年初，司法行政机关要制定详细的监管工作计划，包括监督检查的内容、时间、范围、方式和要求等。一般性监管和专项活动的监督管理，要提前告知被监管对象。监管计划制定通过后，要严格按照计划执行，切实解决日常监管随意性强等问题。从目前各地实际情况看，一般性日常监管以上下半年各安排 1 次为宜。这样，既保证了适度的日常监管频率，又不至于影响干扰律师和律师事务所的正常工作。

2. 简约节制原则。一方面，日常监督的法定性决定了司法行政机关对律师及律师事务实施日常监管必须受律师法及其相配套的规章和规范性文件的约束，不能随意为之；另一方面，律师行业是一个自律性很强的行业，司法行政机关的日常监督管理是在律师个体自律管理、律师事务所基础性管理、律师协会行业管理的基础上进行的，因此司法行政机关必须严格“节制”自己的监管行为，不去做不属于自己职权范围、吃力不讨好的事情。另外，司法行政机关对律师和律师事务执业实施日常监督管理，不得妨碍律师和律师事务所依法执业，不得侵害律师和律师事务所的合法权益，不得索取和收受财物，不得谋取其他利益。

3.管理与服务相统一原则。日常监督管理是以规范律师、律师事务所执业和管理行为为目的的，监管的过程实质就是服务律师和律师事务所规范执业、规范管理、少走弯路的过程，是服务律师业健康有序发展的过程。日常监管多采用规劝和教化的方法，监管者与被监管者人格平等，方式缓和，能有效化解矛盾、减少对抗，较好体现人性化管理和监管与服务的统一。另外，在律师执业逐步社会化、司法行政部门不再有传统意义上的管人管物权力的情况下，必须进一步更新日常监管理念，增强服务意识，寓管理于服务之中，使管理和服务有机结合，构建起和谐的监管关系。

4.有效性原则。日常监管的计划性、目的性决定了日常监管追求有效性、有用性。律师是最务实的群体之一，做表面文章、搞花架子，热热闹闹走过场，最终只能是糊弄和应付。司法行政机关要把实实在在解决问题作为日常监管的价值追求，把是否有成效、是否利于律师和律师事务所规范执业作为衡量日常监管的标准。日常监管要有工作记录底稿，确保监管工作的痕迹化。重要事项的监管要有两名以上工作人员进行。

（二）日常监管的途径和方法

1.从监管时间上，可分为事前、事中、事后监管

（1）事前加强行政指导，引导律师和律师事务所依法诚信执业。事前行政指导，是指司法行政机关在法定的职权范围内依据法律、法规、规章和政策，通过指导、劝告、提醒、建议等柔性的、非强制性方式，引导律师和律师事务所作出或者不作出某种行为，以实现特定行政目的的活动。行政指导可以采取宣传引导、行政提示、行政建议、行政告诫和行政约见等多种方式进行，指导内容包括法制教育、事务提醒、申办执业证书指导、建章立制指导、诚信建设指导、苗头问题警示及轻微违法告诫等。这些措施能使绝大多数律师和律师事务所明确执业规范，看清利害得失，从而增强依法诚信执业的意识和能力。

（2）事中综合运用多种日常监管手段，及时发现和纠正律师和律师事务所的不规范做法或违法违规行为。司法行政机关应当通过发挥服务职能与律师及律师事务所进行广泛和深入接触，并通过畅通投诉举报等监管信息渠道，准确掌握律师和律师事务所有关情况，进而有效运用监管手段实施规范性监管，力争把律

师和律师事务所的一些不规范做法或违法违规行为控制和纠正在初始状态。

(3)加强事后监管,巩固和扩大监管工作成果。在事前事中日常监管过程中,发现和纠正一些不规范做法以及针对违法违规行为一般具有反复性,应当对具体行为实施跟踪监管,确保不规范得到规范和改正。同时,对一些带有普遍性的问题,提醒其他律师和律师事务所注意,防止和避免出现类似的情况和问题。

2.从监管内容上,可分为一般监管和专项监管

一般日常监管是指按照日常监管工作计划,对律师和律师事务所进行的监管。计划性、程序性,是一般日常监管的主要特点。一般日常监管通常针对所有被监管的律师和律师事务所。

专项日常监管是指对律师和律师事务所某一方面情况或某个、某几个律师、律师事务所的某个具体行为的监管。专项监管通常具有阶段性、针对性的特点。专项日常监管的内容主要来自三个方面:一是对专项活动开展情况进行日常监管,如对司法部组织进行的专项教育实践活动进行监督、检查等;二是对年度检查考核发现问题的整改情况进行日常监管,督促相关律师和律师事务所落实整改措施;三是根据举报和其他监督线索对涉嫌违规违纪的律师、律师事务所进行调查。通过专项监管发现、查实的问题,应当对律师、律师事务所负责人进行警示谈话,责令改正;对律师或律师事务所违法行为认为依法应当给予行政处罚的,应当给予行政处罚或向上一级司法行政机关提出处罚建议;认为需要给予行业惩戒的,移送律师协会处理。

3.从监管方式上,可分为传统的监管方式和现代监管方式

传统的日常监管方式主要有:通过报表等方式统计律师及律师事务所的基本情况、基础数据、基本信息,及时掌握了解所辖律师、律师事务所基本情况,同时为上级机关决策提供依据;定期召开会议,传达、贯彻上级文件和指示精神,通报本行政区域内的律师业发展情况;组织开展律师事务所及其律师的执业监督检查;通过召开座谈会,走访当事人、司法机关,了解、掌握律师及律师事务所执业状况等。

现代监管方式主要是指利用现代信息技术,对律师、律师事务所业务办理、内部管理等进行网上日常监管。司法行政机关、律师协会建立起功能强大的信息综合管理系统,是律师工作发展的大势所趋,对提高监管效率、降低监管成本、改善监管者与被监管者关系都大有好处。司法部颁布的《律师事务所管理办法》、全国律协颁布的《律师事务所内部管理规则》均对律师事务所信息化、规范化建设作出明文规定,并在各种律师事务所的评比中加以体现。在日常监管中充分利用现代化信息技术,可以实现对律所和律师执业情况的动态化、规范化管理,增强日常监管的能力和水平。

无论传统还是现代的监管方式都只是监管的手段而已，最终目的是要追求达到理想的监管效果。在实际工作中，只有两者综合利用，互为补充，才能相辅相成，相得益彰。

四、做好日常监管工作需要注意和把握的几个问题

日常监管是法律性、政策性都非常强的一项工作。要做好这项工作，除要求监管者政治素质高、业务能力强之外，还要注意工作方法和技巧，做好三个方面的结合文章。

一是直接监管与间接监管相结合。司法行政机关除直接行使日常监督职责外，还可通过监督指导律师协会、律师事务所的工作，达到间接监督律师事务所和律师个体的目的。律师法赋予律师协会八项职责，规定的明确而具体，而且随着政府职能的转变，律师协会的职能和作用会得到不断加强，行政管理人员要适应这种发展变化的情况，学会和善于间接管理和“两结合”管理。

二是与专项活动和年度检查考核、投诉查处、行政处罚相结合。专项活动是行政部门习惯和善于运用的一种方式，能在较短时间内解决一些长期积累的带有普遍性的问题，这是日常监管无法比拟的。但是专项活动只能是阶段性的，在一个预定的时间内进行。同时，专项活动的成果需要靠日常监管来巩固和保持。年度检查考核、投诉查处和行政处罚工作是司法行政机关做律师管理工作的重要抓手，是日常监管工作的组成部分和延伸，同时日常监管工作也是上述执业监管的基础性、保障性工作，日常监管工作做好了，年度检查考核就会有一个好的结果，被投诉的律师和律师事务所才会越来越少，行政处罚决定才会得到有效执行。日常监管与专项活动和年度检查考核、投诉查处、行政处罚各具职能和优势，将其互相结合、互为补充，能有效增强各种执业监管措施效能。

三是与评先树优相结合。靠典型引路，用事实说话，是被实践证明了的行之有效的工作方法。在目前社会大众对律师业普遍认知不高的情况下，加强日常监管的同时，树立正面典型，加大宣传力度显得尤为重要。要探索构建项目适度、覆盖广泛、程序科学的律师行业评先树优体系，将律师纳入人力资源和社会保障部门和工青妇残系统表彰范围，培养、树立和推出一批政治坚定、社会责任感强、人民满意的先进典型。要加大宣传工作力度，充分利用广播电视、报刊杂志、互联网络等各种媒体，大力宣传律师在落实依法治国基本方略、维护社会公平和正义、促进社会和谐稳定、服务经济社会发展、保障人民群众合法权益中的突出事迹和典型做法，充分展示律师队伍的良好社会形象和精神风貌，增强社会各界对律师群体的认知度和认同度，营造全社会关心、支持律师工作的良好氛围。

第二节　市场监管

我国经济已走上了市场经济和法治经济的轨道，市场经济和法治经济的重要特征之一就是所有市场主体都应自觉接受市场调节和市场监管。

一、律师业市场监管的主体

律师所从事的法律服务业作为现代服务业中的专业服务业，既属于生产性服务业，也属于生活性服务业，其具有商业属性是显而易见的。从律师工作的流程来看，律师是以自己的知识和技能为社会提供法律服务从而赚取收入的人。律师以自己所拥有的知识要素为手段，向委托人提供他们所需求的特定服务，在这个流程中，律师贡献了自己的生产要素，获得了委托人所支付的等价物。这样，律师本人也因此交换行为而获得商人的属性。律师业和律师个体所具有的商业属性，决定了其应有的市场主体地位，作为市场主体理应受到监管和规范。

一般来讲，市场监管是指市场监管主体对市场活动主体及其行为进行限制、约束等直接干预活动的总和。主体是有权实施监管的机关、机构、团体，其中以政府机关为主。具体到律师业的市场监管，其监管主体主要有司法行政机关、其他行政机关、司法机关和律师协会等。

1. 司法行政机关。司法行政机关的主体地位是毋庸置疑的。《律师法》第 4 条规定："司法行政部门依照本法对律师、律师事务所和律师协会进行监督、指导。"这里对律师、律师事务所的监督指导包括执业监管、日常监管、年度检查考核、投诉查处和行政处罚等，自然也包括对其进行市场监管。司法行政机关对律师业进行市场监管有两个方面的含义：一是律师业市场监管的第一主体，有权对律师业进行全方位市场监管；二是可以借鉴、运用市场的手段对律师业进行执业监管和日常监管。

2. 其他行政机关。除司法行政机关外，有权对律师业进行市场监管的其他行政机关主要有：公安机关，物价、税务部门，人力资源和社会保障部门，工商、知识产权、新闻出版部门等。与司法行政机关不同的是，这些部门的监管主要体现在对所有市场主体或一些行业的监管上，对律师业进行市场监管是其对法律服务市场监管的一部分。

3. 司法机关。法院、检察院是对律师业进行市场监管的又一主体，其对律师业的市场监管主要体现在对律师依法执业、诚信执业进行监督，杜绝非律师非法代理，与有关部门配合，清理、整顿和规范法律服务市场。

4.律师协会。律师协会是社会团体法人，是律师的自律性组织，依法对律师业实施行业管理。律师协会对律师业的市场监管主要集中在对律师业最直接和微观的管理上，如出台行业规定禁止不正当竞争、禁止某领域业务垄断行为等。随着律师行业不断发育成熟、"两结合"管理体制日趋完善，协会在律师业市场监管方面会发挥越来越重要的作用。

二、律师业市场监管的原则和作用

（一）应遵循的原则

1.公开公平公正和效率原则。公开、公正、公平是现代行政法的基本原则，自然也是对律师业实行市场监督应遵循的原则。"公开""公正"是对监管主体的要求，其保障相对人和社会公众的知情权，除依法应当保守秘密的以外，都应当向社会公开，这些信息包括监管立法、政策、标准、程序、结果等方面的信息。它维护正义和中立，防止徇私舞弊、防止腐败。"公平"是对被监管对象而言，保障法律面前人人平等和机会均等，避免歧视。"公开、公平、公正"是一个相互联系、不可分割的统一整体。

效率原则是指监管机关在监管活动中应合理配置和利用监管资源，提高监管效率，降低监管成本，并在法律规定的期限内完成监管任务。

2.依法原则。依法原则是指监管职权的设定、行使必须依据法律、行政法规的规定。依法原则是行政法的基本原则，监管的法律性质是一种行政行为，因此监管应当遵循依法原则。依法原则的内容包括任何监管职权都必须基于法律的授权才能存在；任何监管职权的行使都依据法律、遵守法律；任何监管职权的授予及其运用都必须依据法律。

3.协调监管原则。司法行政机关是监督管理指导律师工作的第一主体，因而在建立协调监管机制时应确立其牵头地位。协调监管原则是指在司法行政机关和律师协会之间，司法行政机关与其他行政机关、司法机关等监管主体之间建立协调合作、互相配合的机制。参与协调监管的各方就维护法律服务市场秩序和重大监管事项等问题定期进行协商，目的在于衔接和协调监管政策，避免出现重复监管和监管真空，提高监管效率，从而维护整个法律服务市场的稳定、效率和竞争力。坚持这一原则对于我国目前的律师业市场监管具有重要意义，其中，建立监管信息共享机制是监管协调机制的重要组成部分。

（二）市场监管的作用

市场监管的内容分为严格市场准入和监督市场行为。具体到律师业，就是司法行政机关依法严把"入口"和"出口"，司法行政机关和所有负有职责的监管主体对其执业行为进行市场监管。行政许可和行政处罚前面已有专章论述，这里仅就市场监管其他方面的作用阐述如下：

1.维护公平竞争。公正竞争是促进律师业健康有序发展的前提和保障，因此也应作为监管所要达到的重要目标。目前，不正当竞争在律师业内部还不同程度地存在。一是压价揽业务。有的几十万元的案子，最后压到几万元，不仅使律师行业整体收入受到损失，而且法律服务质量也受到影响。二是互相诋毁。有的律师为争揽业务，对其他律师恶语中伤，对自己多加粉饰，自吹自擂，欺骗客户。如个别接二审案子的律师，把贬低一审代理律师作为接案的必经程序。三是违规宣传。有的律师违背宣传规定，以个人社会地位、身份、称号等做招牌，争揽业务；有的律师事务所夸大业务水平，误导客户。四是个别所有垄断行为。有的律师事务所以不当手段，在一些领域排挤其他律师事务所参与，形成垄断。不公平竞争直接受害者是竞争对手，实质上破坏的是法律服务市场秩序。因此，各监管主体必须从维护法律服务市场正常秩序、维护社会主义市场经济秩序的高度，综合运用多种市场监管手段制止、纠正各种不公平竞争行为。

2.保护当事人利益。“律师应当维护当事人合法权益，维护法律正确实施，维护社会公平正义”①，这是律师法对律师的职责规定和要求，是广大律师必须遵循和做好的。所有市场监管的最终目的是维护人民群众的根本利益，因此，对律师业的市场监管也要从切实保护当事人的利益出发，以当事人的满意程度作为检验工作成效的标准。另外，由于法律服务具有无形商品的特殊性，且专业性较强，当事人对其服务质量如何有时是很难搞清楚的，需要有关政府部门和协会代表其利益进行监管。

3.促进律师业健康发展。法律服务市场目前存在的一些混乱现象，原因来自司法行政内部和外部两个方面。内部是一些法律服务所不规范执业，主要表现在：从公检法退休或内退人员在法律服务所工作，不可避免地利用了原有职务的影响；有些法律服务工作者利用社会上一些民众不明真相的情况，堂而皇之地以律师身份办案，甚至公开在名片上印上律师，争揽业务，有的新闻部门也常常误把法律服务工作者当成律师报道，由于法律服务工作者整体素质低于律师，个体素质又表现得参差不齐，以律师的名义为当事人服务，严重影响了律师声誉和形象；法律服务所赋税低、成本低，有的便肆意压低价格，招揽业务，抢占市场，形成不正当竞争。来自外部的主要是“黑律师”非法执业，这类人大致上分两种：一是具有司法资格（或律师资格），但是没有取得律师执业证书或曾取得律师执业证书但因种种原因不再申请执业的人；另一种是从未取得过任何法律资格，仅凭对法律的一知半解和所谓社会关系承接案件的人。这些人中有的凭基层组织出

① 《律师法》第2条第二款。

具的证明在法院蒙混过关代理案子；有的与个别法官勾兑，获得案源，谋取利益。针对这些乱象，一方面，各监管主体建立统一协调行动的工作机制，联合执法，取缔一批未经合法登记的法律服务机构；清理一批超越核定业务范围、违规从事法律服务的机构；查处一批以律师名义从事有偿法律服务、欺骗群众的非律师人员；查办一批违法执业、危害群众和公共利益，扰乱法律服务秩序的案件，清理、整顿好法律服务市场。另外，各监管主体要转变观念，树立服务律师推动法治的意识，主动、热情、周到服务，在税收、社保、人才培训等方面提供政策保障和支持，扶持律师业健康发展。

4.培育法律服务市场。目前，虽然律师工作已渗透到社会生活的方方面面，但还远不够深入和广泛，律师业务在许多领域还缺乏制度性保障。如政府法律顾问、重大项目法律论证等，律师的参与还往往取决于个别党政领导和企业负责人的觉悟和法律意识。一些新兴领域的法律服务还需要支持和帮助律师事务所及时跟进和研发等。各市场监管部门，通过制定政策措施、搭建平台等，加大对法律服务主力军律师业的扶持力度，培育完善法律服务市场，推动法治建设。

三、加强我国法律服务市场监管亟待解决的几个问题

(一)确立律师在法律服务市场中的主导地位

完善立法，严格执行修改后的《刑诉法》《民诉法》和《律师法》等规定，从法律的角度确立律师在法律服务市场的主导地位，而将所谓的具有诉讼行为能力的非律师、非法律工作者拒之门外。在诉讼过程中，公民、法人或其他组织需要法律帮助时，只能聘请律师和具有合法执业机构内的法律服务工作者为其提供法律服务，其他任何人员以代理人或辩护人的身份参加诉讼即为非法。同时，在实践中加大对这些人员参与、提供法律服务行为的查处力度，一经发现，严惩不贷。另外，随着律师业的不断发展，应考虑采取妥善措施解决法律服务所人员的出路问题。实行律师在法律服务市场的主导地位是从根本上解决我国法律服务市场混乱的有效途径，对于提高法律服务的质量、提高律师在法律活动中的地位、推动我国法治建设的进程有着举足轻重的作用。

(二)进一步优化律师业发展环境

首先，切实提高和保障律师在执业活动中的权利和地位。随着新修订的《律师法》和《刑诉法》《民诉法》的实施，如律师办案调查取证难、会见难、阅卷难等老三难问题有所缓解，但立案难、异地办案时受公检法及有关职能部门刁难等不正常现象依然大量存在，律师业市场监管主体要从推进法治建设的高度，重视律师执业权力的保障，让法律规定的执业权力切实落到实处。其次，司法行政部门要积极转变职能，注重从体制、政策、服务等方面营造有利于律师业发展的环境。

要进一步减少行政审批事项，凡是能让市场解决的问题都由市场解决，确需保留的也要简化手续，努力为法律服务的发展创造更为优越的环境平台。最后，政府部门要加大对律师业的政策保障扶持力度。律师行业起步较晚，发展发育还很不完善，有些方面还比较脆弱，政府有关部门要以贯彻落实中办发[2010]30号文件为契机，完善律师行业财税、劳动用工和社会保障政策，完善律师工作经费保障政策，完善执业保险、医疗保险、养老保险、责任保险等风险制度，为律师业提供良好的发展环境。

（三）完善信用制度体系，规范市场竞争行为

信用对于拓展法律服务领域、规范法律服务市场秩序等具有巨大的作用。应"建立健全律师诚信执业制度，完善律师诚信执业的评价、监督机制和失信惩戒机制，使广大律师恪守职业道德，努力成为社会诚信建设的倡导者、推动者和示范者"[①]。要制定一套系统、完善的律师服务信用评估、信用风险预警、信用风险管理及信用风险转嫁制度，使失信行为的成本大于失信带来的利益，从源头上遏制失信行为的发生。要深化完善律师信用评估标准，把行政管理机关、行业协会、新闻舆论媒体、社会专门评测机构、人民群众意向等多种评价方式结合起来，通过不同形式的监督和评议，促进律师行业改进作风，树立依法执业、诚信执业的职业形象。

第三节　社会监督

《律师法》第3条第三款规定："律师执业应当接受国家、社会和当事人的监督。"基于律师的职业属性，国家为保证律师能够正当履行其职责，为律师执业提供了相应的法律保障和制度保障，赋予了律师优于普通人的一些特权。为了防止权力的滥用，律师、律师事务所在接受司法行政机关和律师协会监管的同时，必须将律师的执业活动纳入广泛的国家、社会以及当事人的监督体系之中。另外，律师发挥着对公权力行使的监督、制衡作用，监督者接受被监督者的监督是题中应有之义。

一、行政机关的监督

除接受司法行政机关的监督指导外，律师和律师事务所还必须接受其他行

① 中共中央办公厅、国务院办公厅转发《司法部关于进一步加强和改进律师工作的意见》的通知（中办发[2010]30号文件）。

政机关的监督。律师承办业务，由律师事务所统一接受委托，与委托人签订书面委托合同，按照国家规定的标准统一收取费用并如实入账，律师事务所和律师应当依照规定收费、依法纳税。物价部门、税务机关有权对律师及律师事务所的收费和纳税行为进行监督，并对律师及律师事务所的违规违法行为进行处罚。

二、职业共同体的监督

在现代西方法学著作中，对法律职业的定义是："从事直接与法律相关的各种工作的总称。"从这一定义不难看出，法律职业包含全部直接与法律相关的职业，是一个广义的概念。虽然，各国对法律职业具体范围的界定或规定都不尽相同，但对于法律职业中最基本、最主要的职业，即法官、检察官和律师三职业的界定和规定是大体相同的。

法官对律师的监督，主要应体现在对律师是否遵守法定的诉讼程序，以及是否遵守职业道德方面的监督。遵守法定的诉讼程序是律师应尽的基本义务。律师如果违反职业道德，如乱收费、收费后不提供必要的服务、向法官行贿或要求当事人向法官行贿、提供虚假证据、藐视法庭等，法官是最为了解的，因此，对违反职业道德行为的律师，法官应当主动向司法行政管理部门和律师协会通报，一旦查证属实，应当给予纪律处分，情节严重的，应吊销执照。

检察官在法庭上与律师是"对头"，同时负有对法律实施的监督职能，对律师实施监督既是应有的权力，也是职责所在。

当然，监督是相互的，法官、检察官与律师相互关系应为相互独立、彼此尊重、互相合作、互为监督的关系。

三、当事人的监督

律师作为接受当事人委托或者人民法院指定、为当事人提供法律服务的专业人员，维护当事人合法权益是当然的职责。律师的执业行为将对委托人的利益产生重大影响，律师的行为理应纳入当事人的监督之下。在实践当中，来自当事人对律师的监督是最直接、最尖锐，也是最有效的，司法行政机关、律师协会对律师、律师事务所违法违纪行为的调查和处理，最多来自于当事人的举报。正基于此，一些律师形容说当事人是自己最大的敌人，这也从一个侧面说明了这一点。

律师违反规定执业，侵犯当事人利益，当事人有权要求其承担赔偿责任。律师违法执业或者因过错给当事人造成损失的，由其所在的律师事务所承担赔偿责任。律师事务所赔偿后，可以向有故意或者重大过失行为的律师追偿。

四、舆论的监督

律师承担着“三维护”的职责使命，为了确保律师正确履行其社会职责，舆论媒体有权有责对律师的执业行为进行监督，褒扬正当、合法的模范行为，批评不正当、违法违规的行为。对于律师违反职业道德的行为，任何单位和个人都有权提出合理的批评和指责，有权向律师协会以及司法行政机关反映，或者向新闻媒体予以揭露和曝光，对律师的违法行为，任何单位和个人都有权向司法机关控告、揭发。

结 语

日常监管在各类监管、监督中处于基础性地位，发挥着基础性作用；市场监管是市场经济、法治经济的基本要求，市场手段是其主要手段；社会监督具有广泛性。日常监管、市场监管和社会监督共同构成了对律师、律师事务所执业活动的立体监督体系，三者各有侧重，互为补充，相辅相成，缺一不可。

第十一章 律师协会建设

在当代中国，律师管理实行行政管理与行业管理"两结合"的管理体制，其中的行业管理主体为律师协会。按照我国《律师法》第45条规定，律师、律师事务所应当加入所在地的地方律师协会。加入地方律师协会的律师、律师事务所同时是全国律师协会会员。

律师协会作为社会团体应当如何建设？尤其是律师队伍作为民主与法治的倡导者和推动者，如何建设自己的行业管理组织，是业内外普遍关注的问题。本章根据社会团体的特点、相关法律法规、全国律协章程等对律师协会的组织结构、运作规则、发展趋势进行介绍和阐释，特别是结合当代律师行业管理的历史特点，对律师协会建设中出现的问题进行回答。

第一节 律师协会组织架构

依据《中华全国律师协会章程》的规定，全国律师协会的组织机构包括全国律师代表大会、理事会、常务理事会、专门委员会和专业委员会、秘书处。地方律师协会的组织机构也大致与全国律协一致。

一、律师协会的机构设置

（一）律师代表大会

律师代表大会是律师协会的最高权力机构。代表由个人会员和团体会员组成。律师代表大会按章程规定的时间举行，必要时，经常务理事会决定，可以提前或延期举行。律师代表大会必须有超过半数的代表出席才能举行。全国律师代表大会代表从省、自治区、直辖市律师代表大会的个人代表中选举产生，也可由省、自治区、直辖市律师协会理事会从个人会员中推举产生。各省、自治区、直辖市律师协会中由执业律师担任的会长或副会长一人为全国律师代表大会的当然代表。地方律师代表大会代表从个人会员中选举或推选产生，选举或推选办法由地方律师协会常务理事会规定。根据需要，律师协会可以邀请有关人士作为特邀代表参加律师代表大会。特邀代表的职权由律师协会常务理事会确定。

代表应当出席律师代表大会，并可行使审议权、表决权、提案权、提议权、选举权和被选举权，代表应当定期联系会员，反映会员呼声，维护会员权益。

全国律师代表大会的职权是：(1)制定修改律师协会章程和重要规章制度；(2)讨论并决定律师协会的工作方针和任务；(3)听取和审议律师协会理事会的工作报告和工作规划；(4)选举、罢免律师协会理事会理事；(5)审议经审计的会费收支情况报告；(6)审议大会主席团提出的其他事项。

地方律师代表大会的职权是：(1)向全国律师协会提出修改章程及其他重大事项的建议；(2)讨论决定本地区律师协会的工作方针和任务；(3)听取和审议地方律师协会理事会的工作报告；(4)审议地方律师协会经审计的会费收支情况报告；(5)选举、罢免地方律师协会理事；(6)审议大会主席团提出的其他事项。

(二)理事会

理事会由律师代表大会选举产生。理事会是律师代表大会的常设机构，对律师代表大会负责。理事会理事任期与本届律师代表大会任期相同。理事在选举过程中，可采取等额选举，也可采取差额选举。

理事成员应从具有良好职业道德和较高业务水平，执业三年以上，具有奉献精神，热心律师行业工作的执业律师代表中选举产生。理事应当履行诚信和勤勉义务，维护律师协会利益，接受对其履行职责的合理督促和建议。各省、自治区、直辖市律师协会由执业律师担任的会长或副会长一人为全国律师代表大会的当然理事候选人，代表团体会员担任中华全国律师协会理事。

理事会的职权为：(1)召集律师代表大会；(2)选举会长、副会长、常务理事；(3)在律师代表大会闭会期间，讨论决定重大事项；(4)增补或更换理事；(5)审议理事会常设办公机构职能部门设置；(6)审议、批准理事会常设办事机构的年度会费收支报告；(7)其他应由理事会行使的职权。

理事会全体会议选举会长、副会长及其他常务理事若干名，每届常务理事的更新应不少于三分之一。会长可以连选连任，但连续任期不得超过两届。理事会认为必要时，可以增选或罢免常务理事。根据工作需要，理事会可聘请名誉会长和顾问若干人。

会长行使下列职权：(1)主持律师代表大会；(2)召集和主持理事会、常务理事会；(3)督促和检查理事决议的执行；(4)签署律师协会重要文件；(5)行使理事会授予的其他职权。副会长协助会长开展工作，必要时，可受会长委托，召集、主持理事会和常务理事会会议。

理事会会议每年至少举行一次。理事会由会长召集和主持，会长因特殊原因不能履行职务的，由会长指定的副会长召集和主持。

（三）常务理事会

常务理事会是理事会的常设机构，在理事会闭会期间行使理事会职权。常务理事的选举，建议采取差额形式，以激励常务理事认真履职，同时由于常务理事名额较少，一般为广大律师认知，使得常务理事差额选举成为可能。经常务理事会决定或三分之一以上理事提议，可以举行理事会临时会议。常务理事会按章程规定的时限举行会议，研究、决定、部署律师协会的工作。

律师协会实行会长办公会议制度。会长办公会议由会长、副会长组成，由会长定期召集开会。会长办公会议负责督促、落实常务理事会决议和决定。

（四）专门委员会和专业委员会

专门委员会是律师协会的专门工作机构。律师协会应当设立维护律师执业合法权益委员会、律师纪律委员会、规章制度委员会、财务委员会等专门委员会。目前全国律师协会除设立上述专门委员会外，还设有教育培训委员会、法律援助委员会、WTO委员会、地方律协建设指导委员会、女律师委员会、外事委员会、律师发展战略研究委员会和宣传联络委员会。常务理事会可根据工作需要增设新的专门委员会。

律师协会可以设立若干专业委员会。专业委员会是理事会或常务理事会领导下的研究、指导律师业务发展的专业工作机构。各委员会设主任委员一人、副主任委员和委员若干人。专业委员会的设置、调整和主任、副主任委员人选由常务理事会决定。专业委员会按照活动规则，组织开展理论研究和业务交流活动，起草律师业务规范。常务理事会可以聘请专家、学者和有关领导担任专业委员会顾问。

（五）秘书处

律师协会设秘书处，负责具体落实律师代表大会、理事会、常务理事会的各项决议、决定，承担律师协会的日常工作。

秘书处设秘书长一人、副秘书长若干人。秘书长由常务理事会聘任，副秘书长由秘书长提名、常务理事会决定。

秘书长在常务理事会的授权范围内，领导秘书处开展工作。秘书长、副秘书长列席理事会议、常务理事会议、会长办公会议。秘书长履行下列职责：(1)主持办事机构日常工作；(2)组织实施理事会、常务理事会的各项决议；(3)拟定办事机构设置方案；(4)制定、实施办事机构内部各项规章制度；(5)提请聘任或解聘副秘书长，提请聘任或解聘应由常务理事会聘任或解聘的其他部门负责人员。

(6)完成理事会、常务理事会、会长交办的其他工作;(7)协调与司法行政机关的工作关系。

根据工作实践,秘书处建设应达到以下要求:(1)健全制度。理事会或常务理事会可以制定"秘书处建设指导意见""秘书处机构设置及职能管理办法""秘书处考核管理办法""秘书处岗位及人员聘用管理办法"等规章制度,理顺秘书处工作体系,确保工作常态化;(2)根据章程对秘书处职能的要求,设立秘书处职能部门,健全完善秘书处机构设置;(3)规范秘书处薪酬管理,按照社会团体劳动用工的基本要求,签订劳动合同,建立优胜劣汰、奖勤罚懒的劳动用工制度;(4)秘书长专职化。

在各地秘书处机构设置中,普遍设置的机构包括会员部、教育培训部、宣传和信息部、财务部、办公室、编辑部等。

二、机构设置的发展趋势

(一)常务理事会的设置

由于律师协会的层级、地域、历史传统和律师业发展状况等不同,是否设置常务理事会各地并不统一。设置常务理事会,可以适当增加理事会成员人数,体现理事的代表性。不设置常务理事会可以减少机构层级,提高工作效率。有些省级律师协会和多数设区的市级律师协会没有设置常务理事会,原因有以下方面:(1)会员在地域上相对集中,召集理事会会议比较便利,设置常务理事会反而会降低工作效率,如北京市律师协会、天津市律师协会等。(2)层级较低、会员较少,设置常务理事会没有必要,如设区的市级律师协会。(3)减少机构层级,提高工作效率,如广东省律师协会。

一般来说,层级较高、会员较多、地域较广的律师协会,为了既扩大理事的代表性又发挥常设机构工作的高效率,可以考虑设立常务理事会,例如中华全国律师协会。但从发展趋势看,随着交通和通信状况的改善,取消常务理事会是大势所趋。

(二)监事会设置

全国律师协会至今没有设立监事会,省级律师协会做法不够统一。从发展趋势看,设立监事会是发展方向。下面以山东省律师协会为例,简要介绍监事会设置。

山东省律师协会章程规定,协会设立监事会。监事会是律师代表大会闭会期间的常设监督机构,每届三年。监事从具有五年以上执业经历的全省律师代表大会代表中选举产生。协会理事、秘书长、副秘书长不得担任监事。

监事会对全省律师代表大会负责并报告工作,履行下列监督职责:(1)编制监事会年度工作计划和要点;(2)监督理事会、常务理事会、会长、副会长及秘书处履行职责;(3)监督各专门委员会、专业委员会开展工作;(4)监事会成员列席理事会会议,监事长列席常务理事会会议,监事会自主决定列席各专门委员会、专业委员会会议;(5)监督、审计会费的收缴、管理和使用情况;(6)章程规定或全省律师代表大会授权的其他监督职责。

监事长、副监事长由监事会全体监事过半数选举产生。监事长可连选连任,但连任不得超过两届。监事会每年召开一次会议。经监事长或三分之一以上监事提议,可召开监事会临时会议。监事长负责召集并主持监事会会议,监事长每年向监事会提交书面年度工作报告。监事会名单报山东省司法厅和中华全国律师协会备案。

应当说,设立监事会进一步完善了律师协会的机构设置和工作体系,对加强律师行业管理、促进律师业健康发展发挥着重要作用。

第二节 律师协会章程及议事规则

为有效履行职责,律师协会应制定并遵守议事规则。本节重点介绍章程和议事规则,充分体现出协会追求民主、注重程序的鲜明特点。

一、律师协会章程

章程是律师协会根本的管理制度,应当以律师法,有关法律、行政法规为依据。地方律师协会制定章程时,还应当参照全国律协章程的规定。章程的内容非常广泛,本书各章节有关律师行业管理的内容在章程中均有体现。我们认为,章程相对于法律法规应当更加具有灵活性、创新性、前瞻性等特点,各地律师协会也应当结合当地实际体现差异性,但应当以不违背法律法规为原则。具体说来,章程制定过程中应考虑以下要求:(1)应当将法律法规对律师行业管理的要求具体化。(2)应当尊重律师行业管理的自律特点,尊重律师行业发展的自身需求。行政管理应严格依法进行,不可越权,更不可包办。(3)应当充分考虑我国法治建设的前景,考虑律师业飞速发展的实际,在行业管理的职能特别是服务会员的职能方面有突破、有创新,应当在借鉴发达国家律师行业自律管理方面成功做法、经验有所突破。(4)应当在律师协会民主管理上有突破,尊重律师代表和理事的民主权利,在差额选举、监事会设置、会费使用管理等方面更加民主、透明、规范。

章程由律师代表大会制定。

务理事会、会长、副会长及秘书处履行职责；(3)监督各专门委员会、专业委员会开展工作；(4)监事会成员列席理事会会议，监事长列席常务理事会会议，自主决定列席各专门委员会、专业委员会会议；(5)监督、审计会费的收缴、管理和使用情况；(6)章程规定或律师代表大会授权的其他监督职责。

监事的权利主要有：(1)在监事会上享有平等表决权；(2)监督理事会的日常工作并向监事会报告；(3)对监事会的监督工作提出意见和建议。

监事的义务主要有：(1)遵守、执行监事会的规章制度和决议；(2)按时出席监事会会议；(3)履行监督职责；(4)监事在履行职务时，未经监事会研究同意，不得代表监事会发表意见；(5)遵守保密义务等。

监事会应当派员参加理事会、常务理事会、会长会议、专门委员会会议、专业委员会会议，并可以根据需要当场发表意见。监事会认为必要的，可就任何协会事项进行专项调查。

理事会及所属单位通过的各项决议及重大事项应向监事会通报，监事会可在决议通过后的 7 日内提出异议。监事会向理事会送交的监督和整改意见，理事会必须研究并决定是否执行。监事会可根据章程规定，要求召开律师代表大会，并向大会提交提案。

监事会应当定期召开会议，在符合制度要求的情况下可以召开临时监事会。召开监事会会议须由超过半数的监事参加，会议由监事长主持。监事会会议决议须由出席会议的二分之一以上监事表决通过方为有效。

监事会议事规则还应就监事会筹备、通知、议决程序、决议和会议纪要等作出规定。

(四)常务理事会职责及议事规则

常务理事会是律师协会决策及履行职能的中枢，常务理事会职责包括：(1)讨论决定本会重要工作事项；(2)决定聘任或解聘秘书长，根据秘书长提名决定聘任或解聘副秘书长；(3)对律师代表大会及理事会作出的决议在执行过程中作出必要解释；(4)研究提交理事会议题，审核提交理事会表决的事项，召开理事会会议或决定召开理事会临时会议；(5)审议通过有关制度，审核提交需要理事会表决通过的有关制度；(6)批准秘书处机构设置方案；(7)批准设立专门委员会、专业委员会及其他工作机构，并对其年度工作进行考核；(8)根据需要聘请名誉会长和顾问；(9)讨论决定年度工作报告及下一年度工作要点；(10)其他经理事会授权行使的职权。

常务理事的权利义务一般包括：(1)在常务理事会上享有平等的提议权、审议权、表决权；(2)对协会工作提出意见和建议；(3)按时参加常务理事会议；(4)执行常务理事会决议；(5)忠实履行职责，全心全意维护协会的合法权益；

(6)不得利用自己的职务为个人或所执业的律师事务所谋取不当利益。

常务理事会和常务理事任期由章程确定。常务理事由理事会从理事中选举产生。

常务理事会会议由会长召集并主持,会长因故不能履行职责时,应当指派一名副会长代行其职责。常务理事会会议应当定期召开,在满足制度安排的条件时,应当召开常务理事会临时会议。常务理事会会议须由超过半数的常务理事参加。常务理事会会议议题由会长会议确定,常务理事及秘书长可提出会议议题,由会长会议审核确认。常务理事会形成决议,需经出席会议的二分之一以上常务理事表决通过方可有效。监事长、秘书长及与会议议题有关的人员列席常务理事会。会议可邀请司法行政机关及其律师管理部门负责人参加会议。

议事规则还应就常务理事会会议筹备、会议通知、议事程序、表决方式、文件签发、保密等作出规定。

(五)会长会议职责及议事规则

会长会议由会长、副会长组成,由会长召集,其职责包括:(1)研究贯彻落实司法行政机关、全国律协有关律师工作、律协工作的决定和指示;(2)督促落实本会理事会、常务理事会的决议和决定;(3)讨论决定需要提交常务理事会会议的议题;(4)讨论决定日常工作的安排部署;(5)其他需要会长会议研究决定的事项。

会长职责包括:(1)主持协会日常工作;(2)主持召开理事会会议、常务理事会会议、会长会议;(3)代表理事会向律师代表大会作工作报告,代表常务理事会向理事会作工作报告;(4)签署本会文件;(5)督促、检查常务理事会决议的执行情况;(6)督促、检查副会长、常务理事履责情况;(7)律师代表大会、理事会、常务理事会、会长会议授予的其他职责。

会长会议应当定期召开,时限间隔应根据各地具体情况确定。经会长提议或三分之一以上副会长提议,可召开临时会长会议。召开会长会议须由超过半数的会长、副会长参加。会长确定会长会议议题,副会长及秘书长可提出议题,由会长审核确认。会长会议形成决议,需经出席会议的二分之一以上会长、副会长表决通过方可有效。议事规则还应对会长会议筹备、通知、纪要、表决、文件签发、保密等事项作出规定。

(六)专门委员会职责及议事规则

专门委员会的设置、增加、撤销、委员条件、委员组成,主任委员和副主任委员人选等由常务理事会决定。

专门委员会职责一般包括:(1)执行理事会、常务理事会、会长会议决定;(2)参加或主持重大课题、问题的调研和调查处理,提出意见、建议;(3)承办有关咨询、质询，拟订、审议同本专门委员会有关的议案；(4)参与行业规范及有关规章制度的起草、论证、报审等工作；(5)起草本专门委员会必要的工作规则；(6)建立与有关政府部门和社会团体的经常性联系；(7)提出对外交流计划和方案；(8)根据行业管理需要、律师协会授权及各专门委员会特点，开展其他有关活动。

主任委员一般由常务理事担任。委员的条件应根据协会具体情况确定，一般应当有执业年限的限制，没有受过行政处罚和行业处分。

委员享有知情权、发言权和表决权，有权对本委员会工作提出意见和建议。同时委员应当按时参加委员会各项活动，完成委员会交办的任务，不得利用委员身份为本人、本人所在律师事务所或他人谋取不当利益。对经常违背委员会决议和工作纪律的委员，可根据规定剥夺其委员资格。

委员会召开会议，须有过半数的委员参加。委员会形成决议，需经出席会议的二分之一以上委员同意方可有效。

委员会会议由主任委员召集和主持，主任委员因故不能履行职责时，可指派一名副主任代行职责。

(七)专业委员会职责及议事规则

专业委员会的设置、增加、撤销，委员条件、委员组成、主任委员和副主任委员人选等由常务理事会决定。

专业委员会职责包括：(1)就本专业领域的法律业务开展理论研讨、业务交流；(2)就本专业领域的法治建设和政策制定等开展调查研究，参与国家立法、部门立法和地方立法及司法解释的制订，并就立法和法律实施向立法、司法和行政机关提出意见和建议；(3)制订律师从事相关业务的操作指南、业务范本和业务规范；(4)搜集、整理有关信息资料，对本专业律师业务进行市场调查和统计分析，并协助本会编辑出版专业文集；(5)就本专业领域的律师业务和社会热点法律问题开展论证和宣传；(6)就本专业领域的疑难案件进行研究和讨论；(7)起草本专业委员会必要的工作规则；(8)协调律师业务活动，建立与律师业务相关的社会支持网络，支持律师依法提供法律服务；(9)协助教育培训委员会开展教育培训工作；(10)协助宣传联络委员会开展对外业务交流与合作；(11)根据律师业务发展需要、律师协会授权及各专业委员会特点，开展其他有关活动。

专业委员会委员的权利义务主要有：按时参加活动；享有知情权、建议权、发言权和表决权；完成委员会安排的工作任务；不得利用委员身份为本人、本人所在律师事务所或他人谋取不当利益。

专业委员会会议由主任委员召集和主持，主任委员因故不能履行职责时，可指派一名副主任代行职责。会议须有过半数的委员参加。会议形成决议须有出席会议的过半数委员同意方为有效。会议应通知监事会指派代表参加，必要时可邀请司法行政部门、律师协会秘书处列席会议。

专业委员会可通过业务指导文件、研讨会、座谈会、业务观摩、业务培训、信息服务等形式开展工作。

对委员加入和退出专业委员会应有明确规定。

第三节　律师协会制度创新与发展

律师协会作为自律性行业管理组织，其发育和完善需要一个过程。就现阶段我国律师协会发展状况而言，需要在如下五个方面进行制度探索和完善。

一、保障律师协会的独立地位

《律师法》第 43 条规定："律师协会是社会团体法人。"《中华全国律师协会章程》第 2 条规定："中华全国律师协会是由律师、律师事务所组成的社会团体法人。""法人"的法律定位意味着，律师协会具有独立的法律人格，可以以自己的名义享有和行使法律和章程规定的权利，独立承担法律和章程设定的义务。然而在现实中，我国"两结合"律师管理体制改革尚未完全到位，律师协会制度也正处于成长发育阶段，落实法律和章程赋予律师协会的独立地位，已成为律师工作体制机制改革的重要课题。

落实律师协会的独立地位，当前必须重点落实三项必要条件：一是独立的领导和决策机构。这是保持律师协会独立地位的组织基础和先决条件，主要体现在三个方面：作为最高权力机构的律师代表大会应当全部由执业律师担任正式代表；作为律师代表大会常设机构的理事会应当全部由执业律师组成；作为律师协会法人代表的会长应当由执业律师担任。从现实来看，前两点比较容易落实，在执业律师担任会长方面，有些地方做得较好，有些地方还没有完全落实到位。二是独立的执行和办事机构。从全国来看，一方面，多数律师协会实现了执行和办事机构与司法行政机关律师管理部门的"两分离"，设立了独立的秘书处，聘用了部分专职工作人员，在机构和人员方面实现了一定程度的独立；另一方面，绝大多数律师协会的秘书长仍由司法行政机关委派，或由司法行政机关人员兼任，秘书长仍保留政府公务人员身份，有些律师协会秘书处其他工作人员也存有同样问题。我们认为，这是"两结合"律师管理体制改革不到位、不彻底的过渡性安排，尽管有其现实的合理性，但从长远来看不利于保持律师协会的独立性，应当随着律师管理体制改革的深入推进，逐步实现包括秘书长在内的秘书处工作人员与司法行政机关的完全脱离。三是独立的经费和财权。这是律师协会顺利运转并开展各项工作的前提和保障。现实中,大多数律师协会的经费和财权难以实现完全独立,主要表现为:有些律师协会没有独立的银行账户、没有专门的财务管理人员,甚至没有经费支出的签字权,司法行政机关挤占、挪用会费现象在一定范围内存在。我们认为,这些仍是改革不到位、不彻底的产物。随着行政管理体制改革和"两结合"律师管理体制改革的深入推进,司法行政机关逐步放手放权、让律师协会独立掌握财权是大势所趋。

以上三项条件是一个整体,缺了哪一项都可能危及律师协会的独立地位。当然,落实律师协会的独立地位,并不是排斥司法行政机关的监督指导,而是要在司法行政机关的依法监督指导下保持自己独立的法人地位。

二、注重律师协会运行中程序和民主价值的效应

根据律师法,律师协会是由律师、律师事务所组成的自律性行业组织,其职权来自于法律规定和全体会员的授权。法律规定方面,《律师法》第46条明确规定了律师协会的八项职能;会员授权方面集中体现在由律师代表大会通过的律师协会章程中。律师协会的性质决定了程序和民主对协会工作至关重要,甚至在一定意义上,程序和民主就是律师协会工作的生命线。实践也充分证明,凡是注重民主、讲求程序的律师协会,工作就有声有色、生动活泼、成效明显,就能够得到广大律师的赞成和拥护;反之,工作就可能被动僵化、一潭死水、成效不彰,就得不到广大律师的赞成和拥护。

在程序与民主方面,业界呼声最强烈、焦点最集中、同时也是分歧最严重的问题,是协会领导机构的直接选举问题。所谓直接选举,按照百度百科的解释,就是由选民直接投票选出国家代议机关代表和国家公职人员的选举,这是有选举权的人直接参加选举行使选举权利的选举方式。对律师行业而言,直接选举就是由全体会员按照一人一票的方式直接推选出协会的领导机构。直接选举最大的好处是能更直接地反映民意、实现选民的意志,但其缺点也是显而易见的。综合考虑我国国情以及当前律师业发展状况,我们认为,目前不宜大范围推行直接选举模式,主要有四点理由:第一,直接选举程序繁杂,需耗费大量的人力、物力、财力,而绝大多数律师协会都是人手短缺、经费紧张,难以承担直接选举的重任。第二,直接选举组织难度较大,我国地域广大,各地交通、通信发展极不平衡,律师会员已达23万之众,在全国以及省级层面进行直接选举缺乏可操作性。第三,对直接选举的准备不充分。从实践层面看,目前全行业还没有实行直接选举的案例,缺乏这方面的实践经验;从理论层面看,关于直接选举的研究论证积累较少,对实行直接选举的必要性、具体操作模式、方式方法等缺乏普遍共识,对直接选举的可能带来的后果缺乏系统的评估,在诸多准备尚不充分的情况下,盲

目推行直接选举，极易撕裂行业发展共识，导致行业震动甚至引发不稳定，破坏来之不易的良好发展局面。第四，发展是比改革选举制度更为紧迫的第一要务。我国律师业整体处于成长发育期，发展是当前律师业第一要务，并面临着宝贵的发展机遇和良好的内外部条件，法治建设已成为当代中国的强烈共识，党中央、国务院以及各级党委政府高度重视律师工作和律师队伍建设，人民群众法律意识和法治观念迅速提升，社会各界更加关注、支持律师工作，律师行业大有可为，因此，如何凝心聚力、抢抓机遇、加快发展，是当前比改革协会选举制度更为紧迫、更为重要的课题。

尽管当前不宜大范围推广直接选举，但也应当看到，协会领导机构直接选举是发展方向，我们可以在两个方面有所作为、有所准备。第一，本着循序渐进的原则，在审慎、稳妥的前提下，选取部分地域范围较小、律师人数较少、行业发展较为成熟的地级市先行试点，并根据试点情况逐步完善操作模式、程序、方式方法等，为直接选举积累经验。第二，在现有条件下为协会工作更多地注入民主元素，推动、催化协会工作的民主化进程。在律师协会代表、理事、监事、副会长、会长等候选人的提名问题上，可按照司法行政部门党委的统一领导和部署，赋予律师协会党委和律师协会组织机构对各类候选人的提名参与权，并建立提名的酝酿会商机制，在选举程序上，可更多地采取差额选举的办法，增加差额的数量，并增设竞选演说等环节，以确保选出广大律师信任、能够真正代表律师利益的协会组织机构。推行监事会制度，赋予并保障监事会的知情权、参与权、调查权、提议权，确保协会工作得到有效监督。

三、切实发挥市级律师协会的职能作用

就目前看，三级律师协会建设中，市级律师协会建设最为薄弱，行业管理职能没有充分发挥，地域间不平衡，有必要在以下方面深入开展工作。

（一）市级司法行政机关要充分认识律师协会工作的重要性

司法行政机关要着眼于事业、着眼于发展、着眼于未来，充分认识加强律师协会工作的重要性、紧迫性，把加强律师协会工作摆到重要位置，切实加强组织领导。要定期听取律师协会汇报，研究律师协会建设和工作中的重大问题。要积极主动地向党委政府汇报律师协会的工作，邀请党政领导到律师协会视察指导工作，邀请人大代表、政协委员到律师协会就贯彻落实律师法进行执法检查和视察工作，积极争取政法机关和其他有关部门的支持和配合，帮助解决律师协会工作中存在的困难，为律师协会更好地开展工作、发挥作用，创造条件、打好基础。

（二）全国和省级律师协会要加强对市级律师协会工作的监督指导

根据章程规定，上级律师协会对下级律师协会负有监督、指导责任。全国和省级律师协会应当出台对市级律师协会工作的指导意见，便于统一工作标准和要求，督促市级律师协会开展工作。

（三）进一步加强市级律师协会组织体系建设

加强议事、决策机构建设，严格按照协会章程选配律师协会领导班子，健全完善代表大会、理事会等议事、决策机构的组织架构，健全完善选举、议事、表决、报告工作、述职等各项工作规则，提高科学决策、民主决策的能力和水平。加强机构建设，建立健全专门、专业委员会，制定任期和年度工作规划、计划，明确目标和责任，建立年度考核和报告工作制度，充分发挥"两专"委员会在事业发展、行业管理、业务指导、规范执业中的作用。加强执行机构建设，以突出服务能力和执行能力为重点，选好配强秘书长人选，合理配置秘书处人员，明确工作职责，规范工作流程，严格工作标准，不断提高执行的效率和质量。加强监督机构建设，探索建立并不断完善监事会制度，使律师协会的重大决策及执行受到有效监督和制约。

（四）进一步加强市级律师协会财力保障建设

市级律师协会要根据当地经济社会发展状况和律师业的发展情况，确定合理的律师协会会费缴纳标准，建立健全严格的会费收缴、管理、使用办法，建立年度财务审计制度，保障会费取之律师、用之律师，保障律师协会工作的正常开展。

四、有效发挥理事或常务理事的作用

理事是律师代表大会选举产生的，理事会负有开展行业管理的职责。但由于律师本职工作繁忙，理事履行行业管理的责任常常被忽略。因此应当建立理事履职评价制度和轮流值班制度，设立常务理事会的，这项工作也应当针对常务理事开展。

（一）履职评价制度

律师协会章程一般都规定，理事应当履行诚信和勤勉义务，维护协会利益，接受代表对其履行职责的监督。建立履职评价制度能够对理事或常务理事的监督常态化、制度化。履职评价的内容一般包括：(1)理事不得损害协会形象，不得泄露协会秘密，不得利用理事地位谋取私利、收取财物；(2)理事应当模范地遵守律师职业道德和执业纪律，在律师中起模范作用；(3)理事应当对自己在协会中分管的工作勤勉尽责，按时完成理事会或协会安排的工作，服从理事会或常务理事会对其工作的安排，自觉接受理事会或常务理事会、监事会对工作的检查监督；(4)按时参加协会各项会议。

年度工作结束后，理事或常务理事应当向律师代表大会或理事会进行述职，报告其工作。述职方式可以采取书面方式或会议发言报告方式。律师代表大会或理事会应当对理事或常务理事的述职报告进行评价，可以进行打分，并根据评价结果给予适当奖励和惩处。

（二）理事或常务理事的轮流值班制度

建立这项制度有利于理事增强对协会工作的责任心，更加重视履行理事职责，同时确保协会工作的常态化、制度化，加强协会工作服务全体会员功能，更好地发挥行业自律管理的作用。

五、建立健全会费及财务管理制度

（一）建立并落实严格、科学的会费管理制度

根据《中华全国律师协会章程》规定，律师协会经费来源有四个方面：一是会费，二是财政拨款，三是社会捐赠，四是其他合法收入。

会费是会员根据一定标准向协会缴纳的费用，具有法定性和稳定性；财政拨款是指政府拨付给律师协会的扶持经费，受政府对律师业重视程度和财政状况影响较大，具有不稳定性；社会捐赠通常因自然灾害、会员回报等因素发起；其他合法收入，通常指律师协会经费的存款利息等。会费目前仍然是最稳定和最主要的经费来源。

《律师法》第34条明确规定：会员必须履行缴纳会费的义务。中华全国律师协会向各省、自治区、直辖市律师协会收缴会费。律师协会应当制定会费收缴办法，确定会费收缴标准及收缴方式，经律师代表大会审议通过，并报同级民政部门备案。

对大多数律师协会来说，协会会费仍较为紧张。同时，有些地方律师协会财务管理不规范，存在会费被侵占、挪用的情况，致使会费不能取之于律师，用之于律师，影响了律师协会正常开展工作，阻碍了律师业正常发展。

（二）加强财务管理，为律师协会开展工作提供保障

协会应当设立独立的银行账户，聘用专门的财务管理人员，根据协会财务管理制度，独立地进行财务工作。

协会应当成立财务委员会，直接参与并监督财务工作。

应当制定财务管理制度，对财务管理原则、权限、程序、收支项目、建账存档等作出具体规定。财务管理应坚持“取之律师，用之律师”，“勤俭节约，量入为出”的原则，严禁将律师协会收入挪作他用，严禁铺张浪费。

财务管理应实行预、决算制度。每年初根据预算收入和年度工作计划，制定财务预算方案，合理安排资金，提交常务理事会、理事会审议决定。年终应对预

算执行情况进行总结，对账目进行财务审计，并提请常务理事会、理事会审议决定。

律师协会应当制定采购管理办法，对协会经费支出加强管理，杜绝违法违规现象发生。

结　语

律师协会建设是行业管理的根本保证。组织机构和规章制度是协会建设最重要的两个方面。我国律师行业管理是从行政管理职能中分离出来的，当前仍处在分离过程中，因此加强律师协会建设显得更加重要。健全完善的律师协会是律师法的要求，是我国律师行业管理的要求，也是中国律师事业发展的根本要求。我们唯有增强责任感，勇于创新，勇于解决问题，才能把律师协会建设好，才能为我国律师行业管理开辟道路。

第十二章　律师协会行业管理

《律师法》第46条规定了律师协会的八项职责，以其性质可划分为两大类，即行业管理与行业服务。行业管理是律师协会代表律师行业自觉主动实施的自我约束、自我调控活动，以促进行业规范健康发展，但其作用发挥的程度受经济、政治、社会及自身建设等多种因素的影响。律师协会除依据法律、法规实施行业管理外，根据法律授权，结合律师行业发展实际，在司法行政机关的监督、指导下，按照规定的权限和程序，制定行业规范，实行职业化、专业化、精细化管理。行业管理的主要法定职责是实习管理、律师执业年度考核、行业奖励与惩戒等。

第一节　律师协会行业管理概述

行业管理是相对于行政管理而言的，行业管理属于自治的范畴，有其独特的规律和特点，需要具备相应的内外部条件。准确把握行业管理与行政管理的关系，有利于促进律师协会与司法行政机关的有机配合，正确行使行业管理自主权，切实落实“两结合”管理体制。

一、律师协会行业管理的概念及特点

行业管理是指律师协会为促进律师行业规范、健康、持续发展，顺应社会对律师行业发展要求，在法律、政府、行业授权的范围内实施的自我约束、自我调控活动。

行业管理具有如下特点：一是由律师协会代表全体会员对行业行使约束和调控权；二是律师协会以维护律师行业公共利益为出发点实施行业管理；三是律师协会必须在授权范围内行使管理权；四是律师协会实施行业管理必须依法接受司法行政机关的监督、指导。

二、实施律师协会行业管理应具备的条件

像任何植物的生长都应具备相应的气候和土壤条件一样，律师协会实施行业管理同样应具备一定的内外部条件。[①]

（一）外部条件

行业管理需要得到法律的确认和在国家管理体系中的认可。20世纪80年代，我国律师制度在“拨乱反正”“加强法制建设”的历史背景下得以恢复重建并得到快速发展。1993年12月，国务院批复的《司法部关于深化律师工作改革的方案》中规定：“从我国的国情和律师工作的实际出发，建立司法行政机关的行政管理与律师协会行业管理相结合的管理体制。”确立了“两结合”管理体制，为行业管理提供了政策依据。1996年5月颁布的《律师法》明确规定律师协会职责，为行业管理提供了法律支撑。2013年3月，十二届全国人大一次会议通过的《国务院机构改革和职能转变方案》中强调：“逐步推进行业协会商会与行政机关脱钩，强化行业自律，使其真正成为提供服务、反映诉求、规范行为的主体。”这为新形势下更加充分地发挥行业管理职能作用指明了方向。至此，应当说律师协会实施行业管理具备了充分的外部条件。

（二）内部条件

1.一定的财力基础。律师协会是自律性组织、社团法人，其经费主要或全部来源于会员缴纳的会费。收缴会费的多寡直接影响开展行业管理活动的程度。在20世纪八九十年代，绝大多数律师协会会员少、会费标准低、会费收入少，开展的活动、发挥的作用很有限。随着律师管理体制的改革完善和经济社会的快速发展，律师事务所、律师数量急剧增加，律师业务收费大幅增长，会费收入不断提高。据2012年中华全国律师协会统计，全国执业律师已达23万余人，人均业务收费19.46万元，2012年中华全国律师协会会费收入1900余万元。省、市级律师协会会费也都有了不同程度的提高。律师协会具备了实施行业管理的财力条件。

2.优秀的领导集体。律师协会是自律性组织，就要有自我管理的领导者。领导者通常是指会长、副会长、常务理事等，由会员选举事业心、责任感强并具有奉献精神的执业律师担任，代表行业整体利益，有效实施行业管理，引领行业健康持续发展。随着律师队伍整体素质的不断提高，民主意识、自律意识不断增强，目前虽有极个别律师协会的主要领导仍由行政官员担任，但全国绝大多数律师协会都依法选出了自己的优秀领导集体，具备了组织实施行业管理的能力。

---

① 参见王晓峰：《论“两结合”中的行业管理》，载《中国律师》2013年第4期。

3. 健全的行业管理规范。律师协会依据法律、法规、政策和政府委托实施行业管理，但由于法律和政府授权通常比较原则、笼统，需要依法健全体现律师行业特点、适应行业发展要求的行业规范，以实现行业管理的科学化、精细化，这是促进律师事业发展的内在要求。中华全国律师协会陆续制定了一批行业管理规则，省、地市级律师协会在此基础上，结合各自实际，也制定了大量的各具地方特色的行业管理规则，为律师协会实施行业管理提供了有力的制度支撑。

4. 会员的自律意愿。行业管理能否实施及实施的效果如何，取决于会员自律意识的强弱。会员自律意识强，对自律管理认可度高，具有接受行业管理的理念和意愿，实施行业管理才具有广泛坚实的"群众基础"，才能得到会员的积极参与、配合，方能取得预期的成效。律师作为法律职业群体，自律意识普遍较高，近几年业内强化行业自律的意识越来越强。

5. 司法行政机关的支持、扶持。司法行政机关作为律师协会的主管部门和监督、指导机关，对律师协会的建设以及协会职能作用的发挥具有重要的影响力。同时，律师行业协会如同我国基本国情一样，仍处于初级发展阶段，还比较柔弱，缺乏工作经验，还在探索中蹒跚前行，需要司法行政机关指导、扶持。《律师法》颁布实施后，在各级司法行政机关的指导、扶持下，律师协会建设逐步得到加强，职能作用日益彰显。

三、律师协会行业管理与行政管理的关系

行业管理与行政管理既相联系又有区别，正确把握二者的关系，有利于明确各自的目标和职责，各司其职，相互配合，有机衔接，有效避免因职责混淆而产生误解和矛盾，影响工作正常开展。

(一)行业管理与行政管理的联系

二者如同一枚硬币的两个面，同属于律师管理这一有机整体，通过履行各自的管理职责，以实现促进和推动律师事业健康发展的共同目标。行政管理是司法行政机关代表国家行使公权力对律师行业进行管理，具有"刚性"和"强制性"特征，在实施宏观管理的同时，能够给予还比较柔弱的行业管理强有力的支持；而行业管理具有职业性、专业性等特点，能够从微观方面协助行政管理具体落实律师行业发展目标、发展规划、发展措施。因此，行政管理与行业管理是相辅相成、互为促进的，把行业管理与行政管理割裂、对立的观点是错误的。

(二)行业管理与行政管理的区别

1. 管理职责的渊源不同。行政管理职责来源于国家法律、法规的明确规定，属于国家行政管理权的具体配置；而行业管理职能则是基于授权取得的，主要有律师法赋予的职责、政府委托的职责、行业赋予的职责。

2.职责范围不同。行政管理主要是从宏观上对律师行业实施管理，如制定有关律师的法律、行政规章和律师行业发展规划，制定并实施律师行业准入、行政处罚制度等；行业管理则主要从中观、微观层面对律师行业实行自我约束和调控，如制定行业规范、开展律师年度考核、实施律师行业奖惩、组织教育培训等。

3.关系不平等。《律师法》第4条明确规定：“司法行政部门依照本法对律师、律师事务所和律师协会进行监督、指导。”行业管理应当自觉接受、服从司法行政部门的监督、指导，一切抵触、规避行政管理的思想和行为都是违背法律规定的。

4.利益关注点不同。行政管理更多地从经济社会发展、民主法治建设、国家利益的角度，规划、推动律师行业的发展；行业管理则是更多地从促进行业发展、维护行业共同利益从发，最大限度地反映律师诉求，维护行业整体利益，并通过行业利益的实现来推动社会利益、国家利益的实现。

四、律师协会行业管理面临的新形势

国家机构改革的大趋势是精简机构、压缩编制，由此可知行政管理力量不可能有太大的增加，甚至可能减少。而据司法部统计，2010～2012年，全国律师事务所、律师数量分别以年均6.8%、9.9%的速度递增，管理任务、管理难度也随之逐年递增。这就意味着行业管理将无可回避地承担起更多、更繁重的管理任务。如何强化、完善行业管理，使其承担起新形势赋予的职责，是司法行政机关和律师协会需要共同研究的重要课题。综观全国律师管理现状，宜从以下方面予以切入。

从司法行政机关的角度讲，作为监督、指导者，应以更宽的胸襟、更大的气魄，指导、鼓励、支持、扶持律师协会独立开展工作，尊重其自主权，监督其认真履行行业管理职责，同时腾出更多的时间和精力做好宏观管理工作，争取和落实有关促进律师行业发展的利好政策，创造更好的执业环境，真正成为律师行业的“靠山”。

从律师协会的角度讲，虽然具备了实施行业管理的内外部条件，但是否能够承担起应有的职责，还要看自身的履职能力。第一应加强自身建设，提升综合履职能力；第二应健全行业规范，完善行业管理的制度支撑；第三应增强会员自律意识，提升遵守行业规范的自觉性；第四应增强律师协会组成人员责任感，做遵守行业规范的表率；第五应加强行业管理研讨交流，推动行业管理科学发展；第六应加大行业惩戒力度，促进行业管理规范得到实际执行和落实。

第二节　律师协会行业规范

行业规范是律师协会实施行业管理的重要依据。健全完善各类行业规范是律师协会实施行业管理的前提和基础。制定行业规范必须依据法律、法规和司法行政机关的授权，按照规定的权限和程序进行，并严格落实。

一、律师协会行业规范概述

(一)行业规范的概念及作用

行业规范主要是中华全国律师协会和地方律师协会发布的有关律师行业管理的规范性文件。[①] 这些行业规范是律师职业伦理规范的集中反映，是律师行为规范的核心渊源，也是对法律、司法解释、行政法规、部门规章、道德规范等渊源的细化、延伸和有益补充，是实施行业管理的重要依据。

国家以法律、法规、规章及政策的形式，从宏观层面对律师制度的定位及架构，律师的性质及任务，律师行业的作用及发展方向，律师协会的地位、性质、构架及职责等作出了明确规定。但就保障和推动律师行业规范健康发展而言，仅有这些宏观的、“粗犷”的规定是远远不够的，需要律师协会依据法律等有关规定，从微观层面制定完备的行业规范，实施具有职业特征、专业特点的精细化管理。而且从一定意义上讲，行业规范的完备程度、执行落实程度，标志着律师行业的成熟度。

(二)行业规范的类别

划分行业规范的类别，有利于健全行业规范体系，实现不同的行业规范所追求的特殊目标，推动行业管理向精细化方向发展，有助于会员准确理解行业规范的目的和意义，提升会员执行和落实规范的自觉性。依据不同的标准，行业规范大体可作如下分类：

1. 以层级为标准，行业规范可划分为全国性行业规范和地方性行业规范。全国性行业规范是由中华全国律师协会制定、全国统一执行的行业规范，此类规范是事关律师行业发展的带有普遍性的重要规范；地方性规范是由省、市级律师协会根据法律和全国性行业规范的规定，结合本地实际，制定的富有地方特色、由其会员统一遵循的行业规范。

2. 以性质为标准，行业规范可分为管理性规范、服务性规范。管理性规范主

---

① 参见中华全国律师协会：《律师职业道德与执业基本规范》，北京大学出版社 2007 年版，第 10 页。

要是要求律师协会的机构、会员应当实施或禁止实施某些行为的规范，目的是规范律师执业秩序，如山东省律师协会制定的《反不正当竞争工作实施办法（试行）》等；服务性规范主要是引导、指导、帮助会员提高素质、规范开展工作、提高工作质量和效能的规范，如山东省律师协会制定的《律师办理中小企业投融资法律业务操作指引》等。我们常说管理寓于服务，服务包含管理，管理性规范、服务性规范都只是相对的，有些行业规范本身就兼具管理与服务两方面的内容。

3. 以调整对象为标准，行业规范可分为律师协会工作规范（如专业委员会工作规则）、律师事务所管理规范（如律师事务所文书格式指引）、律师执业规范（如律师业务操作指引），主要是根据不同对象的职责和工作要求作出的相应规定。

4. 以内容来划分，行业规范可划分为工作类规范（如有关加强律师协会、律师事务所内部管理的行业规范）和业务类规范（如规范和指导律师业务发展的行业规范）。

当然还可以用其他标准来划分。

二、律师协会行业规范的制定

《律师法》第 46 条明确规定了律师协会“制定行业规范和惩戒规则”的职责。但制定行业规范必须遵循合法的依据、规定的权限和程序，否则就是无效的。

（一）制定依据

制定行业规范的依据主要包括三个方面：一是法律、法规、规章以及政策的规定；二是上级律师协会制定的行业规范。比较多的情况是根据上级律师协会制定的行业规范，结合本地实际，制定实施办法或实施细则。三是实际需要。《律师法》规定律师协会制定行业规范，但具体要制定哪些行业规范，没有列举，也不可能一一列举，这就需要律师协会根据律师行业发展实际确定。

对于政府依法行政而言，遵循法无规定即禁止的原则；而对于律师协会自律管理而言，遵循法无禁止即可行的原则。因此，只要不违背法律规定，有利于律师行业规范健康发展，律师协会即可根据实际需要制定各种行业规范。

（二）制定权限

律师协会应在章程中明确规定有权制定行业规范的机构及权限，通常有三个，即律师代表大会、理事会、常务理事会。律师代表大会负责制定、修订章程、会员会费收缴办法等最重要的行业规范，理事会通常负责制定律师发展规划等次重要的行业规范；常务理事会负责制定除需要由律师代表大会、理事会制定以外的行业规范。另，律师协会秘书处、专门委员会、专业委员会及其他机构，为便于规范开展工作，经律师协会领导批准，制定了一些本机构人员统一遵循的内部工作规则。这类制度也宜纳入行业规范的范畴。

根据《社会团体登记管理条例》及相关规定，律师协会制定的章程、会员会费收缴办法必须报同级民政部门备案；根据律师法规定，律师协会制定的章程必须报同级司法行政机关备案；为主动接受司法行政机关的监督、指导，律师协会制定行业规范应及时向同级司法行政机关汇报。

（三）制定程序

制定行业规范有着严格的制式程序，一般包括提议、论证、起草、修改、审议、公布等环节。

章程通常被称为律师协会的“小宪法”，因此制定程序格外严格。成立律师协会应由筹备委员会根据《社会团体登记管理条例》规定，组建章程起草小组。起草小组在调研论证的基础上起草第一稿，而后征求意见、修改，再征求意见再修改，通常需反复多次，而后形成讨论稿，由律师代表大会主席团提交律师代表大会讨论，根据讨论的意见再修改，形成审议稿，提交律师代表大会审议、表决。在出席会议、表决人数方面也有着特别的要求，一般必须有全体代表的三分之二以上出席，并经出席代表的三分之二以上通过。修改章程的程序同样严格，需在章程中作出具体明确规定。

其他行业规范，通常由会长、秘书长根据司法行政机关的要求、会员们的诉求或实际需要提议制定，由秘书处或其他机构或专门成立起草小组进行论证、起草，征求意见、修改，按规定权限和程序，提交有关会议讨论、审议、表决。在出席会议、表决人数上，通常要求出席人数须有全部应出席人数的二分之一以上（含本数），并经出席人数的二分之一以上（含本数）通过。

经有关会议审议通过的行业规范，需以律师协会正式文件的形式公布实施。

三、律师协会行业规范的执行

行业规范的突出特性是自律性，一经公布实施，全体会员即应自觉执行落实。

监事会负责监督行业规范的执行落实，列席律师协会的有关会议，参与有关活动，依照行业规范的规定进行全程监督。秘书处既是律师协会的办事机构，也是执行机构，负有指导、督促会员严格执行落实行业规范的职责。

律师事务所既要自觉执行落实行业规范，又要教育、监督本所律师、申请律师执业人员（下称实习人员）认真执行落实行业规范。

对严重违反行业规范的，由惩戒委员会负责查处。

第三节　实习管理

实习管理是加强律师队伍建设的第一道关口。实习过程就是对申请律师执业实习人员进行教育、培养、考察，并确认其是否适合从事律师职业的过程，主要包括资质审查、集中培训、品行考察、实务训练、实习考核等环节。

一、实习管理概述

实习管理是指律师协会为规范实习人员的实习活动，完善律师执业准入制度，确保为律师队伍培养、输送合格人才，依法对实习人员所采取的一系列教育、培养、管理措施，主要包括资质审查、集中培训、品行考察、实务训练、实习考核等。

2006年11月，中华全国律师协会发布了《申请律师执业人员实习管理规则（试行）》，2007年12月修订的《律师法》明确赋予了律师协会“组织管理申请律师执业人员的实习活动，对实习人员进行考核”的职责。2010年6月，中华全国律师协会根据《律师法》、司法部《律师执业管理办法》以及中华全国律师协会《章程》规定，修订发布了《申请律师执业人员实习管理规则》（下称《实习规则》）。

实习是完善律师行业准入制度，严把律师准入关，将律师队伍建设关口前移的一项重要措施。实习管理是律师协会的一项法定职责，是行业管理的一项重要内容。加强对实习人员的教育、培养、管理，是建设高素质律师队伍、促进律师事业全面协调可持续发展的根本保证。

二、实习组织管理

实习管理应按照“政治坚定、法律精通、维护正义、恪守诚信”的培养目标，切实加强实习人员的思想政治教育、业务技能培训、职业道德和执业纪律教育，强化律师事务所和实习指导律师的教育管理职责，严格规范实习人员的实习行为，提高其业务能力，为我国律师事业发展提供源源不断的高素质人才，推进律师事业持续、稳定、健康发展。

根据《实习规则》规定和中华全国律师协会有关要求，律师协会的实习组织工作主要包括：建立律师协会、律师事务所和实习指导律师三者有机结合的实习管理模式；成立品行审核委员会、实习考核委员会，负责对实习人员的品行审核、实习考核；建立健全可接收实习人员实习的律师事务所、实习指导律师、集中培训授课教师数据库；按照节约资源、合理利用师资、注重实效的原则，科学设置培训内容，编印培训教材，选择适当的方式集中培训；健全实习人员实习档案管理制度和实习报告制度；监督接收实习人员实习的律师事务所和实习指导律师切实履行教育管理职责、实习人员严格遵守实习纪律；及时发现和认真解决工作中遇到的问题，发掘、推广创新性的工作方法和措施，加强经验交流与总结，推动实习组织管理工作进一步完善；鼓励、表彰先进典型；省级律师协会依据《实习规则》，结合本地区实际，制定实施办法，完善实习管理工作的各项程序和要求等。

三、实习登记

申请实习人员应按照规定的条件和程序办理实习登记手续，领取《申请律师执业人员实习证》。实习期为一年。

申请实习人员应当具备六个方面的条件，即拥护中华人民共和国宪法；取得法律职业资格证书或者律师资格证书；品行良好；具有完全民事行为能力；未因故意犯罪受过刑事处罚；未曾被开除公职或者被吊销律师执业证书。

实习人员应当在拟申请律师执业的省、自治区、直辖市进行实习。申请实习人员应向拟接收其实习的律师事务所提交规定的材料，签订实习协议，由该律师事务所向住所地设区的市级律师协会申请实习登记。

律师事务所有下列情形之一的，不得接收实习人员实习：无符合规定条件的实习指导律师的；受到停业整顿以下行政处罚或者行业惩戒，自被处罚或者惩戒之日起未满一年的；受到停业整顿行政处罚，处罚期未满或者期满后未逾三年的；受到禁止接收实习人员实习的行业惩戒，惩戒期限未满的。

《实习规则》列举了六种不宜从事律师职业的不良品行，即因故意犯罪但依照刑法规定不需要判处刑罚或者免除刑罚，被人民检察院决定不起诉或者被人民法院免除刑罚的；因违法违纪行为被国家机关、事业单位辞退的；因违法违规行为被相关行业主管机关或者行业协会吊销职业资格或者执业证书的；因涉及道德品行等违法行为被处以治安行政拘留或者采取强制性教育矫治措施的；因弄虚作假、欺诈等失信行为被追究法律责任的；有其他产生严重不良社会影响的行为的。申请实习人员有上述情形之一的，不准予其实习登记，但不良品行发生在 18 周岁以前或者发生在申请实习登记五年以前，且证明其不良品行确已改正的，提交相关证明材料以及至少两名执业十年以上、未受过行政处罚或者行业惩戒的当地资深律师为其出具的品行评价和推荐书，经品行审核委员会审核同意，可以准予实习登记。

申请实习人员以欺诈、贿赂等不正当手段取得实习登记的，对不符合条件的申请实习人员准予实习登记或者违反规定程序准予实习登记的，由准予实习登记的律师协会撤销实习登记，收缴实习证，已进行的实习无效。而且对以欺诈、贿赂等不正当手段取得实习登记的申请实习人员还要给予两年内不得再次申请实习的处分;情节严重的,给予其五年内不得再次申请实习的处分。

以上规定具有一个突出特点:强化品行要求。律师是一个高尚而严肃的职业,社会公众对律师队伍道德品行的期望很高。实习登记作为选拔律师的前置关口,在审核中同样必须严格坚持这一原则,并应作出明确而具体的规定。也只有这样,才能把住实习人员"品行"这一关。

四、集中培训

集中培训是实习的重要环节,由省级律师协会或者设区的市级律师协会组织,每期不少于一个月。集中培训大纲、教材由中华全国律师协会负责组织制定、编写。集中培训内容主要包括中国特色社会主义基本理论和社会主义法治理念;律师制度和律师的定位及其职业使命;律师执业管理规定;律师职业道德和执业纪律;律师实务知识和执业技能等。在培训形式上律师协会既可以自行组织集中培训,也可以与当地司法行政机关的培训机构或者高等法学院校合作组织集中培训。在师资方面,律师协会应选聘具有较高职业道德素养、业务素质和丰富实务经验的执业律师担任授课教师,并根据培训内容需要选聘有关专家、学者担任授课教师。为提高师资水平,中华全国律师协会宜从全国范围内选拔优秀授课教师建立师资库,向地方律师协会推荐师资。

集中培训结束时,律师协会通过笔试或笔试结合面试的方式对参加集中培训的实习人员进行考核,经考核合格的,颁发实习人员集中培训结业证书。目前多数律师协会采取单一的笔试方式,个别地方在尝试面试。

从近几年新加入律师队伍的青年律师来看,普遍存在语言、文字表达能力不佳的问题。律师是向社会提供智力服务的,智力服务的表现形式就是语言和文字。可以说良好的语言,文字表达能力强,能说会写,是从事律师职业最基本的素质。针对这一现实情况,集中培训过程中应注重说、写能力训练,提升实习人员文字水平、演说能力、思辨能力。集中培训考核最理想的方式是笔试结合面试,如果实习人员语言、文字表达能力都很差,就不适合做律师,应当判定其不合格。

五、实务训练

实务训练是实习的又一重要环节,由接收实习人员实习的律师事务所负责指派符合条件的律师,按照中华全国律师协会制定的《申请律师执业人员实务训练指南(试行)》规定,对实习人员进行实务训练。

常言道"有什么样的师傅就有什么样的徒弟",在实务训练环节,指导律师最为关键。《实习规则》规定，实习指导律师应当具备四个方面的条件：具有五年以上的执业经历；热爱律师事业，忠实履行律师职责，具有较高的职业道德素养；具有较高的业务素质和丰富的实务经验；三年内未受过行政处罚或者行业惩戒。而且由于每个人的时间和精力有限，要求每名实习指导律师同时指导的实习人员不得超过两名。

实习指导律师应对实习人员进行全面的传帮带，指导其学习掌握律师执业管理规定、律师执业业务规则，进行律师职业道德和执业纪律教育、律师执业基本技能训练；监督、记录、评估实习人员的实习表现，及时发现、纠正存在的问题，并在实习结束时对实习人员的政治素质、道德品行、业务素质、遵守律师职业道德和实习纪律的情况出具考评意见。

律师事务所应当承担对实习活动的管理职责，定期或者适时召开会议，通报实习人员的实习情况，研究改进实习工作的措施；对实习指导律师履行职责的情况进行监督，发现问题及时纠正，对严重违背规定职责的，应当停止其指导实习的工作；对实习人员在实习期间的表现及实习效果进行监督和考查，并在实习结束时为其出具实习鉴定书。律师事务所及实习指导律师不得指使或者放任实习人员实施以下六种行为：独自承办律师业务；以律师名义在委托代理协议或者法律顾问协议上签字，对外签发法律文书；以律师名义在法庭、仲裁庭上发表辩护或者代理意见；以律师名义洽谈、承揽业务；以律师名义印制名片及其他相关资料；其他依法应以律师名义从事的活动。实习人员在实习期间私自以律师名义从事上述行为，或不服从监督管理、不能按规定完成集中培训和实务训练项目的、擅自中断实习活动的、有其他违反实习管理规定或者损害律师职业形象行为的，律师事务所应给予批评教育，责令改正，并报告当地的律师协会。律师协会应当给予该实习人员警告处分；情节严重的，责令其停止实习，收缴实习证，并给予其两年内不得再次申请实习的处分。

实务训练突出了一个“严”字，律师事务所严格管理，指导律师严格尽责，实习人员严格遵守规定，这是十分必要的。我们常说第一印象是最深刻的。实习人员初次接触律师工作，严格要求将对其今后律师职业生涯中职业观念、职业习惯的养成起着至关重要的作用。同时，严格要求不仅是律师行业对实习人员认真负责的体现，而且还是培养实习人员今后对律师行业认真负责的内在要求。

六、实习考核

实习考核是在实习人员实习期满后，对其实习期间的表现进行综合考评，以确认其实习是否合格的活动。

实习人员应当通过律师事务所向准予其实习登记的律师协会提出实习考核

申请,并提交七个方面的材料,即本人实习总结,实习指导律师出具的考评意见,律师事务所出具的实习鉴定书、实习人员集中培训结业证书,完成实务训练项目的证明材料,申请律师执业人员实习证以及省级律师协会规定的其他材料。考评意见和实习鉴定书需对实习人员的政治素质、道德品行、业务素质、遵守律师职业道德和实习纪律等方面的情况如实作出评价。

律师协会自收到律师事务所提交的实习考核申请材料之日起六十日内,由实习考核委员会对实习人员进行考核。实习人员因涉嫌违法犯罪被立案查处的,实习考核暂停,待案件查处有结果后再决定是否继续进行考核。

考核坚持依法、客观、公正的原则,实行材料审查与素质测评相结合的方法,对实习人员的政治素质、道德品行、业务素质以及完成实习项目的情况和遵守律师职业道德、实习纪律的情况进行全面考核,据实出具考核意见。

律师协会对考核合格的,将考核合格意见填入实习人员登记表,对考核不合格的,将考核不合格的意见、理由及处理结果填入实习人员登记表,并在十五日内书面通知被考核的实习人员及接收其实习的律师事务所,同时将考核结果报省级律师协会备案,抄送当地设区的市级或者直辖市区(县)司法行政机关。

律师协会出具的考核合格意见,是实习人员符合申请律师执业条件的有效证明文件,应自收到考核合格通知之日起一年内向司法行政机关申请律师执业。超过一年申请律师执业的,律师协会需对其重新考核。

七、实习监督

实习监督主要是对律师协会、律师事务所、实习人员的违规行为予以处分。如律师事务所不履行或者懈怠履行实习指导、管理职责,指使或者放任实习人员违反实习纪律或者从事其他违法违规行为的,无正当理由拒绝为实习人员出具实习鉴定书、考评意见或者其他有关证明材料的,为实习人员出具不实、虚假的实习鉴定书、考评意见或者其他有关证明材料的等,由设区的市级律师协会给予训诫、通报批评或者公开谴责;情节严重的,停止其实习指导工作,并给予两年内禁止接收实习人员实习的行业惩戒。实习指导律师有上述情形,律师事务所不按规定给予处理的,律师协会可以责令停止该律师的实习指导工作。

实习人员凭不实、虚假的实习鉴定书、考评意见或者其他有关证明材料,或者采取欺诈、贿赂等不正当手段通过律师协会考核的,由设区的市级律师协会撤销对该实习人员出具的考核合格意见,该实习人员已进行的实习无效,并给予两年内不得再次申请实习的处分;情节严重的,给予五年内不得再次申请实习的处分。

律师协会及其工作人员在实习组织、管理、考核工作中有违反本规则规定,滥用职权、玩忽职守行为的，追究主管负责人和直接责任人员的责任。

另外，香港、澳门、台湾地区居民在内地（大陆）申请律师执业的实习组织管理工作，拟担任法律援助律师、公职律师和公司律师人员的实习管理，参照《实习规则》执行。

八、实习管理的完善

（一）适度控制律师队伍发展节奏

目前社会就业压力很大，尤其是法律专业毕业生就业门路窄，就业压力更大。于是许多法律专业毕业生拼命考取法律职业资格，以求能够进入律师行业，解决就业和生活问题。他们的这种想法、做法无可厚非，也是人之常情。但律师协会、律师事务所选拔律师，则是首先要考虑那些崇敬、热爱律师职业的人，而不是仅仅为了到律师行业解决就业吃饭问题的人，因为这些人对律师职业的忠诚度大打折扣，可能会给律师执业秩序和行业形象带来诸多问题。因此，律师协会尤其是律师事务所在接受实习人员过程中，务必坚持宁缺毋滥、优中选优的原则，不能为了律师队伍快速发展、律师事务所规模迅速扩大而“饥不择食”。在中华全国律师协会近两年召开的会议上，各地律师协会普遍反映，律师队伍发展虽快，但新执业律师素质不理想，律师队伍整体素质存在下滑趋势。

（二）律师事务所应严格控制进人质量

律师事务所拥有进人决定权，应当建立严格、规范的进人制度，慎重接收实习人员，慎重吸纳新执业律师。一些律师事务所一方面抱怨业务少，另一方面却在无原则地接受新执业律师，岂不自相矛盾？有人说“我们是在承担社会责任、增加社会就业”，殊不知自顾不暇何以救人？律师事务所的职责和使命决定了其必须吸纳优秀法律人才，绝不是安置就业场所。

（三）重视实习人员的培养

一些律师事务所抱怨众多青年律师报考法官、检察官而舍弃了律师的职业。其实也不必抱怨，从大处讲，这有利于法律共同体理念的形成，有利于律师执业司法环境的改善，是律师行业应当付出的代价。然而，一些优秀青年律师为什么要立志报考法官、检察官？这反倒是律师行业应当高度关注、认真思考的问题。志向是一个方面，人各有志，不可强求；社会地位、优越感也是一个方面，不管承认与否，现实中律师与法官、检察官确有不同，也不可强留；稳定的收入来源同样是一个重要因素，律师事务所是否保障了其基本的生活收入？是否使其看到了美好的发展前景？恐怕许多律师事务所没有做到，那又何以要求他们忠诚于律师事务所、忠诚于律师职业呢？有些律师事务所只管进人，不管其生活保障，不予办理社会保险，不予精心培训，一言以蔽之“只管生，不管养”。

我们曾问一些有一定业绩的律师是否愿意到法院、检察院工作,甚至给一定职务,多数含笑摇头,再问,多是说自由惯了,适应不了机关严格的办事程序和作息时间。推辞而已,实质在于他们更善于从事律师工作,通过多年努力已搭建起实现自身价值的舞台,尤其是有了稳定且较高的经济收入后。如果律师事务所能够给予青年律师应有的保障,并认真培养使其确信在不久的将来能够达到这一目标,那么自会有很多优秀青年律师愿意留下来共谋发展。

第四节　律师执业年度考核

律师执业年度考核是律师协会组织律师事务所对律师执业情况进行动态监督、促进律师依法规范执业的一项重要措施,主要包括本人提交有关材料、律师事务所评议、律师协会审核材料、评定考核等次及对违法违规人员进行惩戒等环节。

一、律师执业年度考核概述

律师执业年度考核(以下简称"年度考核")是指律师协会在律师事务所对本所律师上一年度执业活动进行考核的基础上,按照规定对律师的执业表现作出评价,并将考核结果报司法行政机关备案,记入律师执业档案的行业管理活动。

年度考核原属司法行政机关的行政管理职责,2007 年 12 月修订的《律师法》将此职责赋予律师协会。中华全国律师协会根据有关规定,结合律师行业自律实际,制定了《律师执业年度考核规则》(以下简称《考核规则》),自 2011 年 1 月 1 日开始施行。

年度考核是加强律师执业活动日常监督、保障律师依法规范执业的重要措施。国家以法律的形式将此重要职责赋予律师协会,既是政府转变职能、发挥律师协会职能作用的需要,也是对律师协会的考验。切实履行好该项职责,国家才可能将更多管理职责如律师事务所年度考核等赋予律师协会,律师协会才能在更大程度上实现自律管理,甚至走向自治。因此,律师协会应加强组织机构建设,完善考核制度,严格履行职责,不断探索创新,确保持续提升年度考核成效。

二、年度考核组织管理

开展年度考核应教育、引导和监督律师遵守宪法和法律,遵守律师职业道德和执业纪律,依法、诚信、尽责执业,忠实履行中国特色社会主义法律工作者的职业使命,维护当事人合法权益,维护法律正确实施,维护社会公平和正义。

年度考核由设区的市级律师协会和直辖市律师协会负责组织实施；坚持依法、公正、公开的原则；律师事务所建立年度考核制度，组织对本所律师上一年度执业活动进行考核评议，出具考核意见；律师协会建立年度考核结果评定机制，确定年度考核结果；设区的市级律师协会组织完成本区域年度考核工作后，将年度考核总结及考核结果报省、自治区律师协会备案，同时抄送主管司法行政机关；省级律师协会负责指导、监督本区域的年度考核工作，于每年4月30日前将本区域年度考核总结报告中华全国律师协会，同时抄送省、自治区、直辖市司法行政机关，接受指导、监督。

三、考核对象、考核内容、考核等次及评定标准

考核对象包括所有执业律师，但参加年度考核的律师获准执业不满三个月或上一年度参加脱产学习、培训及因病暂停执业，不评定考核等次。

考核内容主要包括：在执业活动中遵守宪法、法律、法规和规章，遵守职业道德、执业纪律和行业规范，履行法定职责的情况；遵守律师协会章程，履行会员义务的情况；办理法律服务业务的数量、类别和服务质量，办理重大案件、群体性案件的情况；履行法律援助义务，参加社会服务及其他社会公益活动的情况；受行政奖惩、行业奖惩的情况等。

考核等次是律师协会对律师上一年度执业表现的总体评价，分为“称职”“基本称职”“不称职”三个等次，且规定了明确的评定标准。“称职”：能够遵守宪法和法律，遵守职业道德、执业纪律和行业规范，较好地履行法定职责；能够依法、诚信、尽责地为当事人提供法律服务，未因执业违法违规行为受到行政处罚或者行业惩戒；能够履行法律援助义务，参加社会服务及其他社会公益活动；能够遵守律师协会章程、履行会员义务，遵守本所章程及管理制度。“基本称职”：因执业不尽责、不诚信、不规范等行为受到律师事务所重点指导、监督或者受到当事人投诉被查实的；因违反职业道德、执业纪律或者行业规范受到行业惩戒，但已按要求改正的；因执业违法行为受到停止执业以下行政处罚的。“不称职”：因违反职业道德、执业纪律或者行业规范受到行业惩戒，未按要求改正的；因执业违法行为受到停止执业行政处罚的；参加年度考核有弄虚作假行为或者拒不参加年度考核的；有其他违法违规、违反会员义务行为，造成恶劣社会影响的。

四、考核程序

《考核规则》规定，年度考核工作于每年第一个季度集中办理，并与司法行政机关对律师事务所的年度检查考核工作相衔接。

律师需按照规定的时间向律师事务所提交本人上一年度执业情况总结，并

填报、提交有关材料。

律师事务所召开考核工作会议，听取律师个人总结，组织民主评议；根据评议情况和考核内容、考评标准，出具考核意见，送交律师本人阅签意见；按照规定时间将考核意见及律师执业情况总结等相关材料报送所在地设区的市级律师协会或者直辖市律师协会。

设区的市级律师协会和直辖市律师协会按规定对律师事务所提交的相关材料进行审查，确定年度考核结果；如发现律师事务所考核意见与实际情况不符，或者收到相关投诉、举报的，可进行调查核实，或责成律师事务所对该律师重新进行考核；在本地律师协会网站上公示考核结果，不少于七日；按照当地司法行政机关规定的时间将律师执业年度考核结果报所在地设区的市级或者直辖市区（县）司法行政机关备案，由其通过备案审查后，在律师执业证书上加盖“律师年度考核备案”专用章。

五、有关情况的处理与惩戒

律师因涉嫌违法违规正在接受查处，或者律师所在的律师事务所受到停业整顿处罚且处罚期未满，设区的市级律师协会和直辖市律师协会暂缓确定年度考核结果，待有查处结果或者停业整顿处罚期满后再予审查确定。

律师不按规定参加年度考核，律师事务所应当如实报告，由设区的市级律师协会或者直辖市律师协会责令其限期参加年度考核；逾期仍不参加考核，由律师协会直接出具“不称职”的考核结果。

律师经年度考核被评定为“不称职”，设区的市级律师协会或者直辖市律师协会根据其存在的问题，书面责令其改正，并安排其参加律师协会组织的培训教育。律师连续两年被评定为“不称职”，由律师协会给予通报批评或者公开谴责的行业惩戒；情节严重的，建议司法行政机关依法给予相应的行政处罚，也可建议律师事务所与其解除聘用关系或者经合伙人会议通过将其除名。

在考核中设区的市级律师协会或者直辖市律师协会发现律师有违反职业道德、执业纪律或者行业规范行为的，依照规定给予相应的行业惩戒；发现律师有违法行为的，移交司法行政机关依法给予相应的行政处罚。

六、完善年度考核工作

（一）强化监督

从《考核规则》看，年度考核工作的关键和重点在于律师事务所，律师协会没有足够的人员、时间、精力逐个对律师进行检查，也没有必要对逐人检查，律师事务所有其自律职责。但律师协会应当加强对律师事务所考核工作的监督，尤其应对被投诉的律师事务所、律师重点关注，每年抽查一批律师事务所、律师，及时发现、纠正存在的问题，防止搞形式、走过场。

（二）建立台账

律师事务所应建立律师年度考核日常台账，平时加强对律师执业管理监督，并做好记录。年度考核的目的绝不是仅仅让律师事务所年终出具一份考评意见，而是要督促律师事务所加强日常管理监督，避免、减少律师发生违法违规行为。只有建立律师日常表现的台账，年终出具考评意见才能有根有据，才能摆脱人情的缠绕，令律师信服，进而促使其更加自律，但现实中确有一些律师事务所对年度考核工作不重视、搞形式、走过场、自欺欺人。

第五节　律师协会行业奖励和惩戒

律师协会行业奖惩是促进律师行业积极健康发展的一项重要管理措施，通过奖惩旗帜鲜明地褒奖鼓励先进、鞭策激励后进、惩处教育违法违规者。实施奖励和惩戒必须在规定的权限内，严格遵守既定的条件和程序。

一、行业奖励和惩戒概述

行业奖励是指律师协会依据规定对会员的某种行为给予肯定与表扬，包括物质奖励和精神奖励。行业惩戒是指律师协会依据规定对会员违法违规行为给予处分。行业奖励和惩戒是律师协会的两项重要法定职责，是律师协会实施行业管理的两项重要措施。

《律师法》第46条规定，律师协会具有“制定行业规范和惩戒规则”“对律师、律师事务所实施奖励和惩戒”的职责。根据《律师法》规定，2003年12月，中华全国律师协会制定了《律师协会会员奖励办法》（以下简称《奖励办法》），2004年3月修订了1999年12月制定的《律师协会会员违规行为处分规则（试行）》（以下简称《处分规则》）。

赏罚自古就是治国理政的基本手段。《资治通鉴·梁纪》中：“天下大务，莫过赏罚。”赏罚的功用在于表明立场，通过赏，教育、引导人们做善事、做好事、做利国利民的事；通过罚，警示、劝导人们不要做坏事、损害他人的事、违法违纪的事，目的是维持社会秩序，促进社会和谐。行业奖励与惩戒就是赏与罚，就是要旗帜鲜明地表明律师应当做什么、可以做什么、禁止做什么，以维护律师良好的执业秩序。从某种程度上讲，该奖的不奖，该惩的不惩，就是对遵纪守法、力行善举者的漠视，对违法违纪、损人利己者的放纵，就势必导致执业秩序陷入混乱，影响律师行业健康发展。

二、行业奖励

为规范律师行业的奖励工作，保证律师协会会员奖励的评审质量，中华全国律师协会根据《律师法》和《章程》规定制定了奖励办法。

（一）奖励组织管理工作

中华全国律师协会及地方律师协会成立律师协会会员奖励工作专门机构（以下简称“奖励机构”），对在律师行业发展、律师业务开拓等方面作出突出贡献的团体会员和个人会员进行奖励；建立健全奖励制度；奖励工作实行公开、公平、公正原则；奖励方式为通报表扬、嘉奖、授予荣誉称号。

（二）奖励条件

个人会员有以下表现的予以奖励：在执业中自觉贯彻执行党的路线、方针、政策，勇于探索创新，为完善社会主义法治建设和律师事业发展作出突出贡献；严格依法执业，勤勉尽责，为当事人提供优质的法律服务，为国家、当事人挽回或避免重大损失，受到好评；具有丰富的法律知识和较高的执业水平，成功办理在全国或本省有重大影响的法律事务；积极参加法律援助工作和社会活动，受到社会好评；常年坚持在律师工作中勤勤恳恳为当事人提供法律服务，忠于职守、廉洁自律、尽职尽责，取得较好的社会效益；获得省级以上荣誉称号；积极参与人大、政协、立法咨询和其他社会活动，对律师社会形象提升作出突出贡献。

律师事务所团体会员有以下表现的予以奖励：管理水平高，各项规章制度健全，管理规范有序，并且律师事务所及在该律师事务所执业的律师连续三年未受到行业惩戒和行政处罚；律师业务在某些法律专业领域形成优势，在本地区有较高知名度；积极义务为社会提供法律服务，开展法律援助工作和参加社会公益活动，受到社会好评；获得省级以上荣誉称号。

律师协会团体会员有以下表现的予以奖励：注重律师队伍建设，较好地履行行业管理职责，在推进律师工作改革、加强行业管理中做出突出成绩；加强对律师职业道德、执业纪律教育，建立良好的行业诚信制度和完善的纪律教育机制，律师队伍整体素质得到提高；认真做好继续教育和培训工作，建立和形成律师培训、继续教育的综合体系，不断提高律师队伍执业水平；建立和完善工作机制，制定行业规范和行业管理政策，有效地推动本地律师行业健康有序发展；认真履行《律师法》和《律师协会章程》规定的其他职责。

（三）推荐

奖励个人会员由律师事务所负责向本地区律师协会推荐；奖励律师事务所团体会员由本地区律师协会负责推荐；奖励律师协会团体会员由上一级律师协

会负责推荐；推荐单位应征得候选人、候选单位的同意。此处需要说明的是，根据《律师法》第2条规定："中华全国律师协会是由律师、律师事务所组成的社会团体法人，是全国性的律师自律组织，依法对律师行业实施管理。"由此可知，地方律师协会不属于中华全国律师协会团体会员，中华全国律师协会可以表彰地方律师协会，但不应对其以团体会员的身份予以表彰。

建议上一级律师协会予以奖励的，奖励机构进行初评，出具推荐书及相关材料，提交上一级律师协会奖励机构。

中华全国律师协会授予会员荣誉称号实行限额推荐制度。

（四）评审

奖励机构负责推荐材料的审核，对不符合规定的，要求推荐单位在规定时间内补正，逾期不补正或经补正仍不符合要求的，不参加评审并退回推荐材料。

评审规则：各级律师协会对个人会员、团体会员予以通报表扬的，奖励机构采用书面评审或召开会议评审方式进行；中华全国律师协会、省级律师协会对个人会员、团体会员予以嘉奖、授予荣誉称号，奖励机构以会议方式评审，出席委员应有三分之二以上，表决经过半数委员通过有效；奖励机构评审结果报同级常务理事会审批，由会长签署会员奖励决定予以公告。

被推荐予以奖励的个人会员、团体会员不得参加评审工作。

（五）授奖

律师协会对个人会员、团体会员通报表扬，以文件形式公布律师协会常务理事会奖励决定；中华全国律师协会、省级律师协会对个人会员、团体会员嘉奖、授予荣誉称号的，以文件形式公布常务理事会奖励决定；嘉奖的，颁发证书；授予荣誉称号的，颁发奖牌及证书。

律师协会对会员的奖励决定存入本人档案及律师协会诚信信息系统，作为律师、律师事务所考核依据。

（六）奖励工作的完善

1.加大奖励力度。随着律师行业的快速发展，社会影响力也越来越大。但实事求是地讲，律师行业的社会公信力和声誉度并不是很高。究其原因，第一是律师行业自身存在问题，确有部分律师执业不规范，违反职业道德和执业纪律，甚至思想偏激、目的不纯；第二是社会对律师有误解，认为律师就是为了挣钱，只是打官司的，甚至有些人至今仍认为律师是替坏人说话的。就第一点而言，需要司法行政机关和律师协会共同坚持不懈地加强教育、管理、监督，尽可能地减少律师违法违规行为的发生，但这种情况是难以杜绝的；就第二点来说，主要原因是宣传力度不够，没有把律师制度在司法体制架构中的地位宣传好、宣传到位；没有把律师的职能作用宣传好、宣传到位，没有推出律师行业中更多的先进典型和模范人物为社会公众所了解、认同。因此，律师协会应多层次、多角度地开展评先树优工作，通过各种媒体广而告之，以消除社会公众对律师的误解，增进社会公众对律师的认同和信赖。

2.增加奖励项目。目前，律师协会从上至下只是每三年评选一次优秀律师事务所、优秀律师，其他评优活动极少，不利于推出更多的优秀律师事务所、律师。律师协会有奖励会员的法定职责，应当创设更多的评选项目，年年评选，年年有新的先进典型和模范人物推出，年年有新鲜生动的宣传素材，年年提升律师行业的社会信誉。同时，律师协会应争取与有关部门、团体、行业开展联合表彰，或争取将律师纳入其表彰范围。国家限制政府部门过多过乱的评比表彰活动，但律师协会作为行业自律性组织，国家没有限制，只要本着实事求是、有利于促进律师行业健康发展的原则，就可以适度地开展多样性、多元化的评比表彰活动。

三、行业惩戒

本部分以2004年3月中华全国律师协会修订的处分规则为基础，介绍律师行业惩戒。

(一)行业处分组织管理工作

中华全国律师协会设立纪律委员会，负责律师行业处分相关规则的制定及对地方律师协会处分工作的指导与监督，地方律师协会成立惩戒委员会、会员处分复查机构，分别负责对违规会员进行处分、受理复查申请和作出复查决定；实施行业处分遵循客观、公正、公开的原则，以事实为根据，以法律为准绳，严格执行律师协会的有关规定，坚持教育与处分相结合。

(二)适用范围

适用对象包括两类：一是个人会员(含公职、公司律师)；二是律师事务所团体会员。

适用行为包括两部分：一是处分规则列举的违规行为；二是处分规则未列举的其他违反法律、法规和律师协会管理规范的违规行为。

(三)处分的种类、适用和管辖

处分种类有四种，即训诫、通报批评、公开谴责、取消会员资格。

律师协会的处分和司法行政机关的行政处罚可以并行，律师协会认为会员违规行为需由司法行政机关给予行政处罚的，及时提请司法行政机关调查处理。

处分规则列举了个人会员二十七种、律师事务所团体会员二十二种具体的违法违规行为，规定由省级及设区的市律师协会视情给予训诫、通报批评或公开谴责的处分。

处分规则列举了个人会员三种、团体会员四种非常严重的违法行为，规定由省级律师协会取消其会员资格，同时报请同级司法行政机关吊销其执业证书。

会员有四种情形可被从轻、减轻或免予处分，即初次违规并且情节显著轻微或轻微的；承认违规并作出诚恳书面反省的；自觉改正不规范执业行为的；及时采取有效措施，防止不良后果发生或减轻不良后果的。同时有四种情形应当从重处分，即违规行为造成严重后果的；逃避、抵制和阻挠调查的；对投诉人、证人和有关人员打击报复的；曾因违规行为受过行业处分或受过司法行政机关行政处罚的。

地方律师协会之间因受理权限发生争议的，由争议双方协商解决；协商不成的，报请共同的上一级律师协会指定受理。

（四）受理和立案调查

投诉人可以采用信函、电话、传真和直接来访等方式投诉，也可以委托他人代为投诉。惩戒委员会日常工作机构接待时有权要求投诉人提供具体的事实和相关证据材料，同时制作接待投诉记录，填写投诉登记表，妥善保管书面证据材料，建立会员违规档案。

惩戒委员会在规定时间内作出是否立案的决定。对决定立案的，在规定时间内通知被投诉会员到律师协会说明情况，回答质询，提供书面答辩。惩戒委员会全面、客观、公正地审查有关证据，并根据需要进行调查。有四种情况惩戒委员会不予立案，即虽有违法、违纪的事实，但不符合本惩戒委员会受理范围的；不能提供基本证据材料或证据材料含糊不清的；证据材料与投诉事实没有直接或必然联系的；匿名投诉的。

投诉的案件涉及违反《律师法》《律师和律师事务所违法行为处罚办法》可能构成刑事犯罪的，或有重大社会影响的，惩戒委员会应及时报告同级司法行政部门和上一级律师协会。

（五）处分决定的类型及程序

惩戒委员会调查终结后根据不同情况分别作出三种决定：确认会员有违规违纪行为，依据规定给予相应处分；撤销案件或不予处分；建议司法行政机关给予行政处罚。

但在作出处分决定前，应通知被投诉会员本人到会陈述、申辩。被投诉会员不到会的视为放弃；放弃陈述或申辩权利的，不影响作出决定。同时告知被投诉会员有要求听证的权利，其要求听证的，惩戒委员会应当组织听证。

惩戒委员会应当以集体的方式作出决定，并正式制作决定书，由律师协会会长签发，送达被投诉会员，同时将决定书及证据材料副本报上级律师协会备案。发生效力的处分由直接管理被处分会员的律师协会执行。

因案件调查、听证所发生的一切费用，由被处分的个人会员所在律师事务所承担，律师事务所承担费用后可以向该会员追索；被处分的是团体会员的，前述费用由团体会员自行承担。

（六）复查

申请人必须是不服惩戒委员会原决定的当事人，即被投诉的会员。申请复查必须具备四个条件：第一，该申请复查的决定必须是惩戒委员会作出的；第二，申请复查的决定必须是尚未实际执行的；第三，申请复查应包括具体的复查请求、事实和证据；第四，申请复查必须在规定的期限内提出，并向复查机构提交书面申请书。

复查机构在规定时间内作出如下处理：一是对符合申请复查条件的，复查机构应当作出受理决定，并通知申请人；二是对不符合申请人主体资格的、申请复查已超过规定期限、申请复查的事项不属于原决定书的范围、申请复查的事实和理由不充分等四种情况不予复查。

复查机构在规定时间内将申请复查书的副本送达作出原决定的惩戒委员会，由其在规定时间内提交作出原决定的有关法律和事实依据，提交答辩书。

复查机构在对被申请复查的原决定所依据的事实、证据、行业规范等进行审查的基础上作出复查决定，且为最终决定：

其一，维持原决定。复查机构认为原决定对事实认定清楚，适用依据正确，责任区分适当，程序合法的，应当作出维持原决定的复查决定。

其二，补正原决定。复查机构认为原决定在程序上存在不足，应当作出补正原决定的复查决定，要求作出原决定的惩戒委员会进行补正。

其三，原惩戒委员会重新作出决定。复查机构认为原决定具有明显不当的，应当作出原惩戒委员会重新作出决定的复查决定。

（七）惩戒工作的完善

1.完善监督方式。处分规则是一种监督制度，本应对主动监督和被动监督两种方式作出规定，而处分规则则只采取了被动监督方式，即以“投诉”作为启动处分程序的唯一方式。律师协会作为自律性组织，负有对会员进行自律约束、自我调控的职责，不同于法院受理民事案件的“不告不理”。因此，在规定律师协会受理、查处投诉的同时，亦应规定律师协会主动监督，通过定期或不定期检查、抽查会员执业情况，主动向有关部门、有关人员了解会员执业行为，尤其是走访当事人，主动发现、查处会员违法违规行为。

2.完善适用对象及处分种类。《实习规则》第13条规定：“申请实习人员以欺诈、贿赂等不正当手段取得实习登记”而“被撤销实习登记的，应当同时给予其两年内不得再次申请实习的处分；情节严重的，给予其五年内不得再次申请实习的处分。”而处分规则只规定了对会员的处分，不包括实习人员，且在处分种类中没有设置关于“两年内”“五年内”“不得再次申请实习的处分”，这就使得对实习人员违规处分的规定成了“无本之木”。因此宜将《律师协会会员违规行为处分规则（试行）》更名为《律师协会处分规则（试行）》，把实习人员违规行为的处分及种类纳入其中。

结　语

行业管理是相对于行政管理而言的，行业管理属于自治的范畴，是律师协会代表律师行业自觉主动实施的自我约束、自我调控活动，以促进律师行业规范健康发展。国家机构改革的大趋势是精简机构、压缩编制，行政管理力量不可能有太大的增加，甚至可能减少。这就意味着行业管理将无可回避地承担起更多、更繁重的管理任务。如何强化、完善行业管理，使其承担起新形势赋予的职责，是司法行政机关和律师协会需要共同研究的重要课题。

第十三章　律师协会行业服务

律师协会作为律师行业自律性组织，行业服务是其另一重要职责。相对于行业管理而言，行业服务内容更加宽泛，除积极做好法律明确规定的服务项目外，律师协会应当根据律师行业发展实际需要，不断丰富、创新服务项目和服务内容，保障和促进律师行业健康持续发展，增强律师行业的向心力、凝聚力。本章重点介绍了维护律师合法权益、开展教育培训、制定业务操作指引、搭建服务平台、开展宣传交流、举办会员福利等项目。

第一节　律师协会行业服务概述

行业服务对于维护行业整体利益、增进业内外交流合作、促进行业科学发展具有十分重要的意义。做好行业服务工作，则需要构建行业服务体系，健全有关措施，全面、协调、持续地开展服务工作。

一、行业服务概念及意义

行业服务是指律师协会为维护会员合法权益、提升会员素质、指导会员执业、举办会员福利等所开展的旨在服务全体会员的系统活动。

行业服务是律师协会的法定职责，其意义主要体现在：

（一）行业服务是律师协会工作的灵魂

律师协会作为自律性组织，就是会员为加强分散运作的律师业内部的联系与交流，获得与社会更强的交涉能力和影响力而组成的集合。因此，维护行业整体利益，维护会员合法权益，加强内部交流与合作，指导、引领行业和会员发展，是律师协会的基本功能和使命。

(二)行业服务是和谐发展的保障

律师行业对内包含着个体利益与整体利益、局部利益与全局利益的冲突,对外涉及行业利益与国家利益、社会利益的冲突。科学智慧、创造性地协调平衡各方利益,实现双方、多方互利共赢,有效维护行业利益,促进行业和谐健康发展,正是律师协会行业服务的核心内容。

(三)行业服务是推动整体发展的现实需求

会员的个性化发展使律师行业呈现出丰富多彩、百舸争流的局面。然而,作为行业,有着整体利益、共性需求,需要律师协会通过行业服务,加强思想政治建设、文化建设、业务建设、规范化建设等,提高服务能力和水平,提升社会声誉。

(四)行业服务是增强行业凝聚力的内在要求

全面、高效的行业服务,为行业发展创造良好的内外部环境,为会员发展提供充足的条件,并给予会员生活必要的人文关怀,必将增强会员职业归属感、责任感、荣誉感,提升行业向心力、凝聚力。

二、行业服务种类

科学划分行业服务的种类,是健全行业服务体系,全面、丰富地开展行业服务工作的前提和基础。根据律师法及有关规定和已开展的服务项目,行业服务大致可分为维护律师合法权益、开展教育培训、制定业务操作指引、搭建律师服务平台、开展宣传交流、举办会员福利等种类。随着律师行业快速发展,行业服务需求必将不断增加,需求内容也将更加多元化。从微观层面还可作更为细致的划分,如举办福利,可分为开展文体活动、办理社会保险统保、救助困难会员等。

三、开展行业服务的基本措施

有效开展行业服务,律师协会通常应做好以下几个方面的工作:

(一)健全机构,明确职责

行业服务职责需要相应的组织机构来承担,因此律师协会应成立相应的组织机构,或将某方面的行业服务职责配置到有关组织机构来承担,如律师协会不仅普遍成立了教育培训委员会,而且在秘书处专门设立教育培训部,具体负责教育培训的组织实施工作。

(二)健全制度,规范运作

制度是确保行业服务有序规范开展的重要保障。律师协会应根据行业发展的现实需求和发展趋势,实事求是地制定各项行业服务的长远规划、年度计划,明确发展方向,稳步梯次推进;结合各项行业服务的特点,科学制定开展每项行业服务的主要任务、基本原则、方法步骤、标准要求及考评办法。

（三）科学组织，有效开展

律师协会应根据律师诉求、现实需求，首先确定行业服务的重点项目，而后确定每个服务项目的工作重点，继而科学分工、责任到人，勤于检查督导，确保达到预期目的。

（四）探索创新，勤于总结

虽然各地律师协会都在不同程度地开展行业服务，但总体而言，我国律师行业服务尚处于初级阶段，各地发展不平衡，服务能力、服务水平、服务质量普遍不高，尤其是许多服务项目尚未启动。因此，律师协会应增强责任感、紧迫感，积极探索，大胆创新，勤于总结，完善提高，不断丰富服务项目和内容，以适应律师行业快速发展的需要。

第二节　维护律师合法权益

保障律师依法执业、维护律师合法权益，既是律师协会的法定职责，也是推进律师制度发展、促进律师行业发达的保障。因此，律师协会应当健全维权机制，完善维权措施，在做好个案维权的同时，积极同有关部门沟通，协调解决影响律师依法执业的普遍性问题。

一、维护律师合法权益概述

维护律师合法权益是指律师协会依法维护律师享有的法定权利和利益。

《律师法》第46条规定，律师协会应当“保障律师依法执业，维护律师的合法权益”。依据法律规定，律师合法权益主要包括承办法律事务的权利，调查取证的权利，会见犯罪嫌疑人、被告人的权利，辩论和辩护的权利，执业活动中的人身权利不受侵犯等等。

律师合法权益有三个基本特征：一是法定权益，即律师法和其他法律中明确规定的权益；二是特定对象的权益，是依法持有律师执业证的人即律师享有的权益，而非公民共享的权益；三是特定权益，是指律师执业权利及与执业相关的权益。

由于我国民主法治建设、律师制度发展尚处于初级阶段，社会对律师还缺乏足够的认识和尊重，律师合法权益时常受到来自各方面不同程度的侵犯。因此需要律师协会以组织的名义和力量帮助律师维权。

二、维护律师合法权益的实施

维护律师合法权益是一项非常重要而严肃的工作，应重点把握好以下几个方面：

（一）建立维权工作机制

维护律师合法权益仅靠律师协会的力量是远远不够的，需要建立由司法行政机关、律师协会、律师事务所等多方共同参与的维权工作机制，一旦发生侵权案件，相关各方能够按照规定职责，立即启动维权程序，全面高效地展开维权。

（二）畅通维权信息渠道

及时互通信息，是抢抓维权先机、争取最佳维权效果的关键。因此一旦发生侵权案件，有关各方应及时收集、相互通报有关信息，以利于随时掌握案情进展，尽早制定应对措施。

（三）贯彻依法精准维权精神

证据齐全、事实清楚、适法准确，是有力、有理、有节维权的基石。因此，律师协会应组织专业律师全面调查，详研案情，细制方案，依法精准维权。防止因粗枝大叶导致事实认识不清、适用法律不准，带来不利后果和尴尬局面。

（四）加强与有关部门的沟通协调

主动与有关部门沟通协调，商讨案情，统一认识，形成共识，是律师协会维权的重要措施。为保证在发生维权案件时能够与有关部门及时有效地进行协调沟通，律师协会平时应主动与公、检、法等有关部门建立定期互动交流机制，增进彼此的理解与感情，征求他们对律师工作的意见和建议，赢得他们对律师协会的信任和支持。

（五）适时发布有关信息

这是维权工作的一个重要环节，既可以使社会及时了解有关情况，避免对律师产生误解，也可以让其他律师及时听到、看到律师协会维权的声音和身影，感受到律师协会的关心与支持。

应当引起关注的是，近几年来，有个别律师打着为其他律师维权的旗号，撇开律师协会，聚集到事发地进行“维权声援”，或在网上恣意炒作，散布不实或不全面的信息，误导其他律师和社会公众，严重损害了律师行业的社会声誉。为防止和避免此类现象的发生，律师协会应增强敏感性，及时启动维权程序，适时发布维权信息。

（六）加强执业风险防范教育

从以往发生的律师维权案件分析看，绝大多数案件的起因与律师的执业瑕疵有关。因此，避免执业瑕疵是有效减少维权案件发生的关键。这就需要律师协会教育引导律师提高自我防范意识，严格按照法定程序执业，防止随意性、想当然；注意把握关键环节的执业方法和技巧，避免引起他人怀疑和误解；一旦发生侵权情形，及时寻求组织保护，不得采取过激行为或在网上炒作，以免导致维权工作被动。山东省律师协会已把执业风险防范列为实习人员培训的核心课程。

三、律师合法权益受损的主要表现

从全国现实情况看，目前侵犯律师合法权益的现象主要集中在三个方面，需要重点研究解决。

(一)侵犯律师人身权利问题

主要表现在对律师人身进行伤害。律师的法定职责是依法执业维护当事人合法权益。但个别刑事案件的受害人错误地认为律师是替坏人说话的，对辩护律师充满敌意，个别受害人或其亲属就怀恨在心，伺机殴打辩护律师；在一些民商事案件中，个别当事人认为对方律师妨碍了其利益的实现，明目张胆地殴打律师或暗中指使他人殴打律师。为防止这种情况的发生，律师协会一要进一步加大对律师职能作用的宣传，增进社会对律师的了解与认同；二要旗帜鲜明地声援受害律师，帮助其维权，使侵害人受到应有的惩罚，并警示他人；三要教育律师注意工作方式方法，避免刺激对方、激化矛盾。

(二)“新三难”问题

会见难、阅卷难、调查取证难等是律师执业中的“老三难”，随着《刑事诉讼法》《民事诉讼法》的修改完善，这些问题不同程度地得到了解决。但案难立、门难进、人难见的“新三难”问题又逐渐浮现出来。“案难立”是指某些法院对一些涉及社会热点、难点或敏感的民商事案件，担心“惹祸上身”，干脆不予立案，致使律师无法正常开展执业活动。“门难进”是指一些法院的司法警察对律师人身和所带物品进行安检，甚至不允许律师将必要的工作用具带进法庭，没有给予律师应有的司法礼遇，损害了律师的职业尊严，影响了律师依法执业。“人难见”是指律师在代理诉讼过程中，难以与承办法官见面，进行正常的面对面的案情沟通。破解这些难题，需要司法行政机关、法院、律师协会加强沟通，共同调研，收集分析有关情况，有针对性地制定对策。山东省高级人民法院与山东省司法厅、山东省律师协会在 2011 年就建立了沟通交流机制，定期座谈交流，“新三难”问题已得到了不同程度的解决。

(三)侵犯律师辩论、辩护权问题

《律师法》第 36 条规定：“律师担任诉讼代理人或者辩护人的，其辩论或者辩护的权利依法受到保障。”在庭审过程中，绝大多数法官能够认真、耐心聆听律师的辩论、辩护意见，但也确有一些法官打断甚至多次不耐烦地打断律师发言，或者限定律师发言时间，致使律师无法顺畅、完整地表达自己的观点。这既是对律师执业权利的限制，也是对律师人格尊严的蔑视。这种现象在基层法院表现得尤为突出。

法官如果发现律师发言有重复现象或辩论、辩护冗长、不得要领，作为庭审主导者，有权礼貌地给予善意提醒、提示，而不应以“我听明白了，你不用说了”“这一点我知道了，你不用讲了”“给你××分钟发言时间”等等打断律师发言、限定律师发言时间。事实上法官对有些问题未必全明白，即使全明白了，也要耐心地听，不能任意剥夺或限制律师“辩论或者辩护的权利”，这也是对当事人公民权利的尊重。再者，法庭辩论不仅是律师代表当事人阐述观点的过程，而且还是帮助当事人认清事实、学习法律、服从判决的过程。限制律师行使辩论权，即使判决公正公平，不仅律师可能要维权，恐怕当事人也要上诉或上访。这肯定不是法官所希望的结果。

学者站在立法者的角度论述律师与法官的关系，一般认为律师与法官间应当是相互独立、彼此尊重、相互合作、互为监督的关系。[①] 因此，解决这一问题的关键，在于法院要加强对部分法官的教育，提高其对律师角色、价值的正确认识。同时，律师协会、律师事务所应注重加强律师语言表达能力、逻辑思维能力的培养，并从维权的角度注意收集此类案例，及时向有关法院反映、协调，努力防止和避免此类现象的发生。

第三节 开展教育培训

教育培训是提高律师队伍素质、提升服务能力和质量的重要措施。律师协会应健全教育培训体系，完善教育培训形式，顺应律师行业发展需求，有针对性地开展丰富多彩的教育培训活动。

一、教育培训概述

教育培训是指律师协会为提高律师队伍思想政治素质、业务素质，系统地、有计划地组织开展的系列活动。

《律师法》第46条规定了律师协会对律师进行教育培训的职责。教育培训的种类是多种多样的，从培训主体可分为律师协会组织的培训、律师协会与其他

① 参见王利明：《法官与律师的相互关系》，http://www.aisixiang.com/data/45892.html.

组织联合举办的培训、律师协会委托其他单位举办的培训等;从内容可分为思想政治教育、律师伦理教育、业务知识和技能培训、管理知识和技能培训等;从形式可分为集中轮训、短期专项培训、专题集中培训、网络培训等等。组织开展系统、多元、丰富、个性化的教育培训活动,是律师协会最重要的服务项目。

二、构建教育培训体系

从全国律师行业教育培训现状看,律师协会普遍重视教育培训工作,但不同程度地普遍存在着系统性不强、随意性大、形式单一、内容失衡等问题,制约了教育培训的效能。从国外律师教育培训体系看,一般分为法学基础教育培训、职业教育培训、实习教育培训和继续教育培训。就我国律师制度特点和律师队伍建设具体情况而言,我们认为,律师协会应从宏观、整体上把握律师行业教育培训的内在要求,构建以政治教育、伦理教育、业务培训为三大支柱的中国特色律师教育培训体系,明确教育培训的目标、任务和重点。

(一)加强以党建为核心的思想政治教育

立足加强律师行业思想政治建设,在律师协会设立律师行业党组织,指导律师事务所健全党组织,发挥党组织开展思想政治教育工作的职能优势;指导律师事务所党组织积极教育、培养、发展骨干律师、青年律师入党,不断壮大律师党员队伍;注重发挥律师党员模范带头作用,树立党组织、党员的威信,影响和带动其他律师积极向上,增强政治修养;组织开展主题教育实践活动,有计划、有目的地开展理想信念教育。

(二)加强以职业道德为核心的律师伦理教育

"对于从事律师、医生以及牧师等职业的人来说,最根本的价值是为公众服务的精神,其职业义务的内容尤其强调利他主义和伦理性。"[①]因此,强化律师伦理教育是律师职业内在的特殊要求。强化律师伦理教育,就是有计划、系统地开展以世界观、人生观、价值观,社会公德、职业道德、家庭美德,责任意识、规则意识、自律意识等为主要内容的思想品德教育。律师伦理教育应突出行业特点,以律师职业道德为核心,凸显律师职业理念和职业操守。

(三)加强以知识技能为核心的律师业务培训

知识是律师赖以执业、提供服务的资本,不断丰富、更新知识,是律师提升服务能力和质量的前提和基础。律师协会特别重视业务培训,但从现状分析,尚需从以下方面进行系统改进完善:

1. 分层培训。中华全国律师协会和省级、市级律师协会应当进行适当分工,

---

① 季卫东:《法律秩序的构建》,中国政法大学出版社1999年版,第240页。

合理配置培训资源、培训任务。

2. 分类培训。对实习人员、新执业律师、专业律师科学设定符合其特点和实际需求的培训内容，分类施教。

3. 系统培训。以业务知识和技能为主，开展团队协作知识与技能，语言、文字表达知识与技能，逻辑思维知识与技能，社交知识与技能，谈判知识与技能，外在形象塑造知识与技巧等与执业相关的基本素质的培训。

4. 高端培训。在做好国内培训的基础上，中华全国律师协会及有条件的省级律师协会应有计划、有针对性地选派优秀律师出国培训，培养具有国际化视野、服务我国“走出去，引进来”经济发展战略的高端法律服务人才。

三、完善教育培训形式

目前律师协会多采取“快餐式”主题培训形式，局限性较大，显得支离破碎，效果有限。为有效落实丰富、多彩的培训内容，需要调适、创新培训形式。就政治教育而言，应将日常教育、专题培训、主题教育实践活动结合起来。就伦理教育和业务培训而言，应当成立并依托律师学院，开展全员系统轮训、短期专项培训、专题集中培训等，使教育培训工作走上规范化、系统化、专业化、精细化的发展轨道；网络培训，课程内容多、更新快，适应律师个性化需求，不受时间、地点限制，且成本低，是最为理想的培训方式之一；与有关部门、社团组织联合培训，加强沟通交流，旨在扩展律师知识和视野，增强服务的针对性，创造更多的服务机会；委托培训，就律师行业普遍需求的某项专业知识，如管理知识、营销知识等，委托具有相关专业培训资质的公司进行培训。

四、组织教育培训的步骤

通常而言，组织教育培训活动应遵循以下步骤：

（一）明确培训目的

教育培训目的是决定是否应当举办某次培训的前提。如果连组织者都不能清楚培训的目的，受训者必会更加茫然，难以激发学习兴趣。因此，举办任何一次教育培训活动，首先必须清晰确定该次培训的目的。

（二）了解律师诉求

教育培训是针对律师的教育培训，即使律师协会有良好的目的和愿望，如果广大律师教育培训内容缺乏需求和兴趣，同样难以达到预期效果。因此，在举办教育培训之前，应当做好前期调查研究，充分了解律师的普遍诉求，做到有的放矢。

（三）科学设计内容

一次成功的教育培训，内容是核心。律师的诉求通常比较散乱，需要认真分析归纳其共性，科学设计教育培训的课题，突出重点，适当兼顾其他。合理安排时间，既保证教育培训内容得到充分讲解，又注意节约时间和经费成本。

（四）认真选聘师资

律师协会应当成立专家库，为培训储备师资，防止临时聘人，影响授课效果。每次培训都应当根据培训内容认真严格精选师资，尽可能地从更广泛的范围挑选，力求获得最佳授课效果。

（五）合理选择培训点

在律师学院以外的地方举办培训，应当选择方便律师参加、有利律师食宿的地点举办，且尽可能安排在节假日，以免影响律师工作，影响参训人数。

（六）制定培训方案

培训方案是规范有序开展培训的保障。律师协会在筹备培训过程，要认真制定培训方案，明确工作人员的职责和任务，以防疏漏。同时尽早下发培训通知，以便律师提前做好安排，按时参加培训。

第四节　制定业务操作指引

业务操作指引对指导律师开展业务、规范律师执业行为、促进律师业务发展具有基础性的作用，是重要的服务性行业规范。律师协会应当建立业务操作指引体系，全面制定各类业务操作指引，并注重组织资深律师制定新业务、高端业务操作指引，促进律师业务转型升级。

一、业务操作指引概述

业务操作指引是指律师协会对律师从事某一法律业务，最低限度普适性工作流程要点的总结，一般名称多是××业务操作指引、××业务规范、××业务指导意见等，是律师从事该法律业务的指南和执业标准。

业务操作指引属于行业规范。制定业务操作指引，引导、规范律师业务健康发展，是律师协会的法定职责。律师业务的多样性，决定了业务操作指引的多样性，从宏观上可分为诉讼业务、非诉讼业务操作指引；再细分可分为法律顾问、刑事业务、民商事业务、行政业务等业务操作指引，还可以做更为细致的划分。律师业务越来越向精细化方向发展，律师业务操作指引的分类也越来越细。业务操作指引越细化，针对性越强，指导性也越强。

“法律调研、起草法律文书（各种报告、法律意见书等）、起草合同、参与谈判、代理诉讼和代理其他纠纷的处理这些执业律师日常的工作，从形式安排到内容表述以及各种行为实施的程序和方式都有律师习惯的做法，在习惯的做法后面隐含的是执业律师的专业思维和业务技巧。律师的专业思维和业务技巧都是经验的结晶。”[①]为帮助实习人员、青年律师尽快掌握这些“习惯的做法”和“经验的结晶”，并指导更多的律师拓展新业务，需要律师协会组织各业务领域的“领军人物”将其以业务操作指引的形式予以表述、固化、传播。

总之，业务操作指引具有入门教材、业务指导、规范执业、认定过错等作用。

二、业务操作指引存在的问题及对策

（一）存在的问题

目前各级律师协会陆续制定出台了一批业务操作指引，为指导和规范律师业务发展起到了一定的积极作用。但也存在一些问题，具体表现在：一是缺乏系统性，各自为政，自行其是；二是实用性不强，多数较为笼统、粗略，针对性、可操作性较差；三是不健全，重复较多，缺项较多，传统业务类多，新兴业务、前沿业务、高端业务类少。这种状况导致业务操作指引难以发挥其应有的作用。

（二）完善律师业务操作指引体系应坚持的原则

我们认为，应当按照以下原则，尽快建立中国律师业务操作指引体系。

1. 自上而下原则。中华全国律师协会负责对律师业务进行科学分类，尽可能全面地制定各类业务操作指引，在中国律师网发布，全国统一遵循；省级律师协会结合本辖区律师业务实际，制定特色业务操作指引，并对全国律协制定的业务操作指引进行延伸、细化；市级律师协会亦可制定本辖区内特色业务操作指引。下级律师协会制定的业务操作指引不得与上级相抵触。

2. 高标准原则。业务操作指引是指导律师开展业务的规范性文件，律师协会应以各专业委员会为主，组织本专业领域的“领军人物”共同研究、论证、起草，而后在全体会员中广泛征求意见再完善，并通过规定程序发布实施。

3. 精细化原则。业务操作指引的价值在于其“可操作性”。因此，制定业务操作指引应力求精细化。一要详细列明需办理的事项，漏项就是“漏洞”；二要阐明每个事项所要达到的目的，以便于律师理解、更好地执行；三要详细列明应当遵循的程序，程序就是“路径”，路径不明将无法前行；四要详细注明每个环节需要提示的事项，以防止、避免失误、错误。

4. 修订补充原则。业务操作指引的生命力在于其现实指导性。事物是在不

① 中华全国律师协会编：《律师执业基本素养》，北京大学出版社 2007 年版，第 5 页。

断发展变化的，律师业务也在不断地向纵深、高端、更广领域快速发展。因此需要定期对业务操作指引进行修订完善，保持其实用性；及时制定新的业务操作指引，保持其全面性。

第五节　搭建服务平台

律师协会作为律师行业的代表，既具有与党政部门和社会各界沟通、合作的优势，又具有向党政部门和社会各界推介律师、拓展律师业务的职责。因此，律师协会应充分发挥桥梁作用，为律师更好地服务经济社会发展搭建平台。

一、搭建服务平台概述

搭建服务平台是指律师协会发挥桥梁作用，积极主动地与有关部门、单位建立合作关系，组织专业律师为特定群体提供专业化法律服务的活动。

服务经济社会发展，是律师行业的使命和价值所在。帮助律师拓展业务，助推律师服务经济社会发展，同样是律师协会义不容辞的责任。搭建何种类型的服务平台，要视社会现实需求而定，也没有统一的分类标准。目前山东省律师协会搭建的平台主要有服务经济发展平台、服务保障和改善民生平台、律师参政议政平台、参与社会公益平台等。

无论是律师，还是律师事务所，就个体而言，其服务能力、服务实力、社会影响力、协调能力都是有限的。而律师协会具有独特优势，作为组织，具有较强的社会影响力和协调能力，同时掌握着丰富的法律服务资源，能够根据党委、政府及其他社会组织的实际需求，面向全行业选拔组建优秀的专业服务团队，提供高水平、高质量的专业法律服务。因此，发挥独特优势和桥梁作用，助推律师服务经济社会发展，正是律师协会提供行业服务的一个重要支点。

目前律师协会需要主动走出去，积极与有关单位联系沟通，一方面了解、掌握社会现实法律服务需求，以便组织专业力量提供有针对性的专业化法律服务；另一方面可以在联系沟通中宣传律师的作用，推介律师业务，与更多的单位和社会组织签订合作协议，为律师创造更多的服务机会。

二、搭建服务平台的内容

许多律师协会已在不同程度地开展着这方面的工作，也取得了一定的成效，值得总结、学习和借鉴。这里仅以山东省律师协会为例加以介绍。

（一）搭建服务经济发展平台

1. 服务中小微企业发展。山东省律师协会积极配合省司法厅、省中小企业局落实《关于律师服务中小企业发展的意见》，组织全省律师共为中小微企业提供法律咨询、法律体检、法律讲座、免费印发建议书、风险防范手册，取得了显著的效果，得到省领导的充分肯定和众多企业的欢迎。

2. 服务对外经贸。山东省是外经贸大省，也是国际贸易摩擦的重灾区。2008 年，山东省司法厅、律师协会选拔 24 名律师到美国进行反倾销知识培训。2010 年，山东省商务厅、司法厅、律师协会以出国培训的律师为主体，选拔 30 名律师组建“山东省应对国际贸易摩擦律师服务团”。2013 年 2 月，山东省司法厅、律师协会与贸促会联合下发了《关于加强法律服务工作建立交流合作工作机制的意见》，就建立交流合作常设机构、联席会议制度、信息业务交流制度；建立涉外法律服务人才库，积极开展涉外法律纠纷诉调对接工作；探索建立中、日、韩自贸区山东示范区商事争议联合调解机制；开展涉外商事法律服务；加强涉外法律服务队伍建设等方面作出了明确规定。

3. 服务个体私营企业。2013 年 4 月，山东省工商局、个体私营企业协会、司法厅、律师协会联合发文，成立山东省个体私营企业律师服务团，主要职责是帮助个体私营企业协会维护个体私营企业合法权益，协助工商局开展执法活动，为个体私营企业开展法律咨询、法律培训，提供法律体检，受理个体私营企业诉讼，开展专题调查研究等。

（二）搭建服务保障和改善民生平台

1. 服务社会公众。山东省律师协会与广播电视台联办《周末说法》栏目，选派一批优秀律师现场直播，解答群众法律咨询，宣传律师制度和优秀律师、律师事务所，报道山东省律师行业重要活动。同时联合组织开展法律服务下基层活动，现场解答群众法律咨询，开展法律宣传。

2. 服务特殊群体。配合山东省司法厅与省妇联成立山东省妇女维权法律服务团，挑选 35 名专业强、业务精的律师依托 4 家律师事务所建立了 4 个工作站；省律师协会与团省委联合组建青少年公益律师服务团，组织 137 名律师、设立 13 个工作站提供服务。山东省司法行政机关、律师协会共组建 168 个律师信访团，形成了覆盖省、市、县的律师接访网络，协助信访部门依法化解矛盾纠纷；成立山东省农民工维权站，维护农民工合法权益，并逐步将服务对象扩大到妇女、青少年、残疾人、老年人、环境污染受害者等弱势群体。

（三）搭建律师参政议政平台

律师的职业特性决定了律师具有天然的参政议政优势和强烈的参政议政意识。为鼓励、支持律师参政议政，发挥律师在治国理政中的作用，山东省、市律师协会主动配合司法行政机关积极向有关部门协调、推荐，争取更多的优秀律师当选党代表、人大代表、政协委员。截至 2013 年 10 月，山东省律师中共有党代表 24 名、人大代表 86 名、政协委员 315 名，共计 425 人，总数居全国各省（区、市）首位。

为提高律师参政议政能力，自 2011 年以来，山东省司法厅、律师协会协调中共山东省委组织部、统战部，共同组织律师代表、委员及部分优秀律师进党校、进社会主义学院培训，开展形势政策教育和参政议政技能培训。

为使律师代表、委员在有关会议上提出高质量的议案，为治国理政、促进律师行业健康发展建言献策，山东省律师协会向律师代表、委员及全体律师广泛征求意见，收集整理有关经济社会发展和律师行业发展的重要议题，供律师代表、委员参考。

（四）搭建律师参与社会公益平台

成立山东省律师协会公益法律服务中心，主要职责是：承办中共山东省委、省政府交办的社会公益性法律服务事项；参与涉法涉诉信访案件接待及评查工作；承担山东省律协检查，督导律师开展法律援助工作职责；主持调解重大民商事法律纠纷；开展公益性普法宣传工作；开展其他公益性法律服务。市级律协也将陆续成立公益法律服务中心。这是山东省律师积极开展公益法律服务活动的又一重要平台。

成立律师调解中心。为发挥律师职业优势，创新社会矛盾纠纷化解机制，促进社会和谐稳定，2013 年 3 月，山东省律师协会在总结青岛市律师协会律师调解中心经验的基础上，组织六个市律师协会开展律师调解中心试点工作，积极开展民事、商事、行政纠纷调解，以方便群众，节约诉讼成本，缓解诉讼压力。

第六节　开展宣传交流

宣传交流是扩大律师影响，树立律师良好形象，拓展律师视野，促进律师业务发展的重要措施。针对律师宣传交流工作滞后的现状，律师协会应当投入更多的精力和财力，系统、有计划、有步骤地开展宣传交流工作。

一、宣传交流概述

宣传交流是指律师协会通过各种媒介开展的、旨在增进社会各界对律师职能作用的了解，提升律师行业的社会影响力和公信力的系统活动。

社会各界对律师职能的深度了解和对律师的信赖、支持，是律师行业得以健康发展的必要条件。因此，加强律师宣传工作，增强与社会各界的广泛交流与合作，为律师行业发展创造良好的政治环境、社会环境、司法环境，是律师协会行业服务的一项重要内容。

宣传交流的形式和内容是多种多样的，通常是通过各种媒体宣传律师制度，宣传律师在维护当事人合法权益、维护法律正确实施、维护社会公平正义、服务经济社会发展中发挥的职能作用，宣传律师行业涌现出的先进典型和模范人物等，通过召开座谈会、交流会、举办论坛及开展其他活动，积极与社会各界交流彼此的职能作用与现实需求，增进彼此的了解、理解、感情，相互学习借鉴，利用各自优势开展互利合作。

二、开展宣传交流工作的方法措施

律师宣传交流工作的目的，在于让社会各界了解律师制度、认同律师的作用，改变对律师不正确的认识，进而信赖、支持律师。而人们认识事物需要一个过程，改变人们对事物的认识则需要更长的过程。因此，要实现宣传交流工作的目的，必须遵循认识规律，采取以下方法措施：

（一）长远规划，系统安排

既然宣传交流工作难以在一朝一夕取得显著成效，就应制定长远规划，对宣传交流内容作出系统性安排，以便有计划、有步骤地长期执行。

（二）保持连续性、高频率

认识由量变到质变，“三人成虎”，宣传交流工作必须持续不断地进行，且要保持一定的量，持续加深社会各界对律师的认识。时断时续或数量较少，必然导致认识淡化或印象不深，影响宣传交流效果。

（三）坚持多角度、立体化

为使社会各界全面认识律师制度和律师作用，避免“盲人摸象”的不良后果，需要收集大量的、丰富多彩的、翔实的、生动的宣传交流素材，从不同角度进行大容量的宣传交流。内容单调、空泛，必然引起人们的反感，反而产生不良影响。

（四）采取多样性、广泛性的形式

电台、电视台、网络，影像、图书、杂志、报纸，座谈、论坛、考察，形成各种宣传交流形式齐头并进、百花齐放的局面。

三、完善宣传交流工作的措施

（一）树立正确的宣传交流观念

现代社会是信息社会，早已不是口口相传的时代，人们已习惯于通过各种媒体获取信息并以此作出判断。这就需要律师协会顺应信息社会的要求，把律师行业正面的、积极的信息通过各种渠道传播出去，让社会公众充分了解律师、认同律师的价值，并主动聘请律师为其提供法律服务，进而促进律师行业发展。“好事不出门，坏事传千里”，如果正面宣传交流不够，律师行业的声誉必然因极个别律师的“恶行”而受到毁损。

（二）加大宣传交流工作投入

由于宣传交流效果显现较缓慢，许多律师协会不愿为此投入足够的人力、物力，宣传交流工作薄弱。目前律师行业社会声誉、公信度之所以不高，认为“律师只是打官司的”“律师服务就是为了挣钱”的人大有人在，就是因为宣传交流工作太“吝啬”而受到的“惩罚”。加大宣传交流的投入和力度，已成为律师协会刻不容缓的任务。

（三）丰富宣传交流形式

目前律师协会主要通过广播、电视、报刊、杂志、网络、座谈、论坛等形式，开展着有限的宣传交流活动。而有关宣传律师的影视作品、文学作品却是凤毛麟角。中华全国律师协会应联合省级律师协会共同出资，委托影视制作中心，每年拍摄一部投入适度的影视作品；一些经济条件较好的省级律师协会可与本地影视制作中心合作，拍摄一些投入较小的微电影；律师协会可与作家协会合作，出资选聘作家到律师事务所深度体验律师工作和生活，以先进人物和典型案例为素材，创作小说、纪实文学、剧本等。同时引导、鼓励律师著书立说，彰显律师队伍的素养和业务水平。

另外，律师协会对外交流也比较欠缺，影响了国内律师与外国律师的交流互动，制约了彼此的相互了解，导致中国律师在国际上的声誉不高。律师协会应当发挥桥梁作用，主动与外国律师协会结成友好协会，签订定期互访协议，增进双方律师间的了解与信任，不断提升中国律师在国际上的影响力。

第七节　举办会员福利

举办会员福利是律师协会应有的功能，而享受会员福利则是每名会员的权利。律师协会应积极举办会员福利，既要丰富多彩，又要量力而行，循序渐进。适度举办会员福利有利于增强会员的职业归属感和行业凝聚力。

一、会员福利概述

会员福利是指律师协会为会员提供的工作、生活上的待遇和利益。

中华全国律师协会在其《章程》第 39 条会费列支项目中规定了“会员福利事

业”，但会员福利项目有哪些，无明确规定。目前律师协会提供的福利主要有免费教育培训、免费健康体检、救助困难律师、帮扶老律师、办理保险统保、开展文体活动、提供有关信息资料等。

律师协会作为律师的自律性组织，为律师提供福利是其应尽的义务和责任。举办必要的福利，有利于增强律师的职业归属感、幸福感和行业凝聚力。以往由于律师协会收入较少，无力举办或甚少举办会员福利。随着收入的不断增加，律师协会举办的会员福利也应当不断增加。

二、举办会员福利应当遵循的原则

1. 积极而为的原则。举办会员福利是律师协会的义务，不是要不要作为，而是必须列入年度工作计划，积极主动地有所作为。

2. 量力而行的原则。举办福利并非越多越好，因为律师协会经费有限。因此应量力而行，在年度经费预算中适当安排必要的福利经费，保证福利活动正常开展。

3. 循序渐进的原则。任何事情都有轻重缓急，律师协会应根据律师的普遍诉求，优先安排最为迫切的福利项目，如免费培训、健康查体、保险统保、会员救助等，而后随着会费收入的增加而逐步增加。

4. 点面结合的原则。安排会员福利，既要考虑全体会员普享的福利，也要考虑特殊会员(经济困难)、特殊群体(老律师)的福利，使其更具科学性、合理性。

5. 普惠经济的原则。是指开展全体会员受益而又节约经费的福利。最为典型的是保险统保，由律师协会代表全体会员与保险公司进行竞争性谈判，以降低保险成本。如山东律师每人每年缴纳 75 元执业风险保费，即可享每年不超过 300 万元的保额。75 元保费由省、市律师协会、律师事务所、律师分担。由此不仅省、市律师协会只支出了较少的经费，而且律师事务所、律师受益颇大。

三、改善会员福利的措施

(一)建立律师福利制度

目前，中华全国律师协会只是在其《章程》第 39 条会费列支项目中规定了“会员福利事业”，各地律师协会也是“各行其是”，缺乏统一的规范。因此，中华全国律师协会应当制定具有指导性的会员福利制度颁行全国，省、市级律师协会据此结合自身实际制定本会的会员福利制度，从而形成一个金字塔式的会员福利制度体系架构，推动会员福利事业规范健康发展。

(二)应当举办的会员福利

虽然中华全国律师协会对会员福利尚未作出统一规定，但从目前律师们的普遍诉求看，律师协会应当举办下列福利项目：

1. 免费教育培训。除少数参训人数少、费用高的培训外，以律师协会为主举办的各类培训，原则上不应再收取会员的培训费（不含食宿费）。山东省律师协会每年教育培训支出一般占当年会费收入的三分之一。

2. 免费健康体检。由于每项法律事务如同每片树叶，没有完全相同的，所以律师的工作是创新性的智力劳动，身心长期承受着巨大的压力。为保持律师们的身心健康，律师协会每年应为个体会员开展免费体检。

3. 救助困难律师。一些律师因生病、意外事故、自然灾害等而陷入经济困境，律师协会应当设立救助基金对其进行适当的救助，使律师感受到“家庭”的温暖。

4. 办理保险统保。由于种种原因，律师、律师事务所面临着各种风险，为降低会员风险和投保成本，省级律师协会应当与保险公司进行竞争性谈判，为会员统一办理执业保险、大病保险、人身意外伤害保险、财产保险、车辆保险等。

5. 开展文体活动。为丰富活跃律师们的工作和生活，愉悦和升华精神，保持健康体魄，律师协会应尽可能地组织开展一些文娱、体育活动。

结　语

行业服务对于维护行业整体利益、增进业内外交流合作、促进行业科学发展具有十分重要的意义。律师协会行业服务相对于行业管理而言，行业服务内容更加宽泛，除积极做好法律明确规定的服务项目外，律师协会应当根据律师行业发展实际需要，不断丰富、创新服务项目和服务内容，构建行业服务体系，健全有关措施，全面、协调、持续地开展服务工作，保障和促进律师行业健康持续发展，增强律师行业的向心力、凝聚力。

第十四章　律师伦理及其构建

律师在自己的职业活动中，除了遵守法律和社会公德以外，还必须遵守自己特有的伦理规范。律师伦理是律师政治素质、理想信念、思想品质、纪律作风和情操气质的综合反映，与律师对社会所负的特殊责任联系在一起。而遵守律师伦理应成为律师深刻的内在信念和良好的外在自觉行为，并通过惩戒违反者，维护律师业的社会声誉和信用，保障律师业的健康发展与律师功能的实现。

第一节　律师伦理概述

伦理与道德相互联系同时又有所区别，伦理与素养虽然相似但并不相同。律师伦理属于义务道德，是一种底线道德规定，是作为一个合格律师所必须符合的道德要求。律师伦理既包括对律师个体层面的伦理认知、信仰、行为的调节，也包括对律师群体层面的伦理理念、环境氛围的塑造。

一、伦理与道德、职业素养的区别

伦理一词，英文是 ethic，来源于拉丁语 ethos，其词源意义是指个人或团体的气质或者精神特质（moral nature set of ideas, or beliefs of a person or a group）[①]，用以表示一个民族特有的生活惯例、风尚、习俗、品格和德性等。从汉语词源来看，"伦"本意是辈、类；"理"是条理、道理和规则；"伦理"连用，是指人们之间应当遵循的道理和规则。在现代，伦理一般是指一系列指导行为的观念与关于是非的哲学思考以及处理人与人、人与社会、人与自然之间各种关系的原则和规范。

① 参见朱原等译：《朗文〈当代高级英语辞典〉》，商务印书馆 1998 年版，第 502 页。

伦理与道德相互联系同时又有所区别。黑格尔第一次明确地对伦理与道德进行了区分，认为伦理是社会的伦理，道德是个人的道德。[①] 严格意义上，伦理更多地倾向于团体、社会责任、客观义务等，是客观的法；道德更多地与个体、主观修养相联系，是外在规则向内在品行的转化，是主观的法。[②] 很多时候伦理与道德视为相同的概念不作严格的学术区分，但我们对伦理与道德按上述理解严格加以区分。

伦理与素养虽然相似但并不相同。素养比较宽泛和抽象，包括“德”与“才”两个方面，包括职业技能、专业知识等方面。伦理虽然既要求拥有良好品德，同时又要求具备承担职能的专业素养，但基本上是“德”的塑造，仅限于对专业技能提出要求并不能包含专业技能。

二、律师伦理的含义

所谓律师伦理，即是在律师职业范围内形成的比较稳定的精神品德、行为规范和习俗的总和。它是调节律师内部之间关系以及律师与社会各方面关系的行为准则，是评价律师行为善恶、荣辱的标准，对律师有特殊的约束力。就律师伦理而言，精神品德与行为规范、习俗属互为表里的两个层面，精神品德是律师所具备的内在品质，行为准则、习俗是精神品德的外在表现形式并为维护精神品德提供约束机制。

律师伦理属于义务道德[③]，是一种底线道德规定，是作为一个合格律师所必须符合的道德要求，只要律师符合伦理要求，就达到道德底线，达到这样的标准不会受到赞扬，但如果违背则要受到斥责或惩罚。律师伦理并非仅仅是律师自我道德修养问题[④]，除内省自修外，更有外塑强制力量。现代律师伦理强调从律师角色出发，遵从职业责任，不是以个人的德性伦理为起点，而是受到律师职业限制的责任性伦理，以律师所应遵从的行为规范为主体内容。律师伦理的内容不再是有关道德的命题[⑤]，而是规定律师责任的技术性条款。其本质是依据律师的程序角色分工，对律师以规则为手段，以责任或者义务为核心所进行的建构。

---

① 参见冯川：《论黑格尔伦理学的几个突出创见》，载《东南大学学报》(哲学社会科学版)2007年第6期。

② 参见[德]黑格尔著，范扬、张企泰译：《法哲学原理》，商务印书馆1982年版，第61～163页。

③ 参见孙笑侠等：《法律人之治——法律职业的中国思考》，中国政法大学出版社2005年版，第277页。

④ 参见姜世明：《律师伦理法》，新学林出版股份有限公司2008年版，第263页。

⑤ 参见余涛：《我们需要何种法律教育——从法律职业伦理困境谈起》，载王瀚主编：《法学教育研究》(第4卷)，法律出版社2010年版，第53～58页。

三、律师伦理的特点

律师伦理既包括对律师个体层面的伦理认知、信仰、行为的调节，也包括对律师群体层面的伦理理念、环境氛围的塑造。如何处理律师内部之间关系、律师活动与社会需要的关系、律师活动过程中发生的各种利益关系等，构成了律师伦理的基本内容。

律师伦理反映着律师职业领域的特定伦理价值和行为要求，它应具有传统道德“软”约束与制度“硬”约束的双重效力，且兼具两者的优势。[①] 律师伦理可作为行为准则，通过约束和激励机制调节律师内部个体之间、律师个体与律师职业群体之间、律师职业群体与外部社会之间的各种利益关系。律师伦理也是律师行业团体内部违规行为的裁判规范，通过规制律师职务活动以预防、遏止违规行为，又通过制裁律师违规行为来宣明律师职务活动的规则。律师遵守伦理规范，不应仅以避免惩戒为唯一目的，而应认识到伦理规范具有获取公众信赖的积极意义，从而在执行职务时自觉遵守并持续提升自己的能力与素养，进而获得当事人与公众的敬重。

律师伦理具有国际共通的原则，也有随各国、各时期不同的特色。各国律师伦理的内涵，随着各国政治社会、情势以及律师自觉的程度不同而有所偏重。但在国际化的潮流下，随着各国交往密切以及人权等普遍价值的确立，各国律师伦理也有许多共通的原则。如，我国台湾律师界首次制定律师伦理规范主要参考日本的律师伦理规范，后重新修订时又参考并吸纳了德国与美国的相关规范。[②]

律师伦理的实践有赖律师的道德自觉、人品与见识。有些伦理问题制定了比较明确的规范以供遵循，例如构成了利益冲突而应回避的情形。但律师伦理中也有许多具有理想教育、宣示与提醒的内容，这部分内容的实现则依赖律师个人的修养。因而律师伦理的实践有赖于律师多方面的自我充实与修养。

第二节　律师伦理的基本内容

作为当事人利益的维护者、法律正确实施的维护者、社会公平和正义的维护者，从律师的属性出发，为实现律师的使命，律师伦理包含专业义务、尽责义务、

---

① 参见高晓红：《从政府制度伦理化到政府伦理制度化》，载《江汉论坛》2007年第12期。

② 参见台北律师公会主编：《法律伦理》，五南图书出版股份有限公司2011年版，第244页。

保密义务、诚信拓展业务义务以及维护义务等核心内容。[①]

一、专业义务

(一)精通法律原理及实务规定

律师是以法律专业知识与专业技能提供法律服务的专业人员，具备法律专业知识与技能是律师基本的义务，律师应精通承办事务的法律原理及实务规定。这是律师执业的根本。

(二)与当事人保持独立

律师作为法律专业人员，执行职务时应当基于法律专业提供法律服务，并非也不应当完全听命于当事人指示，律师应当以维护法律秩序与社会公益为执业准绳，此即律师与当事人独立原则，也是律师专业性的重要表现之一。

对此，德国的做法颇值借鉴：德国认为律师并非受雇于当事人，委托人支付律师费的义务并非基于委托人与律师间的契约关系；律师是依法对委托人提供法律服务的独立行业，委托人的付款义务是基于联邦律师费用法的规定。[②] 德国的制度可以某种程度地降低部分当事人“我出钱即是老大”的心态，既维护了律师的专业尊严，又保持了律师独立。

(三)审慎承办跨专业法律事务

近年来，社会多元化发展，律师所从事的法律服务除传统民事、刑事案件外，更扩张到许多跨领域的专业，例如，税务法律(包含法律与税务、会计专业)、医疗法律(包含法律与医疗专业)、知识产权法(包含法律与科技专业)等等，都需要法律专业与其他专业的结合。在法律事务已精密分工的情况下，很少有律师有能力承办各种不同类型或跨领域的案件。对于非法律专业的委托事务，律师本身具有该专业的知识，当然可以承接，例如兼具会计师资格的律师即可办理税务诉讼；律师不具备该专业但能寻求具有相关专业人员协助的，也可以承接该事务，例如有当事人委托专利侵权诉讼，律师虽然没有该项专利相关的科技背景，但只要律师能寻求具备该科技背景的专业人员协助，仍然可承接该专利侵权诉讼。

---

① 关于律师伦理内容的表述，经常见到“忠诚义务”“独立义务”以及“维护自身良好的职业形象和声誉”。但从逻辑上讲，律师的忠诚义务可分解为对法律的忠实义务、对委托人和社会利益的诚实、对法律事实的忠诚；独立义务可包括独立于国家、独立于当事人、独立于委任媒介及费用支付者、独立于社会团体(参见姜世明：《法律伦理学》，元照出版有限公司 2010 年版，第 209～217 页)。“忠诚义务”“独立义务”的外延过于宽泛且含义相互交叉，而律师伦理规范的所有内容在一定程度上可以认为都是为了“维护自身良好的职业形象和声誉”。因此，为了逻辑清晰、表述方便，我们在阐述律师伦理内容时，不采用“忠诚义务”“维护自身良好的职业形象和声誉”的归纳与表述。

② 参见台北律师公会主编：《法律伦理》，五南图书出版股份有限公司 2011 年版，第 257 页。

除此之外,都应审慎承办。

二、尽责义务

(一)尽力维护当事人合法权益

无论诉讼或非讼事务,当事人既然将自由、人格或财产等重要事项委托给律师,律师就应为当事人争取最大的权益。

律师承办案件必须经过充分准备,实时告知当事人相关信息,交付当事人相关材料,在法定期间及时进行相应的行为;应当基于法律专业以及沟通技巧将正确的法律意见坦诚告知委托人,避免委托人有不正确的期待或判断,最大限度地保障委托人权益;对于委托事务可能的不确定风险,应该详实告知委托人,以协助委托人作出正确的判断。

律师尽力维护当事人权益应当以遵循法律及正当程序为前提,既不应拘泥诉讼胜负而违背法律,也不得故意实施有损相对人的不当行为,如不得故意实施诋毁、中伤或其他有损相对人的不当行为。

(二)避免与当事人形成案外利益关系

基于受当事人委托,为当事人在合法范围内谋求最大的利益,律师应当远离当事人利益,不能与当事人利益发生冲突。否则一旦律师在财务上或身份上与当事人的利益有所牵扯,律师恐怕将因自身利益的考虑而难以确保当事人的最佳利益。[①] 因而,律师和律师事务所不得利用提供法律服务的便利,牟取当事人争议权益;不得违法与委托人就争议权益产生经济上联系,如与委托人约定将争议标的物出售给自己、委托他人为自己或为自己的近亲属收购、租赁委托人与他人发生争议的标的物。只要曾经是委托人,律师接新案时都必须考虑是否与该委托人的利益有冲突,甚至有必要取得该委托人的同意。

(三)禁止虚假承诺

虚假承诺即指承诺委托事务将获有利益的结果。任何诉讼都由法官进行审判,即使律师从委托事务的背景事实、证据及法律规定分析委托事务将来胜诉的可能性极高,但也不可能预料到诉讼过程中会有如何的变化,当然更不能确信将获有利益的结果。因此,律师就委托事务,不得承诺将获有利益的结果,而是应当根据委托人提供的事实和证据,依据法律规定进行分析,向委托人提出分析性意见。对于委托事务,律师所能做的且应该做的,就是将委托事务对于委托人任何有利的方面与不利的方面详实地告知委托人,让委托人就是否进行诉讼、和解或适用其他争端解决机制作出正确的判断。

---

① 参见姜世明:《律师伦理法》,新学林出版股份有限公司 2008 年版,第 263 页。

三、保密义务

（一）保密义务的缘由

律师的保密义务，既是律师与当事人间高度依赖关系的核心，也是用以判断一国律师制度能否有效运作、放诸四海皆准的标准。《联合国关于律师作用的基本原则》（*Basic Principles on the Role of Lawyers*）第22条“各国政府应确认和尊重律师及其委托人间在其专业关系内的所有联络及磋商均属保密”的规定明确了律师的保密义务。

（二）保密义务的内涵

律师在与当事人磋商后未委托、办案过程中以及委托结束后，对因拟委托而与律师磋商过程中、办案过程中以口头、书面或由当事人提供证据所知悉的当事人秘密信息，负保密义务。

被委托律师本人，当然是保密义务的主体；律师监督、管理的协助人员包括律师与非律师，就协助过程中接触到的当事人信息负有保密义务；同一事务所律师有机会接触彼此案件的卷宗，也难免相互研讨案情、交换意见，在相关文件处理流程中，也可无意窥见到当事人信息，因此也负有保密义务。

（三）保密义务的例外

保密义务的保护对象既然是当事人，当事人当然可以放弃这项保护，律师在告知并征得当事人同意后则可免除保密义务。生命、身体的完整性，是人类社会的首要的基本价值，当律师有理由确信任何人的生命、身体或健康将受到危害时，可不经当事人同意揭露当事人的秘密信息。律师职务作为公共职务应兼顾当事人合法权益及公共利益，一旦当事人滥用律师提供的专业服务，自然应当剥夺当事人受保密义务保护的权利。律师与当事人就委托事务发生争议而需主张或抗辩，或律师因处理委托事务而成为民事、刑事诉讼的被告或被移送惩戒时，基于正当防卫，律师应免除保密义务。

保密义务的上述例外事由，仅仅是指律师在必要范围内可不受保密义务的拘束，并非强制律师有揭露的义务。

（四）保密义务的延伸——拒绝证言

在民事、刑事及行政诉讼程序中，律师可能被传唤作证或以其他方式要求律师提供当事人有关的情况。如果没有拒绝证言的权利，律师的作证义务将侵蚀律师的保密义务，因而拒绝证言是确保律师保密义务的必要制度。但若律师仅仅能拒绝证言，而不能拒绝因业务关系持有的当事人资料的提交、扣押，则国家追诉机关仍然可以通过扣押或命令律师提出该类资料而达到相同目的，律师的保密能力大打折扣，从而危及律师制度的有效运作。因而，律师的保密义务要求律师有权拒绝因业务关系持有的当事人资料的提交、扣押。

四、维护义务

（一）同业维护义务

律师作为专业人员，应妥善维护与其他律师间合作，共同提升律师的专业形象；彼此间应相互尊重，相互帮助，顾及其他律师的正当利益。如庭审或者谈判不得使用挖苦、讽刺或者侮辱性的语言；不得在公众场合及媒体上发表恶意贬低、诋毁、损害同行声誉的言论；不得无正当理由低于同地区同行业收费标准或采用回扣、馈赠利益方式争揽业务；不得故意在委托人与其代理律师之间制造纠纷；不应也不得教唆当事人诋毁、中伤其他律师，更不能以不正当方法妨碍其他律师接受委托或使委托人终止对其他律师的委托；律师变更执业机构应当维护原律师事务所利益，律师事务所接受转入律师不得损害原律师事务所利益。

（二）配合司法机关的义务

律师在忠于委托人、谋求委托人最大的利益的前提下，又与法院共同负有保障人权、维护社会公平正义的义务，应当协助法官依据法律进行独立且正确的裁判，并协助检察官发现真实。因而，律师应当依法调查取证；不得向司法机关提交明知是虚假的证据；作为证人出庭作证，不得再接受委托担任该案的辩护人或者代理人；不得对委托人、司法机关有蒙蔽或欺诱的行为；执行职务不得伪造、变造证据亦不得教唆他人伪造或变造证据，不得以威胁、利诱、欺骗或其他不当方法取得证据；不得教唆证人作伪证，使证人不出庭作证或使证人出庭作证时不为真实完整的陈述。律师对于依法指定其辩护、代理的案件，未经说明正当理由，不得拒绝或延误；律师原则上对于司法机关询问、指定，应予以协助等。

（三）维护司法尊严

律师具有法律专业形象，律师所言所行会影响公众对于司法的看法，而律师透过媒体发表有关司法的言论，对于司法权威，更是具有重大的影响力，因而律师不应任意发表有损司法权威的言论、不应实施有损司法权威的行为。律师应当尊重法庭；不得与承办案件有关的司法人员私下接触，与案件承办人员接触和交换意见应当在司法机关指定的场所；不得贿赂司法人员，不得以许诺回报或者提供其他利益（包括物质利益和非物质形态的利益）等方式，与承办案件的司法人员进行交易；不得介绍贿赂或者指使、诱导当事人行贿等等。

五、诚信拓展业务义务

随着新兴法律业务的崛起以及律师执业人数的增加，律师拓展业务日益多元化。律师和律师事务所可以依法以广告方式宣传自己及业务领域和专业特长;可以通过发表学术论文、案例分析、专题解答、授课、普及法律等活动,宣传自己的专业领域;可以通过举办或者参加各种形式的专题、专业研讨会,宣传自己的专业特长;可以以自己或任职的律师事务所名义参加各种社会公益活动。

尽管如此,律师拓展业务与一般的商业营销不同,与业务人员争取最大业务量也有本质不同。律师和律师事务所拓展律师业务,应当通过提高自身综合素质、提高法律服务质量、加强自身业务竞争能力等途径;应当遵守行业准则,公平竞争,不得为不正当竞争行为;应当遵循诚信原则。律师发布、制作广告不得以有悖律师使命、有损律师形象的方式,不得采用一般商业广告的艺术夸张手段;不得歪曲事实和法律,诱使公众产生不合理期望;不得进行比较宣传。律师不得刊登招摇或恐吓启事;不得挑唆诉讼或以不正当方法招揽诉讼;不得支付介绍人报酬、利用司法人员或雇用业务人员及其他不正当方法;不得以违反公共秩序、善良风俗或有损律师尊严与信誉的方法受理业务。律师不得与未取得资格者共同从事执业行为,不得以合伙或其他任何方式协助无资格者执行律师业务。

第三节　中国律师伦理的内外冲突

在我国,律师肩负着维护当事人利益、维护法律正确实施、维护社会公平正义的职责。律师们也不能免俗,在利益发生冲突时,他们也有维护自身利益的天性。① 就律师个体而言,正义与功利、经济与道德、程序与实体的矛盾与范畴在律师角色身上发生交织冲突,从而导致了律师伦理内外冲突的存在。

一、律师伦理与传统法律文化的冲突

中国律师制度是在外界推进下,作为民主与法治的象征而从西方国家移植来的舶来品,并非社会演进到一定阶段自然分娩的产物;中国公众也没有受过“人权宣言”“天赋人权”等法治思想的熏陶,法治观念淡薄,没有律师产生的条件。因而,中国律师制度缺乏历史资源的支持,与中国传统法律文化之间的差异与冲突就在所难免。

中国传统法律文化立足于宗法等级,对律师存有根深蒂固的偏见,并且一直流传至现代社会。整个社会对律师有着一种轻视乃至厌恶心理,且不说普通老百姓,即使是政府机构、司法机关对律师在社会中的性质和地位也缺乏应有的认

---

① 参见[美]德博拉·罗德(Deborah L. Rhode)著,张群、温珍奎、丁见民译:《律师的贪婪之路》,博雅书屋有限公司2010年版,第23页。

识。在不少政府部门规章或规范性文件中把律师视为异己性力量对待，典型的如股票账户、银行资料查询、工商档案调查，相关部门或规定不合理的限制条件或根本不允许律师调查，甚至司法机关对于律师提前介入、会见犯罪嫌疑人或查阅已经终审（当事人申诉）档案等法律有明确规定的执业活动，也人为设置障碍或无理刁难。[①] 律师制度所内含的人权、自由、平等与民主精神，与中国固有的以宗法等级为内核的传统法律文化异质。

另外，中国传统法律文化以义务为本位，强调家国利益，通过重义轻利的道德教化辅以惩恶于后的刑罚处罚以求达到社会和谐，崇尚无讼。无讼形成一种固有的文化传统，并影响至今。而律师职业所赖以生存的是以权利为本位的社会，律师为人们的权利奔走呼号，律师为权利去诉诸法律，提起诉讼，希望通过诉讼重新分配正义。[②] 义务与权利、无讼与争讼，构成了传统文化与律师文化的内在冲突。

二、律师伦理与大众伦理的冲突

律师，作为一个具体个人拥有大众伦理，作为一名职业律师必须具备律师伦理。律师身上，集中了律师伦理与大众伦理两种价值期待。然而，律师伦理与大众伦理并不吻合。

律师为了减轻执业的伦理负担、摆脱法律判断中的道德选择困境、降低面对对方当事人败诉的负罪感，必须剥离个人道德因素影响。如律师对委托人忠诚，至于当事人为了达到胜诉的目的而采取何种手段、是否实现公平正义则不加考虑。[③] 因而，律师伦理与大众伦理脱节，甚至走向冷漠、自私和不负责任。

价值取向的不同，也导致了律师伦理与大众伦理的冲突。律师伦理要求律师应该最大限度地为委托人服务，而对对方当事人和社会整体利益的追求退居次要地位；律师应当注重程序正义，任何当事人被定罪量刑都应当经过正当法律程序，不能被剥夺正当法律程序；律师的职责在于为委托人进行辩护，而不是对其作出裁判，不是单纯地同情弱者、嫉恶如仇、惩恶扬善。而大众伦理则持有朴素的实体正义观和非黑即白的判断标准，只关注案件的结果是否正义，很少注意过程是否合法；对犯罪嫌疑人往往是全面否定，很少注意保护其合法权益；认为律师应该为弱者而战，守护司法正义。

---

① 参见汤火箭：《中国律师的地位现状、反思与前瞻》，载《社会科学研究》2002 年第 1 期。

② 参见索站超：《中国律师职业伦理为什么成为问题?》，载《河南财经政法大学学报》2012 年第 6 期（总第 134 期）。

③ 参见余涛：《我们需要何种法律教育——从法律职业伦理困境谈起》，载王瀚主编：《法学教育研究》（第 4 卷），法律出版社 2010 年版，第 53～58 页。

三、律师伦理与市场规律的冲突

律师既有职业(profession)因素也有商业(business)因素。律师本身就有商业的因素,律师商业性的一面,从来就没有消失过,只不过在现代社会得到了放大而已。随着市场经济的发展,在世界范围内,律师职业表现出越来越多的商业倾向,如对律师广告行为的宽容,巨额利润的律师事务所和巨富律师的出现等。正如美国联邦最高法院首席大法官伦奎斯特所说:律师职业是一种商人和神职人员所组成的微妙的混合体;前者以追求利益的最大化为目标,而后者则完全漠视经济上的诉求。[①]

律师具有法律人和经济人的双重身份:一方面,法律人的职责是维护法律正义,为当事人提供法律帮助和解决法律纠纷,体现了一定的公益性;另一方面,经济人作为谋生的手段,运用自己的法律知识为自己获得经济利益,体现出了他的逐利性。律师中的职业因素,要求律师应最大限度地为当事人谋求最大利益;律师中的商业因素,则要求其适用市场规律,追求更多的财富。两者冲突在所难免。

四、律师伦理与律师管理体制、律师执业行为的冲突

律师经常面对各种利益冲突,需要在其中作出艰难选择;在竞争激烈的法律服务市场,为了生存,律师也可能做出一些不合道德与违反法律的行为。因此,对律师行为必须进行伦理的规范和约束。在实行律师自治管理的国家,从职业准入标准的设定,到资格考试、培训与录用以及实施惩戒等大多都由律师行业协会来承担。我国现行律师管理体制是司法行政机关与律师协会"两结合"的管理体制。在实际运行中,律师协会的职能常被虚置,律师协会管理处于被动的地位,陷入两难境地:一方面没有行政处罚权,其管理职能缺乏权威性,作用得不到充分发挥;另一方面,一旦律师权利受到侵犯需要保护,律师协会处理方式软弱无力,无法保障律师的合法权益。这影响到对律师行为进行伦理的规范、约束以及保护。

律师职业感是律师伦理本质的内核。但是,律师作为相对自由的法律工作者,其职业不受人事、编制等行政限制,加之律师事务所自负盈亏、社会保障体系不健全、律师权益保护缺位等因素,导致律师面临较大的生存压力,从而使部分律师缺失职业感。律师职业感的缺失,严重阻碍了律师伦理的发展。在现实生活中,少数律师的极端表现主要有以下几方面:在与委托人的关系上,有的律师

① See William H. Rehnquist, "The Legal Profession Today," 62 *Ind. L. J.* p. 151.

为获取更大的经济利益，规避税费，私自收案；有的为争揽案源，进行虚假承诺。在与同业者的关系上，部分律师采用不正当竞争方式谋取利益，造成恶性循环。在与司法人员的关系上，极个别律师把大部分时间、精力用在与法官及一些政界要员的关系交往上面。

五、律师伦理与伦理教育现状的冲突

律师良好的伦理需要有相应的专业及职业伦理教育，然而我国律师却缺乏这方面的专业训练和制度保障，这也是我国律师职业伦理问题突出的一个重要原因。[①] 我国对律师职业伦理教育没有给予应有的重视。具体表现在以下方面：

首先，我国现有的法学院忽视法律职业伦理的教育。在西方一些国家对法律职业伦理教育非常重视。如美国每一所法学院的学生都会被要求修一门有关律师伦理的课程，教学内容丰富而生动，包括讲解、角色扮演、案件分析、讨论、嘉宾参与等多种形式。在我国，大多数高等院校的法学院系，普遍专注于法律专业知识与技能的培养，而没有开设法律职业伦理教育课程；即使开设了法律职业伦理课程，教育方式多数也比较死板单一，不是简单说教就是依靠学生自学，考核方式更没有统一标准，课程流于形式，收效甚微。

其次，律师的职业继续教育难以发挥作用。省级律师协会和司法行政部门每年都会组织几次律师培训，这种培训多是以业务培训为主的短期课程，采取集中灌输式的教学方式，只问过程，不问效果，并且很少进行伦理方面的教育与培训，更缺少培训后的跟踪问效。

最后，律师事务所的日常学习缺乏监督管理。律师多以自由职业者自诩，一方面不愿受到律师事务所教育管理的约束，另一方面律师代理案件的多少与其个人收入直接挂钩，律师往往忙于为生计奔波而忽视学习。虽然律师事务所都制定了学习制度，但是真正能够将学习制度贯彻到底的没有几个。律师事务所管理制度相对比较松散，对律师的管理基本处于放任状态，律师伦理教育的职能作用则更无法发挥。

---

① 参见索站超：《中国律师职业伦理为什么成为问题？》，载《河南财经政法大学学报》2012 年第 6 期（总第 134 期）。

第四节　完善中国律师伦理的对策

每个职业都在呼唤良好、成熟的伦理。但伦理并非招之即来，它的形成需要宏大政策环境的引导，需要职业内部成员有目的地构建和外部力量的促成。完善律师伦理规范、强化法律伦理教育、完善法制以保障律师执业权利、提高律师准入条件、建立律师政治发展通道、完善律师管理制度、改善律师执业环境、内化律师伦理以实现律师伦理自律等成为构建我国律师伦理的主要渠道。

一、完善律师伦理规范

西方法治发达国家实践证明，建立完备的伦理规范对律师的发展具有重要意义。当所有律师依照相应伦理规范执行职务时，一个井然有序又富于效率的律师伦理秩序就会生成。[①]

（一）健全律师伦理规范体系

目前，我国有关律师伦理的规定比较分散，按照制定机关可以划分成三个层次：一是以《宪法》《刑事诉讼法》《律师法》为代表的法律法规以及最高人民法院、最高人民检察院的相关司法解释；二是司法部制定的部门规章和各级律师协会制订的行业自律规范；三是各律师事务所自行制定的内部管理规范。另外，还有司法行政机关对律师执业行为的监督和律师执业行为的自我约束的规定。当前我国的律师伦理规范缺乏系统性，甚至有些规定之间还存在矛盾与冲突，导致律师执业有时陷入盲目之中。因此，有必要将分散的律师伦理规范集中并加以整理，分层次、分步骤地规范、系统律师伦理的各种规定，使各规范之间协调一致、有机统一，充分发挥对律师执业行为的指导作用和保护作用，从而实现我国律师伦理规范的系统化。待将来条件成熟时可考虑制定我国统一的律师伦理规范法典。

（二）增加职业责任规范

伦理行为的外在性要求相应的责任作为保障，仅有伦理规范而没有责任规范是不完整的。[②] 律师职业责任是律师职业伦理的根本保障，律师职业伦理可以是模糊的，但律师职业责任必须是明确的。只有将律师职业责任的强制规范与职业伦理的自律规范有机结合，律师才能自觉履行职责，积极维护当事人

① 参见唐永春：《法律职业伦理的几个基本问题》，载《求是学刊》2003年第5期。

② 参见李本森：《法律职业伦理》，北京大学出版社2005年版，第235页。

权益。

律师违反法律法规,需要承担民事责任、行政责任,但律师违背伦理不一定违反法律法规,不一定构成民事责任或行政责任。因此,律师伦理规范中应增加律师职业责任的规定,对律师违反伦理但不需承担民事、行政责任的行为加以惩戒与约束。如果不对不需承担民事、行政责任的违反伦理行为的职业责任加以规定,则律师实施这类违反伦理行为,既不需要承担民事、行政责任,也无须承担其他责任,则会有恃无恐,当事人的合法权益就不能够得到保障。不需承担民事、行政责任的违反伦理行为,因不需承担民事、行政责任,其所承担的职业责任不能由法律法规规定,只能由律师伦理规范加以规定。

二、强化法律伦理教育

对于法律职业者而言,不能仅具有一般公民的道德水平,而应当赋予其更高的职业伦理标准。[①] 律师作为法律职业者,必须加强法律伦理教育。

(一)深化法学院校的法律伦理教育

我国已经开始逐步认识到法律伦理教育的重要意义,目前国内很多大学的法学院已经将法律伦理教育作为法学本科生的课程。但是,与西方法治发达的国家相比,我国法律伦理教育方面还存在着很大的差距。开设法律伦理课程只是第一步,更应当将法律伦理课程与法律实践课程结合起来,将法律伦理课程融入法学理论科目的教学过程中,并采取案例教学、社会实践、专家讲评等多种形式丰富教学内容。同时,还应注意强化法律伦理教育的考核,将其提高到与法学理论科目同等严格甚至更加严格的程度,从而防止伦理教育在实践中最终流于形式。

(二)律师岗前培训增设律师伦理专题

实习律师实习期满,岗前培训合格,才能转为正式执业律师。当前,律师岗前培训的内容主要是律师制度、律师职业道德与执业纪律、执业理念、律师实务等等。其中,律师职业道德与执业纪律、执业理念等的培训虽然涉及律师伦理的内容,但不完整、不系统、不深入。为强化律师伦理教育,在律师岗前培训中,可增设律师伦理专题,安排充足的时间,以便进行深入、系统、完整的律师伦理教育,并在考核中突出律师伦理内容,以保证伦理教育的效果。

(三)律师在职培训强化律师伦理教育

各地律师协会应当通过培训为律师提供伦理学习与交流的平台,加大相互的沟通与交流,可举办律师伦理研讨、伦理案例分析交流会议或者共同参与公益

① 参见李本森:《法律职业伦理》,北京大学出版社 2005 年版,第 312 页。

活动，通过理论与实践的结合，强化律师伦理教育，提高律师的伦理意识。

三、保障律师执业权利

律师是当事人维护合法利益的最直接最有力的武器，律师代表着当事人的权利，给律师权利就是将权利交给公民。由律师特点所决定，律师被社会赋予比其他职业更高的期待值，制度也为其设置了更高的门槛。与此相适应，国家应当给予律师更高的法律保障。保障律师执业权利对于维护犯罪嫌疑人、被告人的合法权益，保证案件公正处理至关重要，也是维护公民合法权利及社会公平与正义的基本要求，对于促进司法公正、防止司法腐败具有重要作用。

现行律师法虽然从律师执业许可、律所组织形式、律师执业权利和义务等多方面进一步完善了我国律师制度，然而部分条款本身也尚待改进，如虽然规定律师的庭上言论豁免权，却附上了内容含糊的“扰乱法庭秩序”“恶意诽谤他人”的除外条款。试想，律师的庭上言论在何种情况下或达到何种严重程度才能认定此种除外条款？这无疑为恣意追究律师责任留有缺口。现行律师法虽然明确规定律师的会见权、阅卷权，但是律师会见依然屡屡碰壁；律师经常会遇到一方面不能泄露职务秘密否则就会受罚，另一方面律师又不得隐瞒重要事实否则就会被追究刑事责任的两难境地。现行刑事法律也留有许多问题没有彻底解决，如《刑法》第 306 条仍然保留“律师伪证罪”。由此，我国律师面临很大的执业风险。

因此，加强律师执业豁免权，废除或修改《刑法》第 306 条，加强律师执业的公权保护，是切实维护律师合法权益、增强律师职业认同的重要措施。

四、提高律师准入条件

律师提供法律服务在市场经济中是一种特殊的行业，从业人员应当实行严格的准入制度，以确保委托人的合法权益得到专业的服务和有效的保护。随着公民法律意识、权利意识的提高，人民群众对律师法律服务的需求日益增长，对律师工作提出了新的更高要求。然而，我国律师执业资格门槛较低，应提高律师执业准入条件，确保进入律师队伍人员的政治素质、业务素质和职业道德素质，提高律师伦理构建的起点。

（一）抬高报考门槛

虽然与其他职业相比，中国法律职业资格考试还是最为严格和规范的，但是报考条件过于宽泛，带来职业化训练的先天缺乏，导致律师养成制度的不足。[①]

① 参见索站超：《中国律师职业伦理为什么成为问题？》，载《河南财经政法大学学报》2012 年第 6 期（总第 134 期）。

律师职业特殊性使律师不同于一般的技师与工匠，不能通过短期的培训即可上岗。律师的职务行为关乎当事人的生命财产、权利正义等至关重要的东西，除了要求具备高深的专业知识以外，还要求具有较高的职业道德与职业认同。而这些知识与能力、伦理与认同等非经专门的训练，不能获得和养成，特别是职业感情与忠诚度、职业认知、自我身份认同等职业认同只有经过专业的熏陶和学习才能获得。因此，应抬高报考门槛，所有报考律师（司法）资格考试的人都必须拥有正规法学本科学历。

（二）增加品行考察

在许多国家，并不是通过了司法考试就可以取得执业资格，还必须经过严格的道德品行审查，而我国律师准入对道德素质的要求虚泛化或流于形式，并不能真正考察一个人的道德水平。借鉴西方一些国家的经验，获取律师执业资格，除资格考试外，还要对其进行品行考察，不仅要包括书面审查，而且还可通过提供保证人、宣誓等方式，增加作为律师的庄严感、使命感和责任感。

（三）严格实习鉴定

对实习律师在职业伦理、执业规范、执业技能方面加以训练和培养，不仅能够巩固其法律专业知识，培养律师伦理观念，增进实务经验，使其具备完成律师使命的基本能力，同时对于严格律师职业准入和保持律师较高职业素养有着重要意义。但是，新律师的培养，既投入精力和财力，又不能很快获得效益。实践中，各种外在及内在的因素造成不少律师事务所注重自身发展而忽视整个行业培养新生力量的责任。[①] 实习制度往往流于形式。因此，律师协会应当严格实习合格条件，严格实习鉴定，在实习鉴定中增加伦理内容，从而真正达到律师实习的目的。

五、建立律师政治发展通道

在西方法治发达国家，律师以其执业行为或专业优势，维护法律公正和权威，制约公共权力，形成公共政策、监护宪政体制，成为最有可能跻身于政界乃至权力中心的一种职业。而在中国，律师长期远离政治权力中心，庞大的公务员体系中律师出身者寥寥无几；即便律师出身的人大代表、政协委员，相对于其他行业的代表来说，也很难发出响亮的声音。在中国，从检察官、法官等职业向律师职业发展的现象屡见不鲜，然而即便是拥有着丰富经验的律师，向司法部门发展已是不易，更难参与到国家主流政治体系中。构建中国的律师伦理，需提高律师的政治地位，建立律师政治发展通道。

---

① 参见陈宜：《略论实习律师培训制度的完善》，载《中国司法》2007 年第 2 期。

(一)加快法律职业共同体建设

律师的权利是基于当事人的委托而形成的一种私权利,与司法机关基于国家的授予而拥有的公权力相比,显得卑微得多。因此,在我国,公权力僭越私权利、司法机关对律师的歧视与偏见已是司空见惯。究其主要原因,还是因为我国没有建立与推行法律职业共同体制度。在许多法治国家,律师与检察官、法官之间的角色可以互相转换,甚至有的国家律师的职业经历是成为法官的必要前提。在这种法律职业共同体中,检察官、法官与律师之间的权利和义务可以相互平衡,从制度上有效防止司法人员歧视律师的状况发生。因此,相比之下,建立与推行法律职业共同体制度,在我国显得尤为重要。

(二)破除制度障碍,拓展律师参政议政渠道

在全国范围内,除极少数律师能作为人大代表、政协委员有机会参政议政外,绝大部分律师都没有参政议政的机会。而被选为人大代表的律师要比被选为政协委员的少得多,律师难以发挥职业优势。即使是少数被选为参政议政代表的律师,大多数都是由少数民主党派选出的,很少由律师群体直接选出。如果律师广泛参政议政,甚至广泛参与立法工作和讨论,则势必会加大对律师权利的保护。因此,应当切实加强对优秀律师人才的选拔使用,积极与有关部门沟通协调,推选优秀律师担任人大代表、政协委员,推荐优秀律师党员参选党代会代表,选派优秀律师党员到各级党校、行政学院参加培训;鼓励优秀律师通过公开选拔、公务员录用考试等途径进入党政机关。

六、完善律师管理制度

构建中国的律师伦理,律师管理的相关制度应该加以完善。

(一)优化整合律师管理职权

司法行政机关逐步将部分行政管理权向律师协会让渡,积极支持协会提高行业自律和自治能力。司法行政机关主要是依法监管和宏观指导,把握方向,创造良好执业环境。同时,整合司法行政与行业协会两大职能资源,加强联系、沟通、协商,重大决策会商,重大情况沟通,重大信息共享。在涉及行业发展的重大问题、重要活动、人事安排上,协会要主动向司法行政机关汇报。司法行政机关则主动听取协会的意见,尊重他们的行业选择与安排。

(二)强化律师行业自律乃至自治功能

强化律师协会的行业管理是完善我国律师管理制度的基础,也代表着律师管理制度未来的发展方向。各级律师协会要完善自身的组织机构,提高自身人员的素质和能力,选拔优秀律师从事律师协会基础工作;完善行业管理机制,建立健全律师协会行业管理规章制度,将律师协会行业管理与律师事务所日常事

务管理相结合，与律师服务质量相结合，确保对律师事务所及律师执业行为进行强有力的监督；切实履行奖励与惩罚管理职能，借助律师诚信档案网上查询系统功能，公布律师奖惩情况尤其是律师的违法、违纪记录，及时准确地反映律师的个人信用情况，等等。可在不断实践的基础上，努力提升协会的自律功能，并逐步实现由律师行业自律到自治的转变。

（三）严格律师惩戒机制

我国对律师事务所和律师的违规违纪行为的惩戒权分属于司法行政机关和律师协会。司法行政机关对律师的惩戒权表现为警告、罚款、没收违法所得、停止执业和吊销执业证书等行政处罚；律师行业惩戒权则包括训诫、通报批评、公开谴责和取消会员资格四种方式。但在实际操作中，存在律师协会的惩戒权与司法行政机关的行政处罚权相互混淆、惩戒权使用混乱的现象。因此，要明确划分司法行政机关的行政处罚权和律师协会的惩戒权的界限，适当扩大律师协会惩戒权的种类和适用范围。同时，要建立惩戒的投诉、立案、调查、听证、申诉等一系列制度和相关程序。对律师的惩戒要体现实体合法与程序合法，并赋予受处分律师一定的救济程序；同时应考虑方便公众提起惩戒程序，并更多地允许公众参与惩戒程序。[①] 对于违规违纪行为，能够用律师协会惩戒权进行处分和惩戒的，就不要轻易去进行行政处罚；对于超出律师协会惩戒权限的，则由司法行政机关严格按照法律规定进行行政处罚。

七、改善律师执业环境

当前，基于公众意识及国家政策等多种因素的影响，我国律师执业环境总体不容乐观，阻碍了律师执业的正常进行，冲击着我国的律师伦理。因此，进一步改善律师执业环境，有助于律师伦理的构建。

（一）增强公众法治意识，转变公众对律师的传统观念

公众的法治意识是影响司法权力行使的客观因素，也是影响律师是否依据伦理规范进行职务活动的主要因素。公众应该清晰地认识到律师是社会私权力的代表，是与公权力相抗衡的中坚力量，是一个社会实现公平与正义的重要一极。民众应该把法律当成非人格化的力量，当作最高权威予以尊重，增强维权意识和权利意识，在自己的权利受到侵害时，首先考虑委托律师来为自己服务，以维护自己的合法权益。这样的观念才能有利于法官公正的判决，才能体现律师作为法律使者的现实作用，从而增强律师荣誉感和使命感进而激发他们的积极

---

① 参见魏杰：《我国律师职业道德之问题分析与解决路径》，中国政法大学硕士学位论文（2009 年），第 27 页。

性和创造性，为律师伦理的形成奠定坚实的群众基础。

（二）加强律师职业保障

任何一个职业存在的意义，首先必须是生存，其次才是它对于社会的价值和作用。加强律师职业的保障，有利于形成律师的独立品格，忠实地履行职责，可以增强律师的职业荣誉感和职业归属感，培养职业信念和敬业精神，使每一位从业律师都珍惜自己的职业生涯，从而构建良好的律师伦理。

要积极推进相关经费保障措施的落实，争取有关部门支持，对律师担任政府法律顾问以及参与信访、调解、社区工作等公益性法律服务给予必要的补贴，合理确定律师承办法律援助案件经费补贴标准，加大律师培训投入，将律师培训所必需的经费纳入中央和地方财政预算，进一步研究解决律师协会经费政策的有关问题。

要积极推进完善律师行业财税政策，积极争取有关部门支持，制定符合律师行业特点的会计核算办法，合理设置律师事务所会计科目，形成符合律师行业特点的合理税负和税务征收方式。

要积极推进落实律师社会保障政策，争取劳动社会保障部门的支持配合，依法推进律师按照统筹地区规定参加各项社会保险；加强对律师事务所执行劳动法律法规的监督，规范律师事务所与律师的劳动用工关系，保障律师最低工资待遇；尽快制定律师参加执业责任保险的具体办法，建立健全律师执业责任保险制度。

要建立低收入律师职业保障机制，律师协会每年可以从会费中列支一定比例额度设立互助基金，或设立、提供一些公益性岗位，对刚入行的年轻律师及低收入律师给予资助和救济，抚慰并减轻其经济压力。

八、内化律师伦理，实现律师伦理自律

律师伦理的价值就在于通过将律师伦理要求内化为律师职业的品格，使律师中的大多数能够自觉遵守。律师伦理内化为律师的品德、内化为律师的自觉意识，律师便会有稳定的执业行为，做到伦理观念与伦理行为的有机统一。律师伦理的内化过程是从浅层的表面认知到深层的价值观念的转化，是从消极的强制遵守到积极的自觉遵守，从被动的他律到主动的自律的演化。

（一）强化自我修养，增强自律能力

法律的灵魂，不仅在于“条文的释义”，同时也要注重“精神的伸张”。[①] 律师

① 参见陈长文、罗智强：《法律人，你为什么不争气：法律伦理与理想的重建》，天下远见出版股份有限公司2006年版，第53页。

伦理修养的提高，不是机械地记忆规范条文，而是通过理解律师伦理的精神与理念，形成良好的伦理修养，然后在各种情况下能够作出与伦理要求吻合的选择。因此，律师内化职业伦理，需要加强自身修养，建立与律师伦理要求吻合的价值观念；需要加强伦理学习，增加对律师伦理的认知和认同度；需要经常自我反省，及时发现自己与伦理要求的差距，然后加以纠正；需要加强自我控制，面对各种诱惑与困难能够主动用规范来约束自己的行为，以正义战胜邪恶。

（二）加强律师职业内部环境建设

内化律师职业伦理，不能仅靠律师自我改善，更需要良好的律师职业内部环境的升华。律师职业内部环境，以法律职业共同体为基础；良好的法律职业环境能使律师受到良好的道德风气熏陶，更好地促进律师职业者的伦理内化。首先，提高每个律师的业务技能，增强每个律师的自我伦理观念，从而改善律师队伍的整体形象；其次，完善律师伦理行为评价与监督体系，引导律师自觉地向符合伦理要求的方向发展，通过肯定符合伦理要求的行为，激发律师的正义与使命感。

结 语

律师能否坚守伦理要求，本着对法律和法律精神诚挚的理解忠实地维护当事人的利益，直接关涉到法治国家的目标能不能实现。律师伦理构建问题已经引起了广泛的重视与关注；但是，律师伦理不是招之即来的东西，它的形成需要宏大政策环境的引导，需要这个职业形成之前和形成之后所有人的不懈努力；律师伦理构建是一个需要不断完善、永不止步的过程。

第十五章　律师行业党建工作

律师行业党建工作，是律师管理工作的重要内容。新时期律师行业党建工作，是随着我国经济社会改革发展和律师行业自身改革发展不断发展的，经历了一个从起步、探索到全面展开再到不断创新、深化、拓展的过程，经过不断探索、创新、发展，逐步归纳、总结，形成了一些行之有效的主要做法。

第一节　党建工作是律师管理的重要内容

中国国情和时代背景、律师及律师制度的属性以及政党的性质及政党巩固执政基础的要求决定了党建工作是律师管理工作的重要内容。

首先，这是由中国国情和时代背景决定的。改革开放以来，我国社会结构发生深刻变化，社会组织日趋多样化，有些社会组织不同于传统社会组织，被称为"新社会组织"。"新社会组织"这个概念，近年来多出现在党的建设有关文件和中央领导同志有关讲话中，目前还没有统一、规范的表述或界定。从基层党建工作的角度来理解，新社会组织通常是指相对于政党、政府、企事业单位等传统组织形态之外，由社会力量或公民个人利用非国有资产举办，经政府主管部门登记注册并接受管理，从事各种服务活动、非营利性的社会组织，主要包括各种社会团体、民办非企业单位、社会中介组织等。[①] 律师协会、律师事务所被视为是新社会组织中的重要成员。作为一种新兴的社会力量，新社会组织在社会建设、社会管理中起着越来越重要的作用。党和政府在积极培育新社会组织发展的同时，加强对新社会组织的监管，形成了包括登记、年检、年度考核、评估、信息披

---

① 参见厉彦林"在全省律师行业党的建设工作会议上的讲话"，2008 年 9 月 18 日。

露、行政执法和党建在内的一系列管理手段、管理方法。[①] 其中,在新社会组织中开展党建工作,是党加强对新社会组织管理的新探索,也是中国特色新社会组织管理体系的重要内容。党的十六大以来,党中央对新社会组织的健康发展和这一领域党的建设工作高度重视,作出一系列重要部署,出台了有关文件规定。

其次,这是由政党的性质及政党巩固、扩大执政基础的要求所决定的。在新社会组织中开展党建工作也有一定的争论,比如有的学者认为:"这些组织具有西方话语体系下的民间组织的一些特征,如高度的自治性、公益性、志愿性、非营利性、民主管理等,它们是在政府职能空白处产生的,为企业创造着良好的软环境,对社会经济的发展起着重要作用。这些组织建立之初可能并没有党组织,并且在没有党组织的情况下运转正常,自然对建立党组织兴趣不浓,担心党组织来了会影响原来的组织秩序。"[②]但世界上任何一个政党要想生存和发展下去,必须根植于社会,为此,政党必须设立与社会联系的组织,这种组织就是政党的基层组织。从近年来的实践看,加强新社会组织党建,引领新社会组织发展,已成为我国新时期党建工作的新气象和新变化。新社会组织的党建工作有力地促进了新社会组织的健康发展,也得到了新社会组织大部分成员的拥护和认可。比如山东省淄博市的一些律师事务所,在律师事务所设立时或设立之后,合伙人在制定或修改律师事务所章程时,明确中共党组织在律师事务所的政治核心地位,规定党组织对律师事务所重大问题的参与权、建议权、监督权,并从律师事务所的业务收入中确定一定的比例对党组织活动给予一定的物质保障。尽管有些律师事务所合伙人中中共党员的数量可能占少数,或者律师事务所主任不是中共党员,但他们从党建工作有力促进律师事务所经营、管理的现实考量,自觉自愿地支持中共党组织在律师事务所发挥作用,并通过律师事务所的章程将有关制度固定下来。

再次,这是由律师及律师制度的属性所决定的。在包括新社会组织在内的众多社会组织中,律师行业的党建工作占有举足轻重的重要地位,得到了中央的充分肯定。原因有二:一是与其他新社会组织相比,律师事务所成立时间较早,其自身的成长、发育及行政、行业管理体系相对成熟,这是开展党建工作的重要依托。二是与政府关系密切,在 2000 年国资律师事务所和政府脱钩改制之前,占相当比例的国资律师事务所,挂靠在政府部门及其单位下面,这为党建工作的

---

① 参见石国亮:《社会组织党的建设有关问题》,在"全国律师事务所党组织书记示范培训班"上的讲课提纲,2012 年 5 月 5 日。

② 石国亮:《社会组织党的建设有关问题》,在"全国律师事务所党组织书记示范培训班"上的讲课提纲,2012 年 5 月 5 日。

顺利开展提供了有利条件。律师行业党的建设的成功实践，不仅有力地促进了律师事业的健康发展，而且还有力地提高了律师行业的政治地位、社会地位，律师工作越来越得到党和国家的高度重视。2010 年 8 月，胡锦涛总书记主持召开中央政治局常委会议，专题研究律师工作，决定中央办公厅、国务院办公厅以“中办发[2010]30 号”文件转发《司法部关于进一步加强和改进律师工作的意见》。中办发[2010]30 号文件明确指出：“我国律师制度是中国特色社会主义司法制度的重要组成部分，律师是中国特色社会主义法律工作者，律师队伍是落实依法治国的基本方略、建设社会主义法治国家的重要力量。”这是中央从政治上给律师、律师制度的定性。坚持党的领导是我国宪法确立的基本原则，申请律师执业的第一个条件就是拥护中华人民共和国宪法，中国特色律师制度“特”就“特”在坚持党的领导，加强律师行业党的建设是完善中国特色社会主义律师制度的重要内容，是律师管理的“硬抓手”，被实践证明是符合中国国情的一种行之有效的管理方法、管理手段，它可以充分发挥党组织的政治优势、组织优势，克服律师职业由于独立性、分散性、流动性较强而导致的团结协作精神、纪律约束观念、组织归属意识相对较弱的缺点，把广大律师组织起来、凝聚起来，以党的建设带动队伍建设，保证律师工作方向正确，促进律师行业健康发展。

需要特别提出的是，律师行业党建工作虽然属于党务工作，但在实际工作中多是以行政指导的意义出现和加以推进的。

第二节　律师行业党建工作的发展历程

新时期律师行业党建工作是随着我国经济社会改革发展和律师行业自身改革发展不断发展的，经历了一个从起步、探索到全面展开到不断创新、深化、拓展的过程。

一、起步、探索阶段(1988～1996 年)

从律师制度恢复重建初期到 1988 年司法部出台《合作制律师事务所试点方案》之前，不论律师执业机构的名称叫法律顾问处，还是从 1987 年司法部正式下文改叫律师事务所，其性质均是国家事业单位，由国家核拨编制、核发经费，这一时期律师行业党的建设工作与国家机关、国有企事业单位党建工作并没有太大区别。

1988 年，司法部出台《合作制律师事务所试点方案》，鼓励具有律师资格的人员，在辞去公职或停薪留职后，自愿成立不占国家编制、不要国家经费、自主经营、自负盈亏的合作制律师事务所。1993年，党的十二届三中全会通过的《中共中央关于建立社会主义市场经济体制若干问题的决定》中指出："当前要着重发展会计师、审计师和律师事务所，公证和仲裁机构，数量和质量检验认证机构，信息咨询机构，资产和资信评估机构。"同年，国务院办公厅批复《司法部关于深化律师工作改革的方案》，允许律师进行合伙制律师事务所试点，成立不占国家编制，不要国家经费，自愿组合、自收自支、自我发展、自我约束的"两不四自"律师事务所。随着合作制、合伙制律师事务所逐步增多，探索有别于国资律师机构的律师行业党的建设工作，成为一个新课题。

1994年，党的十四届四中全会通过的《中共中央关于加强党的建设几个重大问题的决定》指出："各种新建立的经济组织和社会组织日益增多，需要从实际出发建立党的组织，开展党的活动。"这是"两新"组织的最早提法。为贯彻落实中央的决定，1995年，司法部部长肖扬在山东烟台召开的全国司法厅(局)长座谈会上提出："我国律师是社会主义的法律工作者，必须有坚定的政治方向和政治立场……其政治思想的领导必须由律师事务所基层党的组织担任。"同年，司法部制定下发了《加强律师事务所党组织建设的通知》，对党的基层组织在律师事务所发挥战斗堡垒作用作出了明确规定。1996年，司法部制定下发了《司法行政系统贯彻执行中共中央关于制定国民经济和社会发展"九五"计划和2010年远景目标的建议意见》，提出律师事务所要尽快建立健全党的基层组织，有三名党员以上的律师事务所、公证处要建立党支部，要注意在优秀业务骨干中发展新党员。

二、全面展开阶段(1997～2007年)

1997年1月1日《律师法》正式实施，合伙制、合作制律师事务所大量设立，但有些律师事务所具备建立党组织条件却没有建立，有些律师事务所有党组织但陷入瘫痪状态，有些律师党员长期不转组织关系，变成"隐形"党员和"口袋"党员。面对党组织建设滞后于律师业飞速发展的实际情况，各级司法行政机关党组织采取一系列措施加强律师党建工作。比如山东省司法厅党委结合贯彻落实《律师法》，在认真学习中央关于加强社会中介组织党建工作指示精神、深入调研的基础上，提出了"从加强党建工作入手，通过发挥好党组织和党员的作用，凝聚律师队伍，确保律师业健康发展"的工作思路，明确要求"把党支部建在所上"，要求全省各级司法行政机关指导和帮助律师事务所建立健全党组织和党的组织生活制度，以确保党对律师工作的领导。

1998年2月，中组部、民政部发出《关于在社会团体中建立党组织有关问题的通知》，对社会团体党组织的设置、管理等各项工作作出明确规定，为社会团体党的建设工作提供了重要制度依据，标志着社会团体党建工作正式开展。2000年，中组部制定了《关于加强社会团体党的建设工作的意见》，对涉及社会团体党建工作的具体问题进一步作了明确说明。2002年，党的十六大提出要“加大在社会团体和社会中介机构建立党组织的工作力度”。2004年，党的十六届四中全会提出要“加大在新经济组织、新社会组织中建立党组织的工作力度”。

根据中央关于加强党建工作的一系列新要求，特别是2000年国资律师事务所脱钩改制后，除经济欠发达地区保留少数国资所外，律师执业机构以合伙制为主体，大多数律师由国家干部变成了社会法律工作者。面对新形势、新情况、新问题，如何改进和加强律师管理工作，建设高素质律师队伍，成为坚持和完善中国特色社会主义律师制度、保障律师业健康发展必须解决的重大课题。2004年3月，司法部党组制定下发了《关于加强新形势下律师队伍党的建设工作的指导意见》，对做好新形势下律师党建工作的重要意义及工作任务进行了全面、系统的阐述和部署，要求“建立健全党的律师工作组织体系”，“加强律师事务所党支部建设，扩大党的基层组织覆盖面和影响力”，“加强对党员律师的教育、引导，提高党员队伍管理水平”，“切实做好发展新党员工作，不断壮大党的队伍”。

2004年11月28日，中共山东省委组织部、山东省司法厅在威海联合召开了全省律师行业党建工作座谈会，专题研究、全面部署加强律师行业党建工作，这在山东律师行业历史上是第一次。这次会议，标志着山东律师行业党建工作进入了一个新阶段，全省各级司法行政机关、律师协会党组织采取一系列措施，贯彻落实会议精神，全面展开律师行业党建工作。2005年8月，根据“两结合”律师管理体制改革不断深化、律师协会行业管理不断强化的情况，山东省律师协会党委制定出台了《关于加强全省律师行业党的建设意见》，第一次明确了省市两级律师协会党委（党组）和律师事务所党支部的主要职责，明确了律师行业党建的指导思想、目标要求和主要任务。2006年10月，根据党章和中共中央办公厅印发的《关于加强党员经常性教育的意见》等四个保持共产党员先进性长效机制文件以及党内有关规定，山东省司法厅党委制定下发了《关于对党员律师进行全覆盖教育、管理和监督的意见》，除对党员律师经常性教育的基本内容、方法途径、组织落实和结合实行公示制度对党员律师监督作出明确规定外，主要针对律师职业特点特别是针对容易发生党员律师“脱管”“漏管”的环节，如在入所、转所、申办新所、中断执业和因学习、实习、考察、培训、办案等原因较长时间外出期间的管理作出了明确规定。

三、深化、拓展阶段(2008年至今)

2008年3月，中组部、司法部党组联合下发了《关于进一步加强和改进律师行业党的建设工作的通知》，要求进一步做好律师党员的教育、管理和服务工作，切实加强律师行业党员队伍建设。认真做好律师党员信息采集工作，力求做到对本地区律师的政治面貌和党员组织关系的从属状况清楚。各级党委组织部门和司法行政机关党组织要加强沟通，切实做好律师党员组织关系接转工作。凡进入律师事务所工作的专职律师或工作时间超过 6 个月以上的律师党员，要将组织关系转入律师事务所党组织；律师事务所尚未建立党组织的，应将组织关系转入工作所在地司法行政机关或律师协会党组织。退(离)休后到律师事务所工作或一时不能接转正式组织关系的律师党员，要及时转入临时组织关系，持流动党员活动证，参加党组织的活动。对尚未接转组织关系的律师党员，要在 2008 年 6 月底之前办理好转入手续。要进一步加大党组织的组建力度，切实加强律师行业党的基层组织建设。各地要根据律师行业党员数量、分布状况等，加强分类指导，努力扩大党的组织和工作覆盖面。《通知》还将此前文件党员律师的称谓改为律师党员。

2008 年 7 月，中组部、司法部在山东威海联合召开了全国律师行业党的建设工作会议。会议提出，要紧紧围绕协调利益、化解矛盾、规范服务加强新社会组织党的建设，以行业规模较大、业务主管部门明确、工作基础较好的律师、会计师等行业为突破口和切入点，扎实推进新社会组织党建工作。会议指出，新社会组织党建工作是党的建设新的伟大工程的重要组成部分。加强新社会组织党建工作，对于深入贯彻落实科学发展观，全面建设小康社会；对于坚持中国特色社会主义道路，保证新社会组织正确发展方向；对于巩固党的阶级基础和扩大党的群众基础，加强党的执政能力建设和先进性建设；对于统筹推进各领域基层党建工作，实现党的建设新的伟大工程全面协调可持续发展具有重要意义。各级党组织要充分认识做好新社会组织党建工作的重要性和紧迫性，切实加强领导和指导，明确目标责任，加强沟通协调，采取有力措施，抓好工作落实。力争通过一年左右时间的努力，使律师、会计师等行业党的组织覆盖和工作覆盖取得突破性进展，党组织和党员的作用得到有效发挥。

“威海会议”标志着全国律师行业党的建设进入不断创新、深化、拓展的新阶段。为贯彻落实会议提出的“力争在一年左右的时间内，实现党的组织和工作对律师行业的覆盖取得突破性进展”的要求，山东省各级司法行政机关、律师协会党组织重点抓了党支部应建尽建、党员组织关系应转尽转、党建指导员或联络员应派尽派“三项工作”。各级司法行政机关通过与组织部联合召开会议或出台文件等形式，对加强和改进律师党建工作进行部署。实行了党建月报制度，加强情况调度，落实工作责任。建立了党建工作与律师所设立同步进行机制，要求律师所设立申请人在提交申请材料时，一并提交党建工作计划，在获准设立一月内，主管司法行政机关或所属律师协会党组织指导抓好落实。强化督促检查，对全省律师行业党的组织建设情况进行专项检查，达不到要求的限期整改。通过以上措施，至2009年上半年，基本实现了党的组织和工作对律师行业的全覆盖。

为巩固全覆盖成果，使阶段性的任务转变为长期的工作，结合贯彻落实党的十七届四中全会精神，2009年11月，山东省司法厅党委制定了《关于建立健全律师行业党的建设工作长效机制的意见》，明确提出建立党员教育培训、权利保障、激励帮扶、廉洁从业、党建工作责任制等十项机制、三十项规定，探索构建管人、管事、管党建"三位一体"的工作机制，包括依托资质管理体系建立对党员和党组织的动态管理机制，依托执业监管体系建立对党员的监督管理机制，依托律师所年度考核体系建立对律师所和党员的考核评议机制等。通过健全完善制度机制，解决好律师所党建与管理"两张皮"的问题，解决好增强党组织凝聚力、影响力的问题，努力实现律师行业党建工作的规范化、科学化。

2010年9月，中共中央办公厅、国务院办公厅转发了《司法部关于进一步加强和改进律师工作的意见》(中办发[2010]30号)，是律师工作重要的纲领性文件，对新形势下律师行业党建工作也作出了全面部署，要求健全各级党委统一领导、司法行政机关党委(党组)直接领导(指导)、基层党组织建在律师协会或律师事务所、地方和部门党委(党组)齐抓共管的律师行业党建工作格局。30号文件还对律师党建创新提出了指导性意见，如推荐优秀律师党员参选党代表、人大代表、政协委员；探索选派优秀律师党员到政法机关挂职锻炼，到各级党校、行政学院参加培训等等。这些指导性意见为律师党建工作进一步创新、深化提供了重要的政策依据。根据文件精神，2012年，仅山东省就有一名律师当选十八大代表、三名律师当选山东省第十次党代会代表、两名律师党员连任全国人大代表，实现历史性突破。2013年4月，在中共山东省委组织部的大力指导、支持下，从全省精心挑选的五名优秀律师党员赴高唐县分别挂任副县长和政法机关的助理审判员、助理检察员、三级警长和司法局局长助理，在全国律师行业尚属首次。

第三节　律师行业党建工作的主要做法

新时期律师行业党建工作，经过二十几年不同历史阶段的不断探索、创新、发展，逐步归纳、总结，形成了一些行之有效的做法。

一、加强思想建设

思想建设是确保律师业正确方向的根本性措施，始终摆在律师行业党建工作的首位。多年来，按照中央的部署和律师行业的实际，先后在律师行业党组织、党员中组织开展了一系列活动，把“从思想上建设党”贯穿于律师行业党的建设全过程。近年来，根据中办发[2010]30号文件的要求，山东省将律师党员培训纳入主管部门培训计划，根据实际，依托各级党校、行政学院、社会主义学院、团校等进行培训，积极探索建立适应律师行业特点的正规化思想政治教育培训机制。根据律师行业党组织负责人、律师党员、律师事务所管理人员、青年律师的不同特点，合理安排课程、师资，重点做好“学、讲、谈、说、论”五个方面的培训，即学特色理论，坚定理想信念；讲律师党建，把握政治方向；谈中国制度优势，增强制度自信；说律师属性，强化角色认知；论职业伦理，确保诚信执业。2011年8月，中共山东省委组织部与山东省司法厅首次举办了全省律师事务所党支部书记专题培训班，通过课堂讲授、分组研讨、经验介绍和现场教学等环节，系统学习了胡锦涛总书记“七一”重要讲话和党的十七届五中全会精神；中央、省委对加强“两新”组织特别是律师行业党的建设的有关意见要求；如何准确把握30号文件对律师的政治定位，坚定不移地做中国特色社会主义法律工作者；如何进一步做好新形势下的律师党建工作等等。参训党支部书记表示，能到省委党校参加培训，充分体现了党对律师工作的重视和对律师政治上的关心，是律师政治地位提高的标志。2012年5月和2013年4月，中共山东省委统战部和山东省司法厅在山东省社会主义学院，分别举办了首届党外律师专题培训班和全省律师参政议政专题培训班，针对优秀党外律师和新担任人大代表、政协委员的律师，就学习贯彻十八大精神及新时期党的路线、方针、政策，新形势下新的社会阶层人士统战工作，如何更好地参政议政等内容进行了培训。

二、加强组织建设

党的组织是律师行业党的建设的重要依托，健全组织体系是加强律师行业党建工作的重中之重。经过多年的努力，在律师行业形成了“司法行政机关党委（党组）领导、律师协会党组织协助、党的基层组织（包括支部委员会、总支委员会、党的基层委员会）建在所上”比较完整的党的组织体系。在各级省律师协会进行换届的同时，成立由同级司法行政机关党委（党组）领导下的律师协会党组织，一般由司法行政机关分管律师工作的领导任书记，律师协会会长任副书记。凡具有三名以上正式党员的律师事务所都要成立党支部（或总支、党委），不具备建立党支部条件的就近成立联合党支部；对于仅有个别党员的律师事务所，将党员组织关系转入主管司法行政机关或律协党支部；部分没有党员的律师事务所，则由主管司法行政机关党组织委派党建工作协理员或联络员，负责有关党的工作，确保党组织对每一个律师事务所和党员律师做到无缝隙覆盖。注重选好配强律师事务所党支部书记，律师事务所主任或主要合作人、合伙人是党员的一般担任党支部书记；合作人、合伙人不是党员的，挑选政治素质高、党性观念强、有党务工作经验的党员律师或聘请非执业律师担任支部书记。同时，注重做好发展律师新党员工作，取消在律师行业发展新党员的名额限制，努力做到成熟一个发展一个，确保党员律师占律师总人数的比例不降低。

三、加强制度建设

制度建设是带有根本性、长效性的保障措施。就山东省而言，近年来先后根据中央、省委、司法部的部署要求，以省司法厅或省律师协会党委的名义，出台了《关于加强全省律师行业党建工作的意见》《关于对党员律师进行全覆盖教育、管理和监督的意见》《中共山东省律师协会委员会议事规则》等一系列文件，全省各市、县（区）司法行政机关、律师协会结合实际研究制定了具体落实意见，各律师事务所党组织也建立健全了相应的规章制度，自上而下，初步形成了科学有效、衔接紧密、监督有力的“三个规范体系”，即以职责分解为重点的律师协会和律师事务所党的组织规范体系，明确律师协会、律师事务所党组织是律师协会和律师事务所的政治核心；以经常性教育为重点的党组织管理规范体系，明确提出了对党员律师进行全方位覆盖教育管理监督的措施；以落实党章为主要内容的党支部活动规范体系，包括“三会一课”、政治理论学习、民主评议党员、党员定期汇报工作、违法违纪查处等规章制度。这些规章制度基本涵盖了律师党建的各个方面、各个层次和环节，确保了工作的规范有序开展。

四、加强载体建设

律师的职业特点要求律师党建工作必须突破旧的模式和方法，不断创新形式载体，提高党建工作的实效和活力。本着“小型、业余、灵活、多样”的精神，认真开展“三会一课”、民主评议党员、党员思想汇报、党员学习日等经常性活动，开发并运用律师行业党建网络专用软件，实现了学习教育的全方位覆盖、全过程跟踪。深入开展争创“五个好”党支部、“党员先锋岗”、“我为党旗添光彩”、“党员奉献日”等形式多样的主题实践活动，营造立功创模、创先争优的浓厚氛围。坚持关注法治、关注公益、关注民生，积极组织开展一系列党性实践和社会公益活动，增强广大律师党员的社会责任感和使命感，引领行业发展新风尚。

第四节　律师事务所党建工作

律师事务所党建工作是律师行业党建工作的基础，是律师行业党建工作的着力点、落脚点。由于律师事务所与国家机关、国有企事业单位不同，在以合伙人为所有者的法定组织形式和治理结构下，党组织对律师事务所的人、财、物没有直接的控制力，传统的"三会一课"等活动形式，难以真正吸引律师党员参加。如果脱离律师职业特点，完全采用机关党建工作的做法，不可避免地会形成党建工作与律师事务所经营管理、业务发展脱节的问题。律师事务所的党组织活动，只有在形式和载体上更加适应律师职业特点，才能提高律师事务所党组织在律师行业和广大律师中的凝聚力、影响力。

在实现党的组织和工作全覆盖之后，律师行业党的建设面临的主要任务和重要课题，就是要围绕解决好律师事务所党建与管理脱节的问题，探索构建党建与管理紧密融合的有效机制，努力实现律师事务所党组织与决策管理层有效衔接、党组织政治领导与律师事务所决策管理有机结合，确保律师事务所重大决策有党的声音、重大活动有党员的身影、发展成效有党组织的作用。山东省司法厅党委从2010年起，以承担《新形势下律师事务所党组织活动创新研究》这一全国司法行政系统理论研究规划课题为契机，积极推进律师事务所党组织活动创新，让律师行业党的建设主体——律师事务所党组织活动真正活跃起来，切实解决好有组织没活动、有活动没活力的问题。几年来的探索实践，可以概括为"一个明确、三项机制、三个围绕、一个创建"。

一、一个明确：明确律师事务所党组织的政治核心地位

目前，合伙制是我国律师事务所的主要组织形式，按照法律规定，合伙人是律师事务所的所有者。根据司法部《律师事务所管理办法》第39条第二款的规定，合伙人会议是律师事务所的决策机构。律师事务所党支部（总支）作为党的基层组织在律师事务所具有怎样的地位和作用，这是开展律师事务所党组织活动创新必须首先明确的一个问题。《党章》第32条第三款规定非公有制经济组织中党的基层组织的作用是："贯彻党的方针政策，引导和监督企业遵守国家的法律法规，领导工会、共青团等群众组织，团结凝聚职工群众，维护各方的合法权益，促进企业健康发展。"党的十七届四中全会通过的《中共中央关于加强和改进新形势下党的建设若干重大问题的决定》，明确提出新社会组织的党组织要发挥好《党章》规定的上述作用。中办发[2010]30号文件明确提出："要切实发挥律

师事务所党组织在执业活动中的政治核心作用。”根据《党章》和党的有关文件规定，律师事务所党组织在律师事务所处于政治核心地位，其作用体现在围绕律师事务所改革发展，把党的工作渗透到律师事务所工作的方方面面，团结和凝聚广大律师，引导和监督律师事务所的决策层、管理层，在律师事务所经营管理工作中贯彻党的路线、方针、政策和国家法律法规，落脚点和着力点是促进律师事务所健康发展。

为切实发挥好律师事务所党组织的政治核心作用，山东许多律师事务所党组织探索建立了三项机制。一是建立健全党组织参与重大问题决策的工作机制，确保在律师事务所发展方向、发展规划、队伍建设等方面发挥政治核心作用。二是通过管理层与党组织成员双向交叉任职的“一岗双责”机制，从组织形式和治理结构上确保党组织政治核心作用的发挥。三是合理确定党组织与律师事务所经营管理机构的职责分工，部分活动由党组织直接组织开展。

二、三个围绕：围绕中心大局、围绕建设学习型、围绕建设服务型党组织开展创新活动

一是围绕中心和大局开展创新活动。律师事务所党组织活动创新不能就“活动”而“活动”，活动是载体、是手段，只有把党组织活动与律师事务所的业务开展、市场拓展、事业发展紧密结合，找准服务发展和自身发展的切入点、结合点，党组织的活动才有生命力、号召力。2008 年国际金融危机爆发后，国内一些企业在生产经营上遇到诸多困难。许多律师事务所党组织结合学习实践科学发展观活动，组织律师党员开展了“送高端法律服务进企业”和“为企业生产经营活动建言献策”活动，把围绕党的中心工作与围绕律师事务所的中心工作有机融合起来，指导、引导广大律师特别是律师党员，从实现自身更好更快发展的朴素愿望和真实需要出发，使“只有更好地服务发展，才能加快自身发展”理念深入人心。

二是围绕建设学习型党组织开展创新活动。建设学习型党组织是党的十七届四中全会提出的一项重大战略任务，也是律师事务所党组织活动创新的一项重要内容。律师是一个高学历、高素质的群体，其执业活动又具有独立性、分散性和工作节奏快、压力大的特点，如果律师事务所党组织简单地搞些形式上的“学习”，很难达到建设学习型党组织的目标要求。近年来，许多律师事务所党组织探索建立了适合律师行业特点、卓有成效的学习形式，把学习作为思考问题、解决问题的基本方法，从学习中找方向、找市场、找机遇、找发展。每当中央召开重要会议，每当党和国家领导人发表重要讲话，党组织都要在第一时间召开会议，组织全体党员学习领会精神实质。不少律师事务所党总支针对本所律师党

员多、出差多的特点，在所局域网上增设“党建园地”栏目，开辟“网上党课”，及时报道党团工妇活动动态，定期更新党课教育内容，如果有党的重要会议、重大活动，通过手机短信通知到每一位律师党员，律师党员即使出国，也可以及时掌握党和国家的有关重大信息。

三是围绕建设服务型党组织开展创新活动。党的基层组织是党联系和服务群众的桥梁和纽带，党的基层组织只有把联系群众、关心群众、服务群众的工作做深做细，做到群众心坎上，党的基层基础才会得以不断巩固。山东许多律师事务所党组织围绕做好群众工作，积极探索党组织活动的新途径、新措施，取得很好效果。不少规模较大的律师事务所，均成立了工会、共青团和妇委会(女工委员会)等群众组织，基本覆盖了律师事务所的全体员工。律师事务所党组织严格按照《党章》的规定，积极领导工、青、妇等群众组织开展好各种活动，服务群众、团结群众、教育群众，发挥党组织的核心作用，推动律师事务所和谐发展。这些工、青、妇等群众组织，不仅负责组织开展各种活动，而且还担负着对全所员工“问寒问暖”、做好后勤保障和福利工作的重任。有员工生病住院，工会安排人及时探望和轮流陪护；每个员工过生日，工会都会送上蛋糕和生日祝福；“三八妇女节”，女员工会得到女职工委员会的关爱；“五四青年节”，团组织会开展各种文体活动或举办青年律师论坛；“六一儿童节”，女职工委员会会给每个员工的孩子送去精心挑选的礼物；每年的春节和中秋节，是工会组织全所员工及其家属“大团圆”的日子；每年的春秋两季组织员工参加红色旅游。不少律师事务所的工会还在所里为每位员工已办理法定“五险一金”的基础上，又建立员工互助制度，在员工生大病或遭遇意外时提供帮助。党组织通过组织工、青、妇开展这些活动，不仅解决了员工面临的一些实际困难，更重要的是给长年累月在外奔波忙碌的律师一种情感上的支持，使大家有一种归属感，极大地增强了党组织的凝聚力、号召力。

三、一个创建：创建党建品牌

青岛是一个培育了众多著名品牌的城市，在律师事务所党支部活动创新中，青岛市司法局党委引入品牌理念，结合开展创先争优活动，在全市律师事务所党组织中广泛开展了争创“五个好”党支部、争当“五带头”党员、创建党建品牌活动。局党委先后制定下发了《关于开展创建党建品牌工作的意见》《创建党建品牌评选办法》等文件，组织全市律师事务所党组织开展党建品牌预先申报和备案管理工作，建立了党建品牌创建工作的规范化、动态化管理体系。许多律师事务所党组织创建了突出行业鲜明特点、体现律师党员先进性的品牌，包括品牌的名称、标识、理念、核心价值观等内容。丰富多彩的党建品牌像一面面飘扬的党旗，把形象树立起来，把党员凝聚起来，把群众带动起来，有力地促进了律师事务所党组织活动创新和律师党员先锋模范作用的发挥。

结 语

思想建设是确保律师业正确方向的根本性措施，始终摆在律师行业党建工作的首位。党的组织是律师行业党的建设的重要依托，健全组织体系是加强律师行业党建工作的重中之重。制度建设是带有根本性、长效性的保障措施。律师的职业特点要求律师党建工作必须突破旧的模式和方法，不断创新形式载体，提高党建工作的实效和活力。加强思想建设、组织建设、制度建设、载体建设是律师行业党建工作的重要内容。

第十六章　律师执业环境优化

律师执业环境优化是一个非常开放且颇具现实色彩的课题。律师行业作为法治的风向标之一,其变化和动态折射出法治建设的现状与趋势。律师执业环境其实就是法治环境的镜照,律师执业环境的优化是中国法治环境改善的重要标志。当前,在法治已成为时代最强音,成为中国的治道变革方向的大背景下,理性地审视中国律师执业环境的现状,正视存在的问题,在此基础上提出切实可行的优化措施和发展路径,对于发挥律师业在推进依法治国、加快建设社会主义法治国家中的作用,促进律师业科学发展,具有重大的现实意义。

第一节　律师执业环境优化概述

律师执业环境的优化与律师管理具有不可分割的内在联系。优化律师执业环境就是保障律师执业权利落到实处,为律师依法执业创造良好的条件,以确保律师社会功能和使命的发挥,实现国家创设律师制度的目的。从宏观层面讲,律师执业环境涵盖内部和外部两个层面:内部环境,主要包括律师本人的政治业务素质、所在的律师事务所的管理环境等;外部环境是一个复杂的社会系统,具有多样性。

一、律师执业环境的概念

(一)概念

环境(environment),是指围绕着某一事物(通常称其为主体)并对该事物会产生某些影响的所有外界事物(通常称其为客体)。对不同的对象和学科来说,环境的内容也不同。对社会科学来说,环境指具体的人生活周围的情况和条件。

律师执业环境是一个约定俗成的提法,尚无一个明确的定义。根据上述对环境概念的理解,可以将律师执业环境定义如下:律师执业环境是指能够直接或间接影响律师依法行使执业权利,从事执业行为的各种因素的总和。包括律师执业时所处的内外、上下、左右之间相互关系的情况和工作条件,这些情况和条件影响着律师工作的存在、运行与发展。

(二)正确理解律师执业环境概念应注意的几个问题

1.律师执业环境的内涵

律师制度的核心是律师执业权利。律师所行使的权利不是国家权力,实际上是公民权利的一种延伸。律师执业环境的内涵就是保障律师执业权利落到实处,为律师依法执业创造良好的条件,以确保律师社会功能和使命的发挥,实现国家创设律师制度的目的。

2.律师执业环境的外延

律师执业环境是一个外延广泛的概念。由于律师职业与法律文化传统、经济发展水平、司法体制和法律制度的完善密切相关,因此,构成律师执业环境的要素是复杂的。"从宏观层面讲,律师执业环境涵盖两个层面,即律师执业的内部环境和外部环境。律师执业的内部环境,主要包括律师本人的政治业务素质、所在的律师事务所的管理环境等。律师执业的外部环境是一个复杂的社会系统,具有多样性。主要包括:

(1)法制环境,即影响律师执业活动和律师执业功能发挥的各项法律规范、法律制度所形成的制度环境。在法律领域内形成独立并相互制约的审判制度、公诉制度、律师制度,是司法民主制度的共同特征。律师作为法律的实践者,是国家法制建设的生力军,是国家法制完善的重要力量。同时,律师的执业活动也必须在法律的框架内进行,并受到其制约。

(2)政治环境,即律师在依法执业过程中面临的外部政治形势、状况和制度。政治环境衡量标志主要是看律师在国家政治生活中的地位和作用。没有律师就没有法治,没有法治就没有民主政治。律师作为法律人,是存在于一定的政治体制、国家体制之内的,永远无法摆脱与政治的关系。因此,律师行业的成长,也离不开政治环境的优化。

(3)司法环境,即律师在执业过程中,与司法机关交往互动时所产生的影响律师依法履行职责的各种条件或因素的总和。具体来说,就是指律师在司法体系中的执业地位、作用是否得到充分彰显,以及法律规定的律师执业权利以及人身权利能否在司法实践中得到执行和保障。

(4)政策环境,即国家和政府及其相关部门为推动律师行业健康成长和发展所制定的一系列扶持、保障政策的总和。当前影响律师执业的政策因素主要包括律师行业的产业保护、融资支持、经费保障、财税征收、劳动用工和社会保障等内容。

(5)市场环境,即经济活动的发展决定着法律服务的总量和空间。在市场中生存、发展的律师必然会受到市场状况的影响。作为一种特殊的服务商品,律师业的发展离不开一个统一开放且发育成熟的法律服务市场,其发展需要一个良好的市场环境和市场机制。优化律师执业的市场环境,主要包括培育法律服务市场,拓展法律服务领域,整顿和规范法律服务秩序,营造公平的竞争环境等内容。

(6)舆论环境,即社会大多数公众的意见,就是针对特定的现实客体,一定范围内的"多数人"基于一定的需要和利益,通过言语、非言语形式公开表达的态度、意见、要求、情绪,通过一定的传播途径,进行交流、碰撞、感染,整合而成的、具有强烈实践意向的表层集合意识氛围。新闻媒体在社会舆论的引导、舆论氛围的营造方面具有独特的优势和非常重要的作用,是优化律师舆论环境的重点。

3.律师执业环境与经济社会发展状况密切相关

法律服务业具有两个显著的特点:一是从属性,就是从属于经济、社会和法治的发展;二是服务性,就是以服务和满足经济、社会和法治的需求作为其赖以生存和发展的条件。法律服务业的这两个特点,决定了其同经济和社会发展密切相关,二者之间总是存在着适应、不适应再到适应的矛盾关系,这种矛盾关系始终处于动态调整之中。律师业作为法律服务业的重要组成部分,优化律师执业环境的过程,就是各种环境在优化过程中相互交融直至和谐统一,进而不断适应经济社会发展的动态调整过程。

4.正确看待律师执业内部环境与外部环境的关系

"在与司法制度的关系上,律师这个职业有两个特点:一是行使权利的被动性和消极性;二是行使权利的依赖性。"①律师职业的特点决定了律师执业活动对外部环境的依赖性很强。良好的外部环境不仅是律师职能充分发挥的基础条件,而且还是规范律师行为、增强律师职业信心、提高律师整体素质的重要保障。基于此,本书将重点探讨律师执业外部环境优化问题。此外,由于本书主要从管理的视角来探讨律师执业环境的优化问题,而法制环境的优化则更多涉及立法的完善问题,因此,本书亦不做过多涉及。

二、律师执业环境优化与律师管理的关系

(一)律师执业环境的优化是律师管理的应有之义

管理就是设计并保持一种良好环境,使人在群体里高效率地完成既定目标

① 陈兴良:《律师的使命(一)》,http://www.law.chinalawinfo.com.

的过程。[①] 这是美国著名管理学家哈罗德·孔茨(Horold Koontz)和海因茨·韦里克(Heinz Weihrich)在1993年《管理学》(第十版)中坚持的观点。由此类推,律师管理之要义,就在于努力构建并保持一种良好环境,使得律师能够依法执业,为当事人提供优质高效的法律服务,发挥律师制度的作用。

(二)律师执业环境的优化是律师管理追求的目标之一

根据《律师法》第1条的规定,律师管理的工作目标是"完善律师制度,规范律师执业行为,保障律师依法执业,发挥律师在社会主义法制建设中的作用"。由此可见,保障律师依法执业,优化律师执业环境是律师管理工作的重要内容。律师执业环境的优化是律师管理所要追求或者是要达到的目的,而优化律师执业环境的过程也就是律师管理水平不断提高的过程。二者互为因果,互相促进。

(三)律师执业环境的优化历来是律师管理的重要内容之一

多年来,司法行政管理部门一直将律师执业环境的优化作为一项重点工作予以推进。2003年,张福森部长在全国司法厅局长座谈会的讲话中将"如何改善执业环境"作为一项重要内容加以安排部署。司法部律公司、全国律协也通过开展调研等方式予以推动。近年来,伴随着民主法治进程的不断推进,特别是依法治国法略的提出和实施,使得优化律师执业环境,成为司法行政工作中迫切需要解决的一个理论和实践问题,得到了各级司法行政部门的高度重视。

(四)律师执业环境的优化几乎涵盖了律师管理的全部内容

律师执业环境的优化,不仅涉及律师队伍素质的提高、律师执业行为的规范等内环境的改善,而且还包括法制环境的改善、法律服务市场的规范、律师政治地位的提高、扶持保障政策的完善等多方面的内容。而律师管理的内容主要包括业务指导、资质管理、执业监管、队伍建设和监督、指导律协工作、公共服务等方面。二者内容大多交叉重合,因此,律师执业环境优化的过程也就是不断改进完善律师管理的过程。

三、我国律师执业环境现状

(一)律师执业的法制环境越来越完善

律师制度恢复重建以来,国家对律师制度的作用愈益重视,法律对律师执业权利保护日益加强。1979年7月,五届全国人大二次会议通过的《刑法》等七部法律中,系统地规定了被告享有辩护权及律师参加刑事辩护的基本原则。1980年,五届全国人大第十五次会议通过并颁布了《中华人民共和国律师暂行条例》,是新中国成立以来有关律师制度的第一部法律。1996年,八届全国人大第十九

① 参见周三多、陈传明、鲁明泓编著:《管理学——原理与方法》,复旦大学出版社2010年版,第10页。

次会议又审议通过了《律师法》,对律师的权利、义务等内容作出了规定。2008年《律师法》和2012年《刑事诉讼法》的修订实施,对律师办理刑事案件中,会见难、阅卷难、调查取证难等长期困扰律师执业的"三难"问题从法律层面扫清了障碍。

(二)律师的政治地位不断提高

1. 法律职业共同体的建立初见雏形。2000年国家统一司法考试制度的建立,使得初任法官、检察官和担任律师都必须通过统一司法考试,这为法律职业共同体的建立奠定了基本的前提,为律师的职业认同奠定了基础。

2. 律师参政、议政能力不断增强。律师当选人大代表、政协委员人数明显增加。以山东为例,截至2014年10月,全省共有党代表24名(1名律师当选十八大代表)、人大代表86名、政协委员315名,总数达到425名。省司法厅还和省委统战部联合举办全省党外优秀律师专题培训班,40名党外优秀律师被纳入省委统战部党外优秀知识分子重点关注培养视野之中。

3. 律师广泛参与立法、决策领域活动。律师制度恢复重建以来,我国律师开始并广泛参与立法、决策领域,为国家法律法规的制定、修改建言献策,发挥了独特的政治参与作用。我国合同法、公司法、著作权法、外资企业法、法官法的制定和修改工作,都有律师的积极参与。不少律师还直接参与一些地方立法的制定工作。据《法制日报》报道,首都律师履行社会责任日趋常态,近四分之一北京律师提过立法建议。[①]

4. 政府购买法律服务的理念逐步得到认同。各级党委政府依法行政意识不断提升,愿意购买法律服务的政府越来越多。而且,政府购买法律服务的现象已开始从东部沿海逐步往西部地区延伸。据《法制日报》报道,一些地方政府已就购买法律服务制定了长效机制。宁夏回族自治区石嘴山市政府2012年底成立法律顾问团,在红头文件中特别规定,法律顾问团工作所需经费,由市政府列入市司法局年度预算予以保障,每年至少50万元。作为国家级贫困县的贵州省安顺市关岭县选聘26名律师组建律师团,每两名律师组成一个工作组,一年支付费用1万元,一直实施到2016年,并考虑逐步提高律师服务费用。[②]

(三)律师执业的司法环境日益改善

1. 会见难、阅卷难、调查取证难等"三难"问题得到明显改善。新《刑事诉讼法》实施后,据浙江省律协刑事专业委员会专门针对律师会见、阅卷情况做的一

---

① 参见刘武俊:《律师参与立法应常态化制度化》,http://finance.ifeng.com/roll/20120610/6586502.shtml,2013年9月29日访问。

② 参见周斌:《愿意购买法律服务的西部政府渐多》,载2013年4月19日《法制日报》。

个全省层面的调研显示："以往律师会见难、阅卷难，在刑事诉讼中表现得尤为明显，新《刑诉法》实行一个月来，刑辩执业状况有了明显的改善，侦查阶段会见基本无须许可和陪同，次数也无限制，犯罪嫌疑人与律师可以及时有效沟通，当事人觉得方便，律师也觉得通气。"①

2. 司法机关对律师工作的认同感和接纳度有了明显增强。各级司法机关的领导干部和工作人员对律师工作的基本看法和态度有了明显转变，更加重视、理解和支持律师的工作。

3. 在构建律师与法官良性互动关系方面取得积极进展。2004 年，司法部与最高人民法院出台了《规范法官和律师相互关系　维护司法公正的若干规定》，开始探索构建律师和法官的良性互动关系。各地也积极出台相关规定，如 2011 年 11 月 28 日，山东省司法厅与省法院沟通协商，正式启动了在商事诉讼中建立规范法官与律师相互关系的工作机制，该工作机制包括六项内容：设立互动交流常设机构、建立联席会议制度、信息交流制度、重大敏感案件沟通制度、监督工作制度和联合开展业务研讨和培训活动。

(四)对律师行业的政策扶持力度不断增强

近年来，党中央、国务院对律师工作高度重视，从宏观层面出台了一系列扶持保障措施。特别是 2010 年 8 月，胡锦涛总书记主持召开中央政治局常委会，专题研究律师工作，决定以中办、国办文件转发《司法部关于进一步加强和改进律师工作的意见》。9 月，中办、国办转发了《司法部关于进一步加强和改进律师工作的意见》(中办发[2010]30 号)，提出了一系列促进律师业发展的政策保障措施，这是新时期推动律师事业科学发展的纲领性文件。2011 年，中共山东省委办公厅、省政府办公厅转发了省司法厅《关于贯彻落实中办发[2010]30 号文件 进一步加强和改进律师工作的意见》(鲁办发[2011]14 号)。该《意见》提出了加强律师执业权益保障，建立律师工作经费保障制度，完善律师行业财税、劳动用工和社会保障政策，建立健全律师人才培养选用机制等一系列政策扶持和保障措施，有力地推动了山东律师业的发展。

第二节　律师执业环境存在的问题及其原因分析

我国律师制度恢复重建以来，在党和政府的重视支持下，通过司法行政机

① 《进步不小　问题不少——新刑诉法施行满月小结》，http://www.zjbar.com/bencandy.php?fid=19&id=2345，2013 年 9 月 29 日访问。

关、律师协会和广大律师的不懈努力，律师执业环境获得了长足的发展。但是我们必须清醒地看到，我国律师执业环境还存在诸多不尽如人意的地方，还有待于进一步改善。

一、律师执业环境存在的问题

（一）律师执业的内部环境有待改善

当前，律师行业内部环境还存在着一些不容忽视的问题，少数律师执业不诚信，律师事务所管理不到位。主要表现在：

1. 职业信念不坚定，商业化倾向严重，重经济效益轻社会效益，偏离了人民律师的行为宗旨。

2. 诚信缺失，虚假宣传，虚假承诺，工作不尽责，“收钱不办事，收钱乱办事”。

3. 不正当竞争，以贬低同行、压价、回扣等方式争揽业务。

4. 收费不规范，高收费、私自收费、案外收费、变相收费。

5. 与司法人员不正当交往，甚至勾兑司法人员搞权钱交易，办“关系案”，“人情案”，损害司法公正，等等。

（二）律师执业外部环境亟待优化

1. 法制环境：立法尚存在缺憾

（1）法律对于律师执业中某些重要的权利设计缺失。律师执业权利主要分为工作权利和人身权利。工作权利通常指的就是律师的会见权、阅卷权和调查取证权。人身权利主要包括独立自由执业权、执业秘密权、执业豁免权、行业垄断权等，这是国际上通行的律师执业权利的重要内容，世界上律师业发达的国家均赋予律师上述执业权利。上述执业权利有利于提高律师的社会地位，保护律师在执业过程中的人身权利，以确保律师社会功能和使命的发挥，实现社会的公平正义，而现行法律却缺乏对这些重要权利的制度设计。

（2）《刑法》第306条存在对律师的歧视性规定。《刑法》第306条规定是一条针对律师执业行为的条款，其中包括三个罪名：毁灭证据罪、伪造证据罪和妨害作证罪。《刑法》第307条已经涵盖了伪证罪的一般主体，而第306条又把律师作为伪证罪的特殊主体兴师问罪，这种立法重叠，是对律师的明显的歧视性条款。司法实践中，第306条已成为悬在律师头上的一把利剑，“辩护未完身先禁”的情况时有发生。基于此，在全国范围内，刑事案件律师的参与率一直不高，严重影响了司法公正的实现。

（3）律师法定执业权利缺少法律救济渠道。法学界有句名言：“权利无救济不成其为权利。”完整的律师执业权利制度中必不可少的就是律师执业权利被侵害时的救济途径。为保障律师依法执业，新修订的《律师法》《刑事诉讼法》针对会见难、阅卷难、取证难等问题，补充完善了有关律师执业权利的规定。但是，法律并没有规定这些执业权利在得不到保障或者遭受侵害时采取什么措施加以救济和承担何种法律责任与后果。这些对律师权利的规定几乎都是宣言口号式的，落实起来很困难。这种立法模式反映在律师执业实践中就是“投诉无门”。

2. 政治环境：律师政治地位边缘化

从实践来看，律师制度在政治体制的框架中更多的是作为民主与法制的一种象征，而非社会民主法制的一种平衡和制约力量。突出表现在：

(1)律师的政治参与缺乏制度上的设计。律师在政治生活中的功能尚未受到应有的关注和重视，律师参与国家及社会事务管理的机会和途径少、层面低。目前，除了有机会加入各级人大、政协以外，绝大多数律师还没有“从政”的机会和可能。此外，现行的人才遴选机制只能在公务员中提拔和任用领导干部，律师所积累的社会声望再高，也一般不可能进入各级政府，转化为官员身份。

(2)律师职业流动缺乏制度性的安排。法官、检察官和律师之间的职业流动尽管偶尔发生，但律师职业流动缺乏制度性的安排。一旦成为律师则终生执业，无法找到职业生涯的其他出路，堵死了律师进一步向上流动特别是担任检察官、法官的通道。职业之间不具有互通性，向前、向后都走不通。职业流动机制的缺失，阻却了优秀律师的政治追求，促使律师更多地去追求经济利益，变相加深了律师的商业化趋势和“经济人”示范。

3. 司法环境：相关权利得不到保障

律师执业司法环境的困境，突出表现在刑事诉讼中。我国的刑事诉讼模式是一种十分明显的控强辩弱的诉讼结构。这种诉讼结构内在机制实质上的不平衡性，形成了保障律师执业权利无法逾越的障碍。作为刑事诉讼结构“三角”中一角，理论上的独立、平等、自由的律师，在实践中却是行动的矮子。

(1)律师执业受歧视现象仍然存在。律师在司法体系中的执业地位可以从两个方面考察：其一，在诉讼过程中律师能否受到司法人员的充分尊重；其二，在司法结论中律师的正确意见能否得到司法机关的完全采纳。以此来考察，我们就会发现实践中律师的执业地位相当尴尬。在现行的司法体制中，警察、法官、检察官等司法机关是代表国家行使侦查权、检察权和审判权等公权力的公务员，而律师只是为社会提供法律服务的民间人士，传统的“官本位”观念使得部分司法人员对于律师具有强烈的地位优越感，对律师缺乏认同感。实践中，法官直接动用国家暴力或将律师驱逐出法庭，或对律师兴师问罪的事例不时见诸报端。在诉讼的过程中，律师的合法主张得不到司法机关充分的采信，“你辩你的，我判我的”现象时有发生，形成了一种事实上的司法歧视。在这种情况下，律师们不得不在大权在握的法官、检察官、警察甚至书记员面前小心翼翼，以免导致对自己及其委托人不利的后果。很多律师既不愿得罪法官以免陷入尴尬，又不愿屈尊俯就失掉全部尊严，在诉讼中与法官的关系处于一种"剪不断理还乱"的尴尬境地，结果也总是有难以预料的意外和风险。

（2）律师执业权利得不到有效保障。虽然立法上对律师执业权利的保障日趋完善，但从实践来看，律师特别是刑辩律师，在诉讼中扮演着极其尴尬的角色。山东省的律师执业权利保障是全国最好的省市之一，但在一些地区和单位，律师执业活动仍受到种种限制和阻碍，律师执业权利保障中长期存在的调查取证难、会见难、阅卷难等"三难"问题依然没有得到有效改善，甚至陷入"有法不依""有法难依"的新困境：①有法不依。对刑事诉讼法、律师法、六部委规定、司法解释等有明确规定的不执行。②故意曲解法律。按照对本部门办案有利的理解去解释、执行法律法规。③人为设置障碍。凡是涉及对本部门办案不利的情况或是工作中甚至是个人不方便的情况，相互推诿、拖延，不予办理。律师的诉讼活动遭权力机构干涉，甚至侵害律师人身权利的现象也时有发生。

4.政策环境：扶持力度有待加强

（1）收费标准不够科学。律师收费制度既涉及律师业的发展又涉及当事人权益的维护。现行的律师收费制度存在以下问题：律师诉讼收费与当事人诉讼成本不对称、律师收费方式规定不完备、律师收费保障规定不周全等等。2006年4月，国家发改委与司法部出台的《律师服务收费管理办法》对我国现行律师收费规则进行了修改完善，新规定实行政府定价与市场定价相结合的管理方式，虽然在一定程度上体现了契约自由的理念，但行政化指导的色彩依然很重，需要进一步改革。

（2）税费负担较重。现行对律师和律师事务所的税收征收方式、会计核算制度不符合律师行业的特点，许多合理支出不能进入成本，而且，律师事务所的经营成本普遍居高，除必要的支出外，隐性支出无法计算。这对于律师事务所增加积累，向大所、强所发展不利。

（3）财政扶持力度不够。中办发[2010]30号文件的出台，提出了一系列促进律师业发展的政策保障措施，但是好的政策尚需要在实践中得到有效落实。目前不少地方仍未建立政府购买法律服务的经费保障机制，对律师高端人才的培养也缺乏政策支持和经费保障。以我国急需的能办理涉外高端业务律师的培养为例，目前从制度层面还缺少财政扶持的政策。近年来，虽然江苏、浙江、山东、深圳等省市经过反复工作，争取到部分财政支持，资助律师到国外进行反倾销等高端业务培训，但是资金支持力度太小，远远不能满足律师高端业务培训的需求。

5.市场环境:服务市场有待拓展和规范

(1)法律服务市场仍未培育成熟。受制于经济社会发展状况和经济活跃度、富裕度,加之法律消费观念落后,人们普遍不愿把钱花在“请律师”上,法律消费能力相对偏低。以山东为例,2010年,全省律师办理业务数量为859244件,占全国的9.59%,位居全国第一;业务总收入为13.8亿元,仅占全国的3.61%,律师人均业务收费只有11.47万元。刨去成本,相当一部分律师仍为生存奔波。律师干活多但收费少,不仅反映着律师业自身发展存在的问题,而且在一定程度上也反映了经济社会发展中的一些问题。

(2)法律服务市场准入制度不完善。我国法律服务业尚存在多种主体混合经营的局面,缺乏统一严格的准入标准。律师法对律师执业规定了严格的条件限制,而其他人员进入法律服务市场参与竞争的标准、条件却比律师的标准低得多,甚至根本就没有标准和条件。这就造成了目前从事社会有偿服务的主体,除律师外,还有基层法律服务工作者、民间违规代理法律事务的公民、一些企业的法律事部(处)的人员等,服务水准良莠不齐,鱼龙混杂,甚至出现不少“冒牌律师”骗取钱财,败坏了整个律师队伍的形象,也严重扰乱了法律服务市场秩序。

(3)缺少适当的律师服务强入制度。目前,法定或者强制性的法律服务项目太少。如在很多的经济活动中强制性地规定必须有会计师、审计师、评估师等中介机构人员的参与,但却没有规定必须有律师的参与,事实上这些经济活动更需要律师参与提供法律服务。而且,在某些法律服务领域还存在着政府垄断。如工商登记代理、商标登记代理、专利登记代理、外资企业登记代理等法律服务,分别由对口行政部门代理机构办理,使得律师介入这些服务领域面临政策障碍。

6.舆论环境:正面引导不够

由于我国律师制度恢复时间不长,加之宣传力度不够,社会公众对律师作用律师制度和认识不足,对律师正面评价偏低,律师社会形象不佳。舆论导向偏重报道打击和惩戒律师执业中的不法行为和现象,缺乏正面宣传。特别是少数新闻媒体在对律师行业缺乏足够了解的情况下,对律师执业相关问题缺乏客观公允的报道,如“勾兑律师”“黑律师”等词汇频频见诸报端,一些打着律师幌子的人所做的违法行为,被扣在了律师头上,对律师业产生了极大的负面效应,大大降低了律师的社会形象,阻碍了律师行业的健康发展。

二、律师执业环境存在问题的原因分析

(一)传统观念的负面影响是历史原因

一是传统法律文化的负面影响。我国是一个具有几千年人治传统的国家,行政权力占绝对的主导地位,没有法治传统,没有律师制度的历史,中国人又普

遍具有"厌讼"情绪。因此，在现实生活中，在相当多的老百姓和党政领导眼中，律师就是"打官司"的，我没有官司，所以我不需要律师，而对律师除"打官司"之外的其他功能则一概不知。不少党政领导习惯于靠行政手段处理各种问题，不擅于运用法律和发挥律师的作用处理涉法事务。

二是对律师的传统偏见。认为"律师是为坏人讲话的"，"只是拿人钱财，替人消灾"，在很多情况下还"挑词架讼，与政府作对"。

三是人权保障意识淡漠。之所以会出现漠视律师执业权利甚至阻碍律师依法行使执业权利的现象，深层次的原因就在于，社会及司法机关对当事人人权保障意识淡薄，这与我国传统价值观的影响密切相关。我国古代的法律精神蕴含着对平民大众主体性权利的否定、压制乃至剥夺。

（二）经济社会发展状况是现实原因

律师的发展与我国的民主与法治建设、市场经济的大发展基本上是同步的，市场经济建设以及律师制度的恢复与发展，都处在一个变革和前进的时期，律师业由于立法、司法体制、文化、律师自身等诸方面原因，社会各界特别是司法机关部分人员对于律师的社会功能、使命、职业伦理特点等尚缺乏深入正确的认知。因此，建立完善律师制度，优化律师执业环境，不能脱离我国所处的历史阶段，还应该遵循客观规律，循序渐进，深入研究中国国情，借鉴国外成熟的律师制度，逐步优化我国律师执业环境，建立适合中国国情的中国律师制度。

（三）律师业自身存在的问题是重要内因

目前，律师队伍从业人员素质参差不齐，确有个别律师职业道德缺失，拜金主义严重，社会责任感较弱，诚信度较差，严重影响了律师行业的声誉，损害了律师行业的整体形象。

第三节　律师执业环境的优化

律师执业环境优化是一个非常开放且颇具现实色彩的课题。优化律师执业环境，既需通过严格律师执业监督、规范执业行为等优化内部环境，又需要改善律师执业的外部环境。

一、建立律师参与政治生活的制度保障

1. 把律师队伍作为党和政府执政的重要资源来对待。各级党委、政府要端正对律师的认识，真正把思想认识统一到中办发[2010]30 号文件和《律师法》对律师的准确定位上来。中办发[2010]30 号文件指出："律师是中国特色社会主

义法律工作者，律师队伍是落实依法治国基本方略、建设社会主义法治国家的重要力量。”《律师法》在强调律师“应当维护当事人的合法权益”的同时，赋予了律师“应当维护法律正确实施、维护社会公平和正义”的职责使命。律师的角色在“民间”，但其以独特的角色和职能作用，推动着法律的贯彻实施，是党和政府执政的重要资源。

2. 建立健全律师人才培养选用机制。有计划选送优秀律师到各级党校培训，鼓励符合条件的优秀律师通过公开选拔、公务员录用考试等途径进入党政机关，探索选派优秀律师党员到政法机关挂职锻炼的具体方式和措施，并形成长效机制；进一步畅通和拓宽律师参政议政渠道，确保在各级人大、政协中让律师保有一定的比例。

二、改善律师执业的司法环境

1. 推动落实律师执业权利保障。认真落实《律师法》和《刑事诉讼法》等相关规定，推动政法机关切实保障律师参与刑事诉讼中的会见、阅卷、调查取证等方面的执业权利，完善诉讼中听取律师意见的制度，为律师执业提供相应的便利条件。

2. 大力推进法律职业共同体建设。结合现行的国家统一司法考试制度，逐步建立律师与法官、检察官的职业流动机制，打通优秀律师进入法官、检察官序列的通道，促进相互间的职业认同感。

3. 建立与司法机关的沟通机制。司法行政机关建立与公安、检察、审判机关的联席会议制度，定期进行工作交流、信息沟通、情况反馈，建立多层次、经常性的沟通体制和对话平台，畅通反映意见建议的渠道。

4. 建立协会交流平台。积极建立律师协会与法学会、法官协会、检察官协会和警官协会的交流平台，加强相互理解，正确处理司法机关执法与律师执业的关系，共同维护司法工作人员和律师的良好职业形象。

5. 健全完善律师执业权益维权机制。司法行政机关和律师协会要切实维护律师在诉讼中的应有地位和合法权益。特别是律师协会要积极作为，对律师维权突出问题进行调研，对典型侵权案件联合督办，共同处置。

三、出台对律师业扶持的政策措施

1. 建立政府购买法律服务的制度。政府购买法律服务，有三方面的益处：对政府而言，律师的介入，能够对政府决策起到在法律方面审查把关作用，促进依法行政。同时，通过对政府重大投资项目及合同进行评估审查，确保资金安全。对群众而言，更加容易化解矛盾，给群众营造和谐稳定的社会环境。同时，也提升了群众对政府这一法律服务购买者的认同和支持。对律师而言，增加了业务量，促进了律师执业能力的提高，赢得了信任，拓展了业务。要根据国务院要求在公共服务领域更多利用社会力量，加大政府购买服务力度的精神，建立健全律师担任政府法律顾问和从事公益性法律服务经费保障机制，采用政府购买和财政补贴相结合的方式，对律师担任政府法律顾问以及参与信访、调解、社区工作等公益性法律服务给予必要补贴。

2. 加大对律师行业的财政扶持力度。把律师纳入人才队伍建设总体规划，纳入各级服务业高级人才培训计划，对律师人才特别是新兴、高端业务律师人才引进、培养，由政府提供财政保障。对经济欠发达地区国家出资设立的律师事务所，财政部门要继续给予必要的支持。加大律师培训投入，将司法行政机关开展律师培训工作所必需的经费纳入财政预算。合理确定律师承办法律援助案件补贴标准，使其与律师办案成本、基本劳务费用相适应。

3. 完善律师行业财税、劳动用工和社会保障政策。将律师业纳入服务业发展总体规划，完善律师行业财税、劳动用工、社会保障以及享受服务业引导资金支持等各项优惠扶持政策。落实国家和省有关引进人才、吸纳高校毕业生就业等方面的政策规定，提高律师行业竞争力。

四、完善律师执业的市场环境

1. 立法规范法律服务市场准入。制定统一的市场规则，通过立法加强对法律服务市场的主体、市场秩序、收费价格等的规范化管理；以法律的形式，确立法律服务市场主体准入资格，突出律师在法律服务市场的主导地位。

2. 整肃法律服务市场。打击假冒律师执业，制止普通公民有偿诉讼代理。

3. 建立适当的律师服务强入制度。积极协调相关部门出台规定，对于政府有关需要律师鉴证指导的事项，如重大项目建设、国有资产处置、企业改制等，要有律师介入，出具法律意见书，以保证该经济活动的合法性。对商标、专利、工商、税务、房产、土地代理业务，应明确所有律师均有该从业资格，打破目前部门分割的局面，为律师介入这些服务领域扫清政策障碍。

4. 积极为律师业发展搭建平台。合理设计载体，搭建平台，注重引导广大律师为经济建设中心服务，为社会稳定大局服务，为各项重大改革措施服务。加强与有关政府部门的沟通协调，建立相关专业律师人才库或专项服务团队，推荐优秀律师事务所和律师为重点发展战略、重大工程、重点项目、大中型骨干企业提供专项法律服务；积极为律师开拓知识产权、医疗、教育、海外并购重组、反倾销、反垄断、金融衍生品、国（境）外上市等业务领域搭建平台，推动律师业务转方式、调结构，加快实现从传统法律服务业向现代法律服务业的转型升级。

五、加强舆论正面的宣传和引导

1.加强律师制度的宣传。律师制度是一个已为社会所认识，然而还需要社会再认识的制度。律师制度是一种舶来品，在我国的根基尚浅，社会上还缺少对律师制度的深刻认识。因此，要加大宣传力度，持之以恒、坚持不懈地抓好律师制度宣传工作，为律师工作创造良好的舆论环境。

2.注意培养和树立律师工作典型。探索并建立“项目适度、程序合理、标准科学、影响过硬”的表彰奖励及宣传工作体系。加强与新闻媒体的合作，通过新闻媒体大力宣传律师队伍的先进人物、先进事迹。注重与宣传部门联合向社会广泛推介优秀律师，宣传广大律师在促进经济社会发展和法治建设、保障改善民生、维护社会稳定等方面所发挥的重要作用，让社会更加客观、全面地了解律师制度和律师工作。

3.建立统一、规范的信息发布制度。针对一些涉及律师权益维护的重要案件，各地律师协会要在司法行政机关的监督指导下，及时与主流媒体沟通协调，争取在第一时间，通过主流媒体向社会发布客观、公正的信息。

4.探索建立律协新闻发言人制度。学习借鉴消费者协会依据《消费者权益保护法》针对社会消费热点问题发表独立意见的经验做法，对社会关注的热点、难点问题，站在法律专业的角度发表有利于解决问题的意见，提高律师的社会影响力。

结　语

优化律师执业环境，是一项长期复杂的社会系统工程。影响律师执业环境构建的因素呈现多样化特点，涉及政治、经济、社会的各个方面、多个环节，政策性、政治性都很强。律师执业环境的优化，除了律师行业内部环境的改善外，还有赖于整个法治建设的推进和全社会人权保障意识的提高。我们坚信，随着我国司法制度的不断完善，在不久的将来，律师的执业环境可以得到根本性的改善，广大律师能够更好地运用自己所掌握的法律知识服务社会，造福大众，为我国经济社会发展作出更大的贡献！

第十七章　西方国家律师管理制度考察

西方法治发达国家以大陆法系的德国、法国以及英美法系的英国、美国为代表，其律师管理制度一般包括执业许可与准入、律师业务与职业行为规则、管理机构与惩戒等。

第一节　德国、法国律师管理制度

以德国、法国为代表的大陆法系国家的律师管理制度中，律师协会对行业内部的业务管理发挥着非常重要的作用，但更为重要的是司法行政机关、法院对律师行业的指导与监督。

一、德国律师管理制度

德国是大陆法系中律师业最发达的国家，16 世纪末 17 世纪初建立律师制度，19 世纪中期以前实行二元制律师制度，律师分为律师和代诉人；1878 年颁布第一部律师法《联邦律师条例》，承认律师是自由职业者，并规定实行“一元制”律师体制，奠定了德国近、现代律师制度的基础。1958 年 8 月 1 日通过的《德意志联邦律师法》是当今德国主要的律师管理法律，历经数次修改和补充，其中的《律师职业章程》《律师准则》都是调整律师行为的基本法律规范。根据《德意志联邦律师法》，律师是自由职业者，只要取得律师资格，得到有关部门许可后，就可以在社会上自由开业，但是律师各方面还要接受政府及司法机关的规制。

（一）执业许可与准入

德国律师从业必须先经过三年半的本科学习后积够一定的学分，通过第一次国家考试，取得实习文官（法官）资格，然后再完成两年半实习，经过第二次国家考试，再取得候补文官资格，方可申请律师资格。申请律师资格，须向州司法行政机关提出，由州司法行政机关按照法定条件和程序予以审查并作出决定。执业审批（书面材料）审查由司法行政部门负责，并向所在地律师协会调取执业人鉴定书。律师协会逾期不提供的，司法行政部门可推定为无不同意见。凡是符合法律规定的，司法行政部门必须授予申请人律师资格。申请人对律师协会提供的鉴定书或司法行政机关不授予律师资格的决定不服的，可以向法院提起诉讼。取得律师资格后，申请人必须向拟执业地的法院申请注册，经法院审核同意后，在法院进行宣誓，并在法院的注册律师名录上登录、颁发执业许可证。就是说，律师资格由司法行政部门决定授予，执业证由法院来颁发；实行分属制原则，即律师只能在特定的法院辖区内执行职务；凡是经州司法行政部门许可，欲从事律师工作的人，必须到一定的法院宣誓，并经法院许可后，才能在该法院辖区内从事律师职务；被许可在某一个法院辖区内从事律师职务的人，未经许可，不能到另一个法院的辖区内从事律师职务。

（二）律师业务及律师职业行为规则

1.律师业务

在德国，传统的律师业务可以分为两大类，即法律咨询和法庭辩护。“法律咨询”是对当事人进行指导，其范围包括向当事人提供有关职业、贸易、商业问题的法律咨询意见。“辩护”是指律师对当事人的案件进行的口头辩护，这是律师的重要工作之一。“代理”包括律师代表当事人并为了当事人的利益，所进行的与案件有关的一切诉讼活动以及采取的有关措施。此外，律师还可以从事与其业务有关的其他活动和职业，主要有：法律顾问、企业法律顾问、税务顾问、审计人以及公证人。

2.律师职业行为规则

（1）基本原则：法律禁止律师与当事人之间订立收取成功酬金的协议。律师不能为任何与他有雇用合同关系的个人或法人团体代理诉讼。

（2）律师对于当事人的义务：第一，不得突然地或以损害诉讼当事人利益的方式退出；管理现款必须诚实、谨慎地进行。第二，通常情况只能在自己办公室接待当事人。第三，必须自主决定把什么样的文件可以让当事人过目，并根据当事人的指示和实际情况，决定为了当事人的利益应当向法院提出怎样的诉讼请求。第四，律师必须说明所有对当事人有利的情况。第五，保持独立。

（3）律师对同行的义务：律师之间应以诚实、谦恭和互相关心为准则；失礼和中伤的话必须避免;资深者有权得到尊重;相互团结。

(4)律师对于法院的义务:处理与法院之间的关系应当注意礼貌和克制,不得对法官使用侮辱或诽谤性的言语或者以其他形式藐视法庭。

(5)职业秘密:对于向律师提供的秘密,以及律师在从业过程中通过其他方式了解到的秘密,都适用保守职业秘密的规定。

(三)律师管理机构与惩戒制度

1.律师管理机构

德国的律师组织包括联邦律师协会和各州律师协会。联邦律师协会由各州律师协会共同组成,属于公法团体,受联邦司法部长的直接指导和监督,管理机构是全体会议和指导委员会。负责处理涉及整个律师界的问题,包括代表全国律师界向司法机关、政府机关和其他有关部门反映及交涉涉及律师职业共同体利益的问题,接受和解答法官、联邦法院和立法人员就有关立法和司法问题的咨询,负责安排律师的继续教育,以及准备从事律师职业者的培训问题。

州律师协会设在州高等法院,由所在州高等法院注册登记的律师组成,也属于公法团体,受州司法行政机关的指导和监督,由其执行委员会(理事会)负责管理。执行委员会有广泛的职权,基本活动的目的是表达律师协会的意志,扩大律师协会的影响。

2.律师惩戒制度

在德国,对律师的纪律惩戒主要是由专门设立的律师纪律惩戒法庭(职业法院)负责。纪律惩戒法庭分为三级(这些法庭是全国性的)。初级纪律惩戒法庭是名誉法庭,是由三名经司法部长任命的律师组成,对违纪律师的处分由上诉法院的检察官提起。名誉法庭可以对违纪律师给予警告、训诫、罚款和除名。在名誉法庭之上是名誉上诉法庭,它受理的是:受处罚的律师或由上诉法院的检察官对名誉法庭的纪律惩戒决定不服提出的上诉。纪律惩戒法庭的最高审级是联邦法院,它受理的是对名誉上诉法庭的惩戒决定提出的上诉,上诉裁决由一专门委员会作出,该委员会由四名联邦法院法官和三名陪审律师组成,委员会主席通常是由联邦法院院长担任。

律师协会有权对会员轻微违法行为作出斥责。如不属轻微违法,就应向名誉法院提起诉讼。律师协会在下列三种情况不能作出斥责:名誉法院诉讼已在进行中;违法行为已过三年时效;律师自己向检察院提出申请时。律师可请求检察院提起针对自己的名誉法院诉讼程序,以澄清是非,证明自己没有违反职业法规。律师协会或律师本人要求检察院提起名誉法院诉讼而被后者否决时,前者有权向上一级州名誉法院在一定期限内请求裁决。

二、法国律师管理制度[①]

法国现行规范律师职业最主要的法源是"1971年12月31日第71-1130号关于修改某些司法及法律职业的法律"(下称"1971年法律"),而围绕律师制度的种种规范包括众多条例、裁定、法令甚至行业纪律等都以该法律为基础,由此形成虽庞杂但有序的律师法律体系。其中,有关律师管理制度的内容主要有:

(一)律师职业准入制度

1.律师资格

依"1971年法律"第11条规定,在法国定居的国民欲成为法国律师,须同时具备以下条件:第一,法国人,或欧共体成员国在法国定居的国民,或欧洲经济区成员国在法国定居的国民;或不属于欧共体或欧洲经济区成员国但该国家或地方实体与法国互有协议、允许法国人于相同条件下在本国或地方从事职业活动的该国或地方实体国民,且该国民在法国自行提出申请。第二,至少具有大学法学四年学士毕业证书或其他经司法部部长及负责大学事务部长联合决议所认可的执业同等学力证书。第三,未因行为违反荣誉、廉洁及公序良俗而受刑事定罪;未因行为违反荣誉、廉洁及公序良俗而导致撤职、注销资格、免职或撤销许可及授权等纪律惩戒及行政处罚;未宣告个人破产。

2.入学考试

符合前述条件的个人还必须通过地区职业培训中心的入学考试才能进入下一阶段的职业培训。入学考试通常由大学组织进行,时间在9月份左右。法学博士无须参加这一考试。

3.律师职业培训

在顺利通过地区职业培训中心的入学考试后,学员律师还必须经过一定的职业训练,主要是为期十八个月以上的理论及实务培训。培训由地区职业培训中心负责,但具体的培训计划及培训原则则由全国律师协会制订。培训共分三个阶段,每个阶段六个月左右:第一个阶段为基础培训阶段,主要讲授律师职业道德、法律文书、辩论技巧、诉讼规则、律所运作等基础知识。第二个阶段为专门性训练,由地区职业培训中心根据学员自身的职业设定确立针对性的培训规划。第三个阶段为律所实习阶段。学员律师在此一阶段只能在律师事务所实习,并协助资深律师从事一些辅助性工作。

4.律师职业资格考试

在律师职业培训完成后,学员律师还必须通过由地区职业培训中心所组织

① 该部分主要参考施鹏鹏:《法国律师制度评述》,载《当代法学》2010年第6期。

的律师职业资格考试。每位学员有两次机会，未通过第一次考试的学员律师必须再次进行培训，以参加第二次考试。两次考试均告失败的学员不得再次参加本地区的律师职业资格考试，但仍可参加其他地区职业培训中心的新一轮培训及考试，并在考试通过之后获得注册律师资格。

5. 律师协会登记执业

在顺利通过律师职业资格考试后，学员律师即可获得由地区职业培训中心所颁发的律师职业资格证。但获得该资格证的律师还必须在当地的律师协会登记后才可正式执业。

6. 继续培训制度

依 2004 年第 2004-1386 号法令之规定，所有注册律师在执业期间都必须接受每年二十小时以上的继续培训。培训可分散进行，形式可以是研讨会、学术会议、出版著述等。律师应于每年 1 月 31 日前向所属律师协会理事会报告其于上一年度接受继续培训的情况。此外，执业不满两年的律师每年应参加十小时以上的职业伦理培训。

（二）律师业务及其权利、义务

1. 律师业务

律师所从事的法律业务主要包括三种：提供法律咨询或起草私署文书、协助当事人进行证据调查或出庭辩护以及诉讼代理。提供法律咨询或起草私署文书，是律师最常见的法律工作，但对该业务并不享有独占权。协助当事人进行证据调查或出庭辩护是律师的传统职能，尤其是自 20 世纪 80 年代以来，随着诉讼模式的转型，律师在诉讼中的作用日益彰显。1971 年法律改革后，诉讼代理人并入律师行业，诉讼代理自然也就成为律师的一项重要业务。

2. 律师的权利与义务

综合法国散见于各主要法典的规定，律师的权利与义务主要有：

律师的权利：(1)独立、自由执业权。律师执业独立于公共权力机构包括立法机构、行政机构尤其是司法权力机构；律师执业独于行业机构，各地律师协会无权直接干涉律师执业；律师执业独立于当事人。(2)参与行业管理权。所有在法国律师协会登记执业的律师均可参加所在律师协会会长及理事会会员的选举，亦可参加全国律师协会会长及理事会成员的选举。(3)获得报酬权。律师有按规定获得报酬的权利。(4)豁免特权。如不受不当追诉权，律师在诉讼案件中所发表的言论及所提交的书面材料不得作为侮辱罪、诽谤罪或毁誉罪的控诉证据，律所不受搜查权，律师与当事人之间的通信不受任何形式的扣押、拦截或窃听，等等。

律师的义务：(1)缴纳会费的义务。律师每年须向所登记注册的律师协会缴纳一定的会费，未按要求缴纳，将被撤销执业资格。(2)继续培训义务。所有注册律师在执业期间都必须接受每年二十小时继续培训义务，未接受继续培训义务的，将被撤销执业资格。(3)不得兼职的义务。律师不得兼任公职人员、企业雇员、中介或自身业务的财会人员，否则将受纪律惩戒处分。(4)庄重、诚挚、独立、正直、人道履行职责的义务。如果法院认为律师在出庭时违反了律师誓词所规定的义务，则可要求将该律师交付所属纪律惩戒机构以追究其纪律惩戒责任。(5)保守职业秘密的义务。在培训及实习期间在职业场所、法院及各种机构所了解的事实及行为以及执业后的所有案件材料均应严守职业秘密。

(三)律师管理机构与惩戒制度

1.律师管理机构

法国严格奉行律师行业自律原则，律师协会是由律师组成的群众性自治组织，各大审法院管辖区内均设有一个律师协会。律师协会系独立自治的私法人，各地区律师协会互不隶属，有独立的预算、内部规范及组织机构。律师协会内设全体大会、理事会及一名协会会长。1990 年法律改革后，法国还设立了全国律师协会，负责全国律师行业的一般运作事宜以及向公共权力机构反映律师业意见。

首先，各地律师协会依法律、条例尤其是本地的实际情况制订内部执业规范；全国律师协会以总则的方式统一全国律师行业的规则及惯例。如果本协会注册律师未遵守内部执业规范，则可能被处以警告、训诫等纪律处分。律师之间或律师与当事人间的冲突也由律师协会事先协调。其次，在相当长一段时间内，律师协会又是律师的纪律惩戒机构，负责侦查、起诉、裁判及惩治律师的失范和不法行为。2004 年法律改革后，律师公会不再是律师违法的裁判机构，但它依然享有诉讼启动权、侦查权及预审权。此外，新设立的纪律惩戒委员亦由本上诉法院管辖区内律师协会理事会的律师代表所组成。最后，全国律师协会还在全国范围内代表律师业与公权力机构接洽，为立法机关提供律师行业自律的立法建议及意见。

2.律师惩戒制度

2004 年法律对律师的纪律惩戒程序进行了重大改革，原因在于之前负责纪律惩戒的律师协会理事会既是起诉机构，又是裁判机构，违反了《欧洲人权公约》第 6 条关于“起诉机构应与审判机构相分离”的公正程序条款。依新法之规定，法国在各上诉法院设立纪律惩戒委员会，负责受理所在地律师协会登记律师的违法及过错案件。利害关系人对惩戒裁定不服的，可向上诉法院提起上诉。但巴黎律师协会理事会依然是纪律惩戒委员会，受理本协会登记律师的违法及过错案件。

(1)纪律惩戒委员会人员组成。纪律惩戒委员会由上诉法院管辖区内律师协会理事会的代表组成。每个律师协会理事会不得指派超过一半的纪律惩戒委员会成员,但至少得指派一名代表。同时得依相同条件任命一些候补成员。前任律师协会会长、协会会长以外的现任律师协会理事会成员、离职不满八年的前任协会理事会成员等可任命为纪律惩戒委员会成员。纪律惩戒委员会的主席由选举产生。巴黎律师协会理事会作为巴黎地区纪律惩戒委员会开庭审理案件并进行评议。

(2)纪律惩戒程序。完整的纪律惩戒程序分为六个阶段：职业道德调查、起诉、预审、庭审、宣判、上诉。

以上通过以德国、法国为代表的大陆法系国家的律师管理制度考察,我们发现律师协会对行业内部的业务管理发挥着非常重要的作用,但更为重要的是司法行政机关、法院对律师行业的指导与监督,这主要表现为以下几方面:第一,在执业准入方面,都需要司法行政机关、法院的把关。如德国,需要司法行政部门审核,在法院申请登记注册,由法院限制执业的地域范围,接受法院的指导监督。法国,在最高法院执行职务的律师,则要经最高法院评议会特别考试合格并由政府任命。第二,两国法律都规定,律师协会应将律师协会代表大会选举的理事、常务理事、副会长、会长等选举结果和关于律师协会所作的一些重大事项的决议向司法行政部门报告。律师协会修改章程、制定律师行为规范及出台一些有关行业成长等重大问题的规范性文件须向司法行政部门备案。律师协会每年要向司法行政部门提交年度工作报告。对律师协会的选举或作出的决议违反法律或章程,司法行政部门可提请法院判决选举或决议无效。但是律师协会对法院的判决不服,可以继续提起上诉。由此可见,对律师协会的监督指导职责主要由司法行政机关来行使,以法院及法官的适度参与为辅。第三,在惩戒及程序方面,在德国是由专门设立的律师纪律惩戒法庭负责,具体行使惩戒权的人员是由司法部长任命的律师、检察官、法官。在法国,律师协会所在上诉法院的总检察长可依职权主动、直接向有管辖的律师纪律惩戒机构起诉审理律师违纪案件,上诉法院的检察长认为处罚不当的,还可以向上诉法院提出上诉,律师本人也可以向最高法院提出第二次上诉。这都属于司法参与及审查的程序。

第二节　英国、美国律师管理制度

在英美法系国家,普遍实行法律职业一体化的制度,律师与法官、检察官在职业培训、职业资格的取得以及职位的流动上具有很强的互通性,但是在具体的律师行业管理方面，英国与美国又存在很大差异。

一、英国律师管理制度

英国律师制度最突出的特点是，根据从业方式和从业范围，将职业律师划分为两类——出庭律师(barristers)与事务律师(solicitors)。两类律师在律师资格考试、律师组织与职能、律师的职业道德与惩戒上有较大差别。

(一)律师资格准入制度

出庭律师要求具备：第一，大学法科本科(以上)的学历，若未获得大学法学文凭，则通过以后延长见习期等方式来加以补救。第二，进入英国任何一个律师学院(The Inns of Court)学习。第三，完成律师学院要求的“聚餐”次数。第四，通过“出庭律师资格考试”。考试一般分为两个部分：理论部分与实践部分。理论部分主要考各个部门法的基本理论；实践部分则侧重于实践能力，包括辩论技巧、案例分析等。第五，见习，期限一般为一年，方式是在开业出庭律师的指导下经办有关的业务，但不收取报酬。见习期结束，由律师学院发给开业执照后，申请人正式获得出庭律师资格。

事务律师要求具备：第一，具有英国国籍；第二，获得大学文凭；第三，经过由事务律师协会主持的事务律师资格考试；第四，考试合格后进入见习阶段。法科毕业生见习期为两年，非法科毕业生为五年。见习方式是在已经开业五年以上的事务律师的指导下参加具体的实践活动，包括出庭观摩、会见当事人、草拟法律文书等等。在上述条件都已具备的情况下，由事务律师协会发给开业执照。

(二)律师的业务范围

出庭律师最大的业务是为当事人在法庭进行辩护。出庭律师可以在英国所有的法庭行使辩护权(事务律师只能在英国的郡法院、治安法院等基层法院和行政法院出庭辩护)，衡量一个出庭律师成就的大小，主要也看其法庭辩护是否成功。除了出席法庭进行辩护外，出庭律师的第二个业务是制作难度较大的法律文书，陈述鉴定意见，制作鉴定书。此外，出庭律师还具有被任命为高级司法官的权利(事务律师没有这种权利)。英国贵族院的常设上诉议员、上诉法院的档案长和常设法官、高等法院御座法庭的首席法官、高等法院家事法庭庭长等，按英国法律规定要求从有十五年以上开业时间的出庭律师中任命；高等法院常任法官必须从具有十年以上从业时间的出庭律师中任命；各个郡法院的法官，必须从开业七年以上的出庭律师中任命；行政法院的法官也有许多是从出庭律师中任命的。

事务律师的业务是独立地向当事人提供法律咨询服务，其日常工作主要是就税务、商务、保险和公司以及刑事等方面的问题提供法律咨询，处理有关婚姻、家庭、遗嘱、财产、房地产等方面的问题。同时，如果发生诉讼，为委托人选择理想的出庭律师出庭辩护。20世纪70年代后，有些简单的刑事案件和民事案件事务律师可以出庭参加诉讼，但一般限于郡法院和治安法院；不过，当事务律师代理的案件被上诉到高等法院时，事务律师可以以代理人的身份出庭诉讼。然而，事务律师对不服一审判决上诉到皇家刑事法院的刑事案件，仍然不能以辩护人的身份出庭辩护。事务律师另外一项重要业务是制作一定的法律文书，下列证书只能由事务律师制作：遗嘱以及和遗嘱有关系的证书；不加盖印鉴的契约书；委任状；不附带信托及其他限制条件的股份转让证书。此外，事务律师可以制作转让土地或确认物权的证书，可以制作有关财产权的证书或有关法律程序的证书。

另外，事务律师虽然不能被任命为高级法官，但可以被任命为治安法院的支薪法官。

以上是传统二元律师制度下，出庭律师和事务律师各自独占的业务范围领域，但随着英国律师制度的改革，特别是1990年英国议会颁布了《法院和法律服务法》，两类律师在业务方面的分离隔绝状态逐步被打破。如出庭律师可以直接接触某些当事人并有权与当事人直接订立法律服务合同；合格的事务律师可以被任命为高级法院的法官；事务律师具备两年在较低级别法院辩护的经验，熟悉相关的较高级别法院的程序，有能力对证据和程序进行书面的检验，并能令人满意地完成辩护培训课程可以享有出庭权等。1999年，出台的《接近正义法》将改革又推进了一步。该法案规定，法官在取得议会同意的情况下，可以改变那些不恰当地限制出庭辩护权的规划，这就简化了出庭辩护资格的批准程序。另外，该法案授予出庭律师以完全的庭审前诉讼准备权利，包括会见当事人、证人和核实证据等，但前提是必须经过必要的培训，并已经在事务律师协会注册，而且规定了所有的法律工作者都享有在任何法庭的任何诉讼阶段出庭辩护的权利。

（三）律师职业规范

两类律师在职业规范方面有相同的地方，比如都不得进行广告宣传以招徕业务，但也有很多不同。

出庭律师原则上不得从非专业的委托人那里接受委托，不得与当事人发生直接的接触；出庭律师不得合伙开业，防止出庭律师建立具有垄断性质的律师公司妨碍“公平竞争”；出庭律师在接受委托时必须遵守“有求必应”的规则，除非确有适当理由，如他正在经办其他代理业务，或者当事人请求办理的案件不是其专行等；出庭律师不得提起追索法律服务费的诉讼；出庭律师不得从事非法律性质的任何其他职业。

事务律师虽然可以成立律师公司，但不能建立有限责任公司；不得收受当事人给予的不适当好处；不得同时为两个利益互相冲突的当事人提供法律服务；对自己的代理行为负法律责任。

（四）律师组织

出庭律师的专业性组织是四所律师学院（Inns of Court），分别是林肯律师学院、中殿律师学院、内殿律师学院和格雷律师学院，它们互不隶属，地位平等。律师学院并不是法人，基本上是自由的社会团体，采取的是一种完全、高度的自治管理模式，它们有权决定出庭律师资格的授予和免除、组织律师的职业培训、自定行业规则和章程，并有权对违反这些规则的律师予以惩戒。学院有多名学院监督进行监督管理，每年在其中选举一人担任司库。司库是学院名义上的领导，遇到学院重大问题，由所有的学院监督们一起协商处理。

事务律师的主要团体是事务律师协会。该律师协会是一个任意参加的团体，事务律师可以参加，也可以不参加，但大多数从事律师业务的事务律师都参加了该协会。事务律师协会设会员大会、理事会等机构，律师协会理事会是其常设工作机关。

（五）律师惩戒方面

对于违反职业规范的出庭律师，处分通常有两种程序：第一，由律师学院的学员监督（资深会员）组成小组对违反纪律事件进行调查，然后根据具体情节作出适当的处分决定；此项决定为终极决定，当事人不得上诉。第二，将案件呈送高级律师惩戒法庭处理。这种法庭由高级律师组成，以表决方式决定给予何种处分。至于采取何种处置程序通常取决于当事人自己的意愿，法律或习惯未加限定。处分方式有以下几种：警告；责令退还所获酬金；放弃应该获得的报酬；除名，并吊销律师执照。

对于违反职业规范的事务律师，处分也有两种途径：一是由事务律师协会加以处分；二是由事务律师惩戒法庭以比较严格的程序作出处分的裁决。处分方式有以下几种：警告；处以750英镑以下的罚款；由其主管部门（事务律师协会）对将来的开业范围作必要的限制；除名、吊销执照；支付因处理其违章事件而付出的全部费用。

二、美国律师管理制度

在美国，没有统一的律师法，有关律师制度的法规，散见于宪法、判例法及其他法律文件中。各律师协会制定的《律师守则》，对律师制度作了法律规定。美国律师管理制度的主要内容有：

（一）律师执业许可与准入制度

美国的律师大体可以分为三种：一是政府机关雇用的律师；二是企业雇用的

律师；三是开办律师事务所的律师。前两种律师仅处理本机关或本企业的法律事务，并不接受社会上当事人的委托，其服务对象是特定的。后一种律师是为社会上的大多数人服务的，领取营业执照，属于“挂牌律师”。

美国实行律师资格与律师职务分离制度，取得律师资格的人并不都从事律师职业，如要开业当“挂牌律师”，则要到州最高法院或联邦最高法院申请，经批准后方可开业。

美国律师从业必须是本科毕业后经过有资质的大学法学院三年学习，通过参加各州组织的统一律师资格考试，合格后方可执业。美国的律师资格考试由州最高法院的律师资格考试委员会组织进行。考试每年组织两次，分专业和职业道德考试两部分。考试成绩合格后，考生要经过道德检测。对具有道德污点的拒绝授予律师资格。律师资格由州最高法院授予。取得律师资格的人必须在州法院宣誓效忠于美国宪法方能开业，两年内不在法院履行宣誓仪式，资格自动失效。美国律师大多数只拥有一个州的执业资格，只有为数不多的律师拥有两个州的资格。州与州之间的律师资格，可以通过相互认可的方式认定。但多数州并不相互认可。另外，从事海事和专利法律服务执业，还要通过专门的资格考试，考试通过后方能执业。

(二)律师管理体制

1. 美国律师管理体制的最大特点就是以行业协会为主进行管理

联邦政府的司法行政部门(如司法部)并不直接管理律师，真正管理律师的是律师自己的民间性质的职业行会。美国的律师协会有很多种，全国性的有美国律师协会等，州有州的律师协会，县有县的律师协会，联邦和州的律师协会没有隶属关系。参加律师协会不是执业律师的法定义务。参加律师协会每年都要缴付一定的会费。律师协会的管理主要体现在以下几个方面：一是法学教育，美国的法学教育的主要任务就是培养律师。二是律师的从业资格方面。这是律师协会的主要任务之一，也是律师管理体制的重要环节。律师协会在这方面主要是负责报名申请的登记，负责组织律师资格考试、判卷、录取等一系列具体工作，还负责道德品质的考察。经考试、考察合格后，申请者才可能获得从业资格成为律师。三是律师的惩戒方面。这也是律师管理体制中的重要环节。这方面的主要任务就是对违法乱纪的律师予以查处及进行惩戒。四是制定律师职业守则。律师除了遵循一般的法律法规外，主要遵循的是律师协会制定的一系列职业道德标准、资格申请标准、惩戒标准及程序等，这也是美国律师管理体制的一大特色。在美国，不仅有全国性的律师法律法规(美国律师协会制定)，而且还有州一级的律师法律法规(州律师协会制定)。五是律师管理工作的日常事务。比如年度登记、注册；律师有关情况的调查统计；会费、注册登记费，考试费等的收缴管理，开支以及其他财务事务；组织机构的设立、调整、人员的配备、聘用、辞退；每年大会的筹备与召开；律师协会内部的联系、交流；律师业的对外活动、交流，设立、掌握分配律师基金，组织有关研究，调处有关纠纷、争议等。

2.法院对律师具有监管权

美国对律师的管理是通过律师协会和法院的共同参与而实现的。法院在律师资格的取得、对违纪律师的惩戒以及在建设律师法规方面都有监管权。美国法院一直认为，它对律师的监管包括了从批准予以开业到取消资格为止的一切事务，即享有"颁布官方律师法规，批准律师开业，取消律师资格或其他惩戒，权威地解释法规，限制非律师在法律领域内从业、未经法定程序无权开业，与律师协会结合使律师具有良好行为以保证法律实施，强制律师必须支持法院的监督管理活动等"权力。在美国，有的州的宪法本身就明确地规定州高等法院有监管律师的权力。

具体地讲，美国法院在监管律师方面的权力如下：一是法院具有颁布律师执照的权力。律师资格的执照由法院颁发，而且取得律师资格的人必须在州法院宣誓效忠于美国宪法，而后方能开业，两年内不在法院履行宣誓仪式的，资格自动失效，要想获取律师资格，必须再考。二是法院具有对律师适用惩戒的权力。律协对律师的惩戒只负责先行调查、听讯、对惩戒作出建议等，而究竟给予什么惩戒却由法院最终定夺(加利福尼亚州除外)。而且许多惩戒委员会就在法院内办公。三是有制定律师法规的权力。美国律师协会制定的律师法律规范，在一些州是由法院通过后才在本州生效的，而且法院自己还可以创制一些原则规范，解释法律。美国法院还可以运用先前的判例对律师进行监督。此外，法院还对那些非律师从事有关律师事务和律师未经法定程序批准超出执业区域执业进行管理。四是行使法院固有的司法权对律师进行管理。如审判律师的渎职行为或类似的案件，确定律师对受害人的赔偿，这样就可以有力地监督律师。又如，法院对律师收费争议案的判决，对律师藐视法庭的制裁，对违反利益冲突原则案件的处理，对律师协会制定的收费标准是否违法的判决等，都可以对律师甚至对律协进行管理。

3.美国律师管理体制是一种相互制衡的体制

所谓相互制衡，概括地讲，就是律协监督管理律师，律师则通过法院反过来监督律协；另一方面，法院监督管理律师律协，而律协律师又通过上诉权、选举权等来监督法院。具体地讲，一是律协与法院相互制衡，对律师的管理是通过律协和法院的共同运作来实现的。分权与制衡体现在美国的法院给律师颁发开业执照、决定违纪的律师最后将受到何种具体的处罚，但是这些权力的行使主要依照的是律协制定的律师行为准则，而且批准从业和对违反纪律师惩戒前的大量工作都是由律协完成的。也就是讲，任何一个州律协、任何一个法院都不能单独决定对某个律师从业资格的授予或对某个违纪律师的处罚（加州除外）。此外，律协也控制着法官的行为标准。如要求法官应维护司法的完整与独立；法官应避免其活动中的所有不当行为；法官应当公正勤勉地履行职责；法官不应当参加不适当的政治活动等。二是律师可行使上诉权以使案件得到公正的处理。美国的法官可以在对律师颁发执照、费用纠纷、惩戒等多方面作出最后的决定，如果律师对决定判决不服，就可以行使上诉权，这样就可以阻止法官的独断专行或其他不合理及违法行为的发生。这是律师自我保护的有效手段，是对法官监督管理律师的反监管。除此之外，律师还有权在某一案件中申请某些法官回避，或申请取消某一法官处理这一律师违法案件的资格等。三是律协和律师还可以运用选举权对法官进行监督。除联邦的法官外，各州的法官大都是第一期由州长任命，以后的任期则由民选。每四年选一次（加州是六年）。在法官的选举上，律协有很大的发言权，人民也信任律协，因为只有律协最了解法官的情况。在美国，每一个法官都来自律师，律师与法官之间存在着密切的联系，许多法官仍是律协的成员，因此，如果一个法官品行不良，在其第二轮任期的选举中往往也不能连任。

（三）律师惩戒制度

律师的违法行为是对律师进行惩戒的根据。根据美国律师协会的有关规定，律师的违法行为一般分为四类：第一类是违反了律师对当事人义务的行为。比如律师拒绝对被指定为贫困罪犯案件的辩护，泄露当事人的秘密，违反“利益冲突”原则代理双方当事人或有可能有利益冲突的多数当事人，滥用当事人的信托财产造成当事人的财产损失，乱收诉讼费等。第二类是违反社会义务的行为。比如律师诬告其他律师的不法行为，律师本身有犯罪行为、欺骗等不诚实行为，不申报个人所得税的行为，以及代理中的渎职行为。第三类是违反法律义务的行为。比如向法庭虚假陈述，利用与法官私人关系影响法庭判决，欺诈，在明知情况下帮助法官或其他法律官员实施违背司法行为规则或其他法律的行为，滥用法律程序，与涉及有关法律事务的特定人不适当地互通情报等。第四类是违反其职业义务的行为。比如帮助非律师从事律师行为；在其他州不允许从业的情况下从事法律事务；以不正当方法招揽业务；在法庭辩论时，向对方当事人的律师进行人身攻击；间接或直接谋取其他律师已承办的案件；给司法官员送礼或借款给司法官员；其他的为获取利益而故意违反职业义务的行为；严重危害当事人、公众及法制的行为等。美国律师守则中在律师做广告上、推荐当事人给其他律师上、收费上、撤销代理上都有许多禁止性的规定。

根据美国律师协会的惩戒标准规定，惩戒的种类主要有：取消律师资格、暂停执业、临时即停执业、公开训诫、不公开训诫、留用察看等。

律师的惩戒机构各州有所不同，但对律师的惩戒一般都是由州高等法院来裁决实施。每一个州都有常设的惩戒机构来管理律师的惩戒事务，惩戒机构同时执行检控与司法裁决双重职能。为了保持公正，检控职能由惩戒委员会任命的专职律师作为专职人员直接行使，司法裁决职能则由开业律师和社会人士来行使。前者为检控委员会，后者是听讯委员会，并且行使检控职能的人不行使司法裁决职能，行使司法裁决职能的人也不行使检控职能。

完整的律师惩戒程序分为四个阶段：检控委员会审查阶段、调查阶段、处理阶段、法院复审阶段。

从以上对英国、美国的律师管理制度考察来看：我们发现：第一，在英美法系国家，普遍实行法律职业一体化的制度，律师与法官、检察官在职业培训、职业资格的取得以及职位的流动上具有很强的互通性。例如，在英国，所有的司法工作者都来自律师，确立了法律工作者一元化的制度，即法官的选任须来自资深出庭律师，资深出庭律师又来自于学院监督，而学院监督又是从出庭律师中推选出来的。在这个过程中，一名法律学徒从其进入律师学院的那一刻起，如果表现出众，他可以循着内席律师、外席律师、学院监督、高级律师这样的轨迹直至被任命为法官。在这样的一个过程中，法官和律师之间建立了牢固的一体感和相互认同感。又如，在美国，除少数地区的小型法院之外，所有的法官都是其所在州律师协会的成员。大多数法官都有从事律师职业的经历，所有的检察官同时也具有律师的资格。在英美法系国家，律师除了受理自己的业务，还经常要为司法机关服务。例如，美国律师职业行为标准规则规定："在法院工作繁忙、法官人数不够时，律师有应法院指定代理法官的义务。"除了代理法官职务之外，英美法系国家的律师也经常为检察官服务，代表国家出庭支持公诉。第二，在具体的律师行业管理方面，在英国，律师行业的主要事务是由律师协会来管理，从执业律师资格的授予，律师的管理、监督，到对违反律师职业道德的惩罚，都由律师协会来完成，律师的管理实现了高度的自治，但也有公权力的存在，主要体现在对律师的惩戒方面。在美国，最大的特点是以行业协会即律师协会为主，对律师进行管理。联邦政府的司法行政部门并不管理律师。真正管理律师的是律师自己的民间性质的职业行会，即律师协会是律师的管理者，行使着管理职能。但是法院在律师管理中也发挥着非常重要的作用，法院对律师业的监督管理，包括了"从批准从业开始到取消资格为止的一切事务，具体包括颁布官方的律师法规，批准律师开业，取消律师资格或予以其他惩戒，权威地解释法规，限制非律师在法律领域内从业，未经法定程序无权开业，与律师协会结合使律师具有良好行为以保证法律的实施，强制律师必须支持法院的监督管理活动"等权力。所以确切地说，美国律师管理体制的一个最大的特点是律师协会与法院共同管理。

结　语

在对西方法治发达国家律师行业的管理问题进行考察后，我们发现：第一，西方法治发达国家律师行业已经实现了高度自治，律师行业的主要事务由律师协会管理，不论是大陆法系还是英美法系，这是一个普遍的做法。第二，自治是有限的，都有国家公权力的存在和痕迹，只是存在形式、程度不同而已。

第十八章　香港、澳门、台湾地区律师管理制度考察

中国香港、澳门、台湾两岸三地构成三个法域，分属两大法系，无论是在法律制度的形式和内容上，还是在法律概念的使用和法律语言的风格上，都存在诸多差异，其律师管理制度也存在诸多差异。

第一节　香港地区律师管理制度

由于历史的原因，香港地区律师制度从其诞生之日起继承了英国的传统，根据《香港特别行政区基本法》(以下简称《基本法》)的规定，在回归后香港的律师制度仍然体现了英国律师制度的特点。

一、律师资格的取得

香港的执业律师，按其职能或业务分工，可分为两大类：大律师(又称"出庭律师")与事务律师(简称"律师"，又称"事务律师")。在香港，还有一些律师是为政府部门工作的，他们不接受私人委托，因此，被称为官方律师。这样，全香港的律师可以分为三种，即事务律师和出庭律师、官方律师。三种律师从事的工作、业务范围不同，取得律师资格的条件也有所不同。

律师资格的取得主要采用许可制，只要符合国籍、在港居留期、学历、法律实务经历和品行等方面的条件，经本人提出申请，高等法院及香港律师会或香港大律师公会审核，即可获得律师资格并获颁执业证。

由于大律师和事务律师的执业范围不同，对于他们学历和实务经历的要求各异。但是，无论希望取得事务律师还是大律师资格，首先必须取得香港大学(University of Hong Kong)、香港城市大学(The City University of Hong

Kong)、香港城市理工学院(The City Polytechnic of Hong Kong)和香港中文大学(The Chinese University of Hong Kong)颁发的法学学士学位(LLB),并完成一年制的"法学专业证书"课程(Postgraduate Certificate in Laws,简称 PCLL)。与法律本科学习不同,PCLL 阶段的学习内容主要包括实践性较强的科目(如房地产法、商法、诉讼法)、执业技能(如起草法律文书、法庭辩论)和专业操守的培训。拟成为大律师的学生,侧重于判例、辩护及诉讼法方面的学习;拟成为事务律师的学生,则侧重于商法、公司法、合同法等实体法的学习。取得P. C. LL证书后,即进入实习阶段。由于香港没有统一的律师资格考试,而律师又沿袭英国传统分为事务律师和大律师,所以,对法学院毕业生的实习要求各不相同。

如果希望成为事务律师,应在律师行跟随一名已取得律师资格至少执业五年的事务律师实习两年,以便掌握成为事务律师应具备的实务技能。实习期内,律师行可以发给固定薪金。实习期满后,经香港律师会考核合格,向香港最高法院申请登记注册,取得由香港律师会颁发的执业证书。

如果希望成为大律师,应以"学徒"(Pupilage)的身份跟随一位"师傅"实习(俗称"跟师傅")一年方可注册。"师傅"必须是已取得律师资格至少执业五年的大律师。实习期内,"学生"应协助"师傅"准备各种上庭文件,陪同"师傅"上庭,出席聆讯,从而取得实际经验。一般来说,前六个月的实习期内,实习律师无任何收入,实习期的后六个月,"学生"可以在"师傅"的指导下独立处理法律事务,并酌情获得一些酬金。实习期满后,经大律师公会考核合格,取得大律师资格。海外诉讼律师在积累三年经验后,通过考取 Barristers Qualification Examination 获取大律师资格。在普通法及非普通法管辖区域内合格的外地律师,可以申请成为事务律师,但该律师必须符合在香港的居留资格、有关教育认可资格和执业经验等条件。

此外,拥有三年或以上资格的香港大律师公会会员或香港律师会会员,可以申请转换资格,可从大律师转为事务律师,也可从事务律师转回大律师。但是,同一人不能同时拥有大律师和事务律师两种执业资格。

自 2008 年起,申请人持非香港法律学历(包括由香港本地院校举办的海外学历课程)均须于申请 PCLL 前完成一年制的转制课程(Conversion Programmer)。[①]

如果希望成为香港的政府部门(律政署、法律援助署、行政局、立法局)的律师,必须要在香港大学法学院完成学业,然后到英国学习法律,这样他才有可能被选送到香港的政府部门做官方律师。作为政府部门的律师应当执行法律,并

① 参见何悦:《律师法学》,法律出版社 2010 年版,第 279 页。

起到政府部门法律顾问的作用。服务于政府部门的律师，在身份上首先是公务员，他的收入由政府以薪金的方式支付，他不得接受私人的指派、委托和聘用。如果是在立法局任律师，他的主要工作是研究并协助通过法律；如果是在律政司工作，通常是起草新法律或提出法律修改意见；如果是在律师署刑事检控科任律师，通常的工作是接受律师署的指派，代表香港政府执行检控职能，对刑事案件中的犯罪者提起公诉。

二、律师的业务范围及其权利、义务

(一)律师的业务范围

1. 事务律师的业务范围

事务律师专门从事非诉讼业务(non-contentious business)和部分诉讼业务。事务律师可以直接与客户接触，其业务范围比大律师广泛得多，主要涉及物业转让、草拟合同、融资投资、财务税务、代书遗嘱等非诉讼业务。此外，还可以在初级法庭担任民事诉讼代理人。

事务律师的主要业务包括以下几个方面：(1)房地产业务。随着香港房地产业的发展，房地产业务成为事务律师的主要业务，香港律师在房地产买卖中具有非常重要的作用。以房屋买卖为例，买方律师不仅负责查看土地注册处记录、审查卖方草拟的买卖合约草稿，而且在签署买卖合约后，到土地注册处办理合同注册登记。此外，事务律师可以根据约定为客户办理其他事宜。(2)诉讼业务。事务律师虽然不能代表当事人在高等法院出庭辩护，但可以代表当事人在地方法院出庭辩护。因此，大量的地方法院审理的案件都是由事务律师代理。(3)负责大律师出庭前的准备工作。由于香港法律规定大律师不得直接接受当事人的聘请，只能由事务律师或律政司等聘请或延聘，因此，凡是大律师办理的案件，都必须有事务律师的协助。事务律师主要负责诉前的准备工作，包括会见当事人、证人、收集证据、草拟答辩书并陪同大律师出庭。(4)商业业务。包括公司成立、公司转让、合营，公司上市、股票交易、合伙、银行贷款、税务、信托基金、商标注册，草拟遗嘱、处理遗产托管和继承、离婚及赡养费等。(5)咨询。以口头或书面形式回答当事人提出的法律问题，担任银行、公司或个人的法律顾问。(6)公证业务。香港没有专门的公证机构，所有的公证业务均由具有公证人资格的事务律师担任。应当指出的是，尽管公证业务只能由事务律师办理，但是并不是所有的事务律师都可以从事公证业务。目前，香港约有 400 名事务律师获得公证人资格。

2.大律师的业务范围

与事务律师相比，大律师收案范围较窄，往往专攻于某部法律或专办某类案件或专办某类较大的案件。此外，大律师在复杂的证据或法律事实问题上常为事务律师提供意见。

大律师的主要职责是代表当事人出庭诉讼。大律师可以出席任何法庭的诉讼，包括最高法院和地方法院，涉及刑事案件和民事案件。大律师不得直接接受当事人的委托，而是通过接受律师行或大律师公会承认的专业团体成员的聘请或延聘，或接受律政司、法律援助署的聘用为当事人提供法律服务。此外，只要符合大律师公会专业守则（HKBA'5 Code of Conduct）附件 14 所列的条件，大律师可以由外地律师延聘或当事人直接延聘或聘用。

在刑事案件中，控方一般由律政司的政府律师代表政府出庭负责检控，如果涉及律政司官员的案件，则委托私人执业大律师作为控方律师出庭。

（二）律师的权利与义务

1.律师的权利

根据《律师执业条例》等有关法律规定，律师在执业过程中，享有以下主要权利：(1)出庭诉讼的权利；(2)参与法律援助的权利；(3)在接受诉讼案件当事人的委托后，有告知被告可以不做供词保持沉默的权利；(4)为委托人保守秘密的权利；(5)大律师在履行职务时，对第三人有不负疏忽责任的权利；(6)有提议更换陪审员的权利；(7)质问对方证人和不受法庭讯问的权利。

2.律师的义务

根据《律师执业条例》及《行为守则》的规定，律师在执业过程中应当承担的主要义务有：(1)不得擅自向自己的当事人许诺“保释”；(2)有义务尽自己最大的努力去维护当事人的权益，但不得有任何欺骗或误导法庭的行为；(3)不得作出旨在侮辱、贬低、激怒对方、对方证人或其他相关人的指控；(4)不得与证人就作证问题发生利益关系；(5)如果在一个案件中被召出庭作为该律师的证人，不得再接受该客户的聘请而为其在诉讼中出任辩护人；(6)如果某一当事人在诉讼程序开始前或进行中，向他的律师承认自己作了与本案有关的伪证，则该律师有义务拒绝在该诉讼中继续进行代理或辩护，除非该当事人将行为向法庭披露；(7)不得私下与有关法官或裁判官讨论有关的案情，除非是由于邀请而且对方代理人也在场；(8)如果法庭认为对一律师或大律师作出的采取或不采取某一特定的诉讼行为是适当的，则该律师必须遵守，不得违反法庭的决定；(9)律师或大律师根据委托人的指示向新闻界发表声明时，必须确保不含有藐视法庭的因素在内；(10)作为公诉人的指控律师，在举证时不得感情用事，应保持客观、公正；(11)不得与第三人恶意串通，损害律师代表的委托人的财产利益；在贸易活动中，如果律师发现对方当事人的代理人是不符合法律规定的人，为了保护委托人的利益，必须拒绝再同对方的代理人来往；(12)香港法律规定的其他禁止性条款。

三、律师的管理机构与惩戒制度

我国香港有两大律师行业的管理组织，即香港律师会和香港大律师公会，这两个组织是香港法定的专业团体，分别负责对律师和大律师的考核、会员登记以及对律师、大律师执业中遵守职业道德情况进行监督。在香港，律师和大律师只有向律师会或大律师公会提出申请，并经终审法院批准，发给执业证书，才能开办律师行或加入某一律师行，成为一名执业律师或执业大律师。

(一)香港律师会

我国香港律师会(The Law Society of Hong Kong)是香港执业事务律师的专业团体，于1907年注册为有限公司。根据香港律师会章程规定，香港律师会的宗旨是：维护香港事务律师的特点、地位及利益；维持专业水准及操守；执行有关纪律之法则及规定；协助会员发展其业务；确保准确地反映律师的意见；为会员提供各项服务；考虑所有涉及业界利益的问题，并代表业界推动法律或执业的改革。

香港律师会的主要职责包括：(1)为香港律师发出周年执业证书，处理外地律师行的登记事宜；(2)调查公众对律师的投诉，向律师纪律审裁组陈述有关律师的专业操守；(3)如发现律师不诚实、故意延误个案进度、破产、死亡或遭遇其他意外，有权干预该律师行的日常运作；(4)订立和监察律师的教育及培训标准，并负责管理专业进修计划；(5)安排及维持强制性专业赔偿计划；(6)研究和评论立法建议；(7)制定执业规则、指示和指引，订立并维持高水平的专业及操守标准；(8)与其他司法管辖区的法律专业团体经常保持联络。

香港律师会的管理架构是：(1)理事会。理事会由20名理事组成，是律师会的管理机构。(2)常务委员会。理事会下设五个常务委员会，具体为审查及纪律常务委员会、对外事务常务委员会、执业者事务常务委员会、政策及资源常务委员会及专业水准及发展常务委员会。(3)秘书处。香港律师会设秘书处，负责律师会日常管理工作。

(二)香港大律师公会

香港大律师公会(Hong Kong Bar Association)是香港唯一的代表大律师的专业团体，所有在香港执业的大律师都是大律师公会的会员，其主要职责是：(1)审议及执行涉及影响有关法律专业及司法公正的事宜；(2)维持大律师专业的独立及尊严；(3)促进香港司法公正；(4)捍卫法治；(5)制定专业守则、纪律及操守;(6)促进公会与各法律同业、司法人员、市民及海外同业的关系,加深彼此的了解。

大律师公会的权力机构是执行委员会(Bar Council,以下简称“执委会”),大律师公会的一切政策均由执委会制定。此外,大律师公会协助多个常设的专责委员会(Special Committee)处理特定事宜,包括纪律、法律、内地执业、专业教育及行业发展等。大律师公会积极推动和参与服务社会工作,如公会制定的法律义助服务计划,为市民提供免费法律服务。公会的众多会员分别为不同的公共部门服务及参与为市民提供免费法律意见的计划。此外,大律师公会不时就法例草拟案及法律改革提供意见。在国际层面上,大律师公会也是多个国际组织的会员机构。

大律师公会的经费来源于大律师们提供的资助。大律师公会对大律师的管理是一种行业自律性的管理。其下设大律师纪律审裁组(Ba1'r1sters Disciplinary Tribunal),负责调查和审视对大律师行为操守提出的投诉,并就投诉作出裁定。

(三)律师惩戒制度

律师惩戒制度是对违反律师职业守则、职业道德以及违反法律规定的律师给予相应处罚的制度,是律师管理的重要内容之一。依据香港法律的有关规定,香港律师惩戒适用条件主要有两种情形:一是有违反律师执业操守的行为;二是有犯罪行为。

根据香港法律授权,香港对律师不正当执业行为进行惩处的机构是事务律师纪律审裁团和大律师纪律审裁团。这两个机构只是管辖对象不同,而没有上下级隶属关系。律师纪律审裁团和大律师纪律审裁团是终审法院首席法官预先委任的。律师纪律审裁团由不超过六十名执业十年以上的律师、不超过十名外国律师和不超过三十名非法律专业人士组成。大律师纪律审裁团由不超过六名御用大律师、不超过六名执业七年以上的大律师和不超过五名非法律专业人士组成。审裁团成员的任期五年,可获多次委任。在接到有关人士对律师或大律师的投诉后,律师或大律师纪律审裁团召集人就从审裁团中委任两名律师、一名非法律专业人士组成律师审裁组,或一名御用大律师、一名大律师和一名非法律专业人士组成大律师审裁组。由律师审裁组或大律师审裁组对被投诉者进行全面调查审理。在调查中,事务律师纪律审裁组和大律师纪律审裁组除享有一般权力,如调查权、裁决权外,还拥有法院或法官的权力,如强制证人出席,并加以讯问;强迫出示有关文件或命令搜查财产等。此外,还可以获得警署和法院的协助,享有裁判官在履行职责时的同样保障及特权等。

如果投诉成立,审裁组有权作出以下处罚:除名、吊销执业资格、允许继续执业但须接受为期三年的特定条件的限制、赔偿、不超过五十万港元的罚款及谴责。

受处分的律师或大律师如果不服审裁组的处分决定，可以在处分决定书作出之日起二十一天内向上诉法庭提起上诉。

从以上考察来看，香港地区律师的管理主要是由律师专业团体律师会和大律师公会负责，行业内部实行了高度的自治，表现出很强的自主性、自律性；但在律师管理方面兼具司法（法院）监管的特点，表现为：第一，律师会只负责每年对律师的注册，执业律师的资格是由高等法院授予的，每名律师均为法院人员，香港高等法院行使对律师的除名权，律师资格的准入、丧失都由高等法院行使。第二，律师会和大律师公会对律师业的管理权，都来自于高等法院的授权。第三，律师纪律审裁团和大律师纪律审裁团的人员是终审法院首席法官预先委任的。第四，受处分律师不服，可向上诉法庭上诉，属于司法审查程序。

第二节　澳门地区律师管理制度

澳门地区的律师制度完全是根据葡萄牙法律建立，深受大陆法的影响，具有典型的大陆法系特征。但近年来，澳门特区政府陆续颁布的《澳门司法组织纲要法》中的第 24 条、《澳门律师通则》、《澳门律师公会职业道德守则》和《澳门律师纪律守则》（其中 1991 年的《澳门律师通则》是对澳门执业律师的第一次本地全面立法，标志着澳门本身律师制度的诞生），从而建立了本地区的律师资格确认和执业管理规范，并改组成立了澳门律师公会和律师业高等委员会，形成了自己的律师管理制度。

一、律师资格的取得与注册

1991 年的《律师通则》将律师分为律师和实习律师。

根据该《通则》规定，成为澳门律师的情形包括：(1) 澳门大学毕业的法学士并完成律师业实习，经澳门律公会考核合格者；(2)澳门认可的非本地大学毕业的法学士，经就读澳门律师公会规定的培训课程并通过实习和考试者；(3)具有硕士或硕士以上，曾在澳门之大学担任教员职务两年以上的法律教师；(4)在澳门任职两年以上且最后评核为良等的前法院司法官、检察院司法官、登记局局长及公证员。属于上述(2)的人员必须先修读律师公会为其设计的学习澳门法律制度的为期12～15个月的"适应性的先修课程"[1]，属于上述(3)和(4)的人员无须经过实习阶段。

《通则》第11条规定，凡符合上述律师条件，经在澳门律师公会注册的律师，"方可在整个地区，以及在任何审判机关、审级、当局、公共或私人实体作出职业本身行为，尤其是在有报酬之自由职业制度内从事诉讼委任或法律咨询之职务"。

依据《通则》的规定，凡需要经过实习阶段的人士，应当在开始实习阶段前，到律师公会注册为实习律师。如果不是澳门大学毕业的法学士，为获录取实习，均须完成"适应性的先修课程"并接受测试，但不影响与其他法律体系同类实体的互惠协议所达成的协议适用。测试的性质及内容由澳门律师公会决定。"在实习期间，法学士被称为实习律师"[2]。

《通则》第11条规定，只有在澳门律师公会具有有效注册的"实习律师方可在整个地区，以及在任何审判机关、审级、当局、公共或私人实体作出职业本身行为，尤其是在有报酬之自由职业制度内从事诉讼委任或法律咨询之职"。实习分为"上课部分"和"实务部分"，实习期最少为18个月(连续)。"上课部分"旨在进修大学所学习的科目、职业道德及一般非大学科目的其他科目。"实务部分"由三个科目组成，即职业道德、登记及公证、民事诉讼及刑事诉讼等实务。实习律师完成每一科目后，均须参加考试。实习律师于完成实习后六十天内连同能够证明其实习情况的资料呈交律师公会，申请注册为律师。经律师公会审核同意实习律师注册为律师的，该实习律师领取律师"职业身份证"，成为澳门的执业律师。

根据《通则》的规定，只有下述从事法律工作的人员无须到律师公会注册：第一，仅发表书面意见的大学法学教师不视为从事律师职业。第二，作为公务员的法学士从事法律咨询。除此之外，只要从事有报酬的法律职业(如从事诉讼委任或法律咨询业务)，必须在澳门律师公会进行有效注册，如果不是注册律师而自称是律师或采用其他方式欺骗他人的，称为"职务僭越"，可被处以最多两年监禁。

根据《通则》和《澳门律师公会章程》等规定，下列人员不能注册为澳门律师：(1)不具备从事律师职业的道德品行，尤其是曾因任何严重的不名誉的犯罪而被定罪；(2)不完全享有民事权利；(3)经法院判决宣告无能力管理个人及其资产；

---

① 该课程设有六个科目，即澳门法律体系概论、国际私法、行政法、民法、商法和刑法。参见《求取律师业规章》。

② 《求取律师业规章》第18条。

(4)处于不得兼职或禁止担任律师的状况;(5)因道德品行不佳而曾被科处撤职、强迫退休、停职处分的司法官及公务员等。

二、律师的业务范围及其权利、义务

(一)律师的业务范围

根据《通则》的规定,澳门律师业务主要包括:接受诉讼委托、提供法律咨询、作出意定代理。因此,律师既可以参与刑事、民事、行政等各类诉讼活动,也可以从事非诉讼律师业务。

律师在刑事诉讼中,可以担任嫌犯的辩护人、自诉案件中自诉人的代理人、辅助人的代理人、刑事附带民事损害赔偿请求案件中的当事人的代理人等。属于法定必须由辩护人提供辩护而嫌犯没有委托或不委托辩护人时,法官应为其指定辩护人,并应优先考虑律师为其辩护。在刑事诉讼中,除法律限定只能由嫌犯本人行使的权利以外,嫌犯享有的权利均得由辩护人行使。在民事诉讼中,基于意思自治原则以及民事法律活动的广泛性,律师的参与比在刑事诉讼中更为广泛和多样。律师可以在诉讼的各程序及相关的随附事项内担任当事人的代理人,包括在上级法院内担任代理人。此外,澳门法律规定,在某些民事案件中,当事人必须委托律师,如可提起平常上诉的案件、上诉案件及向上级法院提起诉讼的案件、利益值高于中级法院法定上诉利益限额的执行程序、利益值高于初级法院法定上诉利益限额的执行程序等。在行政诉讼中,当事人必须委托律师担任诉讼代理人,否则不能提起行政诉讼及参与诉讼。

在非诉讼事务中,律师扮演着重要的角色。律师可以接受自然人、法人及其他团体的聘任:(1)担任长期、专项的法律顾问;(2)接受当事人的委托,解答有关法律问题;(3)草拟和审查各类协议、合同和章程等;(4)出具法律意见书;(5)草拟有关法律事务的文书;(6)对委托书及文书的译本予以认证;(7)参加调解、和解或仲裁活动等。

(二)律师的权利与义务

1.律师的权利

根据《通则》的有关规定,律师在执业过程中,享有以下主要权利:(1)律师“为了维护权利,在有争议之法律关系上进行代理、排解利益冲突、参与即使系行政、依职权或其他任何性质之单纯简易调查程序等方面之诉讼委任、律师代理及援助”时,任何审判机关、当局、公共或私人实体均应接受且不得阻碍。[①] (2)司法官、执法人员及公务员应确保律师在从事其职业方面受到与律师业尊严及与

① 参见《澳门律师通则》第12条。

其充分担任委任所需之适当条件相符之待遇。(3)在审判听证中,律师应有专门座位并可坐着发言。(4)律师有权亲自及私下与受援助人通信,即使后者被监禁或拘留在民用或军人监狱。(5)律师在从事职业时可以向任何法院或公共部门要求查阅卷宗、簿册、不属保留或机密性之文件,并可口头或书面申请发出证明,而无须出示授权书。(6)律师在从事其职业时,享有受任何应被问询之公务员接待之优先权。(7)未经法官批准,律师事务所及律师收藏档案的其他地点不得被搜查,或被采取其他类似措施。除涉嫌犯罪的情况,也不得扣押与律师执业有关的任何函件。

2.律师的义务

根据《通则》及《澳门律师公会职业道德守则》,律师在执业过程中应当承担的主要义务有:应保持独立性及公正无私;不得兼任任何减损职业独立性及其尊严之活动或职务①;回避义务;拒绝在法院作不合理代理的义务,应拒绝在法院代理一切其认为不合理之事情;礼貌的一般义务;着装义务,在法庭作言词辩论时,须穿着款式由澳门律师公会理事会所订定之宽外袍。

三、律师的管理机构与惩戒制度

澳门的律师管理机构有两个,即澳门律师公会和澳门律师业高等委员会。澳门律师公会负责律师注册、制定律师执业规范等;澳门律师业高等委员会则专司律师纪律管辖,负责对违纪律师的惩罚事项。

(一)澳门律师公会

澳门律师公会由在澳门特区执业的律师组成。根据《澳门律师公会章程》规定,律师公会下设三大机构,即大会、领导机关和监事会。(1)大会,由所有有效注册的律师组成,是律师公会的权力机构,对所有未包括在律师公会其他机关的特定权限的事宜作出决议。(2)理事会,是律师公会的执行机构,由七名成员组成,其中主席一名,秘书长一名。超过理事会成员半数的人员出席会议时,方可作出决议。(3)监事会,是律师公会的监察机构,由三名成员组成,对理事会的年度报告及账目编写意见书。

(二)律师业高等委员会

律师业高等委员会是律师的职业纪律机关,对律师和实习律师是否遵守执业纪律以及道德品行是否欠缺行使专属管辖权。② 律师业高等委员会由以下人员组成:(1)在律师公会注册律师中选出三名执业十年以上的律师;(2)在律师公

---

① 参见《澳门律师通则》第20条。

② 参见《澳门律师通则》第2条。

会注册律师中选出三名执业少于十年的律师;(3)在司法官中选出一人;(4)在检察官中选出一人;(5)由澳门政府行政长官(回归前由总督)委任一名。律师业高等委员会成员的任期为两年,只能通过选举或委任连任一次。

(三)律师惩戒制度

1995年我国《澳门律师纪律守则》共67条,主要内容涉及对违纪律师和实习律师进行纪律处分的步骤、调查程序、时效、处分执行等内容。至于何种行为应受律师业高等委员会的纪律处分的实体性规定,则体现在《澳门律师通则》和《澳门律师公会职业道德守则》两个规范性文件中。

律师业高等委员会追惩律师和实习律师违纪行为的时效为三年,自违反纪律之日起计算。但是,如果违反律师执业纪律的行为同时构成刑事违法行为,且刑事追诉时效长于纪律程序时效的,则纪律程序时效与刑事追诉时效相同。纪律处分程序分为三个阶段,即预审阶段、控诉及辩护阶段和审理及裁定阶段。

预审阶段的主要目的在于预审员查明违纪事实,在预审程序结束后,预审员视情况作出控诉批示或发出意见书。如果作出控诉批示,批示内容应该包括嫌疑人身份资料、违纪事实、违反的法律或是规章规定,以及递交辩护书的时间等内容。控诉及辩护阶段包括防止嫌疑人继续违纪的防范性措施、辩护权行使、卷宗查阅、利害关系人听证等内容,并在该程序的最后作出报告书,其中包括利害关系人请求、对于处分的建议以及支持这个建议处分的事实根据和法律依据。

审理及裁定阶段,委员会根据嫌疑人"以往之职业与纪律表现、过错之程度、违法行为之后果及所有其他加重或减轻情节",科处下列处分:警告、谴责、最高至澳门币十万元之罚款、中止执业十至一百八十天、中止执业六个月至五年及中止执业五年至十五年。

如果嫌疑人、利害关系人和律师公会不服律师业高等委员会的处分决定,可以自决议通知日起十日内向第二审法院提起上诉或向律师业高等委员会提出声明异议(申请复议)。提出声明异议的,委员会应在二十日内对声明异议作出审理,逾期未作出决定的,视为驳回声明异议(采用默示驳回制度)。

从以上考察来看,澳门特区的律师管理既不同于内地由司法行政机关和律师协会共同管理,也不同于英美法系国家由律师自律性组织统一管理,而是由澳门律师公会和澳门律师业高等委员会负责,具有严格的规范性、程序性:第一,在执业律师准入方面,实行严格的注册制,由律师公会守住律师行业的"入口",通过其严格的要求和管理,保证了律师的素质和从事律师行业申请者在道德上的高标准。第二,在惩戒方面,由于律师业高等委员会是一个固定的机构,其成员除了律师外,还有现任检察官和法官的参与,能够更加全面地评价被投诉律师的操行,以便作出公正的处理;又由于律师业高等委员会任期短,并且只能连任一次，流动性强，有利于保障处罚权公正行使。第三，在惩戒程序方面，规定了行政和司法两种程序，既可以申请复议，也可以向澳门高等法院上诉，这样受处分律师在程序上就可以灵活地选择，同时可以有效实现公权力与行业自律、自治的有机衔接和平衡。

第三节　台湾地区律师管理制度

我国台湾地区律师制度于19世纪被日本所占领的殖民地时期建立，之后半个世纪内一直实施的是源于日本本土的律师制度；1945年，南京国民政府恢复对台湾行使主权，开始实行"中华民国"律师制度；但几十年来，由于美国在我国台湾地区的特殊影响，台湾的律师制度又带有一些美国法的特点。因此，台湾地区的律师制度是一错综复杂的综合体，它同我国大陆的律师制度迥然不同，与英美法系和大陆法系的律师制度相比，也有显著的差别。

一、律师资格取得及执业要求

(一)律师资格的取得

依据我国《台湾律师法》的规定，取得律师资格，一是要经过律师资格考试，二是要经过律师资格检复。

我国台湾的律师资格考试属于专门职业及技术人员高等考试之一。参加考试者的资格为：(1)公立或经立案的私立专科以上学校，或经教育部承认的境内外专科以上学校法律系科毕业，获有证书者；(2)经高等检定考试相当类科及格者；(3)经普通考试或法院书记官考试及格者。凡在法院担任书记官，连续担任审判记录或检察处书记官，连续担任侦查记录四年以上有证明文件者，均可参加专为其设的普通考试。律师的考试科目，法律没有规定，通常由"考试院"征询各有关法律学校和司法机关的意见而制定。律师资格检复是指通过复核一定人员的学历、资历、证件，检测其是否已达到律师资格的水准。

具有下列资格之一者，可以申请律师资格检复：曾任法官或检察官者；曾任公设辩护人六年以上者；曾在公立或经立案的私立大学独立学院法律学系或法律研究所专任教授两年、副教授三年、讲授主要法律科目三年以上者；曾在公立或经立案的私立大学、独立学院法律学系毕业，或经军法官考试及格，现任相当于荐任职军法官六年以上者。"考试院"考选部设律师资格检复委员会，办理审查律师资格检复诸事项。

我国《台湾律师法》规定，通过律师考试并完成职前训练后，如果决定执业，应向各法院申请登录。曾任法官、检察官、公设辩护人、军法官者无须完成职前训练，便可以直接申请法院登录。律师登录机关为其将要从事律师工作所在地的法院检察处，每个律师必须向地方法院及其直接上级高等法院或其分院申请登录。[①] 如果律师与其将要登录的法院院长或首席检察官有配偶关系、五亲等内的直系或旁系血亲、三亲等的姻亲关系时应回避，不应在该法院登录。

律师在完成法院登录以后，还必须参加律师公会。“律师非加入律师公会，不得执行职务；律师公会亦不得拒绝其加入”[②]。

(二)律师执业要求

我国地区台湾《律师法》第 4 条规定，有下列情形之一者，不得从事律师职业：(1)曾被判有期徒刑一年以上刑罚，并依其罪名足认其已丧失执行律师之信誉，经律师惩戒委员会惩戒除名。但受缓刑之宣告，缓刑期满而未经撤销或因过失犯罪者，不在此限。(2)依律师法规定其他被除名处分。(3)曾任公务人员而受撤职处分，其停止任用期间尚未届满，或现任公务人员而受休职、停职处分，其休职、停职期间尚未届满。(4)经教学医院证明有精神障碍或其他心智缺陷的，不能胜任律师职务。(5)受破产之宣告，尚未复权。(6)受监护或辅助宣告，尚未撤销。

有前述(1)、(2)情形并已担任律师的，应撤销其律师资格；有前述(3)～(6)情形之一并已担任律师的，应停止其执行职务。

二、律师执业范围及其权利、义务

(一)律师执业范围

我国台湾律师的业务首先包括诉讼。在刑事诉讼中，刑事案件的被告人可以选任律师作为他的辩护人，刑事案件的被告人或自诉人也可以委托律师作为他的辩护人，代其出庭参加刑事诉讼；民事诉讼中，民事案件的原告和被告都可以委托律师充当自己的诉讼代理人，这类案件的代理人必须是律师。

我国台湾律师的业务还包括非诉。在台湾地区，凡有关权利的创设、变更或消灭的事件，凡不属于法院裁判权范围内的事件，都作为非诉事件处理，如社团、财团、各种法人的登记，遗嘱的确认及执行，抵押物的拍卖，失踪人财产的管理，禁治产人监护人的选定等，权利人或义务人都可以委托律师全权代理。

---

① 参见我国《台湾律师法》第 7 条。

② 参见我国《台湾律师法》第 11 条。

(二)律师的权利与义务

1.律师的权利

我国《台湾律师法》虽然对律师的权利没有专门的规定,但民法、民事诉讼法、刑事诉讼法及军事审判法等法规中规定了律师的下列权利:(1)拒绝接受委托的权利;(2)请求报酬的权利;(3)调查证据的权利;(4)拒绝因有关业务上知悉他人秘密的事项作证的权利;(5)不必经审判长批准,即可询问证人与鉴定人的权利;(6)抄阅案卷的权利;(7)声明上诉、复判的权利,但不得与被告明示之意思相反;(8)侦查阶段进行辩护的权利。

2.律师的义务

我国台湾法律对律师的义务作了明文规定,主要有:(1)尽忠职务,不得无故终止委托;(2)不得滥用律师的名义或权利;(3)不得兼任公务员;(4)不得兼营商业;(5)遵守秘密的义务;(6)不得受任曾因某种身份参与的事件;(7)回避的义务,等等。

三、律师的管理机构与惩戒制度

(一)律师的管理机构

我国在台湾,律师公会属于律师行业团体,是律师实现自我管理的重要机构。但台湾通过律师公会对律师进行严格的监督管理,规定律师须加入所在法院境内的律师公会,否则不得执行律师职务。

台湾的律师公会是以发展法学教育,沟通会员法律思想,加强会员执业经验的交流,提高律师的法律服务效益为宗旨,从而实现提高律师地位、检肃不法会员及促进司法体制完善之目标。有关律师公会的设立,《台湾律师法》规定:“地方法院登录之律师,满十五人者,应于该法院所在地设立律师公会,并以地方法院之区域为组织区域;未满十五人者,应暂时加入邻近地方法院所在地之律师公会,或共同设立之。各地方律师公会,得以七个以上发起,及全体过半数之同意,组织全国律师联合会。在同一组织区域内之同级公会,以一个为限。”律师公会设有会员大会、理事会、监事会以及各种委员会等组织机构。

我国台湾律师公会实行双重领导制。律师公会联合会的行政主管机关在台湾地区为“内务部”,在地方为市、县社会行政主管机关,其业务活动由法务部及所在地方法院检察处指挥、监督。律师公会必须订立自己的章程,应报地方所辖法院检察处转法务部批准。若违反章程,可分别予以警告、撤销决议、整顿、解散等处分。

(二)律师惩戒制度

为规范律师惩戒程序,我国台湾地区有关部门依据《律师法》制定了《律师惩戒规则》。依据该《规则》，由律师惩戒委员会和律师惩戒复审委员会负责律师惩戒事宜。

律师惩戒委员会由台湾地区"高等法院"院长指定三名法官，并由院长函请"高等法院"检察署指定一名检察官、台湾地区律师公会推荐五名律师组成。律师惩戒委员会受理惩戒事件，应轮流分配于各委员审查之。

律师惩戒复审委员会由"最高法院"院长指定四名法官，并由院长函请"最高法院"检察署指定两名检察官、律师公会推荐五名律师、两名学者组成。

律师惩戒委员会及律师惩戒复审委员会的行政事务，由台湾地区"高等法院"及"最高法院"分别指派人员办理。律师惩戒委员会和律师惩戒复审委员会办理律师惩戒所需经费，分别由"高等法院"和"最高法院"编列预算支应。检察署、主管机关或律师公会移送惩戒时，应提出移送理由书及其缮本。移送理由书，应记载被惩戒人之姓名、性别、出生时间、身份证明文件字号、住所、应惩戒事实及理由等。

律师惩戒委员会受理惩戒事件，应将移送理由书缮本送达被惩戒人。被惩戒人应于收受后二十日内提出申辩书。不提出申辩的，不影响惩戒程序的进行。被惩戒人有权申请阅览及抄录卷证。但依法需要保密的或涉及第三人隐私、业务秘密者，律师惩戒委员会可以拒绝或限制其要求。

律师惩戒委员会通过调查证据，在召开评议会后七日内作出决议书。被惩戒人、移送惩戒的机关或团体，对于律师惩戒委员会的决议书请求复审的，应在规定时间内向律师惩戒委员会提出理由书及缮本。律师惩戒委员会在规定时间内将理由书及缮本转律师惩戒复审委员会。

根据《律师法》第44条的规定，律师惩戒分为警告、申诫、停止执行职务二年以下与除名。按照"律师惩戒规则"规定，如果律师惩戒委员会决定给予律师停止执行职务处分或除名处分的，应注销该律师在"高等法院"及"地方法院"的登录。

此外，根据《台湾律师法》的规定，未取得律师资格，意图营利，设立事务所而雇用律师或与律师合伙经营事务所执行业务者，处一年以下有期徒刑，并科新台币三万元以上十五万元以下罚金；律师非亲自执行职务，而将事务所、章证或标识提供与未取得律师资格的人使用的，处一年以下有期徒刑，并科新台币三万元以上十五万元以下罚金。

从以上考察来看，台湾地区律师公会是律师管理的重要机构，但社会行政、法院、检察和司法行政部门等公权力部门在律师管理方面发挥的作用尤为重要。具体表现为：第一，在执业准入方面，律师资格的取得需要到法院进行登记。第二，律师公会成立必须到社会主管行政机关进行登记，律师公会订立章程、举行会议、订立律师伦理规范等行为，都要向其主管机关即社会行政主管机关、法务部及所在地地方法院检察署备案、备查或陈报，接受上述主管部门的指导、监督。第三，在惩戒方面，律师的惩戒机关分别为律师惩戒委员会和律师惩戒复审委员会，前者人员构成是由高等法院法官三人、高等法院检察署检察官一人及律师五人组成；后者（复审委员会）由最高法院法官四人、最高法院检察署检察官两人、律师五人及学者两人组成，人员的构成均有法官和检察官。同时，对于专门律师如办理商标、专利、工商登记、土地登记等业务应受惩戒的，由政府主管部门来提起，启动程序，可见惩戒案提起权的行使掌握在政府手中，侧重于政府管制。

结 语

综合考察，我国香港地区律师的管理主要是由律师专业团体律师会和大律师公会负责，行业内部实行了高度的自治，表现出很强的自主性、自律性，但在律师管理方面兼具司法（法院）监管的特点。我国澳门特区的律师管理既不同于内地由司法行政机关和律师协会共同管理，也不同于英美法系国家由律师自律性组织统一管理，而是由澳门律师公会和澳门律师业高等委员会负责，具有严格的规范性、程序性。我国台湾地区律师公会是律师管理的重要机构，但社会行政、法院、检察和司法行政部门等公权力部门在律师管理方面发挥的作用尤为重要。

第十九章　律师管理的未来之路

党的十八大报告把全面推进依法治国放在了推进政治体制改革的突出位置，作出了“法治是治国理政的基本方式”的新论断，为中国法治及律师事业的发展指明了前进的方向。法治已成为时代的最强音，我们又步入了一个法治的春天！律师行业作为法治的风向标，正面临着前所未有的发展机遇。如何通过科学有效的管理，推动律师行业科学发展，是每个法律人特别是作为律师管理者应当认真思考研究的问题。

第一节　对律师管理制度及管理工作现状的讨论

我国当前律师管理中存在着职业门槛偏低、行政和行业管理职能配置不合理、律师成长渠道缺乏制度支撑、管理队伍现状不适应发展需要和管理工作运行机制尚需完善等不尽如人意之处，但将随着我国律师管理制度的发展逐步得以完善。

一、对制度层面问题的讨论

（一）司法考试报名条件偏低

司法考试制度主要作用在于遴选符合法律职业需要的专业人才，这种选拔应当适应法治建设对法律人才的要求，应当为司法体制的改革与发展起到引领和推动作用。“如果要用一句简略的话概括实行这一制度的目的，那么实行国家统一司法考试制度就是要为我国社会主义法治建设尤其是司法实践选拔真正的法律人才。"[①]但从我国现行司法考试现状来看,存在着报名资格条件偏低的问题。根据《国家司法考试实施办法》第15条第四款规定:"高等院校法律专业本科毕业或者高等院校非法律专业本科毕业并具有法律专业知识可以报考司法考试。"因为未就"具有法律专业知识"进行硬性规定,导致只要有本科学历就可报名参考,应试者是否具有法律专业知识则无从考察;同时,根据相关政策规定,国家对一些法律后备人才严重匮乏、需求矛盾突出的老少边穷地区放宽了报名学历条件,对这些地区适用B类和C类法律职业资格证书,对于颁发C类法律职业资格证书的地区还降低了合格线。加上从2008年开始允许普通高校大三学生报名参考,更是扩大了司法考试筛选的范围,使相当一些缺乏过硬法学理论与实务功底但善于考试的考生"突击过关",导致通过司考人员数量多、法律素养参差不齐。2002年,第一次司法考试通过率为6.68%,2003年为8.75%,到2008年,通过率达到27%。2008~2010年这三年全国通过司法考试的人员达25万,相当于过去二十多年(1986~2007年)的总和。[②] 司法考试过于宽泛的报名条件从整体上损害了法律职业的专业性。因此,根据社会对法律职业的需求状况以及法律职业队伍建设的客观要求,充分借鉴西方法治国家的成功经验,尽快恢复司法考试的"高门槛",是塑造同质化、专业化和精英化法律职业共同体的坚实基础。

(二)律师准入"品行良好"不具有可操作性

品行良好是申请律师执业的必要条件,是遵守法律法规和职业道德的基础。一个申请律师执业的人,只有品行良好,才能在日后的职业生涯中更好地遵守和适用法律法规,恪守律师职业道德和执业纪律。按照《律师法》规定,任何公民凡符合法定条件均可申请律师执业,但是由于法定条件过于原则,特别是对申请人的品行条件缺少具体衡量标准,造成实际上只要通过国家司法考试,在律师事务所实习一年就能成为执业律师的状况,加上没有法院、检察院进行"二次遴选"的机制,在队伍来源复杂的情况下,缺乏合法、管用、好使的调控和质量保障手段。全国律师协会《申请律师执业人员实习管理规则》第12条对"不宜从事律师职业的不良品行"的六种情形进行了规定,并规定凡具有这些不良品行的,应当经过五年的品行考察期,期满后经律师协会组织的品行审核委员会审核,确有证据证明该申请实习人员的不良品行已经改正的,才能准予其实习登记。这在一定程度上填补了品行审查的空白,总体上有了一定的可操作性,但在如何界定"品行

---

① 姚建宗:《国家统一司法考试与我国司法官遴选:基本认识与框架设计思路》,载《法制与社会发展》2002年第2期。

② 参见陈世幸:《尽快恢复司法考试的"高门槛"》,载《中国大学生就业》2011年第10期。

良好”这一法定条件时仍缺乏具体明确的解释性规定,入口仍然过宽。因此,根据律师行业发展需要,有必要进一步探索建立行业准入的品行审查标准和工作机制,健全律师职业准入门槛,提升律师队伍整体道德水准,使之成为促进律师业良性发展的重要屏障。

(三)行政管理职能配置偏多、偏细

司法行政机关作为律师管理主管部门,负有对律师行业监督指导的法定职责。在当前“两结合”律师管理体制中,行政管理仍将占据主导地位,但行政机关在律师管理体制中角色的淡化应是发展趋向。目前,我国律师行政管理职能配置过于具体,事权分配不够科学。司法行政机关不仅管着像司法考试、行政许可、年度检查考核、行政处罚、日常监管等事务性的、直接的、具体的常规管理工作,而且也管着像律师党建、执业环境优化等行政指导工作,这些内容遍及律师管理的各个层面和环节,使得司法行政机关并非真正从宏观上去履行指导和监督律师工作的职能。比如,对律师事务所的年度检查考核,考核内容非常广泛,几乎涵盖了律师事务所执业和管理活动的全部情况,且各律师事务所需上报给考核机关的材料过多、过细,考核机关无法一一进行审核,客观上造成了管理部门工作量大、考核重点不突出的问题,不仅使管理部门处于一种疲于应付的被动局面,而且还难以有效发挥年度检查考核的执业监督、评价作用。因此,行政管理要将工作重点转移到加强对全局性、普遍性、基础性问题的研究上来,真正体现宏观管理、有限管理、层级管理的原则,通过协调制定政策、改善执业环境、加强市场监管、指导队伍建设,推动律师业的发展。

(四)行业管理职能配置偏少、偏弱

律师行业管理是律师制度的重要组成部分,律师行业管理权在现代律师行业治理中具有独特而重要的作用。然而,在现行的律师管理架构中,律师协会的行业管理权的价值和功能难以充分显现,律师协会行业管理权力的行使空间狭小。我国《律师法》第 46 条赋予了律师协会八项职责,主要限于对律师的培训、业务交流、职业道德和执业纪律的监督等服务性管理职责。除此之外,法律并没有赋予律师协会其他方面的权力。律师协会权限太小且过于空泛,致使其缺乏应有的社会地位和相应的权威性。比如,律师协会目前只有训诫、通报批评、公开谴责等口头意义上的惩戒权,而根据律师法规定只有司法行政机关才有权对律师进行停止执业及吊销执业证书等实质意义上的处罚,律师协会在制止律师违规方面难以发挥应有作用,诸如此类管理职能的不健全使得律师协会无法在律师管理体制中树立自己的地位和权威,造成律师行业管理的虚化、弱化。因此,应从行业管理的整体性出发,在律师协会现有职能的基础上,进一步充实扩大其服务和管理会员的职能,给律师协会“松绑”,让律师协会“担大纲”,发挥好律师协会在行业管理中的独特优势，切实成为广大律师的“会员之家”。

（五）律师成长渠道缺少制度支撑

律师对国家政治生活的参与程度，乃是一国法治实现程度的标尺。[①] 在许多国家，律师被认为是创法者，是规则制定的专家，是法律的实践家，他们创制、发现、解释、适用和实施建构人际关系的规则，加之律师对社会各阶层的利益需求有着更深刻的了解，可以说，律师参与政治具有天然的优势。但在我国，由于律师成长渠道缺乏相应的制度支撑，其政治参与范围狭小、深度有限是突出问题，能够参与国家立法活动和通过担任各级党代表、人大代表、政协委员参政议政的律师太少，同时，由于律师职业流动缺乏制度性的安排，一旦成为律师则终生执业，无法找到职业生涯的其他出路，堵死了律师进一步向上流动特别是担任检察官、法官的通道。好的制度安排，鼓舞人正面向上；缺少了制度的支撑，无异失去了让人向上的动力源泉。同时，职业之间不具有互通性，向前、向后都走不通。即使同是作为法律职业共同体组成部分的法官、检察官的选拔也必须通过公考一关，对于其竞争人员一视同仁，对于其是否为律师身份并不看重。因此，随着我国民主法治进程的深入推进，应不断扩大律师参与国家政治生活的广度和深度，切实为律师行业的优秀分子提供职业转换机会和有益的政治导向，进一步畅通和拓宽律师参政议政的渠道；不断吸收德才兼备的优秀律师担任人大代表、政协委员，使律师成为法律和政策制定的直接参与者；鼓励符合条件的优秀律师特别是党员律师通过公开选拔、公务员录用考试等途径进入各级党政领导机构，使其成为法律和政策的执行者；加大从优秀律师中选拔法官、检察官的力度，逐步建立起法律职业互相转换的常规制度和机制，使律师成为司法者。

二、对管理工作层面问题的讨论

（一）“两结合”律师管理体制推进缓慢

1993 年 12 月，国务院批复同意了《司法部关于深化律师工作改革的方案》，明确提出要在我国建立司法行政机关和律师协会行业管理“两结合”的管理模式。1995 年 7 月在北京召开了第三次全国代表大会，在这次会议上，一改过去由司法行政机关领导兼任的做法，律师协会的会长、副会长全部由执业律师担任。这种人事上的变动奠定了“两结合”管理体制的基础。1996 年的《律师法》确定实行行政管理和行业管理相结合的律师管理体制。但由于受观念、经费、人员等因素制约，“两结合”管理体制改革仅在全国和绝大多数省级层面铺开，在市级层面推进较慢。全国律协曾于 2010 年专门就地方律师协会建设问题作出调

① 参见贺卫方：《律师的政治参与》，载《中国律师》2001 年第 1 期。

研，据统计，截至2010年底，我国设区的市及直辖市下辖区共443个，地市级律师协会357家，其中由司法行政机关代管的律师协会共247家，占全部地市级律师协会比例为71%；实现"两分开"的律协共110家，仅占全部地市级律师协会比例的29%。从这一数字中，我们可以看出，"两结合"管理体制虽然已实施近二十年，但仍有一部分省市的司法行政机关还在承担着行业直接管理者或幕后管理者的角色。目前山东省17个地级市全部按照"两结合"要求进行了律师协会换届，会长全部由执业律师担任。据了解，这在全国是除直辖市之外的第一家，在不少省市特别是律师人数较少的地方推进依然缓慢。当前，律师管理体制总的改革方向是部分行政管理权向律师协会让渡。加快推进"两结合"律师管理体制改革步伐，这是律师管理工作的一个重要发展趋势，是促进我国律师业科学发展、健康发展的必然要求。

（二）管理队伍的现状不适应律师业发展需要

律师管理难度较高、艺术性更强。所谓难度较高，在于律师的职业属性具有高度自治、独立的特点，律师属于社会精英群体，同时，律师在成为市场主体之后，律师事务所的人、财、物均不属行政管理的范畴。所谓艺术性更强，在于如何能够在管理手段弱化的情况下实现有效管理。律师管理难度的增大要求我们必须加强管理干部队伍建设。从当前律师管理队伍现状来看，主要存在两个问题，一是律师管理力量薄弱特别是基层严重不足。律师事务所脱钩改制以后，我国律师队伍不断增加，律师管理人员却没有得到很好的补充，且管理人员更换频繁，流动性大，业务能力和专业素质不能适应工作需要，面对日益加重的管理职责，显然难以胜任。以山东省为例，截至2013年7月，全省144个县（市、区）中仅有27个县级局设有专门的律师管理机构；省、市、县三级共有律管干部265人，其中省厅9人、市级局53人、县级局203人，同我省律师人数的比例是1∶60，有的还要兼管公证、司法鉴定管理工作。二是管理人员素质亟待提高。当前，由于管理人员思想素质、业务能力、学历资格参差不齐，他们当中有相当一部分人没有经过法律和管理专业技能的培训，对律师管理规律缺乏科学的把握，缺乏管理创新，律师管理多处于一种经验型的管理状态中，且一些律师管理干部承担着大量繁琐的事务性工作，无暇外出进修或挤出足够的时间来学习，所学专业知识无法得到更新、拓宽与提高，原有的知识结构出现了不够用和不适应的现象，管理队伍的现状很难适应我国律师业快速发展的需要。因此，要进一步配齐、配强管理干部，尽量选配法律政策水平较高、具有一定专业素质的干部从事律管工作，比如选拔优秀律师担任律师管理干部，将通过司法考试作为担任律师管理干部的一项硬性条件等，并大力加强对管理干部应知应会管理知识、方法、技能的培训，不断提升管理者的工作能力和业务素质，努力培养一批管理工作的有心人、明白人。

(三)律师管理工作的运行机制尚需完善

作为促进行业发展的动力,律师管理工作应当给予律师行业发展以应有的保障和支持。我国目前的律师管理体制在运行中无论从微观还是宏观层面都具有推动律师行业发展的作用,但是这种作用的发挥还远远不够,司法行政的包办代替和全国一些地方律师协会热衷行政管理权的现象多有发生,以致有些地方把“两结合”变成了“两张皮”。有的司法行政机关对自身在律师管理中的定位认识的还不够清晰,受过去行政管理思维惯性的影响,尚未完成从直接管理者向宏观管理者的角色转换,或越权履行律师协会的管理职责,或插手律师事务所的具体事务,或对个别案件提出主导意见等。甚至有些司法行政机关不愿意“放权”,往往通过控制律师协会的人事任免和财务管理权,在实际上架空律师协会。少数司法行政机关对“两结合”律师管理体制的理解存有偏差,认为律师既然是自由职业者,就应该完全由行业协会管理,从而消极实施或者放弃对律师、律师事务所的监督管理权。另外,相当一部分律师协会的管理工作富有浓厚的行政色彩,比如,在工作方法上习惯于开会、发文件;在工作兴奋点上,往往是对下管得多而服务得少;在角色定位上,往往是自觉不自觉地把协会秘书处凌驾于理事会和常务理事会之上,摆不正决策和执行的关系,影响了律师业的发展。[①] 因此,要按照“以合为魂、统筹规划、分工实施、共促发展”的工作原则,理顺司法行政机关与律师协会之间的管理职能分工、人事关系和各自管理职责,进一步健全完善重要决策会商、重要情况沟通、重要信息共享“三项工作机制”,实现两种管理职能的叠加效应,提高律师管理工作的科学化、规范化、制度化水平。

第二节　对影响律师管理走势关键因素的讨论

律师管理走势主要受法律文化传统、国家治理结构、协会发育状况、社会认知及配套制度的跟进、政府职能转变和司法体制改革六个关键因素的影响。

一、法律文化传统

任何领域和行业管理体制机制的确立,均不是人们主观臆断的结果,都是由经济社会发展状况和特定的历史传统等因素决定的。对于中国这样一个具有古老文明、悠久历史的国家来说,传统永远是融合与创新的基础,合理地维护、利

① 参见王晓峰:《论“两结合”中的行业管理》,载《中国律师》2012 年第 4 期。

用、改造传统，才会有新文化的产生，兼容并蓄才具有真正的活力，就如古代中国对来自天竺之国佛法的兼容形成了“中国式佛教”一样，法治也只有在以传统为基础的兼容并蓄中，与外来法文化有机地结合，形成真正的适合于中国的“中国式法治”。[①] 中国的民族性在很大程度上决定了“法治的中国模式”之基本样态、问题和趋势。近代中国法律的变革也证明了传统法因素在“中国式法治”体系中的不可或缺，凡是自觉地利用了传统文化作为支撑的法律制度，比如人民调解制度、综合治理等等，在实践中就较为顺利，基本能获得预期的效果；反之，与传统隔膜较深、硬从西土引进而又缺乏本土法资源自觉发掘利用的法律制度，在实践中往往就会产生“南橘北枳”的现象。中国传统的法律制度是一套以“天道”观念和阴阳学说为哲学基础、以儒家学派的主流思想为理论根据、以农业生产方式和血缘家庭家族为社会土壤、以“三纲五常”为核心的完整而圆熟的法律传统和法律体制。[②] 这种延绵了数千年的传统法在近代解体后，在西法的冲击下虽支离破碎却没有消失，其深远而巨大的影响不以人们的意志为转移，顽强地存在着，在现实生活中我们总能自觉或不自觉地感受到它的影响和约束。因此，对于一个具有悠久历史而缺乏法律传统的国度而言，从传统到现代法治的转换尤为艰难。律师制度作为近代以来西法东渐的舶来品，作为现代法治的产物，其在中国生根发芽乃至发展壮大，注定要经历一个西法与传统法兼容并蓄、逐步“本土化”的漫长过程。因此，作为律师制度重要内容的律师管理制度的改革完善，也必定要经历一个融合中国法律传统与西方现代文明于一体的兼容并蓄的过程。

二、国家治理结构

律师管理制度是国家治理结构在实践中的具体运用，或者说是国家治理结构的“缩小版”。中国是一个具有几千年人治传统的国家，缺乏自治的传统，历来重视公权力，行政权力占绝对的主导地位，“官本位”思想浓厚。在中国的法律框架里，自治主要是在两个领域：第一个是民族自治，民族区域自治也叫自治。在最近的《村民委员会组织法》讨论的时候，有许多学者要将其命名为《村民自治法》，直到目前还未有实质性进展，这是第二个自治，其他领域还没有自治这个词。我国《律师法》规定“律师协会是社会团体法人，是律师的自律性组织”，回避了“自治”的概念。可见，自治这一概念在我们国家是不被广泛认可的。但根据国家治理理论，国家对于社会的治理都是在一定的时空背景之下，通过特定的公共权力和制度安排，运用相应的治理资源实现社会整合的过程。因此，将律师个

---

① 马小红：《“中国式法治”的传统因素》，载 2010 年 8 月 18 日《法制日报》第 10 版。

② 郑定南：《中国法律传统与现代法制文明》，http://www.people.com.cn/BIG5/paper85/2475/377725.html.

人通过制度纳入社会组织中，消除个人原子化状态，国家依托社会组织进行治理是社会治理最有效的方式。在各种各样的社会组织中，以地缘和业缘为纽带的组织是人们能够接受的最自然的形态，也是最为符合人性的心理认同和归属组织。但激发社会组织活力，由自律到自治需要有一个较长的过程。

三、协会发育状况

实行律师行业管理首先要有一个能够胜任的、具有正当性的行业管理组织。就目前我国各级律师协会的发育现状来看，尚不能胜任行业管理的职能。首先，从律师协会的发展历程来看，我国律师制度的生成和演进是由特殊的发展路径形成的。西方国家是先有了律师这个职业，在发展过程中，律师为了自身更好地生存、发展，组建了律师协会，然后才有政府对其进行不同程度的管理。而我国的情况恰恰相反，由政府"催生"了律师制度，才有了律师这个职业，并由政府主导推进律师协会的发育。从产生之初，律师协会就是利用行政权力来组建的，并不是完全随着律师业发展而自发建立起来的，具有强烈的行政色彩。其次，从行业管理的现状来看，律师协会在自我管理、自我服务、自我约束等体制机制上还存在许多不足，还不能完全胜任行业监管的需要。从律师协会的组成人员来看，从会长到各专业委员会委员，多数由执业的精英律师兼职，在处理律师协会日常管理与执业活动上很难平衡，造成一方面律师协会管理效率低下、运转不灵，另一方面律师协会名存实亡，日常管理工作依然由司法行政机关负责律师管理工作的机构负责人实施，致使律师协会的管理流于形式；律师协会地位不独立，包括领导和决策机构不独立、执行和办事机构不独立、经费和财权不独立等；律师协会在选举制度、内部的组织结构和运行机制等方面还有很多不健全的地方，很难完全按照民主管理的原则发挥作用等。再次，从律师协会的职能作用上看，大多数地方律师协会对内凝聚力普遍不强，对外协调力度不够，律师协会的管理运行并不顺畅。最后，当前律师行业管理仍处于初级阶段，相关部门和社会公众对协会认可度不高，律师协会缺乏应有的社会地位和相应的权威性。在实际工作中，没有司法行政机关作"靠山"，单靠律师协会去与有关部门协商、解决制约律师业发展中的问题，往往是举步维艰、困难重重。

四、社会认知及配套制度的跟进

律师的行业管理是行业发展到一定阶段的产物。这个"一定阶段"，在外部必须得到法律的承认并在国家管理体系中得到认可。[①] 西方国家历经数百年演

① 王晓峰：《论"两结合"中的行业管理》，载《中国律师》2012 年第 4 期。

变而成的律师制度，却在中国得以快速“克隆”，难免有水土不服之弊。一方面，中国人素有鄙视讼师的心理，对讼师的不良印象难免转移到律师身上，特别在律师的执业行为有违公众情绪时更是如此。另一方面，中国的法律传统，历来将法律作为统治的工具，无论是试图建立律师制度的清政府，还是匆忙接受律师制度的民国政府，都对这一制度的本质缺乏足够认知，或有认知而不认同，他们无意借助这一制度来掣肘国家权力，还人民以权利，而仅仅是至少主要是将其工具化。一旦这个“工具”用起来不那么称心如意，他们对待律师职业的态度就会原形毕露。施洋之死以及第一个全国性律师协会的难产，无不昭示权力层面对律师职业本能的警惕。[①] 这种狭隘的“工具论”，正是中国传统法律的专制性和落后性的重要表现。遗憾的是，虽然经过了一个世纪的变迁，在社会各阶层中，包括在理论界、法律实务界，把法律、律师简单地看成是政府施政工具的观念，仍有很深的影响。在现实生活中，在相当多的老百姓和党政领导眼中，律师就是“打官司”的，我没有官司，所以我不需要律师，而对律师除“打官司”之外的其他功能则知之甚少。不少党政领导习惯于靠行政手段处理各种问题，不擅于运用法律和律师手段处理一切事务。即使偶尔运用，也是把其作为一种工具予以对待。同时，由于个别律师表现不好，不仅影响了党委政府和社会公众对律师的正面评价，而且还增大了对律师误解的程度。此外，我国律师法及部颁规章对律师及律师制度的设计还不完善，司法考试和公务员考试尚未衔接配套等等，导致了律师在整个司法体制中日益边缘化，成为“法律边缘人”。律师的这种生存状态，也决定了对律师管理的复杂化和困难性。

五、政府职能转变

现代律师管理属于公共管理的范畴。因此，律师管理必然要顺应公共管理的发展趋势和形势变化。转变政府职能，塑造“有限政府”，是现代国家治理的必然选择。“有限政府”强调政府的宏观调控和社会的自我治理，尊重市场发展的客观规律，对政府不该管、管不了的不再干预，对政府应该管的进一步加强。根据政府职能转变的要求和“管、办分离”的原则，就要求对于律师的管理，必须采取司法行政管理和行业管理的“两结合”管理体制。司法行政机关要将有限的精力放在进一步优化、改善对律师的行政管理上，重点做好指导、监管和服务三个方面的工作。而律师协会则将在律师管理中承担起更加重要的职能，形成健全完善的自我管理、自我服务和参与社会事务管理的体制。总之，政府职能转变的速度，在一定程度上影响着包括律师协会在内的行业组织的治理高度。

---

① 孙渝:《营造适宜律师生存的法治环境》，载 2013 年 8 月 14 日《法制日报》。

六、司法体制改革

律师职业对政治、法治的依赖性最强，对社会政治、法治等因素的变化反应敏感，这些因素在某个特定历史时期，甚至直接影响律师个体的职业命运和律师业的发展。中国律师制度是中国特色社会主义司法制度的重要组成部分，因此，在司法体制改革与律师制度改革的相互关系中，司法制度的改革决定律师制度的改革，而律师制度改革的成效有赖于司法体制改革的最终成果。

第三节　对未来律师管理的展望

中国特色社会主义的发展道路启示我们，律师管理的未来之路同样不能脱离国情，不能超越律师业发展的历史阶段。改革开放的总设计师邓小平设想了著名的现代化发展“三步走”战略，即从温饱到小康再到中等发达国家程度的现代化发展战略。2012 年 11 月 29 日，习近平总书记在国家博物馆参观“复兴之路”展览时，第一次阐释了“中国梦”的概念：“实现中华民族伟大复兴，就是中华民族近代以来最伟大的梦想。”党的十八大报告提出“两个一百年”的奋斗目标：在中国共产党成立一百年时全面建成小康社会，在新中国成立一百年时建成富强、民主、文明、和谐的社会主义现代化国家。“三步走”发展战略、“两个一百年”奋斗目标和“中国梦”，绘制了中华民族伟大复兴的宏伟蓝图，也证明了中国特色社会主义发展道路是伟大正确的选择。

根据上述启示，结合多年来的律师管理工作实践、对西方法治发达国家律师管理模式的考察以及前述影响律师管理体制的综合考量，我们对律师管理的未来之路有以下预判和展望。

一、“两结合”管理体制在今后一段时间内仍将是有效的模式

法治是受特定社会条件和环境约束的社会实践，一个国家的法治总是由这个国家的国情和社会制度决定并与之相适应的。“不存在完全脱离某一历史阶段社会的国家和法，任何国家都是建立在一定市民社会基础上的国家，法权关系和国家一样也是所有制关系的表现，是一定经济基础的产物。”[①]律师业的发展与经济社会发展具有高度同步性，与市场经济的发育成熟程度具有高度关联性。

① 杨晓青：《马克思恩格斯关于市民社会和政治国家与法的关系理论及其现实意义》，载《马克思主义法学与当代暨庆祝孙国华教授从教 50 周年研讨会论文集》，中国金融出版社 2004 年版。

律师管理制度的设计和安排同样不能超出经济、政治和文化所提供的社会条件，不能超越当时的历史阶段和基本国情。不同国度的律师管理制度不能简单比较优劣，只能放在具体的国情、文化传统、政治体制中去思考、去评判。“橘生淮南则为橘，生于淮北则为枳。”法治的生成与完善需要适宜的社会土壤，在这种土壤尚不成熟之时，照抄照搬别国的制度，就会水土不服，“欲速则不达”。因此，从这个意义上讲，律师管理制度只有最适合的，没有最好的。1993 年，经国务院批准的《司法部关于深化律师工作改革的方案》正式确立了“两结合”的律师管理体制基本框架，指明了律师管理体制改革发展的方向。这是由社会主义初级阶段的特殊国情和我国民主法治进程、社会自我管理能力等多方面因素决定的，是我国律师管理体制的经验总结。基于我国国情和律师在国家政治、社会生活中扮演的特殊角色，律师行业有别于其他行业，加之全国律师协会行业管理发育尚不成熟，行政管理和行业管理并存具有必然性。二十余年的实践证明，“两结合”管理体制最大限度地适应了中国本土化需求，有力地推进了律师行业的发展。在当前社会条件下尚没有找到其他更好的、可以替代的管理制度之前，“两结合”管理体制是适应当前律师业发展状况和发展规律最好的制度安排。按照“三步走”的构想，现阶段要加快推进“两结合”管理体制改革发展步伐，力争到 2020 年“两结合”管理体制取得重大突破和实现新的嬗变。

二、律师协会由自律到自治是一个必然趋势

国家治理结构对律师管理体制的选择具有非常大的影响。实施善治，构建政府与公民、市场和社会之间良性互动关系既是国家治理的必然选择，又是现代文明、法治社会的必由之路。一个文明、法治的社会，需要发挥好社会组织在社会管理中的自律作用，以应对可能的政府失灵和市场失灵，从而使社会生活能够有序进行。加强和创新社会管理，实现善治的结果，政府必然要逐步还权于民、放权于社会，摒弃对社会组织曾有的排斥和戒备心理，珍惜民间社会组织参与社会管理的热情。由“官治”走向“官民共治”，由“管理”走向“治理”是一个必然的历史趋势。正是在这一大的历史潮流下，我们认为中国律师行业逐步走向高度自治是一个必然的趋势。律师协会是典型的社会组织。中国律师业实行律师协会的行业自律管理，既是入世后的形势要求，也是市场经济规律和律师职业特点以及律师业内在发展规律的要求。[①] 实施律师协会的行业管理是完善我国律师管理制度的基础，符合律师管理的长远发展趋势，也代表着律师管理制度的未来发展方向。我们确信，在中国，律师及律师协会逐步走向较高程度的自治是一个

① 参见司莉:《中国律师行业管理体制研究》，载《河北法学》2004 年第 2 期。

必然的发展趋势。我们期待,到本世纪中叶,中国成为富强、民主、文明、和谐的社会主义现代化国家之时,实现自律到较高程度自治的目标。

按照中央发挥好社会组织在社会管理中的作用,积极培育、扶持社会组织的发育、成长的要求,强化律师行业管理的地位和作用,积极支持协会提高行业自律和自治能力,将是未来律师管理体制改革的重点发展方向。司法行政机关对协会内部自律管理事务,要坚持凡是行业能够自我管理的领域,公权力就不再进入的原则,让行业实施自我管理,让它们尽快成长、成熟,逐步从行业自律管理向行业自治管理过渡,使律师协会在社会建设和社会管理中发挥更大的作用,适应社会转型及社会管理体制改革创新的大局和大势。但是,我们也必须看到,律师从自律走向自治是一个循序渐进的过程。我们现在急需做的工作不是牢骚满腹地指责抱怨现行的管理体制,而是应该真正立足中国国情,在学习、借鉴法治先行国家律师管理经验的基础上,积极探寻由自律到自治的未来发展之路。同时,我们也要清醒地认识到,世界上没有绝对的律师自治。通过对西方法治发达国家以及我国台湾、香港、澳门等地区的考察表明,在有关律师管理问题上,很少有例外没有国家公权力的存在,这有其不可颠覆的内在逻辑与规律,其目的在于有效平衡社会公共利益与律师行业、个人利益之间的关系。因此,即使未来中国律师实现了高度自治,公权力也不可能完全退出律师管理领域。

三、法律职业准入门槛必然会进一步提高

改革开放三十余年来,我国已成为世界上发展速度最快、规模最大的法学教育大国。目前,全国开设法律专业的大学已经有六百多所,开展各种形式法学教育的单位总计有九百多个,法律专业的在校生七十多万人,已具备了提高法律职业门槛的人力资源基础。从法律职业的特点来看,法学是一门高度专业化的学问。法律职业具有垄断性和精英主义的品质特点。徐显明先生认为,作为法律从业者,他们应当是社会的领袖式人物,要具有哲学家的头脑、数学家的细致和文学家的语言,并且具有严密的逻辑思维。法律职业的大众化和低门槛,将是法学的贫困和危机。法律职业的垄断性和精英化能够保证法律职业人为国家、为社会提供更加专业、优质的法律服务,并使得法律职业共同体成员把法律职业视为一种身份、地位、名誉、荣誉、名望而倍加珍惜,也把法律这一职业视作一种责任和担当,伸张公平正义,捍卫和维护法律的尊严及法律的公信力。同时,越是职业化,越是能够加强职业共同体对其成员职业行为的严格控制,使其遵守职业行为规范和职业伦理道德。从实践来看,统一的国家司法考试是实现法律职业人员专业化、精英化,提高司法人员素质,确保司法公正的一项重要制度。通过国家司法考试,获得法律职业资格,意味着基本具备了从事法律职业的业务水平

和业务素质，应当成为法律职业者的后备人才。近年来，国家司法考试的门槛不断降低，非法学本科的学生、大三法学专业的学生皆可报考。据统计，通过司法考试的人士累计已达四十多万人。然而，遗憾的是，目前法学毕业生的就业率是各个专业中最低的。国家司法考试的低门槛，造就法律职业后备人才表面繁荣的背后是深刻的质量危机、就业危机和声誉危机。此外，法学教育与司法考试及公务员招录制度之间的关系改革，也是未来法律制度改革创新的重点和难点所在。参加了司法考试之后，如果要做法律职业人的话还要参加一次公务员考试。多重的考试制度，增加了社会成本的付出，使得社会上最优秀的人士可能不再愿意选择法律职业，实质上导致了法学教育最优秀生源的流失。因此，如何使得法学教育、职业考试制度有一个科学的衔接关系，需要国家从制度层面作出改革和安排。但这个制度的改革不是一蹴而就的，它涉及公务员法、司法考试制度、律师法、法官法、检察官法等多个方面的协调。但我们仍然预测，法律职业门槛的提高只是时间问题，而且时间不会太长。

四、建立法律职业共同体的目标总会实现

市民社会和法律职业共同体的存在是现代法治社会存在的前提。法治秩序的建立和维护，在很大程度上依赖于法律人的职业共同体的形成。[①] 法律人只有在共同的知识、共同的语言、共同的思维、共同的认同、共同的理想、共同的目标、共同的风格下才能构成一个独立的职业共同体、知识共同体、信念共同体和精神共同体。没有一种最起码的法律人的职业共同体，法官、检察官、律师就无法在同一平台上进行理性的交涉、协商和对话。辩护律师和检察官就会在诉讼利益的对立中走向仇视和冲突，而无法将其诉讼对抗控制在理性的范围之内。那种一方依赖国家司法资源对另一方滥用国家强权的情形就会出现。从发达法治国家的实践来看，包括大陆法系和英美法系他们都有法律职业共同体。事实证明，法律职业共同体是各国推动法治实现的重要力量，也是一个国家法治成熟的标志之一。[②] 在一定意义上讲，无法律职业共同体制度，则无法治。在我国法治进程之中，法律职业共同体是依法治国、建设社会主义法治国家、推进社会全面进步的精神力量、人才资源和制度保障。法律职业共同体的建立是一个必然的趋势，建立强大的法律职业共同体是法治建设的必由之路。

---

① 参见陈瑞华:《法律职业共同体形成了吗(下)——以辩护律师调查权问题为切入的分析》，载《中国司法》2008 年第 3 期。

② 参见《法治强国与法律职业的强大》，载 2013 年 4 月 12 日《人民法院报》，http://www.qstheory.cn/zl/bkjx/201304/t20130412_222878.htm.

五、律师管理队伍专业化程度会越来越高

律师管理工作政治性、法律性、专业性强的特点，要求律师管理人员必须具有较强的政治意识和法律素养，准确把握律师工作发展的规律与特点，熟悉律师管理的业务规范和原则要求。律师管理工作的特殊性决定了律师管理队伍必然要走向专业化甚至职业化。首先，律师这个职业与政治有天然的联系，虽然律师的社会角色在“民间”，但无时无刻不在国家的政治、社会、司法体制的规制之中。特别是中国律师作为“中国特色社会主义法律工作者”，具有“三维护”的职业使命，这就要求律师管理者必须要具备高度的政治敏锐性和政治鉴别力，确保律师行业始终坚持中国特色社会主义的方向。其次，律师管理的对象是律师，律师职业的突出特点就在于律师以法为业，律师要以自己渊博的法律知识和娴熟的专业技能为社会提供法律服务。而且，随着经济社会的发展，律师思想活跃度越来越高，社会矛盾情况越来越复杂，律师管理难度在增大。因此，作为一名管理者必须本身是法律方面的行家里手，否则，极易引起“外行管理内行”的理论界和业内人士的质疑。再次，律师管理工作是一项专业性很强的工作。律师管理工作具有自身独特的规律和特点，同时，律师法、部颁规章、律协规则等也对批所办证的程序、对律师的惩戒等等作出了明确、详细的规定，这就需要律师管理干部要有胜任律师工作的知识体系，研究探索符合律师管理专业化要求的管理方式、管理手段、管理制度。因此，律师管理者的水平在相当程度上决定着律师管理工作的成效。建设一支专业化的律师管理队伍，不仅对于做好律师管理工作，推进律师业发展至关重要，而且也是我们一个深切的预测和期盼。

结　语

中国律师的管理体制涉及中国律师的整体发展走向，也关系到律师具体职能的发挥。对于中国律师管理体制的设计和选择，必须充分考虑中国的基本国情和律师业的发展规律，必须综合衡量影响律师管理体制的各种因素，唯如此，才能真正建立一种既符合世界范围内律师业发展规律又符合中国国情的律师管理体制机制，推动中国律师业科学持续发展，为实现伟大“中国梦”“两个一百年”目标彰显律师工作价值。

后　记

《当代中国律师管理概论》终于付梓了，我在感到高兴的同时，也如释重负。因为屈指算来，十余人的研究团队整整写作了八个多月的时间。在这期间，有许多同志几乎牺牲了他们全部的业余时间，长时间地背负着巨大的精神压力，痛苦指数偏高，持续时间过长；而且，写作工作进行得异常艰难，在参考资料不多的情况下，许多关键章节几乎都是推倒重来、数易其稿，我早已感觉到对有的同志的精神折磨已接近临界点或几乎达到了无法承受的程度。所以，付梓无疑是对研究团队的一个解脱，也是对我心理压力的一种释放。因为我也累啦！

我从2005年7月起分管律师管理工作，虽然具有二十一年的法院工作经历，但对我而言仍然是一项全新的工作。我记得，在我分管之初的几年时间里，对于律师管理的看法、说法很多，甚至有许多极端偏激的言论，却听不到强有力的主流声音，为此，我迷茫过，也困惑过。为了破解迷茫和困惑，我几乎翻遍了国内有关律师管理的所有读物，在力所能及的范围内了解了西方法治发达国家和我国港澳台有关律师管理的书籍、文章和法律法规，也经常性地求教于一些专家学者。八年多来，对中国律师管理问题的学习、思考从未停歇过，并在工作实践中不断得到积淀、升华。

随着时间的推移，在我感觉已经弄清楚了“律师是什么”和“律师管理是什么”的时候，便尝试着在几次律师培训班上作汇报，并渐渐地有了把它梳理成系统成果的念头，甚至冀为全系统开展律师管理培训准备一种可供参考的读物，以适应实际工作的急切需要。我在三年前就开始了写作提纲的酝酿、勾画，其中包括体例编排、内容架构、主要观点、撰写分工和写作要求，而且我本想独立完成这一任务，但基于各种因素的考虑还是没有按时动笔。岁月飞逝，时间如梭，独立完成这一课题已让我觉得吃力、困难，所以，我必须利用系统内外的资源去一道完成这一任务。当然，引进、吸收系统外资源参与这一任务，也有弥补、强化智力支持的目的。

因此，最终形成的《当代中国律师管理概论》不仅是我对律师管理工作八余年来学习、思考的结果，而且是研究团队集体智慧的结晶。借此机会，我特别想表达：

一是对研究团队每一成员的谢意。山东政法学院徐桂芹、李菊明两位副教授和山东司法警官职业学院王玉成副教授、李彦讲师承担了很重要的写作任务，并给这一课题研究提供了很多智力支持。在工作十分繁忙的情况下，山东省司法厅律师管理处关永年处长和山东省律师协会苏波会长及秘书处龚再坤秘书长也都承担了重要的写作任务，还在工作中更多地为我分忧受累，让我感到很欣慰。在研究团队中，我应该特别感谢毕吉宁、李华培、张良庆、张国龙四位同志，因为从资料的搜集整理、文章的体例编排到文字内容的丰富完善，他们四人尤其是毕吉宁、李华培同志付出了很多艰辛的劳动，为完成课题研究发挥了举足轻重的作用，对本书的成稿作出了重大贡献。

二是对三位法学家的谢意。他们是山东省司法厅副厅长、博士生导师冯军教授，山东大学法学院博士生导师肖金明教授和山东政法学院法学院院长刘炳君教授。在几年前，肖金明、刘炳君二位先生就参与过写作提纲的讨论；在形成初稿后，三位法学家在百忙之中审阅了全部稿件，不仅提出了非常专业的指导意见，而且特别令人感动的是“以我能够接受的方式”而提出，给我留足了颜面，拳拳之心和抬爱之意如“司马昭之心”。肖金明先生更是二度审阅稿件，作出一些重要修改，为成果的美化增色颇多，还应邀为本书作序。所以，这一成果的形成得益于他们三位法学家的有力指导、鼓励和支持。

三是对山东省司法厅先后三位厅长的谢意。陈明甫老厅长对我及我分管工作的支持，至今让我心怀感激，他的做人、治学、为官堪称楷模，一直是我努力做好工作的动力源泉；前任程辉厅长对律师管理工作非常重视、非常专业，为推动山东律师业改革发展作出了卓越的贡献，本研究课题的许多观点和内容都是在他的启发、引导下所形成和完成的；现任王本群厅长不仅对开展研究工作给予了很多鼓励和支持，而且他的工作思路、思想和工作热忱对成果的形成发挥了很重要的指导意义。他在审阅全部书稿后，还在百忙之中为本书作序，对本书的出版给予了很多的肯定、鼓励和鞭策。

四是对山东司法警官职业学院郝海轮书记、姜运华院长的谢意。在知悉我要开展这一课题研究时，他们不仅给予我真诚鼓励，而且为我推荐了该院两位年富力强的教学能手——王玉成、李彦协助完成了这一课题。他们二位在关键时刻的无私帮助让我难以忘怀。

五是对山东省法学会调研员、《山东政法》编辑部主任孙炳瑞和山东省委政法委政策研究室副主任科员邱燕楠同志的谢意。孙炳瑞同志早些时候就参与了写作提纲的讨论，而且在创作前期对本书体例编排、框架结构等提出了许多建设性的意见。他们二位还一起参与了最后一章《律师管理的未来之路》的讨论和初稿的起草工作，功劳不可磨灭。

六是对山东大学出版社编辑部主任尹凤桐女士的谢意。作为上世纪八十年代我参与的第一本正式出版物的责任编辑，尹凤桐女士与我是相识、合作多年的老朋友。她曾担任我的《宪政立国之路——美国的法治经验及其启示》一书的责任编辑。对于这次课题研究，她曾参与过写作提纲的讨论，并在相当长的一段时间内，为本书的书号申请、封面设计、文字修改和其他技术处理付出了大量努力，在为本书增色的同时，也为顺利出版发挥了非常关键的作用。

总之，《当代中国律师管理概论》的出版既是研究团队共同努力的结果，更是上述各个方面关心、支持的结果。在此，谨向他们表达我由衷的谢意！

本书具体撰写分工:绪论:齐延安;第一章:齐延安、王玉成、毕吉宁、李彦;第二章:齐延安、毕吉宁;第三章、第四章:张国龙;第五章:徐桂芹;第六章、第七章:淳于兰芳;第八章:李华培;第九章:张良庆;第十章:关永年;第十一章:苏波;第十二章:龚再坤;第十三章:龚再坤、阮晓亮;第十四章:王玉成;第十五章:张良庆;第十六章:毕吉宁;第十七章、第十八章:李菊明;第十九章:齐延安、毕吉宁、李华培。

由于律师管理是一个颇具特殊性的研究课题,加之知识储备、研究能力等方面的原因,书中难免存在疏漏和谬误之处,一些理论观点未必成熟,部分内容亦欠缺锤炼。在此,敬祈各位专家、同仁和读者朋友批评指正。

齐延安

2013 年 10 月 28 日

图书在版编目(CIP)数据

当代中国律师管理概论/齐延安主编.
—济南:山东大学出版社,2014.1
ISBN 978-7-5607-4978-5

Ⅰ.①当…
Ⅱ.①齐…
Ⅲ.①律师制度—研究—中国
Ⅳ.①D926.5

中国版本图书馆 CIP 数据核字(2014)第 003325 号

责任编辑 尹凤桐
封面设计 牛 钧

出版发行 山东大学出版社
社 址 山东省济南市山大南路 20 号
邮 编 250100
电 话 市场部(0531)88364466
经 销 山东省新华书店
印 刷 东港股份有限公司印刷
规 格 720 毫米×1000 毫米 1/16
21.25 印张 388 千字
版 次 2014 年 1 月第 1 版
印 次 2014 年 1 月第 1 次印刷
定 价 48.00 元
